国際貿易

モデル構築から応用へ

多和田眞・柳瀬明彦［著］
Makoto Tawada　Akihiko Yanase

名古屋大学出版会

まえがき

　本書は国際経済学におけるミクロ経済学をベースにした国際貿易のテキストである。世界経済のグローバル化によって，国際貿易の姿も近年になって急速に変わりつつある。先進国のみならず発展途上国や経済移行国を含めた世界全体への市場経済の浸透によって，世界の隅々まで経済競争が拡大し，激化している。第2次世界大戦後発足したGATT（関税および貿易に関する一般協定），そしてそれを継承したWTO（世界貿易機関）を通じて，長期にわたり多くの国々が協力して世界における自由貿易体制の拡大と維持への努力を積み重ねてきたが，半世紀以上を経た現在ではGATT/WTO体制による多角的貿易自由化は停滞し，地域的な貿易協定の締結による自由貿易の推進がそれに取って代わりつつある。また最近の世界経済では，自国の繁栄を最優先とする関税政策や国際的なインフラ投資，さらには移民制限政策などが，経済大国といわれる国において顕著になってきている。グローバル化が意味するところは消費財の貿易にとどまらず，中間財やサービスの国際取引も貿易において重要な役割を占めており，さらには労働や企業の国際移動も活発化している。このような状況の中で，世界経済の繁栄にとって望ましい国際貿易の姿を冷静に考えることは非常に重要な課題となっている。

　現代の国際貿易の広範で複雑な様相をとらえるために，膨大なミクロ的データを用いた実証分析が近年は盛んに行われている。しかし，国際貿易の重要な概念である比較優位論になぞらえて考えると，これまで理論的な研究を中心に行ってきた我々は，実証分析よりも理論分析に「比較優位」があり，したがって本書もその研究の蓄積をもとに，国際貿易の理論を中心に扱っている。とはいえ，理論と実証は経済分析の両輪であり，実証分析による研究が盛んになったからといって理論分析の重要性が減じるものでは全くない。むしろこれまで少なかった実証分析の研究が増えることで，より優れた理論的研究の展開の可能性も広がるものと期待している。

　本書のテキストとしての水準は中級レベルであり，経済学部の専門課程から大

学院初級の学生を想定している。第Ⅰ部では，伝統的な貿易論，すなわち比較優位に基づくリカードやヘクシャー＝オリーンの貿易論を取り上げて，貿易論の基本的分析方法を提示し，第Ⅱ部ではその応用としていくつかのテーマ，すなわち生産の外部性，環境・資源問題，公共中間財の存在する下での貿易の説明を行う。第Ⅲ部では，これらの理論的バックグラウンドのもとに，近年の貿易の諸相や貿易政策に焦点を当てて，独占的競争と産業内貿易，生産要素の国際移動，現代的な貿易政策，自由貿易協定の形成などの問題を扱う。国際貿易の入門的なテキストとしてはこれまで多くの著作が出版され，中級レベルのものも入門書ほどではないが邦文でいくつか出版されている。その中でもきわめて優れた著作として，伊藤元重・大山道広著『国際貿易』（岩波書店，1985 年）が挙げられる。しかしこのテキストも 1980 年代のものであり，本書はそれ以後関心が高まってきた貿易の諸問題を，特に第Ⅲ部で扱っている。また最近出版された清田耕造・神事直人著『実証から学ぶ国際経済』（有斐閣，2017 年）は，国際貿易の実証分析に重きをおいた画期的なテキストだが，理論モデルの解説とその分析を丁寧に解説した本書は，それと補完的な位置づけにある。

　近年の国際貿易論が考察対象とする範囲は，上述したように世界経済のグローバル化がもたらした貿易の多様性によって，非常に広範になっている。これらの諸問題をすべて取り上げようとすると，かなりの大部にならざるを得ない。例えば，欧米のテキストを邦訳する場合に，2 分冊としている場合も少なくない。そこで本書では，国際貿易論の広範な領域をすべて網羅しようとするかわりに，筆者たちがこれまでに行ってきた研究領域も視野に入れながら，国際貿易理論のコアと考えられるトピックを重点的に取り上げ，それらのトピックの理論分析について詳細な説明をすることに努めた。このように，扱うテーマの焦点をあえて絞って丁寧な説明を行うのは，本書の読者が貿易理論の基礎をしっかりと身に付け，自ら様々なテーマの学習に応用していけることを目指す，という意図に基づいている。したがって，本書では取り扱わなかったトピックも存在するが，本書を通じて貿易理論の基礎をしっかりと身に付けた読者であれば，興味や関心のあるテーマに自ら学習領域を広げていくことができるだろうと期待している。

まえがき i

第 I 部　貿易理論の基礎

第 1 章　簡単な貿易モデル ……………………………………………… 2

1　はじめに　2
2　1 財市場の貿易モデル——部分均衡分析　3
3　交換経済の小国貿易モデル　7
4　オファー曲線　10
5　交換経済における 2 国間貿易モデル　15
6　一般均衡分析における 2 つの留意点　19
7　オファー曲線と 2 国間貿易の均衡　20
8　まとめ　25

第 2 章　リカードの比較優位論 ………………………………………… 27

1　はじめに　27
2　リカードのモデル——閉鎖経済における生産者の行動　28
3　消費者の行動と経済の均衡　31
4　2 つの国の間での比較優位　34
5　自由貿易の下での経済　36
6　不完全特化の可能性　40
7　世界の生産可能性フロンティアと貿易　42
8　世界全体の需要と供給による貿易均衡　45
9　まとめ　48
補論 1　3 国 3 財のリカード・モデルにおける完全特化条件　52
補論 2　2 国・多数財のリカード・モデルの比較優位論　58

第 3 章　ヘクシャー＝オリーンの貿易論 ……………………………… 66

1　はじめに　66
2　各産業における利潤最大化行動と要素集約性　67

iv

3 要素価格フロンティアとストルパー＝サミュエルソンの定理 73

4 リプチンスキーの定理と生産可能性フロンティア 77

5 財価格と生産量の関係 81

6 要素価格均等化定理と要素集約性 85

7 閉鎖経済の均衡 88

8 ヘクシャー＝オリーンの貿易における比較優位 90

9 まとめとヘクシャー＝オリーン・モデルの現実的妥当性 95

第 II 部　貿易理論の応用

第 4 章　外部経済と国際貿易 ························· 102

1 はじめに 102

2 外部経済 103

3 部分均衡分析での閉鎖経済の均衡 105

4 部分均衡分析による国際貿易と貿易の利益 107

5 一般均衡分析のためのモデル 109

6 小国における閉鎖経済の均衡 111

7 小国における貿易下での均衡と生産のパターン 114

8 小国の貿易のパターンと貿易利益 116

9 まとめ 119

第 5 章　資源・環境問題と貿易 ························· 121

1 はじめに 121

2 自然環境と経済活動 121

3 天然資源と貿易 122

4 天然資源と貿易の理論分析——モデルの設定と閉鎖経済均衡 125

5 天然資源と貿易の理論分析——貿易自由化の効果 128

6 貿易自由化が環境に与える影響 132

7 環境政策と国際分業のパターン 135

8 越境的な環境問題と貿易 137

目　次　v

9　まとめ　140

第6章　公共中間財と貿易 ……………………………………………… 143

1　はじめに　143
2　公共中間財を含んだ基本モデル　145
3　環境創出型の公共中間財と貿易　149
4　要素報酬不払い型の公共中間財と貿易　154
5　2国モデルと環境創出型公共中間財　159
6　まとめ　160

第III部　現代の貿易理論と貿易政策

第7章　独占的競争と産業内貿易 …………………………………… 164

1　はじめに　164
2　産業間貿易と産業内貿易　164
3　独占的競争の基本モデル　167
4　独占的競争モデルによる水平的産業内貿易の説明　170
5　産業内貿易と貿易利益　174
6　企業の異質性と国際貿易　177
7　まとめ　181

第8章　国際間要素移動 ………………………………………………… 184

1　はじめに　184
2　国際資本移動の古典的理論　186
3　国際資本移動の利益　189
4　財貿易と資本移動の代替性・補完性　192
5　海外直接投資　195
6　水平的直接投資——企業の生産性と輸出 vs 直接投資　198
7　垂直的直接投資　200
8　国際労働移動　202

vi

　　9　まとめ　204

第 9 章　貿易政策 …………………………………………………………… 207

　　1　はじめに　207
　　2　小国の輸入関税政策——部分均衡分析　208
　　3　小国の輸入関税政策——一般均衡分析　211
　　4　輸入関税と輸出税　215
　　5　小国の輸出補助金政策　217
　　6　数量規制とその他の非関税障壁　221
　　7　貿易政策による国内産業保護の有効性　223
　　8　大国の輸入関税政策——部分均衡分析　225
　　9　大国の輸入関税政策——一般均衡分析　228
　　10　最適関税　230
　　11　大国の貿易政策——輸出補助金　233
　　12　まとめ　235
　　補論1　双対性アプローチによる貿易政策の分析　238
　　補論2　貿易政策の政治経済学　246

第 10 章　戦略的貿易政策 ………………………………………………… 255

　　1　はじめに　255
　　2　外国の独占企業に対する自国の関税政策　256
　　3　ブランダー＝スペンサーの第 3 国市場モデル　260
　　4　第 3 国市場モデルにおける輸出補助金政策　265
　　5　両国政府間の補助金政策ゲーム　271
　　6　第 3 国市場モデルでのベルトラン競争　276
　　7　ベルトラン競争の下での最適な貿易政策　280
　　8　まとめ　284

第 11 章　自由貿易協定 …………………………………………………… 287

　　1　はじめに　287
　　2　2 国間の関税競争　289

目　次　vii

    3　繰り返しゲームの下での 2 国間の関税競争　294

    4　地域貿易協定の経済効果　297

    5　地域貿易協定の拡大による多国間自由貿易協定の形成　300

    6　まとめ　312

数学附録 ……………………………………………………………………… 315

    1　ホモセティックな効用関数　315

    2　生産関数　320

    3　生産可能性集合　323

    4　完全競争企業の利潤最大化行動　325

    5　1 人当たりの生産関数　329

    6　支出関数　330

    7　GDP 関数　332

あとがき　335

図表一覧　337

索　引　341

第 I 部

貿易理論の基礎

第1章

簡単な貿易モデル

1 はじめに

　人間は様々なものを生産して，消費することによって日々の生活を営んでいる。その人間同士が生産活動においてお互いに協力し合うことで，より豊かな消費生活が実現できる。しかし人間同士が行う財・サービスの交換，生産，消費といった活動からは，様々な経済問題が発生する。南海の孤島に一人で生活するロビンソン・クルーソーは，生活に必要なものをすべて自分で生産して，消費する。そこには他人とのいかなる経済取引もないため，経済問題は発生しない。人間同士が経済活動において協力するとより豊かな社会を実現できることは，生産における分業を考えればわかりやすいであろう。必要なものを各自が別々に生産して消費するよりも，お互いに生産を分業することで，生産効率を高め，それによってより多くのものを手にすることができるだろう。しかしその場合，誰がどのような財の生産に専念するのか，分業という生産の協力によってもたらされた生産物を生産に参加した人々の間でどのように分配するのか，といった問いは個々の人々の経済厚生に大きく影響するため，重要な経済問題となる。

　英国の古典派の経済学者，アダム・スミスは「国富論」（1776年）において，分業がもたらす経済の効率性を論じ，さらに同時代の英国の古典派の経済学者，デイヴィッド・リカードも「経済学及び課税の原理」（1817年）において，国家間での財の生産における分業が国家にもたらす経済的利益を論じて，国際貿易の重要性を説いた。本書ではこうした考え方をふまえて，現代の貿易の基礎理論を概説していくが，特に本章ではそのための基本的な考え方を提示する。

2　1財市場の貿易モデル——部分均衡分析

　ある1つの財を考える。これをコメ（米）としよう。日本の国内全体のコメの需要量と供給量は，それぞれコメの価格に依存して決まる。通常，コメの価格が高くなると需要量は減少して，供給量は増加するから，図1-1のようにコメの需要曲線は右下がりの曲線Dで表され，供給曲線は右上がりの曲線Sで表される。

　日本が外国とコメの貿易をしていなければ，国内でコメを生産してコメの市場でそれを販売（供給）し，それを国内の消費者が消費のために購入（需要）することになる。日本の国内でコメの販売と購入が過不足なく行われるためには，図1-1で示されるように，コメの価格は需要と供給を一致させるp^*でなくてはならない。価格がp^*のときに，生産者はX^*の大きさのコメの量を供給し，消費者もX^*の大きさのコメの量を需要するため，コメの売買は過不足なく行われる。

　市場での売買が過不足なく行われる状態，すなわち図1-1の需要曲線と供給曲線の交点であるE点で市場取引が行われるとき，市場は均衡しているという。そのときに成立している価格，すなわちp^*を均衡価格という。

　市場経済の分析では多くの場合，このように市場が均衡している経済に注目をする。その理由は以下のとおりである。今，市場が均衡状態にない場合を考えてみよう。例えば，図1-1でコメの価格が均衡価格p^*よりも高いp_1にあるとしよう。このとき国内のコメの供給はS_1で需要はD_1となり，供給量が需要量を上回っている。すなわち市場の売買でコメは売れ残ることになる。このように売れ残りが生じるような過剰供給の状態は長く続かず，コメの過剰供給を解消するように価格は下がっていくことになる。価格は過剰供給がなくなるまで下がり，やがてp^*になるであろう。同様にして価格がp^*より低い水準にあれば，コメの需要が供給を上回り，コメ不足の状態となるため，コメの価格は上昇してp^*になるであろう。価格が変化することで均衡状態を実現するという考え方以外にも，例えば，企業が売ろうとする価格より高い価格で生産した量が売れる場合には企業は生産を拡大させ，企業が売ろうとする価格より低い価格でしか企業が生産した量を売り切れない場合には生産を縮小するという生産量調整によって需要と供

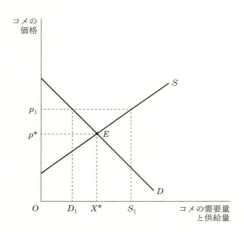

図 1-1 閉鎖経済での市場の均衡

給のギャップを解消し，市場均衡を実現するような場合もある。

いずれにしても市場における需要と供給に差がある場合，すなわち不均衡の状態にあるときは，このように価格の変化や生産量調整などを通して，需要と供給が一致するように経済は変化していくものと考えられる。したがって，現実の市場において不均衡の状態があるとしてもそれは一時的なもので，通常は均衡状態あるいはそれに近い状態にあると考えてよいであろう。このような理由によって我々はまず，市場が均衡している状態に分析の焦点を当てるのである。

以上では，日本のコメ市場において，外国との貿易のない閉鎖経済の場合（貿易をしない自給自足の経済を閉鎖経済という）について考えてきた。ここでコメの海外取引が自由にできる場合を考え，そのようなときに経済がどのようになるかをみてみよう。世界のコメの市場では価格p^Iの下でコメの売買ができるものとしよう。このような，世界の市場で成立している価格p^Iを国際価格という。日本国内のコメ市場は世界全体のコメ市場からみると非常に小さいので，日本のコメの売買が世界のコメの価格に影響を与えることはなく，また，日本が望む量のコメの輸出や輸入は必ず世界市場で実現できるものとする。国際価格が与えられた下で，それに影響を与えることなく自由に輸出や輸入が実現できるような国を小国といい，このような国を想定することを小国の仮定という。

図 1-2 に，日本国内の供給曲線 S と需要曲線 D，および国際価格 p^I が図示されている。図では，p^I は貿易をしないときの均衡価格 p^* よりも低くなっている。よって，貿易をしなければ日本の消費者は p^* でコメを購入しなくてはならないが，貿易によって海外のコメを輸入できれば p^* より安い p^I で購入できるため，コメの需要量は D_2 となる。一方，日本の生産者はコメを売るためには海外からのコメの輸入価格 p^I と同じ価格にしなくてはならない。そのときの供給量は

S_2 となる。よって p^I の下では需要量 D_2 が供給量 S_2 を上回り，国内におけるコメの不足分，D_2-S_2 を海外から輸入することになる。すなわち，自由貿易の下で国際価格が p^I として与えられると，これが小国である日本の均衡価格となり，その下で日本の生産者の供給量は S_2 となり，消費者の需要量は D_2 となる。そして D_2 と S_2 のギャップは海外から D_2-S_2 のコメの輸入で埋め合わされるため，日本の国内の需要量 (D_2) ＝日本の生産者の供給量 (S_2)

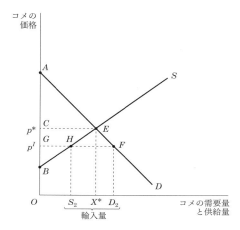

図 1-2 自由貿易の下での市場の均衡

＋輸入量 (D_2-S_2) となり，日本の国内の需要と供給が一致するため市場は均衡する。

逆に国際価格が図 1-1 の p_1 のように p^* よりも高い場合には，国内の生産者の供給量が需要量を上回るため，日本のコメは海外に輸出されることになる。このときの国際価格 p_1 での輸出量は，図 1-1 の場合 D_1-S_1 になる。

このような自由貿易の下での市場の均衡と，貿易のない経済，すなわち閉鎖経済の下での市場の均衡とを，国全体の経済厚生の観点から比べてみよう。国全体の経済厚生の大きさは，今の場合，コメ市場における市場取引によって得られる社会的余剰の大きさによって表すことができる。図 1-2 において，閉鎖経済の均衡時の社会的余剰は消費者余剰の大きさ△AEC と生産者余剰の大きさ△CEB を合わせた△AEB となる。一方，国際価格 p^I のときの自由貿易の下での均衡における社会的余剰は，消費者余剰が△AFG，生産者余剰が△GHB となるため，AFHBA で囲まれた面積の大きさが社会的余剰となる。よって社会的余剰は自由貿易下のときのほうが閉鎖経済のときに比べて△EHF だけ大きくなる。したがって自由貿易は国全体にとって好ましいといえる。

しかし自由貿易は生産者余剰を△CEB から△GHB に縮小させるため，生産者にとっては望ましくないことになる。一方，消費者は余剰を△AEC から△AFG

6 第Ⅰ部 貿易理論の基礎

と増加させるために自由貿易の恩恵を享受できることになる。貿易が国全体にとって望ましいとしても，貿易によって利益を受けるグループと損失を被るグループがある場合，これら利害の相反するグループ間で自由貿易の推進をめぐって対立が生じ，それが貿易推進の障害となることも多い。このような場合，貿易によって余剰の増加したグループの余剰の一部を余剰が減少したグループに与えて，余剰の減少を補うことでグループ間の対立を解消できれば，国全体としてのメリットの大きい自由貿易は各グループにとっても好ましいものとなる。

　以上ではコメの市場を例として，1つの市場のみに焦点を当てて議論をしてきた。このような分析のアプローチを部分均衡分析という。しかし，現実の経済には多くの財・サービスの市場があり，その中で1つの市場のみに焦点を当てて分析を行う部分均衡分析には限界がある。例えばコメの貿易が自由化されると輸入によって今までよりも安い価格でコメを購入できるため消費者の余剰が大きくなることを示したが，貿易の収支がバランスするように，コメの輸入に対して他の財を輸出しなくてはならない。しかし，どのような財がどれだけ輸出されるのかが部分均衡分析では見えてこない。また，コメの貿易の自由化によって輸入が促進されることで，農業生産は縮小し，農業従事者の一部は他産業に転職するであろう。それによって労働者の所得に変動が生じる。こうした変動がコメの需要に与える影響もここでは考慮されていない。

　このように，コメ市場は他の様々な市場と密接な関係をもっているため，コメ市場を他の財・サービスの市場と分断し単独でとりあげて分析することは現実の経済をみる上では不十分である。経済を正確に分析するためには，現存するすべての財・サービス市場の相互関係を網羅するようなモデルを用いる必要がある。経済のすべての市場を含めたモデルによる分析を一般均衡分析という。しかし，多くの市場が相互に作用する経済のモデルはそれ自体が非常に複雑となり，分析の目的となる経済現象の本質を明確にすることが困難になるという欠点をもっている。したがって，分析目的に応じて重要な市場のみをとりあげ，当面の分析にとって重要でない市場は集約してその他の市場としてひとまとめにして，経済全体が少数の市場で構成されるようなモデルを構築する方法や，経済全体を少数の財からなるものと想定して，モデルを単純化し，一般均衡分析を行うというアプローチがとられる。そしてこのような一般均衡分析では当然のことながら，各市

場同士あるいは産業同士が相互にどのように影響し合って，それが経済にどのような影響を与えるかが重要なテーマとなってくる。

　一方，部分均衡分析では，ある特定の市場を他の市場との相互連関から切り離して考えるため，その市場の様々な市場形態や産業構造を想定して，市場取引の緻密な分析を行うことが可能となる。したがって部分均衡分析もまたその意味において有用な分析手法である。

3　交換経済の小国貿易モデル

　本節ではきわめてシンプルな一般均衡モデルを用いて貿易の分析をしてみることにする。世界経済は布とコメの2財からなるものとし，日本には一定量の布とコメが与えられているものとする。このようにあらかじめ与えられている財の量を初期賦存量という。日本の布とコメの初期賦存量を，それぞれ h_C と h_R とする。生産は行われないものとし，当面は外国との貿易を行わない閉鎖経済を考えることにしよう。

　日本の国全体の効用水準 U は国民全体の集計的な効用関数 $U(x_C, x_R)$ で表されるものとする。ただし x_C と x_R は，それぞれ，布とコメの国全体の消費量を表すことにする[1]。布とコメの価格が，それぞれ p_C と p_R で与えられるとき，国民は保有している布とコメをこれらの価格で売ることで所得を得る。そしてこの所得で，必要とする布とコメを購入する。よって所得制約式は

$$p_C x_C + p_R x_R = p_C h_C + p_R h_R \tag{1}$$

と表すことができる。

　国全体として最適な布とコメの需要量 x_C と x_R は，所得制約式(1)の下で効用 $U(x_C, x_R)$ を最大にするような x_C と x_R である。図 1-3 において，最適な (x_C, x_R) がどのように決まるかを示そう。所得制約式(1)は

---

[1]　国全体の効用を社会的厚生という。よってここでの国全体の効用関数 $U(x_C, x_R)$ は国全体の経済厚生水準を表すため，社会的厚生関数ともいうが，ここでは効用関数という表現を用いることにする。

8　第I部　貿易理論の基礎

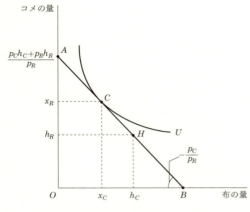

図 1-3 交換経済における最適な消費点

$$x_R = -\frac{p_C}{p_R}x_C + \frac{p_C h_C + p_R h_R}{p_R}$$

と書き換えられる。これは図 1-3 において，傾き $-p_C/p_R$ をもち，初期賦存量の点 (h_C, h_R) を通る直線 AB のグラフで示される。ただし点 (h_C, h_R) は H 点で示されている。効用関数 $U(x_C, x_R)$ の無差別曲線が所得制約線 AB 上で最も上方になる点が最適な消費点となる。それは直線 AB と無差別曲線が接する点で，図 1-3 では C 点で示されている。またこの点を通る無差別曲線は U で表されている。

図 1-3 において H と C を比べてみると，$h_C > x_C$ と $h_R < x_R$ になっている。すなわち布は初期賦存量よりも需要量が小さいため，品余り（すなわち超過供給）となっており，コメはその逆で，品不足（すなわち超過需要）となっている。そこで品余りの布の価格は下落し品不足のコメの価格は上昇するであろう。すなわち p_C/p_R は小さくなるように変化する。このような変化によって所得制約線 AB は，H 点を通り傾きが緩やかになるように，すなわち時計とは逆回りの方向に回転していくことになる。この変化は図 1-4 の状態が実現するまで続く。

図 1-4 では，2 財の価格が p_C^* と p_R^* になったときに 2 財の需要量の点 $C^* = (x_C^*, x_R^*)$ が H 点に一致する場合が示されている。この場合，$h_C = x_C^*$ および $h_R = x_R^*$ であるから，2 財ともに需要と供給が一致しており，経済全体は均衡している。このように経済全体を均衡させる各財の価格 p_C^* と p_R^* を均衡価格といい，その組み合わせ (p_C^*, p_R^*) を一般均衡価格体系という。

以上，日本が貿易を行わない閉鎖経済における一般均衡について説明した。次に日本が外国と貿易を行う場合についてみていこう。日本は小国であるとする。布とコメの国際価格を，それぞれ，p_C^f と p_R^f としよう。小国である日本はこれらの価格を与えられたものとして，その下で貿易を行うことになる。すなわち 2 財の初期賦存量 h_C と h_R をこれらの価格に従って売り，その収入で布とコメを購

入することになる。よって日本が直面する所得制約式は

$$p_C^I x_C + p_R^I x_R = p_C^I h_C + p_R^I h_R \tag{1'}$$

となる。

図1-4に(1')の式のグラフが直線$A^I B^I$で示されている。このときの最適な消費点はC^Iであり，布とコメの需要量は，それぞれ，x_C^Iとx_R^Iとなる。よって初期賦存量と比べると布は$h_C - x_C^I$だけ品余りとなり，コメは$x_R^I - h_R$だけ品不足となる。財価格は国際価格として固定されているため，これ

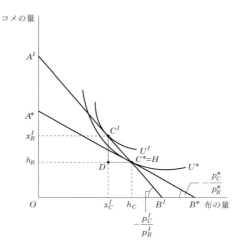

図1-4 交換経済における一般均衡

らの財の過不足は貿易によって調整される。すなわち布を$h_C - x_C^I$だけ輸出し，コメを$x_R^I - h_R$だけ輸入することによって財の過不足は解消される。この場合，図1-4の直線$A^I B^I$の傾きが$-p_C^I / p_R^I$であるため，

$$\frac{p_C^I}{p_R^I} = \frac{C^I D}{DH} = \frac{x_R^I - h_R}{h_C - x_C^I}$$

である。すなわち

$$p_C^I (h_C - x_C^I) = p_R^I (x_R^I - h_R) \tag{2}$$

となり，輸出額＝輸入額として貿易収支は均衡している。そして日本国内の財の過不足はこの貿易によって解消され，国内経済全体で均衡が実現される。このように貿易の規模が$\triangle C^I DH$で表されるため，この三角形を貿易三角形という。

ここでの貿易では，閉鎖経済における国内の布のコメに対する相対価格p_C^* / p_R^*よりもこの国際価格の比p_C^I / p_R^Iのほうが高いため，布が国内よりも相対的に高い価格で売れる外国に布を輸出し，コメは安い外国から輸入する貿易パターンが実現している。しかし逆に$p_C^I / p_R^I < p_C^* / p_R^*$であれば，布をより安い外国から輸入してコメを輸出するという貿易パターンが実現する。これは図1-4で直線$A^I B^I$を直線$A^* B^*$より緩やかな直線にして分析することで確かめられる。

10　第Ⅰ部　貿易理論の基礎

閉鎖経済のときの日本の経済厚生の水準は無差別曲線 U^* で表される一方，国際価格 p_C^I，p_R^I が与えられたときの貿易下での経済厚生の水準は，図1-4の無差別曲線 U^I で表される。U^I のほうが U^* より上方にあるため，貿易下のほうが経済厚生は高くなる。実際，どのように国際価格を与えたとしても経済厚生は貿易を行うほうが高くなる。ただし例外的に国際価格の比が閉鎖経済のときの均衡価格の比と同じであれば，貿易ができたとしても貿易は行わないため，経済厚生は変わらない。貿易を行うことによってより高い経済厚生を実現できる場合，貿易による利益を享受できることになる。

4　オファー曲線

布とコメの国際価格が p_C^I と p_R^I で与えられたときの貿易の規模は前節の図1-4の貿易三角形 $C^I DH$ で示された。これらの国際価格が変化すると貿易三角形も変化する。p_C^I と p_R^I が変化するにつれて，貿易三角形がどのように変わっていくかを図示したのが図1-5である。

図1-5では，(p_C^1, p_R^1)，(p_C^2, p_R^2)，(p_C^*, p_R^*)，(p_C^3, p_R^3) の各国際価格の組について $p_C^1/p_R^1 > p_C^2/p_R^2 > p_C^*/p_R^* > p_C^3/p_R^3$ であるとして，これらの各価格の組に対応する消費点が C^1，C^2，C^*，C^3 として表されている。(p_C^1, p_R^1)，(p_C^2, p_R^2)，(p_C^3, p_R^3) に対応する貿易三角形はそれぞれ，$\triangle C^1 D^1 H$，$\triangle C^2 D^2 H$，$\triangle C^3 D^3 H$ となっている。特に (p_C^*, p_R^*) は図1-4で示される自給自足のときの均衡価格の組であるとする。よってこのときの消費点 C^* は H 点となるため，貿易三角形は生じない。曲線 FHG は国際価格の組がこのように変化したときの消費点の変化の軌跡を表した曲線である。

この曲線 FHG を，H 点を原点にとって表したものが図1-6の曲線 FOG である。図1-6の横軸は布の輸出量，縦軸はコメの輸入量となっている。そこで，例えば (p_C^2, p_R^2) の場合をみてみると，原点 O から p_C^2/p_R^2 の傾きをもつ直線を引き，この直線と曲線 FOG と交わった点が図1-5の C^2 点に対応している。すなわち図1-5の貿易三角形 $C^2 D^2 H$ は図1-6では $\triangle C^2 D^2 O$ に対応している。したがって，図1-6において，一般的に2財の国際価格 p_C^I と p_R^I が与えられたとき，

第1章 簡単な貿易モデル

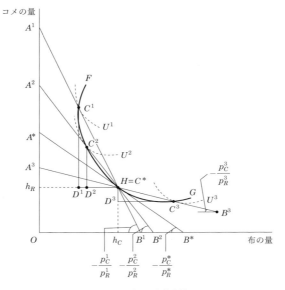

図1-5 価格 – 消費曲線

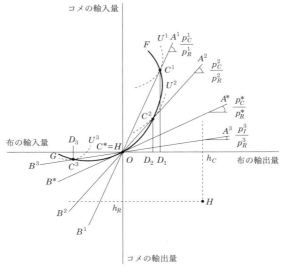

図1-6 オファー曲線

12　第I部　貿易理論の基礎

p_C^t/p_R^t の大きさの傾きをもち原点を通る直線が曲線 *FOG* と交わった点がそれぞれの財の貿易量を表している。この曲線 *FOG* をオファー曲線（Offer curve）という。

　オファー曲線はいくつかの性質をもっている。ここでは3つの点を指摘しておこう。第一に，原点におけるこの曲線の接線の傾きは，貿易を行わない自給自足の下での均衡価格比 p_C^*/p_R^* となっている。なぜなら，(p_C^*, p_R^*) のときには貿易三角形は生じないことと，図1-6から推察できるように，$p_C^t/p_R^t > p_C^*/p_C^*$ となる国際価格の組 (p_C^t, p_R^t) の場合には布を輸出してコメを輸入するためオファー曲線は第1象限に位置し，逆に (p_C^t, p_R^t) が $p_C^t/p_R^t < p_C^*/p_R^*$ の場合には布を輸入してコメを輸出するため，オファー曲線は第3象限に位置するからである。

　次に，オファー曲線上の各点における国民全体の経済厚生を表す効用の大きさを図1-5においてみると，国際価格の組が (p_C^1, p_R^1)，(p_C^2, p_R^2)，(p_C^*, p_R^*)，(p_C^3, p_R^3) であるときの効用水準を表す無差別曲線が，それぞれ U^1，U^2，U^*，U^3 で示される[2]。これらの無差別曲線は図1-6にも示されている。図1-6の無差別曲線は図1-5の $H = (h_C, h_R)$ を原点として描かれている。それぞれの無差別曲線は対応する国際価格の比を傾きとして，原点を通る直線とオファー曲線上で接している。これは国際価格比の傾きをもち原点を通る直線が H 点を原点としたときの貿易収支制約線(2)となっているからである。

　$p_C^t/p_R^t > p_C^*/p_R^*$ となる (p_C^t, p_R^t) について，p_C^t/p_R^t が大きくなると貿易によって実現できる無差別曲線は H 点から遠ざかっていく。すなわち効用水準は上昇していく。これは次のような理由による。この場合，この国は布を輸出して，コメを輸入するような貿易を行っているので，布の輸出量を E_C，コメの輸入量を M_R とすると，貿易収支の均衡条件式(2)によって $p_C^t E_C = p_R^t M_R$ であるから，布の輸出量 E_C によって輸入できるコメの量は $M_R = (p_C^t/p_R^t) E_C$ となる。すなわち p_C^t/p_R^t は布の輸出によって実現できるコメの輸入の大きさの割合である。よって p_C^t/p_R^t をコメに対する布の交易条件（terms of trade）という。相対的に布の価格が上昇すると，すなわち p_C^t/p_R^t が大きくなると，布の輸出量 E_C は同じでも輸入

---

[2]　ただし U^* は図1-4に示してあるもので，図の煩雑さを避けるために図1-5，1-6には示していない。

第1章 簡単な貿易モデル **13**

できるコメの量 M_R は増える。よってこの国が消費できる財の量が増えるため，効用は大きくなる。したがって，輸出財の価格が輸入財の価格に比べて相対的に上昇するような国際価格 p_C'/p_R' の変化は交易条件が良くなることを意味する。

最後の点として，オファー曲線は原点付近では正の傾きをもつが，原点から十分遠ざかると負の傾きをもつ可能性がある。図1-6ではオファー曲線が F 点や G 点付近で負の傾きをもつような場合が描かれている。オファー曲線のこのような性質について説明しておこう。ここではいずれの財も正常財，すなわち所得の上昇は財の需要量を増やすものとする。つまり所得効果が正であるとする。$p_C'/p_R' > p_C^*/p_R^*$ であるような (p_C', p_R') の場合で説明をしよう。この場合，布が輸出財で，コメは輸入財となる。布の輸出量 E_C が p_C'/p_R' の変化にともなってどのように変化するかをみていこう。そのために E_C を $p^I \equiv p_C'/p_R'$ で微分して dE_C/dp^I を求めてみよう。$E_C = h_C - x_C$ である。ここで，h_C はこの国に与えられた賦存量であるため，変化しないから，$dh_C/dp^I = 0$ である。よって，

$$\frac{dE_C}{dp^I} = \frac{dh_C}{dp^I} - \frac{dx_C}{dp^I} = -\frac{dx_C}{dp^I} \tag{3}$$

となる。

dx_C/dp^I について詳しくみていこう。x_C は次の問題の解である。

$$\underset{x_C, x_R}{Max} \, U(x_C, x_R) \ \text{sub. to} \ x_R + p^I x_C = h_R + p^I h_C$$

そこで $Y \equiv h_R + p^I h_C$ とすると，x_C は p^I と Y との関数として表される。これを $x_C = x_C(p^I, Y)$ と表そう。このとき

$$\frac{dx_C}{dp^I} = \frac{\partial x_C}{\partial p^I} + \frac{\partial x_C}{\partial Y}\frac{dY}{dp^I} = \frac{\partial x_C}{\partial p^I} + \frac{\partial x_C}{\partial Y}h_C \tag{4}$$

である。$\partial x_C/\partial p^I$ はスルーツキー方程式を用いると，

$$\frac{\partial x_C}{\partial p^I} = \left(\frac{\partial x_C}{\partial p^I}\right)_{U=\bar{U}} - x_C\frac{\partial x_C}{\partial Y} \tag{5}$$

である。ただし $(\partial x_C/\partial p^I)_{U=\bar{U}}$ は p^I の変化に対して効用を一定に保つような x_C の変化を表し，ヒックスの代替効果といわれるものである。(3), (4), (5)と $E_C = h_C - x_C$ によって，

$$\frac{dE_C}{dp^I} = -\left(\frac{\partial x_C}{\partial p^I}\right)_{U=\bar{U}} - E_C\frac{\partial x_C}{\partial Y} \tag{6}$$

14　第Ⅰ部　貿易理論の基礎

を得る。

　無差別曲線が原点方向に凸であるため $(\partial x_C/\partial p^I)_{U=\bar{U}}<0$ となる。また正常財であることから $\partial x_C/\partial Y>0$ である。よって，（6）を利用すると，

$$\frac{dE_C}{dp^I} \lessgtr 0 \Leftrightarrow \left|\left(\frac{\partial x_C}{\partial p^I}\right)_{U=\bar{U}}\right| \lessgtr E_C \frac{\partial x_C}{\partial Y}$$

という関係が成立する。

　原点付近では E_C がゼロに近いため，$E_C(\partial x_C/\partial Y)$ よりも $|(\partial x_C/\partial p^I)_{U=\bar{U}}|$ の値が大きくなる。よって $dE_C/dp^I>0$ となる。p^I が大きくなると E_C も大きくなり，E_C が十分大きくなると逆に $E_C(\partial x_C/\partial Y)$ が $|(\partial x_C/\partial p^I)_{U=\bar{U}}|$ を上回るようになり，$dE_C/dp^I<0$ となる。直感的には p^I が非常に大きくなると交易条件が良くなり，少しの布の輸出で大量のコメを輸入できるようになるため，布を従来ほど輸出しなくても十分にコメを輸入できるから，むしろ布の輸出を抑えて，国内消費に回したほうが効用を高くできることを意味している。

　同様にして，dM_R/dp^I を求めると，$M_R=x_R-h_R$ より

$$\frac{dM_R}{dp^I} = \frac{dx_R}{dp^I} = \frac{\partial x_R}{\partial p^I} + \frac{\partial x_R}{\partial Y}h_C$$

であり，スルーツキー方程式によって

$$\frac{\partial x_R}{\partial p^I} = \frac{\partial x_R}{\partial p^I}\bigg|_{U=\bar{U}} - x_C\frac{\partial x_R}{\partial Y}$$

であるから，

$$\frac{dM_R}{dp^I} = \frac{\partial x_R}{\partial p^I}\bigg|_{U=\bar{U}} + E_C\frac{\partial x_R}{\partial Y}$$

となる。ヒックスの代替効果 $(\partial x_R/\partial p^I)_{U=\bar{U}}$ は正である。また正常財の仮定によって $\partial x_R/\partial Y>0$ である。したがって常に $dM_R/dp^I>0$ となる。

　以上から，原点付近では $dE_C/dp^I>0$ と $dM_R/dp^I>0$ が成り立ち，p^I が十分大きくなりオファー曲線上の点が原点から十分遠いところでは $dM_R/dp^I>0$ である一方，$dE_C/dp^I<0$ となる可能性がある。よって，オファー曲線は原点付近で正の傾きをもつが，原点から十分離れたところでは負の傾きをもつ可能性がある。

　以上で説明したオファー曲線は，次節で説明する2国間で貿易が行われた場合の世界経済における均衡点の性質をみていく上で，重要な役割を果たすことにな

第 1 章　簡単な貿易モデル　**15**

る。

5　交換経済における 2 国間貿易モデル

　この節では小国の場合ではなく，世界は 2 つの国からなるものと仮定し，これらの 2 つの国の間での貿易について考えていくことにする。したがって，世界は 2 つの国と 2 つの財で構成されているものとする。2 つの国は A 国と B 国，2 つの財は布（C）とコメ（R）とする。A 国と B 国は，それぞれ布とコメを初期賦存量として，(h_C^A, h_R^A) と (h_C^B, h_R^B) だけ持っているものとする。ここで例えば h_C^A は A 国の布の初期賦存量である。したがって経済全体での布とコメの賦存量は，それぞれ，$h_C^A + h_C^B$ と $h_R^A + h_R^B$ になる。図 1-7 では A 国と B 国の初期賦存量の点が H 点で示されている。ただし図 1-7 はボックスの左下のコーナー O_A を A 国の原点，右上のコーナー O_B を B 国の原点として，縦軸をコメの量，横軸を布の量にとっている。

　A 国と B 国は，それぞれ，布とコメを消費することから効用を得る。その効用の大きさは各財の消費量に依存する効用関数 $U^A(x_C^A, x_R^A)$ と $U^B(x_C^B, x_R^B)$ で表される。ここで例えば x_C^A は A 国の布の消費量を表している。初期賦存量を各国が消費する場合の効用は $U^A(h_C^A, h_R^A)$ と $U^B(h_C^B, h_R^B)$ で表され，この大きさの効用を表す無差別曲線が H 点を通る曲線として，それぞれ $\overline{U}^A$ と $\overline{U}^B$ で描かれている。これが閉鎖経済のときに実現される A 国と B 国の経済厚生の水準であり，そのときの各国の 2 財の均衡価格比 p_C^A/p_R^A と p_C^B/p_R^B は，それぞれの国の無差別曲線 $\overline{U}^A$ と $\overline{U}^B$ の H 点における接線の傾きの大きさで表される。

　ここで，この 2 つの国がお互いに布とコメを交換することを考えよう。交換の仕方は，布とコメの価格が p_C と p_R で与えられたとき，これら 2 つの財の初期賦存量分をこれらの価格で売り，その収入で 2 つの財を購入するという方法をとる。そこで A 国の各財の購入量 x_C^A, x_R^A は次の所得制約式を満たさなくてはならない。

　　$p_C x_C^A + p_R x_R^A = p_C h_C^A + p_R h_R^A$

同様に B 国についても所得制約式

　　$p_C x_C^B + p_R x_R^B = p_C h_C^B + p_R h_R^B$

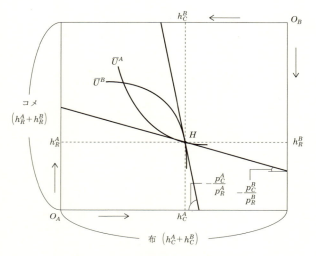

図 1-7 2国の初期賦存量

を満たさなければならない。$p \equiv p_C/p_R$ とすると，これらの式はそれぞれ

$$px_C^A + x_R^A = ph_C^A + h_R^A \tag{7}$$
$$px_C^B + x_R^B = ph_C^B + h_R^B \tag{7'}$$

と書き換えられる。

そこでA国は(7)の制約の下で $U^A(x_C^A, x_R^A)$ を最大にするように x_C^A と x_R^A を決める。同様にB国は(7')の下で $U^B(x_C^B, x_R^B)$ を最大にするように x_C^B と x_R^B を決める。2つの財の価格が p_C と p_R として与えられたときに，このようにして決まる各国の2つの財の購入量は，図1-8のように示される。

図1-8において，直線 AB はH点を通り，傾き $-p \equiv -p_C/p_R$ をもつ。これは原点 O_A からみると A国の所得制約式(7)を表し，原点 O_B からみると B国の所得制約式(7')を表している。これらの所得制約式の下での A 国と B 国のそれぞれの効用最大化行動によって，それぞれの国の無差別曲線がその国の所得制約線と接する点 $C^A = (x_C^A, x_R^A)$ と $C^B = (x_C^B, x_R^B)$ が最適な財需要の点として決まる。図から明らかなように，この場合，布とコメの需給関係は，それぞれ，

$$x_C^A + x_C^B > h_C^A + h_C^B \tag{8}$$
$$x_R^A + x_R^B < h_R^A + h_R^B \tag{8'}$$

となっている。すなわち布については経済全体で供給される量 $h_C^A + h_C^B$ より経済全体で需要される量 $x_C^A + x_C^B$ のほうが大きいため，品不足（すなわち超過需要）の状態となっている。反対に，コメについては，品余り（すなわち超過供給の状態）となっている。そこで通常，品不足にある布の価格 p_C は上昇し，品余りにあるコメの価格 p_R は下落するため，p_C/p_R は大きくなる。すなわち H 点を通る直線 AB は急になる。このような価格の変化は(8)と(8′)がともに等式で成立するまで続く。

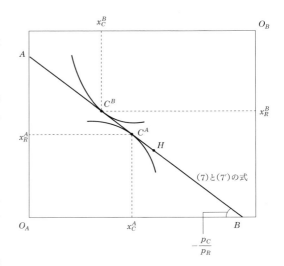

図 1-8 貿易下での各国の財の需要量

そこでいま(8)と(8′)が等式で成立するときの各財の価格を p_C^* と p_R^* としよう。そのときの各国の各財の需要量を右肩に * をつけて表すと，

$$x_C^{A*} + x_C^{B*} = h_C^A + h_C^B \tag{9}$$
$$x_R^{A*} + x_R^{B*} = h_R^A + h_R^B \tag{9′}$$

である。(9)と(9′)はそれぞれ布とコメの経済全体での需要が供給に等しい状態を表しているため，この状態は経済の均衡状態となっている。よってこの状態を実現させている財価格の組 (p_C^*, p_R^*) は均衡価格体系である。図1-9に，均衡価格体系 (p_C^*, p_R^*) のもとでの経済の状況を示しておく。この場合(9)と(9′)によって，(p_C^*, p_R^*) のもとで実現される両国の消費点 $C^A = (x_C^{A*}, x_R^{A*})$ と $C^B = (x_C^{B*}, x_R^{B*})$ は一致していなくてはならない。ただし C^A は原点を O_A として，C^B は原点を O_B として示されている。図1-9ではその点が E 点となっている。

図1-9において2つのことがわかる。$-p_C^*/p_R^*$ の傾きをもつ予算制約線上に E と H があるため，A 国については $p_R^*(x_R^{A*} - h_R^A) = p_C^*(h_C^A - x_C^{A*})$ となっており，これら2つの点の間で，$h_R^A < x_R^{A*}$ および $x_C^{A*} < h_C^A$ となっている。すなわち A

18　第Ⅰ部　貿易理論の基礎

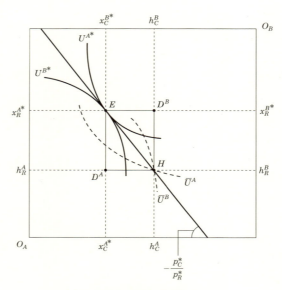

図1-9　交換経済での2国間貿易均衡

国はコメを価格 p_R^* で $x_R^{A*} - h_R^A$ だけ輸入して，その収入で布を価格 p_C^* で $h_C^A - x_C^{A*}$ だけ輸出することになる。B国ではそれに対応して，これらの価格の下でA国が輸出する分の布をA国から輸入して，A国が輸入する分のコメをA国に輸出することになる。このことは図において，両国の貿易三角形 $\triangle ED^A H$ と $\triangle ED^B H$ が合同になっていることからも明らかである。

　また，貿易を行わない場合の各国の経済厚生水準は図1-7で示した $\overline{U}^A$ と $\overline{U}^B$ であり，これらは図1-9に破線で描かれている。これに対してお互いに財を貿易したときの各国の経済厚生は図1-9の U^{A*} と U^{B*} である。図1-9からわかるように，両国の経済厚生水準は貿易をしないときに比べて貿易を行うときのほうがより高くなっている。ここからは，お互いに財を貿易し合うことで経済状態は良くなることがみてとれる。すなわち両国とも貿易によって利益を受ける。

6 一般均衡分析における2つの留意点

以上で説明した2国2財の交換経済について，留意すべき点が2つある。1つは，各財の価格 p_C と p_R が与えられたとき，各国の2つの財の需要量は，これらの価格の相対比率 $p = p_C/p_R$ のみに依存して決まることである。したがって，p_C と p_R の下で決まる各国の需要量は，任意の $\lambda\,(>0)$ によって，p_C と p_R を λ 倍した λp_C と λp_R の下で決まる需要量と同じになる。これは各個人が効用を最大にする場合の所得制約式(7)や(7′)が財の価格比率 p_C/p_R のみに依存していることから明らかである。したがって，$(p_C{}^*, p_R{}^*)$ が均衡価格体系ならば，任意の $\lambda\,(>0)$ を用いて $(\lambda p_C{}^*, \lambda p_R{}^*)$ とした価格体系もまた均衡価格体系となる。特に(7)や(7′)の場合，コメの価格 p_R を基準にして布の価格を p_C/p_R として表している。この場合，コメの価格は常に1となる。このように価格の基準となる財（今の場合コメ）を価値尺度財あるいはニューメレール財（numeraire）という。

第2の点はワルラス法則（Walras' law）といわれるものである。価格 p_C と p_R が与えられると，その下で各個人は(7)と(7′)に従って効用を最大にするように各財の需要を決める。(7)と(7′)の式に表される価格は p_C と p_R の絶対水準でなく相対的な大きさ $p \equiv p_C/p_R$ であるから，p_C と p_R が与えられたとき，各国の効用を最大にする各財の需要（いわゆる各国の最適な需要）は2財の価格比 p の関数として

$$x_C^A = x_C^A(p), \quad x_R^A = x_R^A(p), \quad x_C^B = x_C^B(p), \quad x_R^B = x_R^B(p)$$

と表すことができる。そしてこれらは(7)と(7′)を満たすから，(7)と(7′)にこれらを代入して足し合わせると，

$$\left(x_R^A(p) + x_R^B(p)\right) + p\left(x_C^A(p) + x_C^B(p)\right) = \left(h_R^A + h_R^B\right) + p\left(h_C^A + h_C^B\right) \tag{10}$$

が成立する。どのような財価格体系 (p_C, p_R) の下でも(10)が成立する。このことをワルラス法則という。

そこで，コメについて経済全体で需要と供給が等しいとき，すなわち $x_R^A(p) + x_R^B(p) = h_R^A + h_R^B$ であるときには，ワルラス法則を表す(10)の式から，$x_C^A(p) + x_C^B(p) = h_C^A + h_C^B$ が成立する。すなわち布についても経済全体の需要と供給が等しくなる。逆に経済全体で布の需要と供給が等しくなれば，コメについても経済

20　第Ⅰ部　貿易理論の基礎

全体での需要と供給が等しくなる。

　したがって，均衡価格体系 (p_C^*, p_R^*) を求める場合には，

$$x_C^A(p) + x_C^B(p) = h_C^A + h_C^B, \quad x_R^A(p) + x_R^B(p) = h_R^A + h_R^B$$

の2つの式のどちらか一つを用いて，その式を満たす p を求めればよい。そのような p を p^* とすると，$p^* = p_C^*/p_R^*$ となるすべての (p_C^*, p_R^*) が均衡価格体系となる。

7　オファー曲線と2国間貿易の均衡

　交換経済における2国間貿易の均衡は，第4節で説明したオファー曲線を用いて示すことができる。第5節の A 国と B 国の間の貿易を考えよう。このときの A 国と B 国のオファー曲線は，それぞれ，図1-10の曲線 $F^A OG^A$ と $F^B OG^B$ で示される。図において，これら2つのオファー曲線の交点 E が両国間での貿易の均衡を表している。原点 O から E を通る直線の傾きを p^* とすると，$p^* = p_C^*/p_R^*$ となる2財の価格 p_C^* と p_R^* が貿易下での国際均衡価格となる。そして両国の貿易の大きさは E 点で表される。

　このような貿易均衡が存在するためには両国のオファー曲線が図1-10の長方形 $H^B IH^A J$ の中で交わっていなくてはならない。ただし H^A と H^B はそれぞれ A 国と B 国の2財の初期賦存量の点である。場合によっては両国のオファー曲線の交点が図1-11に示されるように複数生じることもある。その場合には，これらの交点のすべてが貿易均衡点となる。

　貿易下において，経済が不均衡の状態にあるとき，どのようにして均衡状態が実現されるかをオファー曲線によってみていくことができる。いま，国際価格比が p^1 として図1-11のように与えられているとしよう。このときの A 国と B 国の貿易量の点はそれぞれ D^A と D^B となっているため，一致せず，したがって不均衡の状態にある。A 国は布を E_C^A だけ輸出し，コメを M_R^A だけ輸入する一方，B 国は布を M_C^B だけ輸入し，コメを E_R^B だけ輸出する。図からわかるように $E_C^A < M_C^B$，$M_R^A < E_R^B$ であるから，布は品不足（超過需要），コメは品余り（超過供給）となっている。

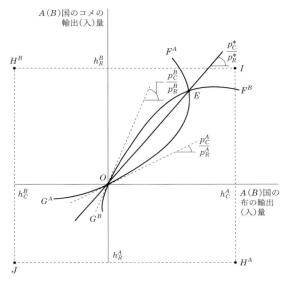

図 1-10 オファー曲線と貿易均衡

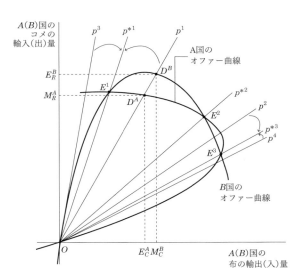

図 1-11 貿易均衡が複数存在する場合

22   第Ⅰ部　貿易理論の基礎

　この不均衡を解消するための経済の自律的な調整メカニズムとしてワルラス的な価格調整を考えよう。すなわち品不足となっている財の価格は上昇し，品余りとなっている財の価格は下落していくものとしよう。このような調整メカニズムが機能する場合には，図1-11で与えられている p^1 の状態では，布の価格 p_C は上昇し，コメの価格 p_R は下落するため，p^1 は上昇することになる。この上昇は $E_C^A = M_C^B$，$M_R^A = E_R^B$ となるまで続く。そして p^1 はやがて p^{*1} に達して，そこで $E_C^A = M_C^B$，$M_R^A = E_R^B$ となり均衡状態が実現する。

　p が p^{*1} と p^{*2} の間にある場合には，このようにして p は p^{*1} に達するため均衡点 E^1 が実現される。同様にして p が p^2 のように p^{*2} と p^{*3} の間にある場合には p は p^{*3} に到達するため，均衡点 E^3 が実現する。また p が p^3 のように p^{*1} より大きい場合には p は p^{*1} に達するように変化して E^1 を実現し，逆に p が p^4 のように p^{*3} より小さい場合には p は p^{*3} に達して均衡点 E^3 を実現することになる。

　このように，均衡点が複数ある場合には，どの均衡点が実現されるかは，初期の不均衡な状態がどこにあるかに依存している。図1-11からも明らかなように，初期の不均衡な状態がどのようであっても均衡点 E^2 は実現されることはない。このように決して達成されることのない均衡点は不安定な均衡点という。一方，ある均衡点に十分近いところを初期の不均衡点とするとき，それがどのような不均衡点であっても，やがてはその均衡点に必ず達する場合，その均衡点は局所的に安定な均衡点という。E^1 や E^3 は局所的に安定な均衡点である。図1-10の場合では，均衡点は E のみであり，初期の不均衡は状態を表す p がどのようなところにあっても p は p^* に達してこの均衡点を実現する。このような均衡点は大域的に安定な均衡点という。

　以上のワルラス的調整メカニズムを微分方程式によって表現してみよう。世界全体の布の超過需要量は $f(p) \equiv M_C^B(p) - E_C^A(p)$ であり，$f(p) > 0$ なら世界全体で布の品不足となっており，$f(p) < 0$ なら布の品余りとなっている。よって $f(p) > 0$ なら時間の経過とともに布のコメに対する相対価格 p は上昇し，$f(p) < 0$ なら p は時間とともに下落する。これは微分方程式を用いて

$$\frac{dp}{dt} = f(p) \tag{11}$$

と表せる。

　$f(p)$ のグラフが例えば図 1-12 の曲線 d のようになっているものとしよう。均衡価格比 p は世界全体での布の需給が一致しているとき，すなわち $f(p) \equiv M_C^B(p) - E_C^A(p) = 0$ となる場合であり，図 1-12 では p^{*1}, p^{*2}, p^{*3} の 3 つの均衡価格比が存在している。いま，初期の価格比 p が p^0 として図のように p^{*1} と p^{*2} の間にあるとしよう。このとき $f(p) > 0$ であるため，(11) によって $dp/dt > 0$

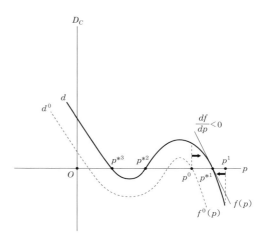

図 1-12 均衡の安定性

である限り p の上昇が続くので，最終的に p は p^{*1} に到達する。初期の p が p^1 のように図の p^{*1} より大きいところ，すなわち右側にある場合には $f(p) < 0$ であるから p は下落していき，このときにも p^{*1} に到達する。よって p^{*1} は局所的に安定な均衡価格比である。同様にして p^{*3} も局所的に安定であるが，p^{*2} は不安定となる。

　このようにみていくと，一般的に均衡価格比 p^* が局所的に安定であるためには $f(p)$ の曲線の傾きが p^* において負の傾きをもてばよいことがわかる。すなわち，p^* において (11) の調整メカニズムが安定となる条件は，

$$\frac{df(p^*)}{dp} = \frac{dM_C^B(p^*)}{dp} - \frac{dE_C^A(p^*)}{dp} < 0 \tag{12}$$

を満たすことである。

　以下ではこの (12) の条件式についてみていくことにしよう。A 国の国際収支均衡条件 $pE_C^A(p) = M_R^A(p)$ によって，$E_C^A(p) = (1/p) M_R^A(p)$ である。ここで，布のコメに対する相対価格 $p \equiv p_C/p_R$ の逆数，すなわちコメの布に対する相対価格を $q \equiv p_R/p_C$ としよう。このとき $p = 1/q$ となる。そこで

$$\frac{1}{p} M_R^A(p) = q M_R^A(1/q) = q \tilde{M}_R^A(q)$$

24 第Ⅰ部 貿易理論の基礎

である。ただし $M_R^A(1/q) \equiv \tilde{M}_R^A(q)$ と表している。

このとき，

$$\frac{dE_C^A(p)}{dp} = \frac{d}{dq}\big[q\tilde{M}_R^A(q)\big]\frac{dq}{dp}$$

$$= \left(\tilde{M}_R^A(q) + q\frac{d\tilde{M}_R^A(q)}{dq}\right)\left(-\frac{1}{p^2}\right)$$

となる。よって

$$\frac{df(p)}{dp} = \frac{dM_C^B(p)}{dp} + \frac{1}{p^2}\left(\tilde{M}_R^A(q) + q\frac{d\tilde{M}_R^A(q)}{dq}\right)$$

$$= \frac{M_C^B(p)}{p}\,(-\eta_C^B) + \frac{1}{p^2}\tilde{M}_R^A(q) + \frac{1}{p^2}\tilde{M}_R^A(-\eta_R^A)$$

$$= \frac{1}{p^2}\big\{pM_C^B(p)(-\eta_C^B) + \tilde{M}_R^A(q) + \tilde{M}_R^A(-\eta_R^A)\big\} \tag{13}$$

である。ただし

$$\eta_R^A \equiv -\frac{q}{\tilde{M}_R^A}\frac{d\tilde{M}_R^A(q)}{dq}, \quad \eta_C^B \equiv -\frac{p}{M_C^B}\frac{dM_C^B(p)}{dp}$$

は，それぞれコメの相対価格 q に対する A 国のコメの輸入弾力性と布の相対価格 p に対する B 国の布の輸入弾力性で，これらの財が正常財である場合には，すでに説明したように $d\tilde{M}_R^A(q)/dq<0$, $dM_C^B(p)/dp<0$ であるから，η_R^A と η_C^B はともに正の値をとる。

$p=p^*$ の下では両国間でのコメの貿易量は一致していなくてはならないから，$E_R^B(p^*) = M_R^A(p^*)$ となっている。これと B 国の国際収支均衡条件 $pM_C^B(p) = E_R^B(p)$ を(13)式に用いると，$p=p^*$ においては，(12)式は

$$\frac{df(p)}{dp} = \frac{\tilde{M}_R^A(q^*)}{p^{*2}}\left(-\eta_C^B - \eta_R^A + 1\right) < 0 \tag{14}$$

となる。そして $q^*=1/p^*$ とする。また η_R^A と η_C^B は $p=p^*$ のときの値である。

よって(11)が均衡価格比 p^* において局所的に安定であるための条件は(14)で示される。すなわち $p=p^*$ において

$$\eta_R^A + \eta_C^B > 1 \tag{15}$$

を満たすことが条件となる。(15)の条件は A 国のコメの輸入弾力性と B 国の布

の輸入弾力性の和が1より大きいことを意味しており，この条件をマーシャル＝ラーナー条件（Marshall-Lerner condition）という。

　以上，均衡が安定であるための条件を考えてきたが，均衡が安定かどうかが，経済をみていく上でなぜ重要かを説明しておこう。いま，ある時点における経済の状態が図1-12で示されるd^0のような超過需要曲線で表され，その下で均衡価格比はp^0となっていて安定な状態にあったとしよう。この場合，経済はこの状態で落ち着いていることになる。しかしこの経済に外からのショック（例えば地震やハリケーンなどによる自然災害やリーマンショックのような金融システムの混乱など）が与えられ，超過需要曲線d^0が影響を受けてdの方向に動いたとしよう。この新しい超過需要曲線dの下では，p^0はもはや均衡ではなく不均衡となる。そしてワルラス的な価格調整メカニズムの下ではpはp^0から上昇して新しい均衡価格比p^{*1}に移っていくことになる。このように外からの何らかのショックによって従来の均衡が不均衡となるとき，変化した経済状況の下で何らかの新しい均衡が実現されるとすれば，その均衡は安定的均衡でなくてはならない。このように均衡が安定か不安定かは，その均衡が実現可能かどうかという点で重要な意味をもっている。

　ここではワルラス的な価格調整メカニズムが機能しているという想定で議論を進めてきたが，不均衡状態にある経済が均衡に向かって自律的に経済を調整するメカニズムとしては他にも，マーシャル的な数量調整メカニズムや価格調整と数量調整の混合的な調整など様々なものが考えられる。どのような貿易の経済を考えるかによって，その経済に妥当と考えられる調整メカニズムを用いる必要がある。

8　まとめ

　本章ではミクロ経済理論をもとに，1つの財市場のみに焦点を当てた部分均衡分析によって，貿易がもたらす利益を説明し，さらに複数の財のある交換経済の一般均衡モデルによって，お互いが持っている財の交換がお互いの経済厚生を高めることを説明した。もともとデイヴィッド・リカードは生産面の分析によって，

26　第Ⅰ部　貿易理論の基礎

国際分業とそれによって生じる貿易パターンを論じ，国家にもたらされる貿易利益を論じたが，その後ジョン・スチュワート・ミルは財需要についての考察を加えることで，より明確な分析を行い，国際貿易の一般均衡論的な分析への道を開いた。本章でのオファー曲線による貿易の分析は，ミルによって提示された相互需要説（theory of reciprocal demand）をアルフレッド・マーシャルが幾何学的な手法で精緻化したものである。

　本章での議論が成立するためには，市場が完全競争的であり，市場の失敗が存在せず，生産技術や消費者の無差別曲線が凸の性質をもっているといった厳しい条件を必要とする。現代の経済では多くの産業は不完全競争であり，また様々な市場の失敗が存在している。生産技術についても，生産規模が大きくなると限界費用が低下するような非凸型の技術が見受けられる。本書は本章で提示した貿易理論の基本的な考え方の現実的視点からの拡張や，現代的な経済環境のもとで強いられる修正に関する考察を扱う。そのような分析に先立って，以下の続く2つの章では，生産を含めた一般均衡論的な国際貿易モデルとして従来多くの経済学者が用いてきた比較優位論の代表的モデルである，リカード・モデルとヘクシャー＝オリーン・モデルについて説明していくことにする。

本章に関連する文献
　本章の説明はミクロ経済学の交換経済における一般均衡分析を内容としているため，ミクロ経済学の標準的なテキスト，例えば，武隈慎一『ミクロ経済学　増補版』新世社，1999年や多和田眞『コアテキスト　ミクロ経済学』新世社，2005年などが参考になる。オファー曲線については A. Takayama, *International Trade*, Holt, Reinehart and Winston, 1972 や中西訓嗣『国際経済学　国際貿易編』ミネルヴァ書房，2013年が詳しい。またマーシャル＝ラーナー条件の導出は上述の Takayama (1972) および M. Tawada, *Production Structure and International Trade*, Springer-Verlag, 1989 が詳しい。

第 2 章

リカードの比較優位論

1　はじめに

　国際貿易論の理論的基礎は英国の経済学者デイヴィッド・リカードによって提唱された比較優位論で与えられた。リカードはアダム・スミスの考え方を受け継いで，すべての財の生産の本源的な要素は直接・間接に投入される労働のみであると考えた。すなわち，生産において使用される中間財や工場設備・機械設備などの物的資本財もまた労働によって生産される以上，最終消費財の生産は，直接その生産に投入される労働に中間財や資本財の投入も間接的な労働投入として加えた労働投入の合計によって行われると考えた。

　スミスやリカードが目にした 18 世紀後半から 19 世紀初頭の英国経済は，産業革命を経て資本主義経済が社会に浸透しはじめた時期であり，家族的経営の多くの小規模企業が産業を支えていた。したがって生産は，大きな固定費用を必要とせず，規模の経済効果も大きくなく，収穫一定的な生産技術による多くの小規模企業が，与えられた市場価格をシグナルとしてお互いに激しい競争の下で生産活動を行っていた。このような企業像は今日でいう完全競争企業の姿に近いものといえよう。

　このような経済社会の中に生きたスミスは，経済発展のための効率的な資源配分の方法として，分業論を主張する。それを受け継いだリカードは，国際貿易による一国の経済発展の可能性を，比較優位論によって明らかにした。

　本章ではこのリカードの比較優位論を，ワルラスに始まり，サミュエルソンによって整備され，アロー，ドブリューやマッケンジーによって精緻化された一般

28　第I部　貿易理論の基礎

均衡論のフレームワークにおいて説明していく。リカードのモデルの前提となる収穫一定の生産技術や完全競争企業からなる産業は，リカードの生きた資本主義の勃興期には適切であるとしても，資本主義経済が非常に高度化した現代の経済にはそぐわない。しかし，あえてこのような経済モデルによって国際貿易論の説明をスタートさせることの理由は，基本的な国際貿易の考え方を把握した上で，このモデルを土台にして，このモデルを寡占的な企業や規模の経済効果が働く生産，さらには輸送費を導入した空間経済などに応用することで，現代の貿易に即した貿易理論の分析が展開できるからである。

2　リカードのモデル——閉鎖経済における生産者の行動

2国2財1生産要素の世界経済を考えよう。2国は自国（H国）と外国（F国），2財はX財とY財とする。また生産要素は労働とし，2つの国はX財とY財を労働を用いて生産すると考える。それぞれの国には一定の労働量が与えられているものとする。

はじめに1つの国についてみていき，それを後ほど自国と外国それぞれについて適用していくことにしよう。この国のX財とY財の生産はともに完全競争企業によって行われているものとする。また同一産業内の企業はすべて同一の生産技術を持っているものとする。

いまX財産業の1つの企業を考え，その企業の生産量をx，労働投入量をl_xとすると，この企業の利潤π_xは

$$\pi_x = p_x x - w l_x \tag{1}$$

と表せる。ここでp_xとwはそれぞれX財市場と労働市場において成立しているX財の価格と労働賃金で，完全競争企業は産業規模に比べて企業規模が小さいため，これらの価格を操作することができず，したがってこれらの価格を与えられたものとして，その下で(1)で表される利潤の最大化を行うものとする。

X財産業の各企業はX財を1単位生産するのにa_x単位の労働を必要とし，生産量は労働投入量に正比例するものとする。すなわちX財産業の各企業の生産関数は$x = l_x / a_x$と表される。この生産技術を用いると(1)は

$$\pi_X = p_X \frac{l_X}{a_X} - w l_X = l_X \left(\frac{p_X}{a_X} - w \right)$$

となる。

そこでいま，市場から与えられている p_X と w が $p_X/a_X < w$ であるならば，企業は $l_X > 0$ を雇用して生産を行うと利潤がマイナスとなるため，企業は生産をやめてこの産業から退出してしまう。もし $p_X/a_X > w$ であるならば，生産によって正の利潤が得られるため，既存企業のマーケットを奪うための財価格 p_X の引き下げや労働力確保のための賃金 w の引き上げをもって新企業の参入が起こる。$p_X/a_X > w$ である限りこの参入は続き，最終的に $p_X/a_X = w$ となる。すなわち X 財産業が参入や退出の自由な多くの完全競争企業から成る場合，$p_X/a_X = w$ が成立することになる。

したがって X 財産業全体で L_X の労働が雇用されると産業全体の生産量 X は

$$X = \frac{L_X}{a_X} \tag{2}$$

として決まる。(2)を X 財産業の生産関数という。そして X 財産業で生産が行われているときは

$$p_X \left(\frac{1}{a_X} \right) = w \tag{3}$$

が成立することになる。

以上の議論は Y 財産業についても適用できる。L_Y を Y 財産業全体の労働雇用量，a_Y を Y 財 1 単位の生産に必要な労働投入量とすると，Y 財産業の生産関数は

$$Y = \frac{L_Y}{a_Y} \tag{2'}$$

と表される。そして Y 財の価格が p_Y のもとで，Y 財産業で生産が行われるときには

$$p_Y \left(\frac{1}{a_Y} \right) = w \tag{3'}$$

が成立することになる。(3)と(3')の下では X 財産業と Y 財産業それぞれにおいて企業の利潤はゼロとなるので，(3)と(3')を利潤ゼロ条件という。(3)と(3')で

30   第I部　貿易理論の基礎

示されているように両産業における労働賃金は w で同一となっているが，これは，労働者は国内の産業間を自由に移動できるものと考えていることによる。例えば，X 財産業と Y 財産業の賃金を，それぞれ w_X と w_Y として，$w_X < w_Y$ とすると，X 財産業の労働者は Y 財産業に移ろうとする。Y 財産業の企業も，w_X よりは高いが w_Y よりは低い賃金で X 財産業からの労働者を利用すれば利潤を大きくできる。よって X 財産業から労働が流出してしまう。この動きは $w_X < w_Y$ である限り生じるので，両産業が一定の生産を行うためには $w_X = w_Y$ でなくてはならない。よってこの国で X 財と Y 財の両財が生産されているときは両産業間で賃金は同一となる。

　この国の労働量は大きさ L で与えられているものとする。これをこの国の労働賦存量という。そこで L_X と L_Y の合計は L より小さくなくてはならない。この国が与えられている労働賦存量 L のすべてを生産に投入することを考えよう。L のうちどれだけをどちらの生産に投入するかによって，この国が生産可能な X 財と Y 財の組み合わせは変わってくる。すなわちこの国が生産可能な X 財と Y 財の組み合わせは

$$L_X + L_Y = L \tag{4}$$

と各財の生産関数(2)と(2')によって表すことができる。

　(4)に(2)と(3')を代入することによって

$$a_X X + a_Y Y = L \quad \text{すなわち} \quad Y = -\frac{a_X}{a_Y}X + \frac{L}{a_Y} \tag{5}$$

を得る。図2-1に(5)のグラフが描かれているが，それは右下がりの直線 AB となる。

　図2-1において直線 AB より下の△ABO の網かけ部内の点 (X, Y) がこの国で達成可能な生産点である。直線 AB より下にある点 (X, Y) は労働量 L より少ない労働量を使用することで実現できる。直線 AB 上の点 (X, Y) は労働量 L をすべて投入することによって実現できる点である。△ABO の網かけ部をこの国の生産可能性集合といい，その上限である直線 AB を生産可能性フロンティア (production possibility frontier) という。

　生産可能性フロンティアを表す直線(5)は，図2-1に示されているように，$-a_X/a_Y$ の傾きをもっている。そこでフロンティア上の，例えば G 点から X 財

を1単位増加させるとY財はa_X/a_Yだけ減少することになる。すなわちX財を1単位増やすためにはa_X/a_Y単位のY財を犠牲にしなくてはならない。このa_X/a_Yの大きさをX財1単位の生産にともなうY財で測った機会費用（opportunity cost）という。

この経済の労働者はどのような正の賃金水準のもとでも労働賦存量のすべて，すなわち，Lの大きさの労働量を供給するものと考えよう。また生産者側も経済全体でこれらすべ

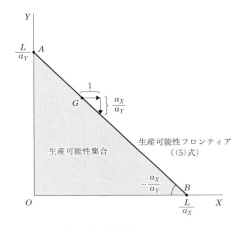

図2-1　生産可能性フロンティア

ての労働者を雇用して生産を行うものとする。すなわちこの国の経済では完全雇用が実現しているとする。これは(4)の下で生産が行われていることを意味するため，生産は生産可能性フロンティア上で行われることになる。そこで，(4)を完全雇用条件と呼ぶことにする。

3　消費者の行動と経済の均衡

前節で生産者側についてみてきたので，ここでは消費者側についてみていくことにする。この国の生産者は利潤ゼロのため所得（法人所得）はない。よって所得を得ているのは労働者のみである。労働者全体の効用関数を$U(D_X, D_Y)$としよう。ただしD_X, D_Yはそれぞれ労働者全体のX財とY財の消費量すなわち需要量である。この国の経済厚生の水準はこの効用関数によって表される効用水準で測ることができる。すなわち，一国の集計的な効用関数を考え，それをこの国の社会的厚生関数とする。そして，この社会的厚生関数によってこの国の経済厚生水準が表されるものとする。

効用関数$U(D_X, D_Y)$はホモセティック（homothetic）であるとする[1]。すなわ

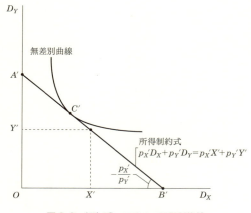

図 2-2 (X', Y') の下での所得制約線

ち無差別曲線が原点方向に凸となるような性質をもち，原点から遠ざかるに従って相似拡大的になっているものとする。労働者全体の所得は wL であるから労働者全体の消費行動は

(C) $\underset{D_X, D_Y}{\text{Max}} U(D_X, D_Y)$
sub. to
$p_X D_X + p_Y D_Y = wL$

と表される。

(2), (2'), (3), (3') と完全雇用条件 (4) から，$wL = p_X X + p_Y Y$ であるから (C) の問題の所得制約式は

$$p_X D_X + p_Y D = p_X X + p_Y Y \tag{6}$$

となる。(6)式の $p_X D_X + p_Y D_Y = wL = p_X X + p_Y Y$ が意味するところは，この国が生産して得た総生産額 $p_X X + p_Y Y$ はすべて労働者の所得 wL となり，この所得を用いて国全体の財の購入を行うための支出総額 $p_X D_X + p_Y D_Y$ はこの国の総生産額 $p_X X + p_Y Y$ と等しくなるということである。すなわち(6)は，国民総支出額 $(p_X D_X + p_Y D_Y)$ ＝国民総所得額 (wL) ＝国民総生産額 $(p_X X + p_Y Y)$ という国民所得の三面等価を表している。

X 財と Y 財の価格が p_X'，p_Y' として与えられ，生産量が X'，Y' として与えられているとき，所得制約式(6)は図 2-2 のような直線 $A'B'$ になる。X 財と Y 財の最適な消費の組み合わせはこの直線 $A'B'$ と $U(D_X, D_Y)$ の無差別曲線が接する C' 点で決まる。

生産面からこの図をみると，生産は完全雇用条件(4)によって生産可能性フロンティア AB 線上のどこかの点で行われ，財の価格比 p_X/p_Y は(3)と(3')により，$p_X/p_Y = a_X/a_Y$ となるから，図 2-2 の $A'B'$ の直線で表される消費者の所得制約式(6)は図 2-1 の生産可能性フロンティア AB に一致することになる。よって消費

---

[1] ホモセティックな関数については数学附録の第1節を参照のこと。

点はこの生産可能性フロンティアの直線と無差別曲線が接する点で決まる。この消費点が C' 点で示されている。

貿易の行われていない閉鎖経済では各財は自給自足であるため，各財の生産量と消費量は等しくなっていなくてはならない。すなわち $X=D_X$, $Y=D_Y$ でなくてはならない。よってこの国が貿易を行わない閉鎖経済であるときの各財の生産量を X^*, Y^*, 各財の消費量

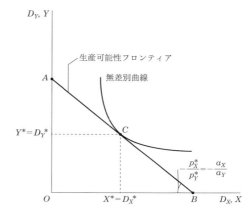

図2-3 閉鎖経済の均衡点と均衡価格

を D_X^*, D_Y^* とすると，それぞれ，$X^*=D_X^*$, $Y^*=D_Y^*$ として，図2-3の C 点で表されることになる。またそのときの財価格比 p_X^*/p_Y^* は a_X/a_Y と同じ大きさの価格比となる。このようにして閉鎖経済において生産者と消費者の行動から達成される C 点（消費点＝生産点）を閉鎖経済の均衡といい，そのときの価格 p_X^*, p_Y^*, w^* を閉鎖経済の均衡価格という。

この経済では均衡状態における財価格 p_X^*, p_Y^* と賃金 w^* の絶対水準は決まらない。なぜなら p_X^*, p_Y^*, w^* が均衡価格であるとすると任意の $\lambda>0$ を用いて，これらの価格を λ 倍した λp_X^*, λp_Y^*, λw^* もまた(3), (3′)をみたし，よって $\lambda p_X/\lambda p_Y = a_X/a_Y$ となり，図2-3の C 点を実現できるから，均衡価格となるためである。よって均衡価格として決定できるのは p_X^*, p_Y^*, w^* の比率のみということになる。そこで，例えば $\lambda>0$ を $\lambda=1/p_Y$ として，言い換えるならば Y 財の価格を基準にとることで，$P=p_X/p_Y$, $p_Y=p_Y/p_Y=1$, $W=w/p_X$ として，X 財の価格 P と労働賃金 W が決まることになる。このときの基準財，すなわちニューメレール財とした Y 財の価格は常に1となる。

34　第Ⅰ部　貿易理論の基礎

4　2つの国の間での比較優位

　前節までで説明した1つの国の経済を自国と外国の2つの国にそれぞれ当てはめて，これら2つの国の間での貿易がどのようになるかをみていくことにする。以下では自国の諸変数は変数の右肩に H をつけて示し，外国のそれらは F をつけて示すものとする。

　自国，外国それぞれの国が X 財と Y 財を1単位生産するのに必要な労働投入量は表2-1のようになっているものとする。表2-1において例えば a_X^H は自国において X 財1単位を生産するのに必要な労働量である。他も同様に定められる。

　ここで次のような仮定を置くことにしよう。

仮定1（比較優位の仮定）　　　$\dfrac{a_X^H}{a_Y^H} < \dfrac{a_X^F}{a_Y^F}$

a_X^H/a_Y^H は自国の X 財と Y 財の間での1単位の生産に必要な労働投入量の比率を表しており，この仮定は，Y 財を1単位生産するために必要な労働量に対する X 財を1単位生産するのに必要な労働量の比率が，自国のほうが外国よりも小さいことを意味している。これを第2節で説明した機会費用を用いて説明しよう。そのために自国と外国の労働賦存量を，それぞれ，L^H と L^F として両国の生産可能性フロンティアを描くと，図2-4の a と b のように描くことができる。図2-4a と b には，それぞれ自国と外国の生産可能性フロンティアが直線 $A^H B^H$ と直線 $A^F B^F$ で描かれている。それぞれの直線の傾きの大きさは a_X^H/a_Y^H と a_X^F/a_Y^F であるから，仮定1によって，本国の直線 $A^H B^H$ の方が外国の直線 $A^F B^F$ よりも傾きが緩やかになっている。これは X 財を1単位生産するための Y 財で測った機会費用が外国より自国のほうが小さいことを意味する。言い換えるならば X 財

表 2-1　各国における各財1単位の生産に必要な労働量

	自国	外国
X 財	a_X^H	a_X^F
Y 財	a_Y^H	a_Y^F

を1単位生産するときに犠牲となる Y 財の量は，外国より自国のほうが小さい。逆に言えば自国のほうがより少ない Y 財の減少で X 財1単位の生産を増やすことができる。この意味において仮定1の下では自国のほうが X 財生産に向いている。すなわち自国のほうが外国に比べて X 財の生産において優位であるといえる。

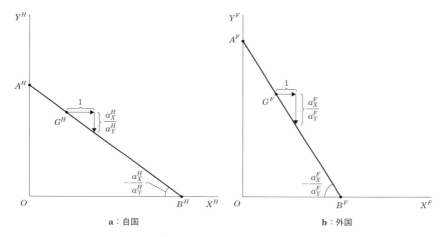

図 2-4 自国と外国の生産可能性フロンティア

　仮定 1 の $a_X^H/a_Y^H < a_X^F/a_Y^F$ は $a_Y^H/a_X^H > a_Y^F/a_X^F$ と書き換えられる。書き換えたこの不等式を外国の場合に当てはめると，外国は Y 財生産に優位性をもつことがわかる。よって仮定 1 は自国が X 財の生産に，外国が Y 財の生産にそれぞれ優位性をもつことを意味する。仮定 1 の不等式が逆に $a_X^H/a_Y^H > a_X^F/a_Y^F$ であるならば自国は Y 財の生産に，外国は X 財の生産にそれぞれ優位となる。いずれにしても各国の 2 つの財の間での労働投入量の比率 a_X^H/a_Y^H と a_X^F/a_Y^F の大小関係によってそれぞれの国がどの財に優位であるかが決まることになる。このような労働投入量の比率の違いによってそれぞれの国は互いにどちらかの財に優位性をもつ。ここで優位という語に特に「比較」という言葉をつけるのは以下のような理由による。

　いま $a_X^H < a_X^F$ であるとしよう。これは自国のほうが外国よりも少ない労働で X 財を生産できることを示している。このような場合，自国は外国に対して X 財生産に絶対優位をもつという。$a_X^H < a_X^F$ に加えて $a_Y^H < a_Y^F$ であるとしよう。すなわち X 財と Y 財の両方の生産に自国は外国に対して絶対優位をもつとしよう。このような場合，X 財，Y 財いずれについても自国は外国に比べてより少ない労働で生産できる。このとき自国は自国ですべての財を生産したほうが良いであろうか。答えは「ノー」である。このことを先の図 2-4 の例で考えてみよう。図 2-4

36   第 I 部　貿易理論の基礎

において自国の生産は G^H 点，外国の生産は G^F 点であるとしよう。いま自国と外国はそれぞれ 1 単位の X 財を追加的に増やしたいと思ったとする。それぞれの国が自国で X 財 1 単位を生産する場合には自国は a_X^H/a_Y^H 単位の Y 財の減少となり，外国は a_X^F/a_Y^F 単位の Y 財の減少となる。一方，X 財生産の Y 財で測った機会費用の小さい自国が外国の分も含めて 2 単位の X 財を生産したとすると，自国についてのみ $2(a_X^H/a_Y^H)$ 単位の Y 財の減少となる。この場合，自国は 1 単位の X 財を外国に与えてそのかわり外国から a_X^F/a_Y^F 単位の Y 財を受け取るならば，外国は自分で X 財を生産した場合と同じになり，自国は国内で Y 財を 1 単位生産した場合に比べて $(a_X^F/a_Y^F) - (a_X^H/a_Y^H)$ 単位分多く Y 財を手に入れることができる。この余分に手に入れた Y 財の一部を外国に分ければ，各国がそれぞれ必要な分を生産する場合に比べて，両国が犠牲にする Y 財の量は少なくてすむ。

　したがって，たとえ自国が両財に絶対優位をもつとしても，自国は X 財の生産に専念して，外国に Y 財の生産を任せたほうが良いことになる。このように絶対優位とは関係なくそれぞれの国の 2 つの財の労働投入比率 a_X^H/a_Y^H と a_X^F/a_Y^F の間の大小関係のみで各国が生産において優位となる財を決めることができるため，これに従って各国の優位となる財を決める考え方を比較優位の理論という。そしてそれによって決まる各国の優位となる財を，その国にとっての比較優位財という。

5　自由貿易の下での経済

　第 3 節の議論をもとにすると，自国と外国それぞれについて貿易のない場合での均衡を図で示すと図 2-5 のようになる。閉鎖経済の下での本国と外国，それぞれにおける X 財と Y 財の間の均衡価格比 p_X^H/p_Y^H と p_X^F/p_Y^F には，仮定 1 の下では

$$\frac{a_X^H}{a_Y^H} = \frac{p_X^H}{p_Y^H} < \frac{p_X^F}{p_Y^F} = \frac{a_X^F}{a_Y^F}$$

という関係が成り立っている。すなわち自国の Y 財に対する X 財の価格は外国のそれに比べ低くなっている。

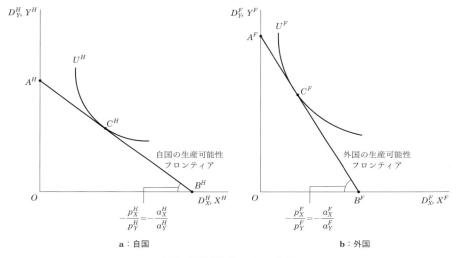

図 2-5 閉鎖経済の下での均衡

このような場合において，自国と外国の間で貿易をしたとき，どの国がどちらの財を輸出してどの財を輸入することになるかを以下でみていくことにしよう。そのために，今ある人が X 財をもっていてそれを Y 財と交換することを考えよう。X 財の価格を p_X，Y 財の価格を p_Y とすると，X 財を X 単位売ると $p_X X$ の収入があり，この収入で Y 財を購入すると，購入できる Y 財の量は $Y = p_X X / p_Y = (p_X/p_Y) X$ となる。よって p_X/p_Y が大きいほど購入できる Y 財の量は大きくなる。

両国間で貿易をするときの X 財と Y 財の価格すなわち国際価格をそれぞれ p_X^I と p_Y^I として，これらの財価格の比 p_X^I/p_Y^I が閉鎖経済のときの両国の財価格比 p_X^H/p_Y^H と p_X^F/p_Y^F の間にあるものとしよう。すなわち

$$\frac{p_X^H}{p_Y^H} < \frac{p_X^I}{p_Y^I} < \frac{p_X^F}{p_Y^F} \tag{7}$$

としよう。このとき自国で X 財をもっている人は貿易によって外国から p_X^I/p_Y^I の価格比で Y 財と交換できるので，自国内で p_X^H/p_Y^H の価格比で Y 財と交換するよりも多くの Y 財を入手できるから，外国の Y 財と交換しようとするであろう。

38　第Ⅰ部　貿易理論の基礎

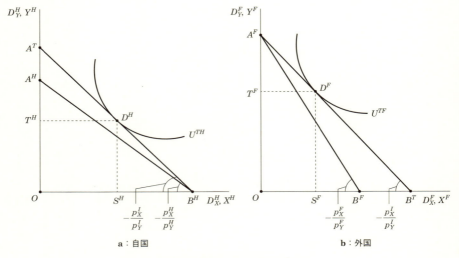

図 2-6　比較優位による各国の貿易

　一方，自国で Y 財をもっている人は外国の X 財と交換するより自国内で X 財と交換するほうがより多くの X 財を入手できる。$p_X^H/p_Y^H = a_X^H/a_Y^H$ を考えると，国内で Y 財を生産してそれを国内の X 財と交換することは初めから X 財を生産することと同じである。よって自国は X 財を自国の生産で入手し，Y 財は生産した X 財の一部を外国の Y 財と交換して入手することになる。

　同様にして，外国では Y 財を自国の生産で入手し，X 財は生産した Y 財の一部を本国の X 財と交換することによって入手することになる。このような貿易の状況が図 2-6 に示されている。

　図 2-6 は(7)を満たすような国際価格比 p_X^I/p_Y^I の下での両国の貿易の状態を表している。図 2-6a の自国では生産は X 財に特化しているため B^H 点で行われる。そして(6)の所得制約式は国際価格の下では $p_X^I D_X^H + p_Y^I D_Y^H = w^H L^H = (p_X^I/a_X^H)L^H = p_X^I(L^H/a_X^H)$ となり，L^H/a_X^H は OB^H の大きさになる。よってこの所得制約線は直線 $A^T B^H$ で表される。この所得制約線の下でのこの国の最適な消費点は無差別曲線 U^{TH} が接する D^H 点で表される。よって X 財と Y 財の消費の大きさは，それぞれ，OS^H と OT^H となる。一方，生産は X 財に特化しているため，X 財の生産

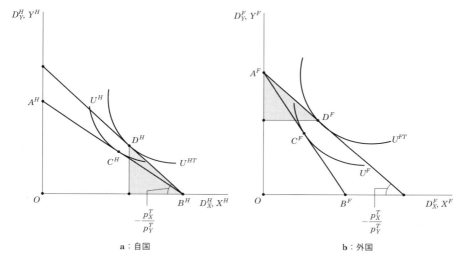

図 2-7 貿易下での経済の均衡

は OB^H であり，Y 財の生産はゼロである。よって自国は X 財を $S^H B^H$ だけ輸出して Y 財を $T^H O = D^H S^H$ だけ輸入することになる。

図 2-6a にみるように $D^H S^H / S^H B^H = p_X^I / p_Y^I$，すなわち，$p_Y^I (T^H O) = p_X^I (S^H B^H)$ である。この左辺は Y 財の輸入額で右辺は X 財の輸出額であるから，貿易収支はバランスしている。このようにして，国際価格 p_X^I と p_Y^I の下での自国の貿易量の大きさは図 2-6a の $\triangle D^H S^H B^H$ で表されるため，これを自国の貿易三角形という。同じように図 2-6b は外国の貿易の状況を示している。図にみるように外国は Y 財に生産特化して X 財を $T^F D^F$ 輸入し，Y 財を $A^F T^F$ 輸出する。よって外国の貿易三角形は $\triangle A^F T^F D^F$ で表される。

2 つの国の間で貿易が過不足なく行われるためには，自国の X 財の輸出量と外国の X 財の輸入量が一致していなくてはならない。Y 財についても同様に自国の輸入量と外国の輸出量が一致していなくてはならない。これは図 2-6 の a と b における両国の貿易三角形が同じ大きさでなくてはならないことを意味している。様々な p_X^I / p_Y^I に対して両国の貿易三角形は様々な大きさになるため，その中から両国の貿易三角形が同じになるような p_X^I / p_Y^I があれば，それが両国間での貿

40　第 I 部　貿易理論の基礎

易を実現できる国際価格比となる。このような国際価格を貿易均衡価格比という。図 2-7 に貿易均衡価格比が p_X^T/p_Y^T のときの両国の貿易の状態が示されている。

　図 2-7 では X 財と Y 財の国際価格が，それぞれ p_X^T と p_Y^T であるとき，自国と外国の貿易三角形が網かけ部で示されており，これらは合同となっている。よって，この価格の下で両国は貿易を実現できることになる。そのときの自国と外国の経済厚生の水準は国全体の消費者の効用水準 U^{HT} と U^{FT} で表される。一方，貿易を行わない閉鎖経済のときの自国と外国の経済厚生の水準はそれぞれ U^H と U^F である。図 2-7 でこれらを比べると，例えば自国では U^H よりも U^{HT} のほうが効用水準は高い。すなわち貿易を行うほうが貿易を行わないときよりも経済厚生は高くなる。よって貿易を行うことは自国にとって望ましいことになる。外国についても同じことがいえる。すなわち，比較優位にもとづいて自由に貿易を行うと両国の経済厚生水準は上昇する。この意味において自由貿易は両国に恩恵をもたらすことになる。

6　不完全特化の可能性

　前節では 2 つの国の間で，それぞれの国が比較優位にある財に生産を特化して貿易を行う場合を考えた。このようにすべての国が 1 つの財に生産を特化する場合を完全特化という。完全特化の状況が生じるのは国際価格比 p_X^T/p_Y^T が

$$\frac{a_X^H}{a_Y^H} < \frac{p_X^T}{p_Y^T} < \frac{a_X^F}{a_Y^F} \tag{8}$$

となっているときである。このとき自国では $p_X^T/a_X^H = w^H > p_Y^T/a_Y^H$ となり，X 財産業で支払われる労働賃金と同じ賃金の下では Y 財産業の利潤はマイナスとなるため，Y 財の生産は行われず，したがって X 財のみが生産される。外国については $p_Y^T/a_Y^F = w^F > p_X^T/a_X^F$ となるから，逆に Y 財のみが生産されることになる。

　では貿易下において 1 つの国が両方の財を生産する場合はあるだろうか[2]。自国が両方の財を生産するためには $a_X^H/a_Y^H = p_X^T/p_Y^T$ となっていなくてはならず，外

---

[2]　1 つの国が複数の財を生産する場合を不完全特化という。

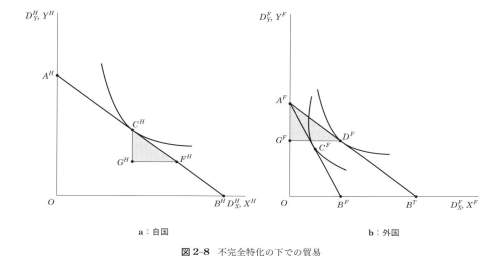

図 2-8 不完全特化の下での貿易

国が両方の財を生産するためには $a_X^F/a_Y^F = p_X^T/p_Y^T$ となっていなくてはならないので，仮定1の下では貿易下で不完全特化が生じるとしてもそれは1つの国のみである。

本国が不完全特化している場合には

$$\frac{a_X^H}{a_Y^H} = \frac{p_X^T}{p_Y^T} < \frac{a_X^F}{a_Y^F}$$

となっている。このような状況が生じる可能性としては，例えば自国の労働賦存量が外国に比べて非常に大きい場合が考えられる。言い換えるならば，自国の生産可能性フロンティアが外国に比べて非常に大きい場合である。図2-8にそのような状況が描かれている。

図2-8において，自国と外国の生産可能性フロンティアはそれぞれ $A^H B^H$ と $A^F B^F$ であり，貿易の行われないときの消費点はそれぞれ C^H と C^F で示されている。またこの点はそれぞれの国の生産点でもある。この図では貿易が行われる場合の国際価格比 p_X^T/p_Y^T が a_X^H/a_Y^H と同じ大きさで与えられている。よって貿易を行った場合，自国の生産点は生産可能性フロンティア $A^H B^H$ 上のどこかの点となる。一方，外国は $p_X^T/p_Y^T < a_X^F/a_Y^F$ より，Y 財に生産特化することになり，外国の

42 第 I 部 貿易理論の基礎

所得制約線は $A^F B^T$ となり，D^F 点が消費点となる。したがって外国の貿易三角
形は網かけ部 $A^F D^F G^F$ となる。一方，自国の所得制約線は $A^H B^H$ であるから，
消費点は貿易を行わない場合と同じ C^H である。そこで生産点は外国の貿易三角
形 $A^F D^F G^F$ と同じ大きさの貿易三角形を形成する F^H となる。このときの自国の
貿易三角形は網かけ部 $C^H F^H G^H$ で，外国と同じ大きさとなっている。

(7)を満たすどのような p_X^T/p_Y^T においても，そのときの自国の貿易三角形と外
国の貿易三角形が同じ大きさにならないときは，両国がともに生産を特化して貿
易を行うことはできない。例えば自国が大国で外国が小国のとき，(7)を満たす
いかなる p_X^T/p_Y^T の下でも自国の貿易三角形は外国の貿易三角形より大きくなる
可能性がある。逆に外国が不完全特化する場合の国際価格比は

$$\frac{a_X^H}{a_Y^H} < \frac{p_X^T}{p_Y^T} = \frac{a_X^F}{a_Y^F}$$

となっていなくてはならない。

残る問題は国際価格比が

$$\frac{p_X^T}{p_Y^T} < \frac{a_X^H}{a_Y^H} < \frac{a_X^F}{a_Y^F} \quad \text{または} \quad \frac{a_X^H}{a_Y^H} < \frac{a_X^F}{a_Y^F} < \frac{p_X^T}{p_Y^T} \tag{9}$$

となることはないかであるが，前者の場合では両国とも X 財に特化するため世
界全体で Y 財は生産されず，後者の場合には両国とも Y 財に特化するため世界
全体で X 財は生産されない。どのような世界価格の下でも消費者は X 財と Y 財
の両方を需要する場合には，両方の財が世界で供給されていなくてはならないか
ら，(9)のような状況は生じないことになる。

7　世界の生産可能性フロンティアと貿易

以上で説明してきたリカードの比較優位論に基づく国際貿易の理解を深めるた
めに，世界全体の経済に目を向けてみよう。世界全体は自国と外国の2つの国か
らなるとしよう。このとき世界全体で入手できる X 財と Y 財の組み合わせは図
2-9の四角形 $ABCO$ の内部の点で表される。この四角形 $ABCO$ で囲まれる集会
を世界の生産可能性集合といい，その上方の境界線である折れ線 ABC を世界の

生産可能性フロンティアという。図2-4で示されている自国と外国の生産可能性フロンティアを用いて，この世界の生産可能性フロンティアがどのようにして描かれるかを説明しよう。

図2-4において，自国と外国ともにX財の生産をゼロとしてY財のみを生産するときには自国はOA^H，外国はOA^Fの大きさのY財を生産できるので，世界全体でのY財はOA^H+OA^Fが生産されることになる。この大きさが図2-9のOAの大きさになっている。図2-9でY財のみが生産さ

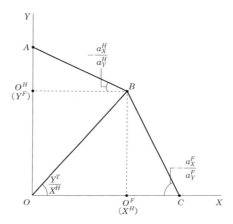

図2-9 世界の生産可能性フロンティア

れている状態のA点を起点としてX財を1単位生産することを考えよう。X財を1単位生産する場合，その生産はY財で測った機会費用の小さい自国で行うほうが犠牲となるY財の量が少なくてすむ。よってX財の生産を増やしていくと，可能なX財とY財の組み合わせの点は自国の生産可能性フロンティアに沿ってA点から右下がりに移動していくことになる。この移動は自国のY財生産がすべてX財生産に置き換わるまで，すなわち，図2-4aの自国の生産可能性フロンティアの点がB^Hに達するまで続く。自国のY財生産がすべてX財生産に置き換わったところで，自国はX財のみを生産し，外国はY財のみを生産している状態となる。その点が図2-9のB点である。B点からさらにX財を増やしていこうとする場合，その生産は外国が行うことになるため，X財とY財の組み合わせはB点からは外国の生産可能性フロンティアの傾きに沿って右下に移動していくことになる。この移動は外国のY財の生産が完全にX財にとってかわるまで，すなわち，図2-4bの外国の生産可能性フロンティア上の移動がB^Fに達するまで続く。外国の生産も完全にX財のみとなると，これ以上世界のX財を増やすことができないので，世界のフロンティアはここで限界となる。その点が図2-9のC点となっている。

以上の説明から明らかなように，図2-9の$\triangle ABO^H$と$\triangle BCO^F$はそれぞれ図

44　第Ⅰ部　貿易理論の基礎

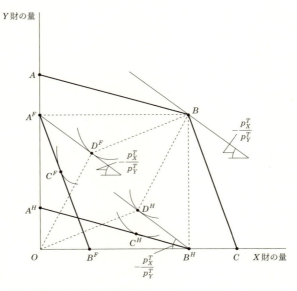

図2-10　世界の生産可能性フロンティアと完全特化での貿易均衡

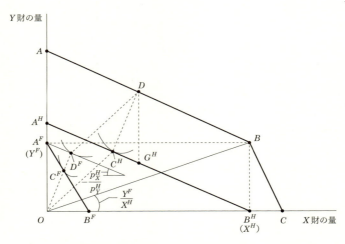

図2-11　世界の生産可能性フロンティアと不完全特化での貿易均衡

2-4 の a と b の自国と外国の生産可能性フロンティアの大きさになっている。また図 2-9 の世界の生産可能性フロンティア ABC の A 点は両国が Y 財に特化している点であり，AB の区間の点は自国が不完全特化，外国が Y 財特化することで得られる点，B 点は自国が X 財に特化，外国が Y 財に特化している点，BC の区間の点は本国が X 財に特化，外国が不完全特化することで得られる点，C 点は両国ともに X 財に特化している点となっている。

　世界の生産可能性フロンティアを用いて，両国がそれぞれの比較優位財に特化した状態での貿易均衡を図示したのが図 2-10 である。この図において直線 $A^H B^H$ と $A^F B^F$ はそれぞれ自国と外国の生産可能性フロンティアで，貿易のない場合の均衡消費点はそれぞれ C^H と C^F で表されている。貿易下での均衡価格比 $p_X^T/p_Y^T \equiv p^T$ の下で，自国は X 財に，外国は Y 財に生産を特化するので，世界の生産点は B 点となる。また各国の貿易下での消費点は D^H と D^F で示されている。世界の各財の消費量の合計はベクトル OD^H と OD^F を足した大きさのベクトルで表される。すなわち D^H 点を起点としてその点からベクトル OD^F を延ばした点 B 点が世界全体の消費点である。よって世界全体で各財の生産量と消費量は一致している[3]。

　同様にして，貿易下で本国が不完全特化をする場合の均衡が図 2-11 に示されている。図 2-10 と同様であるが，この場合，世界の生産点と消費点は世界の生産可能性フロンティア ABC の AB 区間の D 点となっている。この点に対応する自国の生産点は自国の生産可能性フロンティア $A^H B^H$ 上の G^H 点である。また自国の消費点は貿易をしないときと同じ C^H 点である。

8　世界全体の需要と供給による貿易均衡

　貿易均衡は世界全体の需要と供給が一致することが条件となるため，世界全体の需要曲線と供給曲線を描き，その交点として貿易の均衡をみることもできる。

　はじめに，図 2-9 で示されている世界全体の生産可能性フロンティアを用い

---

[3]　すなわち $OD^F BD^H$ が平行四辺形となっている。

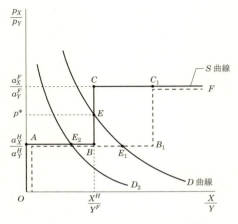

図 2-12 世界の需要曲線と供給曲線

て，世界全体の Y 財に対する X 財の供給比率 X/Y と Y 財価格に対する X 財価格の比 p_X/p_Y の関係を表すグラフを描くと，それは図 2-12 の $OABCF$ のかぎ型の線で表される。これを S 曲線としよう。そして，以下 S 曲線がこのような形になることを説明していこう。

世界の価格比 p_X/p_Y が $(O, a_X^H/a_Y^H)$ の範囲にあるときは，世界の生産点は図 2-9 の A 点であるため，$X=0$，$Y=OA$ となり，したがって $X/Y=0$ である。この関係のグラフは図 2-12 の S 曲線の p_X/p_Y 軸上の OA の垂直線で表される。$p_X/p_Y = a_X^H/a_Y^H$ のときは世界の生産点は図 2-9 のフロンティア上の直線 AB 上の任意の点となる。よって X/Y は図 2-9 の原点 O と直線 AB 上の点を結んでできる直線の傾き Y/X の逆数となる。したがってこの場合，S 曲線のグラフは図 2-12 の水平線 AB で表される。p_X/p_Y が $(a_X^H/a_Y^H, a_X^F/a_Y^F)$ の範囲にあるときには，世界の生産点は図 2-9 のフロンティア上の B 点となるため，自国は X 財に特化し，外国は Y 財に特化する。このときの自国の X 財の生産量と外国の Y 財の生産量を，それぞれ X^H と Y^F とすると，$X/Y = X^H/Y^F$ となる。よってこのときの p_X/p_Y と X/Y の関係は図 2-12 の S 曲線の垂直線 BC の部分で表される。$p_X/p_Y = a_X^F/a_Y^F$ のときは世界の生産点は図 2-9 のフロンティア上の BC の直線上の任意の点となる。よって $p_X/p_Y = a_X^H/a_Y^H$ の時と同じように考えて，X/Y は図 2-12 の S 曲線上の C 点から右方向への水平線の部分で表される。p_X/p_Y が a_X^F/a_Y^F より大きいときは世界の生産点は図 2-9 のフロンティア上の C 点となる。そこでは $X/Y = \infty$ となり，この場合は図 2-12 ではグラフとして表すことができないため示されていない。以上のようにして p_X/p_Y に対する世界の X 財と Y 財の供給比率 X/Y の関係は図 2-12 の $OABCF$ の形をした S 曲線で表されることになる。

次に D_X と D_Y をそれぞれ世界全体の X 財と Y 財の需要量として，世界の価格

比 p_X/p_Y に対する X 財と Y 財の需要量の比 D_X/D_Y の関係をみていこう。議論を簡単にするために，両国とも効用関数がホモセティックであるとしよう。この場合 p_X/p_Y の上昇によって両国の Y 財に対する X 財の需要比率は下がることになる。すなわち，自（外）国の X 財と Y 財の需要の大きさをそれぞれ $D_X^H (D_X^F)$ と $D_Y^H (D_Y^F)$ とすると，p_X/p_Y が上昇するとき D_X^H/D_Y^H と D_X^F/D_Y^F はともに下がることになる。世界全体の需要比率は

$$\frac{D_X}{D_Y} = \frac{D_X^H + D_X^F}{D_Y^H + D_Y^F} = \frac{D_Y^H (D_X^H/D_Y^H) + D_Y^F (D_X^F/D_Y^F)}{D_Y^H + D_Y^F} \tag{10}$$

であるから，p_X/p_Y の上昇は D_X^H/D_Y^H と D_X^F/D_Y^F の下落となり，(10)式の右辺の分母に比べて分子はより小さくなる。すなわち D_X/D_Y は小さくなる。そこで p_X/p_Y と D_X/D_Y の関係を表す需要曲線は図 2-12 の右下がりの曲線である D 曲線として描かれる。

貿易均衡点は図 2-12 の S 曲線と D 曲線の交点 E で表される。なぜなら，いま E 点での世界の各財の生産量を X^*, Y^* とし，各財の需要量を D_X^*, D_Y^* とすると，E 点では $X^*/Y^* = D_X^*/D_Y^*$ となっており，ワルラス法則により $p^*X^* + Y^* = p^*D_X^* + D_Y^*$ が成立している。ただし p^* は E 点を実現する p_X/p_Y とする。もし $X^* \gtrless D_X^*$ とすると，ワルラス法則の式により $Y^* \lessgtr D_Y^*$ となるため，$X^*/Y^* \gtrless D_X^*/D_Y^*$ となってしまう。E 点では $X^*/Y^* = D_X^*/D_Y^*$ でなくてはならないから，$X^* \gtrless D_X^*$ とはなりえず，したがって $X^* = D_X^*$ となる。これによって $Y^* = D_Y^*$ も成立する。よって E 点では各財の世界全体の需要と供給が一致するから，E 点は貿易均衡点となる。

図 2-12 の貿易均衡点 E では自国は X 財に特化して $X = X^H$ を供給し，外国は Y 財に特化して $Y = Y^F$ を供給する。そして均衡価格比 $p = p_X/p_Y$ は a_X^H/a_Y^H と a_X^F/a_Y^F の間の大きさの p^* となる。

ここで今，自国が大国，外国が小国であるような世界経済を考えよう。このとき，世界の生産可能性フロンティアは図 2-11 の折れ線 ABC のようになる。図 2-9 の生産可能性フロンティアの B 点とこれに対応する図 2-11 の点を比べると図 2-9 の場合の OB の直線の傾き Y^F/X^H よりも図 2-11 の OB の直線の傾き Y^F/X^H のほうが緩やかになっている。これは図 2-11 の X^H/Y^F のほうが図 2-9 の X^H/Y^F よりも大きいことを意味する。よって図 2-12 において図 2-11 に対応

48　第 I 部　貿易理論の基礎

する S 曲線の B 点は図 2-9 の場合の B 点よりも右側になくてはならない。そこで図 2-11 の場合の S 曲線の B 点を B_1 として図 2-12 に描くと，この場合の S 曲線は OAB_1C_1F という破線の形になる。よって，この場合の均衡点は E_1 となり，均衡価格比は $p^* = a_X^H / a_Y^H$ となる。この場合 E_1 に対応する世界の生産点は図 2-11 のフロンティア ABC の AB 上のどこかの点になるため，外国は Y 財特化となり，自国は不完全特化となる。

　逆に自国が小国で外国が大国である場合には S 曲線の B 点は左側のほうに移動する。このことを考えて同じように分析すると自国が X 財に完全特化して，外国は不完全特化となり，均衡価格比は $p^* = a_X^F / a_Y^F$ となる。

　以上では，2 つの国が労働賦存量の大きな違いで大国と小国に分かれた場合は貿易均衡において大国が不完全特化となることをみたが，世界の需要が一方の財に強い偏りをもつ場合には，その財に比較優位をもつ国は完全特化するが他方の国は不完全特化となることがある。以下このことを示そう。

　任意の価格比 p_X/p_Y の下で X 財に比べて Y 財の需要が大きい場合には，各 p_X/p_Y に対応する D_X/D_Y は小さくなるため，図 2-12 の D 曲線は左側にシフトして例えば D_2 曲線のようになる。よってこの場合貿易均衡点は E_2 となり，E_1 と同様にして外国は Y 財に完全特化し自国は不完全特化となる。もし世界の需要が X 財に強い偏りをもつなら，D 曲線が右側に移動することから，逆に自国が X 財に完全特化して，外国は不完全特化となる。

9　まとめ

　本章ではリカードの比較優位論に基づく貿易理論を説明した。その特徴は，本源的な生産要素は労働のみとして，国家間の生産技術の相対的な差が貿易のパターンを決定するという点である。生産技術は規模に関して収穫一定であるため，国家間での労働賦存量の差は単位当たりの生産費用に影響しないので，生産や貿易のパターンとは無関係となる。特に生産技術の絶対的な差ではなく相対的な差が貿易のパターンを決定することを明確にしたことによって，リカードの貿易論は比較優位論といわれる。このリカードの発見をめぐっては，それに先んじてト

レンズがすでに比較優位論による貿易の法則に気づいていたため，比較優位論の創始者としてトレンズも加えるのが適切であるという議論がその後，近年になって行われるようになっている。問題はトレンズがどこまで論理的な意味で正確にこの理論を捉えていたかという点にあり，トレンズの著作から彼の真意を汲み取る作業が行われてきている。しかしここでは多くのスタンダードな扱いに倣って単にリカードの比較優位論とした[4]。

　本章ではリカードのモデルの場合には貿易がいずれの国においてもその国の経済厚生を高めることが示された。もともとのリカードの関心は，比較優位によって決定される貿易のパターンの解明というよりは，その上で国家が貿易にどのように対処するのが国家の利益となるのかという政治経済学的な問題にあった。これに対しては最終的にはミルが理論的に明快な回答を与えた。本章で示したように自由貿易こそが国に利益をもたらすという結論である。

　リカードの貿易論の直接的な拡張は，財と国の数を一般化することである。その場合の比較優位の議論は基本的には本章での議論の延長で類推できるであろうが，精緻な議論の展開には多大な知的作業が必要となる。2国2財のリカード・モデルでは，貿易下で各国が比較優位な財に完全特化して貿易を行う可能性が理論的に十分ありうるが，このように完全特化の下での生産を行う国は現実にはほとんど見られない。多数国・多数財への拡張を図る場合，国の数よりも財の数を多くすることによって，不完全特化となる国が必ず出現する。現実の経済との整合性から言えば，このような状況を想定したモデルのほうが適切であろう。こうした意味においても多数国・多数財への拡張は重要なテーマとなる。

　もう一つの重要な拡張は中間財の導入である。貿易のない経済であれば中間財の生産も最終財の生産と同じ国の労働を使用するため，最終財の生産にかかる直接・間接の労働投入量を議論に用いれば，中間財を陽表的に導入しなくても中間財を含めた議論が可能となる。しかし貿易下では，ある国のある財の生産のための中間財を外国からの輸入に頼る場合には，直接的な労働投入の費用は本国の労働費用で測られる一方，中間財についてはそれがどの国から輸入されるかによって労働投入の費用が異なるため，最終財の生産費用は中間財がどの国から輸入さ

---

[4]　トレンズと比較優位論については本章末の文献を参照のこと。

50   第Ⅰ部　貿易理論の基礎

れたものかによって異なる可能性がある。特に近年はグローバル化によって中間
財貿易が活発化しているため，中間財を陽表的に導入して，中間財貿易を考慮し
た理論モデルの分析が重要となっている。

本章に関連する文献

　本章で扱ったリカード・モデルは基本的に2国2財の場合であるため，スタンダードな国際
貿易論のテキストの範囲内のものとなっている。リカードによって提示された国際貿易の議論
は David *Ricardo, On the Principles of Political Economy, and Taxation*, 1817（邦訳第2版
羽島卓也・吉澤芳樹訳『経済学および課税の原理』岩波文庫，1987年）で展開されている。
多数国・多数財のリカード・モデルは Graham（1948）によって積極的に取り組まれたが，数
値例による分析が中心であった。McKenzie（1954a, 1954b, 1955-56）はそれを一般均衡論的
分析によって一般化し，体系的な多数国・多数財のリカード・モデルの分析を行い，世界の生
産可能性集合の性質や一般均衡解の存在などについての精緻な分析を展開した。また Jones
（1961）は比較優位に基づく特化パターンの分析を行った。これらの分析をふまえて，塩沢
（2014）は中間財を多数国・多数財での中間財貿易を導入して分析している。これらの多数
財・多数国の場合の分析については以下の文献を参照のこと。
F. D. Graham, *The Theory of International Values*, Princeton University Press, 1948.
L. W. McKenzie, On equilibrium in Graham's model of world trade and other competitive
　　systems, *Econometrica* 22, 1954a, 147-161.
L. W. McKenzie, Specialization and efficiency in world production, *Review of Economic
　　Studies* 21, 1954b, 165-180.
L. W. McKenzie, Specialization in production and the production possibility locus, *Review of
　　Economic Studies* 23, 1955-56, 56-64.
R. W. Jones, Comparative advantage and the theory of tariffs : A multi-country multi-
　　commodity model, *Review of Economic Studies* 24, 1961, 161-175.
塩沢由典『リカード貿易問題の最終解決——国際価値論の復権』岩波書店，2014年。
　需要条件を導入して，より完全な一般均衡分析の展開を可能にしたミルの文献は，J. S.
Mill, *Principles of Political Economy with Some of Their Applications to Social Philosophy*,
John W. Parker, 1848（邦訳第7版 末永茂喜訳『経済学原理』全5冊，岩波文庫，1959-63
年）である。ミルのオファー曲線の図による説明はマーシャルによって行われたため，ミル＝
マーシャルのオファー曲線とも言われる。オファー曲線に関するマーシャルの議論は A. Mar-
shall, *The Pure Theory of Foreign Trade*, privately published, 1879（邦訳 杉本栄一訳「外国
貿易の純粋理論」，杉本栄一編『マーシャル経済学全集』日本評論社，1940年所収）に見られ
る。
　本章の「まとめ」でも述べたように，リカードの比較優位論についてはリカードより少し前
にトレンズが不完全ながら同じ議論を行っていたことから，トレンズにもリカードと等しく比
較優位論の創始者としての資格をあたえるべきという議論がある。この問題に関しては

R. Torrens, *An Essay on the External Corn Trade*, J. Hatchard, 1815.

J. S. Chipman, A Survey of the theory of international trade : Part 1, the classical theory, *Econometrica* 33, 1965, 477–519.

R. Raffin, David Recardo's discovery of comparative advantage, *History of Political Economy* 34, 2002, 727–748.

等を参照のこと。

補論1 3国3財のリカード・モデルにおける完全特化条件[1]

　2国2財のリカード・モデルでは，比較優位の条件を明確に定めることができた。しかし国と財の数が3以上になると，2国間の比較優位の条件をそのまま適用することが困難になる。Jones (1961) は次のような例を用いて，単純な2国間の比較優位の条件では各国がそれぞれ異なる財に比較優位をもつための条件を定めることができないと論じた。A国とB国とC国の3国があり，財は穀物とリネンと布の3財があるとする。各国の各財の生産は労働のみを用いて行われ，財1単位の生産に必要な労働量は表2A-1のようになっている。

　もし，国がA国とB国の2国のみで，財が穀物とリネンのみであれば，5/10＜7/10であるから，A国はリネンに比較優位をもち，B国は穀物に比較優位をもつ。言い換えるならばA国がリネンの生産に特化し，B国が穀物の生産に特化して出来る世界の生産点は，世界の生産可能性フロンティアの上にあるという意味で効率的である。一方その逆にA国が穀物に特化し，B国がリネンに特化してできる世界の生産点は，世界の生産可能性フロンティアの内側に位置するため効率的ではない。

　ここでいま，これらの国と財に表2A-1のように3番目の国としてC国を，3番目の財として布を加えたとしよう。このときA国がリネンに特化し，B国が穀物に特化し，C国が布に特化する状況を考えよう。この特化のパターンは任意の2国間において比較優位の条件を満たしている。例えばA国とC国の間でのリネンと布に関する比較優位は5/4＜3/2であるから，A国はリネンに，C国は布に比較優位をもつ。しかし，A国がリネン，B国が穀物，C国が布に特化して出来る世界の生産点は世界の生産可能性フロンティア上ではなく，その内側に位置するため，効率的ではない。事実，各国がそれぞれ異なる財に特化する生産点が世界の生産可能性フロンティア上に存在するのは，A国が穀物，B国が布，C国がリネンに特化する場合であり，このような特化のパターンが世界にとって効率的な生産点となる。

---

[1]　この補論は Tawada and Ogawa (2018) に基づいている。

そこで Jones (1961) は一般的に n 国 n 財の場合で第 i 国が第 i 財に特化することが世界の生産にとって効率的となるための，各国の生産技術に関する必要十分条件とは何かについて考察した。この補論ではこの条件を図によって3国3財の場合で説明していくことにしよう。

表 2A-1 3国3財での労働投入係数

	A国	B国	C国
穀物	10	10	10
リネン	5	7	3
布	4	3	2

出所) Jones (1961) に基づく

1 モデル

以下では3つの国を第1国，第2国，第3国とし，3つの財を第1財，第2財，第3財とする。第 i 国における第 j 財を1単位生産するために必要な労働量を a_j^i とする。各国が互いに異なる財に特化する場合を，ここでは完全特化ということにする。特に $i=1,2,3$ について第 i 国が第 i 財に特化している完全特化の状態を特に $i-i$ 特化ということにする。さらに，順列関数 $\sigma:\{1,2,3\}\to\{1,2,3\}$ を考える。すなわち σ は $\{1,2,3\}$ と $\{1,2,3\}$ の間での1対1対応を表す関数である。

2 $i-i$ 特化が効率的であるための必要十分条件

以上の準備のもとで，様々な完全特化の特化パターンのうち，$i-i$ 特化による世界の生産のみが効率的，すなわち生産点が世界の生産可能性フロンティア上にあるための必要十分条件は，$i=\sigma(i)$ を除くすべての順列関数 σ について

$$\prod_{i=1}^{3} a_i^i < \prod_i^3 a_{\sigma(i)}^i \tag{1}$$

となることであると，以下で示していこう。

第 i 財の世界価格を p_i として，特に第1財をニューメレール財としよう。すなわち $p_i=1$ としよう。このとき与えられた世界価格体系 $(p_1,p_2,p_3)=(1,p_2^*,p_3^*)$ のもとで，第1国が第1財に特化することが第1国にとっての唯一の効率的な生産であるための必要十分条件は

$$(p_2^*,p_3^*)\in A_1^1\equiv\left\{(p_2,p_3)>0\ \middle|\ \frac{1}{a_1^1}>\frac{p_2}{a_2^1}\ \text{および}\ \frac{1}{a_1^1}>\frac{p_3}{a_3^1}\right\}$$

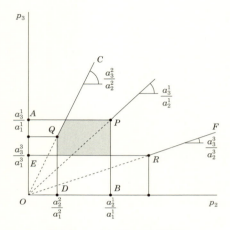

図 2A-1 3国3財での比較優位

出所）Tawada and Ogawa (2018) に基づく

である。同様に第2国が第2財に特化することが第2国にとっての唯一の効率的な生産であるための必要十分条件は

$$(p_2^*, p_3^*) \in A_2^2 \equiv \left\{ (p_2, p_3) > 0 \,\middle|\, \frac{p_2}{a_2^2} > \frac{1}{a_1^2} \text{ および } \frac{p_2}{a_2^2} > \frac{p_3}{a_3^2} \right\}$$

であり，第3国が第3財に特化するときの同様の条件は

$$(p_2^*, p_3^*) \in A_3^3 \equiv \left\{ (p_2, p_3) > 0 \,\middle|\, \frac{p_3}{a_3^3} > \frac{1}{a_1^3} \text{ および } \frac{p_3}{a_3^3} > \frac{p_2}{a_2^3} \right\}$$

となる。よって与えられた世界価格体系 $(p_1, p_2, p_3) = (1, p_2^*, p_3^*)$ のもとで，$i\text{-}i$ 特化による世界の生産のみが効率的，すなわち $i\text{-}i$ 特化による世界の生産点が世界の生産可能性フロンティア上にあるための必要十分条件は，$(p_2^*, p_3^*) \in A_1^1 \cap A_2^2 \cap A_3^3$ と表せる。言い換えるならば $i\text{-}i$ 特化による世界の生産のみが効率的であるための必要十分条件は

$$A_1^1 \cap A_2^2 \cap A_3^3 \neq \emptyset \tag{2}$$

である。図 2A-1 においていえば，$A_1^1 \cap A_2^2 \cap A_3^3$ すなわち網かけの部分が空ではないことである。

はじめに，(2)を満たすとして(1)が成立することを示そう。そこで $A_1^1 \cap A_2^2 \cap A_3^3$ に含まれる (p_2^*, p_3^*) が存在するとしよう。このとき以下の不等式が成立する。

$$\frac{a_2^1}{a_1^1} > p_2^* \tag{3-1}$$

$$\frac{a_3^1}{a_1^1} > p_3^* \tag{3-2}$$

$$\frac{a_2^2}{a_1^2} < p_2^* \tag{3-3}$$

$$\frac{a_3^3}{a_1^3} < p_3^* \qquad (3\text{-}4)$$

$$\frac{a_3^2}{a_2^2} > \frac{p_3^*}{p_2^*} \qquad (3\text{-}5)$$

$$\frac{a_3^3}{a_2^3} < \frac{p_3^*}{p_2^*} \qquad (3\text{-}6)$$

(3-1)と(3-3)から $a_1^1 a_2^2 a_3^3 < a_2^1 a_1^2 a_3^3$ を得る。(3-2)と(3-4)から $a_1^1 a_2^2 a_3^3 < a_3^1 a_1^2 a_2^3$ を得る。さらに，(3-5)と(3-6)によって，$a_1^1 a_2^2 a_3^3 < a_1^1 a_3^2 a_2^3$ を得る。(3-1)，(3-4)，(3-5)から

$$\frac{a_3^2}{a_2^2} > \frac{p_3^*}{p_2^*} > \frac{a_1^1 a_3^3}{a_2^1 a_1^3}$$

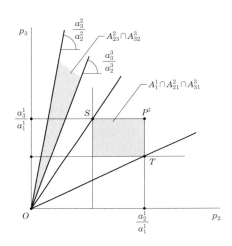

図 2A-2 比較優位の十分性の証明
出所）Tawada and Ogawa (2018) に基づく

となるので，これより，$a_1^1 a_2^2 a_3^3 < a_1^1 a_3^2 a_1^3$ を得る。同様にして，(3-2)，(3-3)，(3-6)から $a_1^1 a_2^2 a_3^3 < a_2^1 a_3^2 a_1^3$ を得る。以上によって(2)のもとで(1)が示された。

次に，(1)のもとで(2)を示そう。そのために以下のような集合を考える。

$$A_{21}^2 \equiv \left\{ (p_2, p_3) > 0 \,\middle|\, \frac{p_2}{a_2^2} > \frac{1}{a_1^2} \right\},$$

$$A_{23}^2 \equiv \left\{ (p_2, p_3) > 0 \,\middle|\, \frac{p_2}{a_2^2} > \frac{p_3}{a_3^2} \right\},$$

$$A_{31}^3 \equiv \left\{ (p_2, p_3) > 0 \,\middle|\, \frac{p_3}{a_3^3} > \frac{1}{a_1^3} \right\},$$

$$A_{32}^3 \equiv \left\{ (p_2, p_3) > 0 \,\middle|\, \frac{p_3}{a_3^3} > \frac{p_2}{a_2^3} \right\}$$

このとき，明らかに $A_2^2 = A_{21}^2 \cap A_{23}^2$ と $A_3^3 = A_{31}^3 \cap A_{32}^3$ である。

(1)によって，$a_1^1 a_2^2 < a_2^1 a_1^2$ と $a_1^1 a_3^3 < a_3^1 a_1^3$ であるから，$(a_2^1/a_1^1, a_3^1/a_1^1) \in A_{21}^2 \cap A_{31}^3$ となる。よって図 2A-2 に示されるように，$A_1^1 \cap A_{21}^2 \cap A_{31}^3 \neq \emptyset$ となる。さらに(1)からまた $a_2^2 a_3^3 < a_3^2 a_2^3$ であるから，図 2A-2 に示されるように $A_{23}^2 \cap A_{32}^3 \neq \emptyset$ である。ここで，

56　第Ⅰ部　貿易理論の基礎

$$A_1^1 \cap A_{21}^2 \cap A_{31}^3 \cap A_{23}^2 \cap A_{32}^3 = A_1^1 \cap A_2^2 \cap A_3^3$$

であるから，(2)を示すためには

$$A_1^1 \cap A_{21}^2 \cap A_{31}^3 \cap A_{23}^2 \cap A_{32}^3 \neq \emptyset \tag{4}$$

であることを示せばよい。

　(4)を示すために，仮に $(A_1^1 \cap A_{21}^2 \cap A_{31}^3) \cap (A_{23}^2 \cap A_{32}^3) = \emptyset$ となる場合があるとしよう。図 2A-2 より，そのようなケースが起きる可能性として，次の二つの場合が考えられる。一つは a_3^3/a_2^2 の傾きをもつ原点からの直線が，原点を出発して点 $S = (a_2^2/a_1^2, a_3^3/a_1^3)$ を通る直線より傾きが急である場合であり，もう一つは a_3^3/a_2^2 の傾きをもち，原点から出発して点 $T = (a_2^1/a_1^1, a_3^3/a_1^3)$ を通る直線よりも緩やかである場合である。最初の場合が図 2A-2 に描かれている。そこでこの場合が(1)の下では起こらないことを示す。S を通る原点からの直線の傾きは $a_3^3 a_1^2/a_2^2 a_1^3$ であるが，これは(1)の下での条件 $a_1^1 a_2^2 a_3^3 < a_1^3 a_2^1 a_3^2$ から，$a_3^3 a_1^2/a_2^2 a_1^3 > a_3^3/a_2^2$ である。よって最初の場合は(1)の下では生じない。同じようにして二つ目の場合も生じないことを示せる。よって(4)が示された。

　以上によって，3国3財のリカードのモデルにおいて，完全特化の生産点の中で i-i 特化の生産点のみが唯一の効率的な生産点であるための必要十分条件は，(1)であることが示された。Jones (1961) はこの効率的な完全特化の条件を n 国 n 財の場合で示した。後に Shiozawa (2015) はこのジョーンズの一般的な定理に対する精緻な証明を与えた。ここではこの塩沢による証明を図によって解説した Tawada and Ogawa (2018) をもとにした。Jones (1961) の元々の証明は世界の生産可能性フロンティア上に完全特化点が存在することを前提として，完全特化点が効率的となるための必要十分条件を導出した。これに対して，本論の証明から明らかなように，Shiozawa (2015) はそのような完全特化点の存在を仮定せずに，効率的な完全特化点の存在の証明も含めて行うことによって，Jones の分析の拡張を行っている。しかし，完全特化点が効率的となるための必要十分条件を提示したという意味において Jones の功績は非常に大きいといえる。

参考文献

R. W. Jones, Comparative advantage and the theory of tariffs : A multi-country multicommodity model, *Review of Economic Studies* 24, 1961, 161-175.

Y. Shiozawa, International trade theory and exotic algebras, *Evolutionary and Institutional Economic review* 12, 2015, 177-212.

M. Tawada and T. Ogawa, A geometric proof of complete specialization in three by three Ricardian world economy, in B. Tran-Nam, M. Tawada and M. Okawa (eds.), *Recent Developments in Normative Trade Theory and Welfare Ecnomics*, Springer, 2018.

補論2 2国・多数財のリカード・モデルの比較優位論

　2国2財のリカード・モデルの多数国・多数財モデルへの拡張の試みとしては，国の数のみを一般化して「多数国・2財」とするか，財の数のみを一般化して「2国・多数財」で考えるか，いずれかの方向性が考えられる。現実的には国の数よりも財の数のほうが多いと考えられることから，ここでは財の数を n と一般化し，2国 n 財の場合をとりあげて，自由貿易下における2国間での生産の分業のパターンと貿易の利益について考察しよう。

　このようなモデルにおいて，本章第2節での議論と同様，自由貿易下での均衡価格が与えられたときに，そのときの競争均衡の下ではどの国においてもすべての財について $w_i a_j^i \geq p_j$ でなくてはならない。ただし w_i は第 i 国の賃金であり，a_j^i は第 i 国で第 j 財を1単位生産するのに必要な労働投入量，p_j は第 j 財の世界価格とする。そして第 i 国で第 j 財を生産するためには $w_i a_j^i = p_j$ が成立していなくてはならず，もし $w_i a_j^i > p_j$ ならば第 i 国では第 j 財は生産されない。いま，2つの国を H 国と F 国としよう。このとき，第 j 財について $w_H a_j^H < w_F a_j^F$ が成立するならば，第 j 財を生産するのは H 国であり，F 国は生産することはない。しかしこの関係は，自由貿易の下で決まる各国の賃金 w_i に依存する（$i = H, F$）。そしてこれら各国の賃金の大きさは，各国の均衡下での財需要を含めた一般均衡条件によって決まる。以下では財の需要を考慮に入れて，貿易均衡の下で各国がどの財の生産を行うかを，Dornbusch et al. (1977) に基づいてみていこう。なお，Dornbusch et al. (1977) では財の数が無限に連続的な実数上にあると仮定しているが，ここでは財の数が離散的で有限な場合を考える。

1　モデル

　H 国と F 国から成る世界経済において，全部で n 種類の財が存在すると想定する。両国の代表的消費者の効用関数は共通であり，

$$U(x_1, \cdots, x_n) = \log\left(x_1^{b_1} x_2^{b_2} \cdots x_n^{b_n}\right) = \sum_{j=1}^{n} b_j \log x_j \tag{1}$$

で表されるものとしよう。ここで x_j は第 j 財の消費量であり，b_j は $0 < b_j < 1$ および $\sum_{j=1}^{n} b_j = 1$ を満たす定数である。2財モデルと同様，各財の生産は労働のみを生産要素として用いて行われると仮定し，第 i 国の第 j 財1単位の労働投入係数を a_j^i とする（$i = H, F,\ j = 1, 2, \cdots, n$）。そしてこれらの労働投入係数の間には，

$$\frac{a_1^F}{a_1^H} > \frac{a_2^F}{a_2^H} \cdots > \frac{a_{n-1}^F}{a_{n-1}^H} > \frac{a_n^F}{a_n^H} \tag{2}$$

という関係が成立していると仮定する。つまり，第1財は H 国が最も比較優位をもっている財で，財の番号が大きくなるにつれて H 国の比較優位は薄れていき，第 n 財は H 国が最も比較劣位をもつ財である，と仮定する。

2 特化パターンの分析

各国の特化パターンを調べるために，各生産部門における企業の行動を検討しよう。第 j 財の価格を p_j，H 国の賃金と第 j 財生産のための雇用量をそれぞれ w^H と L_j^H で表すと，H 国の第 j 財を生産する企業の利潤 π_j^H は

$$\pi_j^H = p_j \frac{L_j^H}{a_j^H} - w^H L_j^H = \left(\frac{p_j}{a_j^H} - w^H\right) L_j^H$$

で表される。したがって，企業の利潤最大化行動から，H 国で第 j 財が生産されるか否かは p_j / a_j^H と w^H の大小関係に依存する。特に完全競争下での生産は利潤ゼロ条件を満たさなくてはならないから，H 国の第 j 財の生産量 X_j^H は以下のようになる。

$$X_j^H \begin{cases} = 0, & p_j < a_j^H w^H \text{ のとき} \\ \geq 0, & p_j = a_j^H w^H \text{ のとき} \end{cases} \tag{3}$$

F 国についても同様にして，第 j 財の生産量 X_j^F について以下のようになる。

$$X_j^F \begin{cases} = 0, & p_j < a_j^F w^F \text{ のとき} \\ \geq 0, & p_j = a_j^F w^F \text{ のとき} \end{cases} \tag{4}$$

H 国の F 国に対する相対賃金を $\omega \equiv w^H / w^F$ と定義し，第 k 財と第 $k+1$ 財の間で

60   第 I 部　貿易理論の基礎

$$\frac{a_k^F}{a_k^H} \geq \omega \geq \frac{a_{k+1}^F}{a_{k+1}^H} \tag{5}$$

となっているものとしよう。(2)を考慮に入れると，(3)と(4)より，第1財から第 k 財までは H 国で生産され，第 $k+1$ 財から第 n 財までは F 国で生産されることがわかる。以下では特に，第 k 財は H 国でのみ生産され，第 $k+1$ 財は F 国でのみ生産される場合を考えていこう。このとき，各産業における利潤ゼロ条件より，各財の価格について

$$p_j = \begin{cases} a_j^H w^H, & j=1,\cdots,k \\ a_j^F w^F, & j=k+1,\cdots,n \end{cases} \tag{6}$$

が成立する。

　以上の議論において，相対賃金はあたかも所与であるかのように想定されていたが，実際には ω は k とともに2国間の自由貿易均衡において決定される。貿易均衡を分析するための準備として，需要条件をみていこう。I^H と x_j^H をそれぞれ H 国の国民所得と第 j 財の消費量とすると，H 国の代表的消費者の予算制約条件は $\sum_{j=1}^{n} p_j x_j^H = I^H$ である。その下で効用関数(1)を各財の消費量に関して最大化すると，効用最大化の条件から H 国の第 j 財に対する需要量 x_j^H が次のように求められる。

$$x_j^H = \frac{b_j I^H}{p_j}$$

F 国の第 j 財に対する需要量 x_j^F も同様に，$x_j^F = b_j I^F / p_j$ と求められる。

　第1財から第 k 財までは H 国でのみ生産され，第 $k+1$ 財から第 n 財までは F 国でのみ生産されるので，各財の世界市場における需給均衡条件は

$$\frac{b_j}{p_j}(I^H + I^F) = \begin{cases} X_j^H, & j=1,\cdots,k \\ X_j^F, & j=k+1,\cdots,n \end{cases} \tag{7}$$

で表される。(7)を第1財から第 k 財までと第 $k+1$ 財から第 n 財までについてそれぞれ合計すると，

$$(I^H + I^F) \sum_{j=1}^{k} b_j = \sum_{j=1}^{k} p_j X_j^H \tag{8}$$

$$(I^H + I^F) \sum_{j=k+1}^{n} b_j = \sum_{j=k+1}^{n} p_j X_j^F \tag{9}$$

を得る。L^H と L^F をそれぞれ H 国と F 国の労働賦存量としよう。このとき，各国の各産業の利潤ゼロ条件から，$\sum_{j=1}^{k} p_j X_j^H = w^H L^H$ と $\sum_{j=k+1}^{n} p_j X_j^F = w^F L^F$ が成立する。

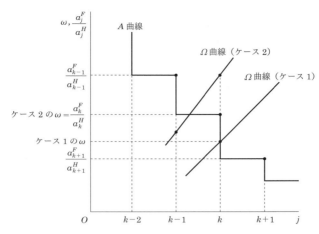

図 2A-3 2国・多数財での比較優位

よって，$\theta_k \equiv \sum_{j=1}^{k} b_j$ とすると，(8)と(9)から次の式が導出できる。

$$\frac{\theta_k}{1-\theta_k} = \omega \frac{L^H}{L^F}$$

すなわち

$$\omega = \frac{\theta_k}{1-\theta_k} \frac{L^F}{L^H} \tag{10}$$

となる。世界経済の自由貿易均衡は(5)と(10)を同時に満たす ω と k で表される。(10)を満たす k と ω との間には，k が大きくなると ω も大きくなるという関係がある。この k と ω の関係は Ω 曲線として，図 2A-3 に描かれている。一方，(2)を満たす j と a_j^F/a_j^H との間には，j が大きくなるほど a_j^F/a_j^H は小さくなるという関係がある。この関係を表すグラフが A 曲線として，図 2A-3 に描かれている。したがって，自由貿易経済の均衡における k と ω は，Ω 曲線と A 曲線が交わるところで決まる。各国ともに生産を行っている場合には，そのような k は 1 から $n-1$ のうちのどれかになっていなくてはならない。図 2A-3 において，Ω 曲線と A 曲線の交差の仕方はケース 1 の場合とケース 2 の場合の 2 通りがある。ケース 1 は 2 つの曲線が横軸の k のところで交差している場合であり，ケース 2 は横軸の開区間 $(k-1, k)$ のどこかで交差している場合である。

62　第Ⅰ部　貿易理論の基礎

　ケース1の場合は，両曲線によって決まる k と ω は(5)を厳密な不等号で満たし，また(10)も満たす。したがって，自由貿易均衡の経済では，H 国が第1財から第 k 財までを生産して，F 国が第 $k+1$ 財から第 n 財を生産することになる。

　次にケース2について考えよう。この場合には，第1財から第 $k-1$ 財は自国のみが生産し，第 k 財は両国が生産し，第 $k+1$ 財から第 n 財までは外国のみが生産することが自由貿易均衡になる。このことを以下で示そう。$\omega=w^H/w^F=a_k^F/a_k^H$ を満たす任意の w^H と w^F に対して，各財の価格は

$$
p_j=\begin{cases}
w^H a_j^H, & j=1,\cdots,k-1 \\
w^H a_k^H=w^F a_k^F, & j=k \\
w^F a_j^F, & j=k+1,\cdots,n
\end{cases}
\tag{11}
$$

となる。また，X_j^W を第 j 財の世界全体の生産量とすると，各財の世界市場の需給均衡式は

$$
X_j^W=\begin{cases}
X_j^H=\dfrac{b_j(I^H+I^F)}{p_j}, & j=1,\cdots,k-1 \\
X_k^H+X_k^F=\dfrac{b_k(I^H+I^F)}{p_k}, & j=k \\
X_j^F=\dfrac{b_j(I^H+I^F)}{p_j}, & j=k+1,\cdots,n
\end{cases}
\tag{12}
$$

となる。したがって，X_k^H と X_k^F がともに正であれば，ω を $\omega=a_k^F/a_k^H$ として，以上のように定められる経済は自由貿易均衡となる。

　図2A-3から明らかなように，ケース2が生じるための必要十分条件は

$$
\frac{\theta_{k-1}}{1-\theta_{k-1}}\frac{L^F}{L^H}<\frac{a_k^F}{a_k^H}<\frac{\theta_k}{1-\theta_k}\frac{L^F}{L^H}
\tag{13}
$$

である。この下で $X_k^H>0$ となることを示そう。(12)より，

$$
\sum_{j=1}^{k}p_jX_j^H=\sum_{j=1}^{k-1}b_j(I^H+I^F)+p_kX_k^H
$$

が成立する。(11)と H 国の労働の完全雇用条件 $L^H=\sum_{j=1}^{k}a_j^HX_j^H$ を使うと，上の式は

$$
L^H=\sum_{j=1}^{k-1}\frac{b_j(w^HL^H+w^FL^F)}{w^H}+L_k^H
$$

と書き換えられる。ただし $L_k^H=a_k^HX_k^H$ である。上の式の両辺に w^H をかけて，θ_{k-1}

の定義を用いて変形すると,

$$w^H L^H - w^H L_k^H = \theta_{k-1}(w^H L^H + w^F L^F)$$

となる。ω の定義を用いて，この式をさらに変形すると，

$$(1-\theta_{k-1})L^H - \theta_{k-1}L^F/\omega = L_k^H$$

を得る。これを書き換えて，(13) の最初の不等式を用いると，

$$\omega - \frac{\theta_{k-1}}{1-\theta_{k-1}}\frac{L^F}{L^H} = \frac{\omega L_k^H}{(1-\theta_{k-1})L^H} > 0$$

となる。この式は $L_k^H > 0$ を意味するので，$X_k^H = L_k^H/a_k^H > 0$ が導かれる。同様にして，(13) の後ろの不等式から $X_k^F > 0$ も示すことができる。

ケース 1 が現れやすいか，ケース 2 が現れやすいかは，図 2A-3 をみれば明らかである。財番号の間隔に比べて a_k^F/a_k^H と a_{k+1}^F/a_{k+1}^H のギャップが小さいならばケース 2 が生じやすい。すなわち，Ω 曲線が A 曲線と交差するところで隣り合う 2 財に関して，2 国間の比較優位差がわずかな場合には，両国ともに生産をするような財が現れることになる。

3 貿易利益

この多数財リカード・モデルにおいて，両国がともに貿易による利益を得ることを，以下で示そう。まず，ケース 1 において，H 国の貿易の利益を検討しよう。H 国の均衡における厚生水準は (1) より

$$U^H = \sum_{j=1}^n b_j \log \frac{b_j w^H L^H}{p_j} = \sum_{j=1}^n b_j \left(\log \frac{w^H}{p_j} + \log L^H + \log b_j \right)$$

$$= \sum_{j=1}^n b_j \log \frac{w^H}{p_j} + \log L^H + \sum_{j=1}^n b_j \log b_j$$

と表される。閉鎖経済の均衡下においては，すべての財が自国内で生産されなければならない。このことと利潤ゼロ条件より，閉鎖経済の均衡では $p_j^{HA} = w^{HA}a_j^H$ がすべての財について成立する。ただし p_j^{HA} と w^{HA} はそれぞれ，閉鎖経済均衡のときの財価格と賃金である。これに対して，自由貿易の下では $j=1,\cdots,k$ の財については H 国で生産されるので $p_j = w^H a_j^H$ となり，$j=k+1,\cdots,n$ の財については F 国で生産されるので，$p_j = w^F a_j^F$ となる。したがって，閉鎖経済の均衡における H 国の

64　第Ⅰ部　貿易理論の基礎

厚生水準 U^{HA} と自由貿易均衡における厚生水準 U^{HT} との差は,

$$U^{HA}-U^{HT}=\sum_{j=1}^{n} b_j\log\frac{1}{a_j^H}-\left(\sum_{j=1}^{k} b_j\log\frac{1}{a_j^H}+\sum_{j=k+1}^{n} b_j\log\frac{w^H}{w^F a_j^F}\right)$$

$$=\sum_{j=k+1}^{n} b_j\left(\log\frac{a_j^F}{a_j^H}-\log\omega\right) \tag{14}$$

となる。(2)と(5)より, $\omega\geq a_j^F/a_j^H$ がすべての $j=k+1,\cdots,n$ について成立するので, (14)より $U^{HA}\leq U^{HT}$ が成立する。すなわち, 自由貿易均衡の下での厚生水準は閉鎖経済の均衡における水準以上になるので, 貿易により H 国は損失を受けることはない。さらに $k+1<n$ ならば, $\omega>a_n^F/a_n^H$ であるから, H 国は必ず貿易利益を得ることになる。F 国についても同様にして, 貿易によって損失を受けることはなく, また $1<k$ ならば必ず貿易利益を得ることが示せる。自由貿易の下で, 各国はそれぞれ比較優位をもつ財の生産に特化し, 比較劣位財については外国から輸入することができる。したがって, すべての財を国内で供給しなければならない閉鎖経済の状態に比べて, 各国の経済厚生は改善する。

　ケース2についても同様の方法で, 貿易相手国からその国では生産していない財を少なくとも1つは輸入するならば, その国には貿易利益が発生することを確かめることができる。

4　多数国2財モデルについてのコメント

　以上の議論で明らかになったように, 財の数が多数であっても, 国の数が2国であれば, 比較優位の条件は(2)式のような形で表されるため, 基本的には2国2財の場合の比較優位論の条件の延長として捉えることができる。同じことは多数国2財の経済についても当てはまる。いま, 国の数が $i=1,\cdots,n$ の全部で n だとしよう。また財は第1財と第2財の2種類としよう。そして a_j^i を第 i 国の第 j 財1単位の生産に必要な労働量として,

$$\frac{a_1^1}{a_2^1}<\frac{a_1^2}{a_2^2}<\cdots<\frac{a_1^n}{a_2^n}$$

が成立しているとしよう。このとき世界の均衡価格比 p_1/p_2 が第 k 国と第 $k+1$ 国の間で

$$\frac{a_1^k}{a_2^k} < \frac{p_1}{p_2} < \frac{a_1^{k+1}}{a_2^{k+1}}$$

となっているときは，自由貿易均衡では第1国から第k国までが第1財を生産して，第$k+1$国から第n国までが第2財を生産することになる。世界の均衡価格比p_1/p_2がどの隣り合う2つの財の間に来るかは，需要側の条件に依存することになる。

参考文献

R. Dornbusch, S. Fischer and P. A. Samuelson, Comparative advantage, trade, and payments in a Ricardian model with a continuum of goods, *American Economic Review* 67, 1977, 823–839.

第3章

ヘクシャー＝オリーンの貿易論

1　はじめに

　リカードの貿易モデルでは本源的要素は労働のみと考えるため，生産技術が収穫一定であれば，生産規模に関係なく単位当たりの労働の投入量は不変となる。そのため，国家間で生産技術が異なる場合の分析が容易であった。したがって，国家間における生産技術の差による貿易のパターンを明快な形で議論できた。

　本章では，本源的要素を生産に繰り返し利用できる生産要素として考え，そのような性質をもつ生産要素として，労働と資本という2つの要素を考える。原材料や中間財などは1回限りの生産で使い尽くされるため，それらは最終財生産のための間接的な労働費用として最終財の生産費用にくみこむことができる。しかし工場設備や機械設備などは繰り返し生産に用いることができるため，最終財生産のための費用として，原材料や中間財と同等に扱うことが困難になる。こうした生産手段として繰り返し利用できる資本はむしろ労働と同じく，生産への貢献に応じてその所有者が報酬を受け取ることのできる要素として扱うほうが望ましい。さらに，2つの本源的要素が存在する場合には，生産における労働と資本の間での代替の可能性が生じる。このような生産技術のもとでは一定量の生産を行うために必要となる労働と資本の組み合わせは様々であり，その中から企業は労働と資本の望ましい組み合わせを選択しなくてはならない。したがって，リカードのモデルに比べると生産面の分析は複雑になる。特にこのような生産技術については，国家間で差があるとしてもその差の性質に関して様々な場合があり，それによって貿易のパターンを決める比較優位のあり方は一様ではなくなる。

複数の本源的要素の存在する経済で，生産技術の違いによる様々な貿易のパターンを分析することはそれ自体重要な問題であるが，この経済の特徴を利用して明快な分析を展開する別の考え方として，国家間で生産技術は同じとして，要素賦存量に差がある場合にこの要素賦存量の差が貿易のパターンにどのような影響を与えるかを考察するという視点がある。この問題はスウェーデンの２人の経済学者エリ・ヘクシャーとバーティル・オリーンによって取り組まれたため，この２国，２財，２本源的要素の存在する貿易モデルはヘクシャー＝オリーン・モデルとして知られている。ヘクシャー＝オリーン・モデルによる国際貿易の理論は，ポール・サミュエルソンが新古典派的なミクロ理論に立脚して行った精緻なモデル分析によって整理されている。本章ではサミュエルソンの議論に立脚して，ヘクシャー＝オリーンの貿易論を紹介していくことにする。

2　各産業における利潤最大化行動と要素集約性

世界は２国，２財，２生産要素からなるとする。２国を H 国と F 国，２財を X 財と Y 財，２生産要素を資本（K）と労働（L）とする。

はじめに１つの国の経済について説明しよう。この国の X 財と Y 財の生産関数を

$$X=F(L_X,K_X) \tag{1}$$
$$Y=G(L_Y,K_Y) \tag{2}$$

とする。ここで L_X，K_X はそれぞれ X 財を生産するための労働と資本の投入量である。また X は X 財の生産量である。L_Y，K_Y，Y も同様に定める。

生産関数 G と F はともに１次同次で凹の関数であり，２階連続微分可能とする[1]。そして，すべての要素に関して限界生産性は正でありかつ限界生産性は逓減するものとする。これは例えば要素 L_X に関して言うならば $\partial F/\partial L_X>0$，$\partial^2 F/\partial L_X{}^2<0$ であることを意味する。さらに正の生産を行うためには，労働と資本の両方が必要であるとする。

---

[1]　生産関数の１次同次性や凹の性質については数学附録の第２節を参照のこと。

各産業の生産は完全競争企業による利潤最大化行動によって行われるものとする。そこで以下では X 財産業の利潤最大化行動をみていくことにしよう。X 財産業全体での利潤最大化行動は

$$\underset{L_X, K_X}{Max}\, p_X F(L_X, K_X) - wL_X - rK_X \quad (3)$$

で表される。ただし p_X は X 財の価格, w と r はそれぞれ労働賃金と資本レンタルであり, これらすべての価格は企業にとって所与とみなされている。

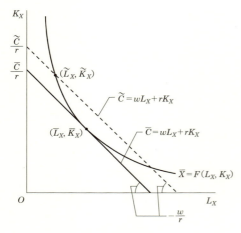

図 3-1 費用最小化

利潤最大化問題(3)は次のような2つの段階に分けて考えることができる。

第1段階 $\underset{L_X, K_X}{Min}\, wL_X + rK_X$ (4)

ただし (L_X, K_X) は $X = F(L_X, K_X)$ を満たすものとし, X は与えられた大きさとする。

第2段階 $\underset{X}{Max}\, p_X X - C^X(X, w, r)$ (5)

ただし $C^X(X, w, r) = wL_X(X, w, r) + rK_X(X, w, r)$ であり, $L_X(X, w, r)$ と $K_X(X, w, r)$ はそれぞれ, 与えられた X と w, r の下での第1段階の問題における L_X と K_X の最適解としている。

第2段階の問題(5)の最適解として X が決まると, この X の下での第1段階の問題(4)の最適解 L_X, K_X が(3)の解となる。

第1段階の問題(4)は図3-1を利用して解くことができる。図3-1では $X = \bar{X}$ のときの等生産量曲線 $\bar{X} = F(L_X, K_X)$ と直線 $\bar{C} = wL_X + rK_X$ が描かれている。いま, $\bar{X}$ を生産するために等生産量曲線上の点 $(\tilde{L}_X, \tilde{K}_X)$ を用いると, そのときの生産費用は $\tilde{C} = w\tilde{L}_X + r\tilde{K}_X$ となり, $\tilde{C}$ の大きさは点 $(\tilde{L}_X, \tilde{K}_X)$ を通る破線 $\tilde{C} = wL_X + rK_X$ の縦軸との切片 $\tilde{C}/r$ で表される。$\bar{X}$ を生産するために $(\bar{L}_X, \bar{K}_X)$ を用いると, この破線は点 $(\bar{L}_X, \bar{K}_X)$ を含むところまで下方に平行移動する。そしてそのときの生産費用 $\bar{C} = w\bar{L}_X + r\bar{K}_X$ はこの直線の縦軸との切片 $\bar{C}/r$ で表される。図でみるように $\bar{C}$ のほうが $\tilde{C}$ より小さくなる。$\bar{X}$ を達成できるすべての (L_X, K_X) (すな

わち等生産量曲線上のすべての点）の中で $(\overline{L}_X, \overline{K}_X)$ が生産費 C を最も小さくするため，$(\overline{L}_X, \overline{K}_X)$ が問題(4)の解ということになる。すなわち直線 $C = wL_X + rK_X$ が等生産量曲線 $\overline{X} = F(L_X, K_X)$ と接する点が費用を最小にする (L_X, K_X) である。直線 $C = wL_X + rK_X$ の傾きは $-w/r$ であるので，与えられた w, r の下では，等生産量曲線が $-w/r$ の傾きの接線をもつ点が費用を最小にする (L_X, K_X) である。そこで与えられた生産量 X に対して，この生産量を最小費用で実現するための L_X, K_X は X の

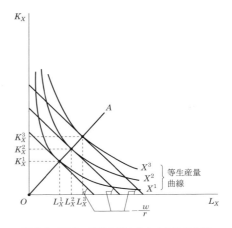

図 3-2 要素の最適な組み合わせと生産水準

大きさと生産要素の価格 w, r によって決まるため，これらを $L_X(X, w, r)$, $K_X(X, w, r)$ とすると，X を生産するための最小費用は

$$C^X(X, w, r) = wL_X(X, w, r) + rK_X(X, w, r)$$

と表すことができる。

つぎに，第1段階の議論をもとに第2段階の問題(5)を考えていくことにしよう。はじめに $C^X(X, w, r)$ についてより詳しくみていくことにする。生産関数 $X = F(L_X, K_X)$ が1次同次であることから，その等生産量曲線は相似拡大的な性質をもつ[2]。すなわち図 3-2 に示されるように等生産量曲線の接線の傾きが $-w/r$ となる (L_X, K_X) の点は原点からの直線上（例えば図 3-2 の直線 OA 上）にある。よって第1段階での最適な (L_X, K_X) はどのような X の下でも直線 OA 上に存在することになる。

そこで，生産量 X を1として第1段階の問題を考え，そのときの最適解が図 3-3 のように B 点で与えられたとしよう。$X = 1$ に対応する等生産量曲線上の (L_X, K_X) を特に (a_L^X, a_K^X) と表すことにしよう。また B 点の a_L^X と a_K^X は w/r の大きさ

---

[2] 1次同次の生産関数がホモセティックであることからこの性質が導出できる。この点は数学附録の第1節を参照のこと。

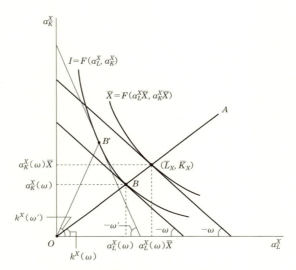

図 3-3 要素価格と単位当たりの要素雇用量

によって決まるため，$\omega = w/r$ とすると，それぞれ $a_L^X(\omega)$ と $a_K^X(\omega)$ と表すことができる。

生産関数 $X = F(L_X, K_X)$ が 1 次同次であるとき，任意の $\lambda \geq 0$ に対して，$F(\lambda L_X, \lambda K_X) = \lambda F(L_X, K_X)$ であるから，$X = F(L_X, K_X)$ に $\lambda = 1/X$ を適用して $1 = F(L_X/X, K_X/X) = F(a_L^X, a_K^X)$ となる。ゆえに，X 財を $\overline{X}$ だけ生産するための (L_X, K_X) を $(\overline{L}_X, \overline{K}_X)$ とすると，$\overline{a}_L^X \equiv \overline{L}_X/\overline{X}$，$\overline{a}_K^X \equiv \overline{K}_X/\overline{X}$ と定めた $(\overline{a}_L^X, \overline{a}_K^X)$ を用いたときに $\overline{X}$ 財を 1 単位生産できることになる。このことから，図 3-3 において与えられた w，r の下では，X を生産するための費用最小化問題(4)の最適解 $L_X(X, w, r)$，$K_X(X, w, r)$ と X 財を 1 単位生産するための費用最小化問題(4)の最適解 $a_L^X(\omega)$，$a_K^X(\omega)$ との間に，$a_L^X(\omega) X = L_X(X, w, r)$，$a_K^X(\omega) X = K_X(X, w, r)$ という関係が成立する。よって

$$C^X(X, w, r) = w a_L^X(\omega) X + r a_K^X(\omega) X = \bigl(w a_L^X(\omega) + r a_K^X(\omega)\bigr) X = c^X(w, r) X$$

となる。ただし $c^X(w, r) = w a_L^X(\omega) + r a_K^X(\omega)$ は w，r が与えられたとき X 財を 1 単位生産するための最小費用を表している。

このとき $p_X X - C^X(X, w, r) = p_X X - c^X(w, r) X = \bigl(p_X - c^X(w, r)\bigr) X$ であるから，

第2段階の問題(5)は

$$\underset{X}{Max}\ (p_X - c^X(w,r))X \qquad\qquad (5')$$

と表すことができる。

w, r が与えられたとき，$X=1$ の下での第1段階の問題(4)から決まる $c^X(w,r)$ が p_X の値より大きくなっていると，$p_X - c^X(w,r) < 0$ であるから(5')の最適な生産量は $X=0$ となり，X 財の生産は行われなくなる。一方 $c^X(w,r)$ が p_X より小さくなっていると，$p_X - c^X(w,r) > 0$ であるから，このような企業の利潤は，正の生産量 X のもとでは，$(p_X - c^X(w,r))X > 0$ となる。多くの完全競争企業によって生産が行われている状況の下では，正の利潤がある場合，財価格を少し下げても赤字になることはない。そこで新規参入のある完全競争状態では，新規企業が既存企業のマーケットを奪おうとして，市場価格よりも低い価格で財を提供したり，労働や資本を新規参入企業が取り込むために少し高い賃金や資本レンタルで労働や資本を雇用しようとするであろう。このような企業の参入は正の利潤がある限り続くため，最終的には利潤がゼロとなる。したがって第2段階の問題(5')の下での最適解では，利潤ゼロ，すなわち $p_X = c^X(w,r)$ のもとで，どのような X も最適であり，そのときの利潤は $(p_X - c^X(w,r))X = 0$ となる。言い換えるならば，正の生産が行われているときには，利潤ゼロの条件，$p_X = c^X(w,r)$ が成立している必要がある。そしてその場合，どのような生産量 X も企業にとっては最適な水準となる。そのときの労働と資本の最適な雇用量 L_X と K_X は，1単位の生産を最小費用で行う場合の労働と資本の雇用量 $a_L^X(\omega)$ と $a_K^X(\omega)$ を X 倍した大きさ，すなわち $a_L^X(\omega)X$ と $a_K^X(\omega)X$ となる。

労働賃金 w と資本レンタル r が与えられると $\omega \equiv w/r$ が決まり，それによって単位当たりの生産費用を最小にする労働と資本の雇用量，$a_L^X(\omega)$ と $a_K^X(\omega)$ が決まる。そこで生産量水準が X の場合には，それに対応する労働と資本の雇用量は，それぞれ，$a_L^X(\omega)X$ と $a_K^X(\omega)X$ となる。したがって，いかなる生産量の水準でも労働に対する資本の雇用比率 k^X は $a_K^X(\omega)X / a_L^X(\omega)X = a_K^X(\omega)/a_L^X(\omega)$ となり，単位当たりの資本と労働の比率に等しくなる。すなわち，雇用される資本と労働の比率 k^X は ω の大きさによって決まるため，$k^X = a_K^X(\omega)/a_L^X(\omega) \equiv k^X(\omega)$ と表すことにする。k^X を資本・労働比率という。

以上の X 財生産についての議論は Y 財生産にも当てはまる。$\omega = w/r$ が与えら

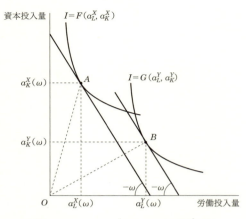

図 3-4 単位当たり等生産量曲線と要素集約性

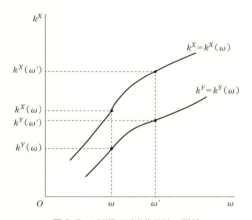

図 3-5 2財間の要素集約性の関係

れたときの Y 財生産の資本・労働比率を $k^Y(\omega) \equiv a_K^Y(\omega)/a_L^Y(\omega)$ とする。そして以下の議論ではいかなる ω に対しても $k^X(\omega) > k^Y(\omega)$ を仮定する。すなわち与えられた労働賃金 w と資本レンタル r の下で X 財と Y 財の生産が行われるとき，X 財生産のほうが Y 財生産よりも労働に対する資本の投入比率が大きいと仮定する。このような場合，X 財生産は Y 財生産に比べて相対的に資本集約的（capital intensive）であるという。このことは逆に言えば，Y 財生産では資本に対する労働の投入比率が X 財生産より大きいことを意味するため，Y 財生産は X 財生産に比べて相対的に労働集約的（labor intensive）であるということもできる。この仮定は今後の分析にとって重要な意味をもつため，次のように要素集約性（factor intensity）の仮定として表しておこう。

仮定 1（2 財間での要素集約性非可逆の仮定）

どのような大きさの $\omega \equiv w/r$ に対しても，$k^X(\omega) > k^Y(\omega)$ である。すなわち X 財生産は Y 財生産に比べて資本集約的である。言い換えれば，Y 財生産は X 財生産に比べて労働集約的である。

この仮定が成立するような X 財生産と Y 財生産の状況は図 3-4 に示されてい

る。いま ω が与えられたとき，X 財生産の単位当たりの生産費用を最小にする労働と資本の組み合わせの点 $(a_L^X(\omega), a_K^X(\omega))$ は A 点となる。Y 財生産に関する同様の資本と労働の組み合わせの点 $(a_L^Y(\omega), a_K^Y(\omega))$ は B 点で示される。X 財生産が資本集約的であることから，原点と A 点を結んだ直線 OA のほうが原点と B 点を結んだ直線 OB より傾きが急になっている。

さらに，$k^X(\omega)$ は図 3-3 で示したように，ω が大きいほど大きくなるから，図 3-5 の $k^X = k^X(\omega)$ のグラフは右上がりの曲線となる。$k^Y = k^Y(\omega)$ も同様である。そして，任意の ω に対して X 財生産が資本集約的，すなわち，$k^X(\omega) > k^Y(\omega)$ であるときには，$k^X(\omega)$ のグラフは $k^Y(\omega)$ のグラフの上方に位置することになる。

3 要素価格フロンティアとストルパー゠サミュエルソンの定理

今，X 財と Y 財の価格が，それぞれ p_X と p_Y で与えられたとしよう。このとき両財産業で生産が行われるためには両財産業で利潤ゼロ条件が成立していなければならない。すなわち，

$$p_X = c^X(w, r) \equiv w a_L^X(\omega) + r a_K^X(\omega) \tag{6}$$

$$p_Y = c^Y(w, r) \equiv w a_L^Y(\omega) + r a_K^Y(\omega) \tag{7}$$

となっていなくてはならない。

ここで p_X が与えられたときの(6)式の $p_X = c^X(w, r)$ を満たす (w, r) のグラフを描くと，図 3-6 の曲線 Q で示される。この曲線 Q を要素価格フロンティアという。以下この要素価格フロンティアが図に示されているように右下がりで原点方向に凸となることを示そう。

(6)式を満たす 2 つの異なる任意の点 $A = (w^A, r^A)$ と $B = (w^B, r^B)$ を考える。すなわち，

$$p_X = w^A a_L^X(\omega^A) + r^A a_K^X(\omega^A) = w^B a_L^X(\omega^B) + r^B a_K^X(\omega^B)$$

である。ただし $\omega^A \equiv w^A/r^A$，$\omega^B \equiv w^B/r^B$ とする。いま $w^B < w^A$ としよう。このとき $r^B \leq r^A$ とすると

$$p_X = w^B a_L^X(\omega^B) + r^B a_K^X(\omega^B)$$

第I部 貿易理論の基礎

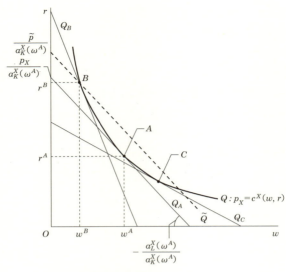

図 3-6 要素価格フロンティア

$$= w^A a_L^X(\omega^A) + r^A a_K^X(\omega^A)$$
$$> w^B a_L^X(\omega^A) + r^B a_K^X(\omega^A)$$

となる。しかし，これは $(a_L^X(\omega^B), a_K^X(\omega^B))$ が (ω^B, r^B) の下でX財生産における単位費用を最小にする組み合わせであることに矛盾する。よって $w^B < w^A$ の下では $r^B > r^A$ でなくてはならないから，(6)式の $p_X = c^X(w, r)$ の曲線は右下がりとなる。

次に要素価格フロンティアが原点方向に凸となることを示す。そのため再び要素価格フロンティア上の任意の点 $A = (w^A, r^A)$ と $B = (w^B, r^B)$ を考える。ここで $w^A > w^B$, $r^A < r^B$ とする。このとき $\omega^A > \omega^B$ であるから

$$\frac{a_K^X(\omega^B)}{a_L^X(\omega^B)} = k^X(\omega^B) < k^X(\omega^A) = \frac{a_K^X(\omega^A)}{a_L^X(\omega^A)}$$

である。$(a_L^X(\omega^A), a_K^X(\omega^A))$ と $(a_L^X(\omega^B), a_K^X(\omega^B))$ は $F(a_L^X, a_K^X) = 1$ で表される右下がりの等生産量曲線上にあるから，結局 $a_L^X(\omega^A) < a_L^X(\omega^B)$ かつ $a_K^X(\omega^A) > a_K^X(\omega^B)$ となる。

図 3-6 に $p_X = w a_L^X(\omega^A) + r a_K^X(\omega^A)$ の直線のグラフを描き，それを Q_A としよう。

第3章　ヘクシャー゠オリーンの貿易論　75

直線 Q_A は A 点を通り, 傾き $-a_L^X(\omega^A)/a_K^X(\omega^A)$ で r 軸との切片が $p_X/a_K^X(\omega^A)$ である直線となる。ここで B 点が必ずこの直線 Q_A の外側に位置することを示そう。(w^B,r^B) の下で $(a_L^X(\omega^B),a_K^X(\omega^B))$ は X 財を 1 単位生産するための費用 $w^Ba_L^X+r^Ba_K^X$ を最小にする (a_L^X,a_K^X) であるから,

$$p_X=w^Ba_L^X(\omega^B)+r^Ba_K^X(\omega^B)<w^Ba_L^X(\omega^A)+r^Ba_K^X(\omega^A)\equiv\tilde{p} \tag{8}$$

となる。ここで $\tilde{p}=wa_L^X(\omega^A)+ra_K^X(\omega^A)$ の直線のグラフを $\tilde{Q}$ として図 3-6 に破線で描いてある。(8)によって, 直線 $\tilde{Q}$ は B 点を通り, また傾きが $-a_L^X(\omega^A)/a_K^X(\omega^A)$ より, 直線 Q_A と平行になる。そして直線 $\tilde{Q}$ の r 軸との切片は $\tilde{p}/a_K^X(\omega^A)$ であり, (8)より $\tilde{p}>p_X$ であるから直線 Q_A の r 軸との切片より大きくなる。よって直線 $\tilde{Q}$ は直線 Q_A より上方にある。すなわち B 点は直線 Q_A より外側になくてはならないことになる。

　以上のことは B 点が A 点以外の $p_X=c^X(w,r)$ を満たす曲線上のどこであっても成立する。すなわち, $p_X=c^X(w,r)$ の曲線は A 点を通る直線 Q_A の外側にあり, A 点のみで直線 Q_A と $p_X=c^X(w,r)$ は共通点をもつため, 直線 Q_A は A 点における要素価格フロンティアの接線となっていることがわかる。同じように図 3-6 の B 点や C 点もそれに対応する直線 Q_B や Q_C が要素価格フロンティアの接線として描かれ, その外側に要素価格フロンティアが位置することになる。要素価格フロンティア上の点すべてにこの議論を適用すると, 結局要素価格フロンティアはこれら Q_A, Q_B, Q_C 等の直線の包絡線として示せる。よって要素価格フロンティアは原点方向に凸となる。そして以上の分析に示されたように, X 財の要素価格フロンティア上の点 $A=(w^A,r^A)$ におけるこのフロンティアの接線の傾きは $-a_L^X(\omega^A)/a_K^X(\omega^A)$ となる。A 点は要素価格フロンティア上の任意の点であるから, 一般的に要素価格フロンティア上の任意の点 (w,r) におけるフロンティアの接線の傾きは $-a_L^X(\omega)/a_K^X(\omega)$ であることがわかる。

　以上で(6)式の $p_X=c^X(w,r)$ が描く (w,r) の曲線の性質をみてきたが, 最後に $p_X=c^X(w,r)$ が (w,r) に関して 1 次同次となることをみておこう。(6)より任意の $\lambda>0$ に対して,

$$c^X(\lambda w,\lambda r)=\lambda wa_L^X(\lambda w/\lambda r)+\lambda ra_K^X(\lambda w/\lambda r)$$
$$=\lambda wa_L^X(w/r)+\lambda ra_K^X(w/r)=\lambda c^X(w,r)$$

となるから, $c^X(w,r)$ は (w,r) について 1 次同次となる。

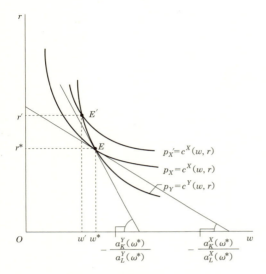

図 3-7 均衡要素価格の決定

ここまで，X財の要素価格フロンティアについてみてきたが，(7)式の $p_Y = c^Y(w,r)$ で表されるY財の要素価格フロンティアについても同様のことが成立する。

すでに述べたように，与えられた財価格 p_X, p_Y の下で両財が生産されるとき，要素価格 w と r は (6), (7) を満たさなくてはならない。そのような w と r は図 3-7 の E 点で示されるように，両財の要素価格フロンティアの交点で決まる。この w と r を，それぞれ w^* と r^* で示し，$\omega^* = w^*/r^*$ としよう。

このとき，要素集約性非可逆の仮定 1 により，

$$\frac{a_K^X(\omega^*)}{a_L^X(\omega^*)} \equiv k^X(\omega^*) > k^Y(\omega^*) \equiv \frac{a_K^Y(\omega^*)}{a_L^Y(\omega^*)}$$

である。すなわち $a_L^X(\omega^*)/a_K^X(\omega^*) < a_L^Y(\omega^*)/a_K^Y(\omega^*)$ であるから，E 点における X財の要素価格フロンティアの接線の傾きのほうが Y財のそれよりも緩やかになっている。

以下では与えられた財価格 p_X, p_Y の下で，両産業で生産が行われているときに決まる要素価格が X財価格の変化によってどのような影響を受けるかについてみていくことにしよう。当初 p_X と p_Y が与えられているときの w と r は図 3-7 で示されている w^* と r^* である。ここでいま，p_X が p_X' へと上昇したとする。すなわち $p_X < p_X'$ とする。$\lambda \equiv p_X'/p_X > 1$ とすると $p_X' = \lambda p_X$ である。$c^X(w,r)$ が (w,r) に関して 1 次同次であることから $p_X = c^X(w,r)$ に対して $p_X' = c^X(\lambda w, \lambda r)$ となる。$c^X(w,r)$ が (w,r) に関して 1 次同次であることから $p_X' = c^X(w,r)$ の描く要素価格フロンティアは $p_X = c^X(w,r)$ の描く要素価格フロンティアを λ 倍だけ外側に相似拡大した曲線となる。これは図 3-7 で $p_X' = c^X(w,r)$ の曲線で示さ

れている。一方 Y 財の要素価格フロンティアは不変である。

したがって，p_X が $p_X{}'$ に上昇したとき，両財が生産されている場合の要素価格 w と r は $p_X{}'=c^X(w,r)$ の曲線と $p_Y=c^Y(w,r)$ の曲線の交点 E' において決まる。すなわち図 3-7 に示されたように，それぞれ w' と r' となる。図から明らかなように，$w'<w^*$，$r'>r^*$ となる。

以上のことから，p_X，p_Y の下で両財を生産するとき，もし資本集約的な財である X 財の価格 p_X が上昇すると，それによって賃金 w は下落し，資本レンタル r は上昇する。この結論をより一般的に表現したものが次の定理で，これはストルパー＝サミュエルソンの定理（Stolper-Samuelson theorem）として知られている。

定理 1（ストルパー＝サミュエルソンの定理）

　2 つの財の価格が与えられているときに，不完全特化状態にある経済を考える。そしてある財の価格が上昇（下落）したとする。このとき，その財の生産に集約的に投入される要素の価格は上昇（下落）し，他方の要素の価格は下落（上昇）する。

4　リプチンスキーの定理と生産可能性フロンティア

次に，各財の世界価格が与えられたとき，国内における各財の生産量がどのように決まるかをみていこう。

ある国の労働と資本の賦存量を，それぞれ，$\overline{L}$，$\overline{K}$ とする。X 財と Y 財の価格が，それぞれ，p_X，p_Y として与えられていると，(6)，(7) によって労働賃金 w と資本レンタル r が決まる。このときすでにみたように，$\omega\equiv w/r$ によって各財 1 単位の生産に必要な労働と資本の雇用量が $a_L^X(\omega)$，$a_K^X(\omega)$，$a_L^Y(\omega)$，$a_K^Y(\omega)$ として決まる。この大きさは各財の生産量の水準とは無関係に決まる。そこで X 財と Y 財の生産量を，それぞれ，X，Y とすると，それに対応する X 財産業の労働と資本の雇用量は $a_L^X(\omega)X$，$a_K^X(\omega)X$ となり，Y 財産業では $a_L^Y(\omega)Y$，$a_K^Y(\omega)Y$ となる。よって，経済全体における労働と資本の雇用量は，それぞれ $a_L^X(\omega)X+a_L^Y(\omega)Y$ と $a_K^X(\omega)X+a_K^Y(\omega)Y$ となる。均衡下の経済では労働市場，

78　第Ⅰ部　貿易理論の基礎

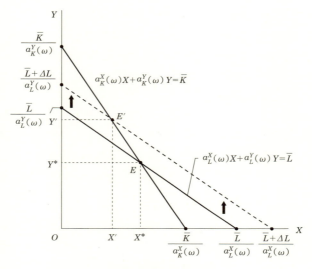

図 3-8　均衡生産量の決定

資本市場ともにそれぞれの市場の需要と供給は一致していなくてはならない。すなわち

$$a_L^X(\omega) X + a_L^Y(\omega) Y = \overline{L} \tag{9}$$
$$a_K^X(\omega) X + a_K^Y(\omega) Y = \overline{K} \tag{10}$$

が成立する。この(9)と(10)の X と Y の解を X^*, Y^* とすると，(9)，(10)を解くことによって，

$$X^* = \frac{a_L^Y(\omega) \overline{K} - a_K^Y(\omega) \overline{L}}{a_L^Y(\omega) a_K^X(\omega) - a_L^X(\omega) a_K^Y(\omega)} \tag{11}$$

$$Y^* = \frac{a_K^X(\omega) \overline{L} - a_L^X(\omega) \overline{K}}{a_L^Y(\omega) a_K^X(\omega) - a_L^X(\omega) a_K^Y(\omega)} \tag{12}$$

を得る。すなわち p_X, p_Y が与えられると，各財の生産量は(11)，(12)のように決まる。この大きさは図 3-8 において(9)式と(10)式の直線の交点 E で表される。
　要素集約性の仮定によって，$a_L^X(\omega)/a_K^X(\omega) < a_L^Y(\omega)/a_K^Y(\omega)$ であるから，図 3-8 において(9)の直線より(10)の直線のほうが傾きが急になっている。(11)と(12)で決まる各財の生産量がともに正であるためには，(9)と(10)の2つの直線

が正象限で交わっていなくてはならない。そのためには図3-8から

$$\frac{\overline{L}}{a_L^Y(\omega)} < \frac{\overline{K}}{a_K^Y(\omega)} \quad \text{および} \quad \frac{\overline{K}}{a_K^X(\omega)} < \frac{\overline{L}}{a_L^X(\omega)},$$

すなわち

$$k^Y(\omega) \equiv \frac{a_K^Y(\omega)}{a_L^Y(\omega)} < \frac{\overline{K}}{\overline{L}} < \frac{a_K^X(\omega)}{a_L^X(\omega)} \equiv k^X(\omega) \tag{13}$$

であればよい。よって，(11)と(12)で示される X^* と Y^* がともに正となるための必要十分条件は(13)で表される。(13)は2つの要素賦存量の比が各財の単位当たりの投入比率の間にあることを意味している。この条件が満たされる限りにおいて，この国は X 財，Y 財をともに生産する，いわゆる不完全特化の状態となる。

　(13)が成立するもとで，労働の賦存量が増加したとしよう。すなわち $\overline{L}$ が $\varDelta L (> 0)$ だけ増加して $\overline{L} + \varDelta L$ となったとしよう。このとき，図3-8の(9)の直線は上方に平行移動する。よって2つの直線の交点は E から E' に移る。それに対応して図にみるように X^* は X' に減少し，Y^* は Y' に増加する。このことは(11)，(12)によっても確認できる。要素賦存量の変化は $\omega = w/r$ に影響しないことを考慮すると，(11)と(12)から

$$\frac{dX^*}{d\overline{L}} = \frac{-a_K^Y(\omega)}{a_L^Y(\omega)\,a_K^X(\omega) - a_L^X(\omega)\,a_K^Y(\omega)} \tag{14}$$

$$\frac{dY^*}{d\overline{L}} = \frac{a_K^X(\omega)}{a_L^Y(\omega)\,a_K^X(\omega) - a_L^X(\omega)\,a_K^Y(\omega)} \tag{15}$$

を得る。そして要素集約性の仮定1によって，これらの式の右辺の分母は正である。よって，$dX^*/d\overline{L} < 0$ と $dY^*/d\overline{L} > 0$ が成立する。

　以上，$\overline{L}$ の変化が生産量に与える効果をみてきたが，$\overline{K}$ の変化についても同様にみていくことができる。そこで一般的にリプチンスキーの定理（Rybczynski theorem）といわれている次の定理を得る。

定理2（リプチンスキーの定理）

　与えられた価格の下で，不完全特化にある国を考える。この国のある要素の賦存量が増加すると，その要素を集約的に用いる財の生産量は増加し，他方の

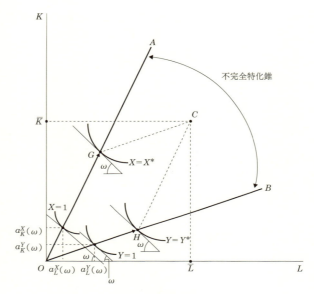

図 3-9 不完全特化錐

財の生産量は減少する。

　この定理に従うと，例えば，海外からの外国人労働者の流入は国内における労働集約的な財の生産量を増加させ，資本集約的な財の生産量を減少させる。逆に海外からの直接投資の流入は資本集約的な財の生産量を拡大させ，労働集約的な財の生産量を縮小させることになる。

　以上では生産量を座標軸にとった図3-8をもとにして要素賦存量と生産量の関係についてみてきたが，同じことを労働と資本の量を座標軸にとった図を用いて説明することもできる。図3-9は縦軸に資本の賦存量，横軸に労働の賦存量をとって，各財の等生産量曲線を描いたものである。X財の生産量が1とX^*のときの等生産量曲線が，それぞれ曲線$X=1$と曲線$X=X^*$で描かれている。また，$Y=1$や$Y=Y^*$の曲線はY財の等生産量曲線である。

　いま，各財の価格がp_x，p_yで与えられているとき，傾きが(6)，(7)によって決まる$\omega \equiv w/r$である直線を接線としてもつ様々な水準の等生産量曲線の点の軌

跡を, それぞれの産業について描くことができる。図3-9ではX財のその軌跡は直線OAで示され, Y財については直線OBで示されている。これらの軌跡が直線となるのは, X財, Y財の生産関数が1次同次であることから, 相似拡大という性質をもっているためである。そして$(a_L^X(\omega), a_K^X(\omega))$の点は$X$財の単位当たりの等生産量曲線と直線$OA$が交わる点である。$Y$財の$(a_L^Y(\omega), a_K^Y(\omega))$も同様である。よって要素集約性の仮定により, $k^Y(\omega) < k^X(\omega)$であるから, 直線$OA$のほうが直線$OB$よりも傾きが急となる。各財の生産はその生産量水準に応じてこれらの直線上の労働と資本の組み合わせによって行われることになる。

要素賦存量の点$(\overline{L}, \overline{K})$が図3-9の$C$点で表されるとしよう。このとき, 各財の生産は, 直線OAと直線OB上で, しかも$\overline{L}, \overline{K}$を両産業全体で完全雇用して行われるため, 生産のための要素の雇用量の点はX財ではG点, Y財ではH点となる。ベクトルOGがX財生産のための労働と資本の雇用量で, ベクトルOHがY財生産のための労働と資本の雇用量で, ベクトルOGとベクトルOHの和がベクトルOCとなっている。G点やH点を通る等生産量曲線の水準でのX財やY財の生産量はX^*, Y^*である。これらの生産点に対応する労働と資本の雇用量をみると, G点は$(a_L^X(\omega)X^*, a_K^X(\omega)X^*)$として表され, H点は$(a_L^Y(\omega)Y^*, a_K^Y(\omega)Y^*)$として表される。

以上のように要素賦存量の点$(\overline{L}, \overline{K})$が与えられたとき, 両財について正の生産が行われるためには, そのときの各生産量の要素雇用量の点がGやHのようにOA上とOB上になくてはならない。そのためには$(\overline{L}, \overline{K})$の点が直線$OA$と$OB$で挟まれた錐（扇形）$AOB$内の領域に存在していることが必要十分条件である。この条件は(13)そのものである。この錐AOBを不完全特化錐（diversification cone）という。すなわち$(\overline{L}, \overline{K})$の点が不完全特化錐の中にあれば, そのときに限って, 両財がともに生産されることになる。

5 財価格と生産量の関係

次に各財の価格とそのもとで決まる生産量の大きさの関係についてみていくことにする。はじめに, 各財の価格が与えられたときに決まる各財の生産量の組み

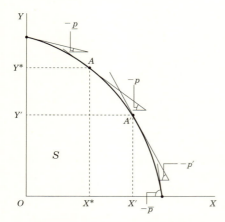

図 3-10 生産可能性集合と均衡生産点

合わせの点が，この国の生産可能性集合のどの点で示されるかについてみていこう。この国の生産可能性集合 S は

$$S=\{(X,Y)|X\leq F(L_X,K_X),$$
$$Y\leq G(L_Y,K_Y),$$
$$L_X+L_Y\leq \overline{L},\ K_X+K_Y\leq \overline{K}\}$$

で表される。集合 S は図 3-10 で示されるような凸集合となる[3]。ここではこの集合 S を図 3-10 で示しておこう。

この集合の上方の境界線が生産可能性フロンティアである。ここでは生産可能性フロンティアがスムーズな曲線で描かれるものとする。このフロンティア上の X と Y の関係を，X に対する Y の関数として $Y=\Omega(X)$ で表そう。このとき，

$$\frac{dY}{dX}\equiv \Omega'(X)<0 \text{ かつ } \frac{d^2Y}{dX^2}\equiv \Omega''(X)<0$$

である。特にフロンティアの傾きについては

$$\Omega'(X)=-\frac{\partial G/\partial L_Y}{\partial F/\partial L_X}=-\frac{\partial G/\partial K_Y}{\partial F/\partial K_X}$$

が成立している[4]。

一方，財価格 p_X と p_Y が与えられたときの均衡生産量は各産業の利潤最大化と各要素の完全雇用によって達成されるため，X 財産業については，(3)の問題の 1 階の条件として

$$p_X\frac{\partial F}{\partial L_X}=w,\quad p_X\frac{\partial F}{\partial K_X}=r$$

が成立する。同様に Y 産業については

---

[3] 凸集合については数学附録の第 3 節を参照のこと。
[4] 数学附録の第 3 節を参照のこと。

第3章　ヘクシャー=オリーンの貿易論　83

$$p_Y \frac{\partial G}{\partial L_Y} = w, \quad p_Y \frac{\partial G}{\partial K_Y} = r$$

が成立する[5]。そこで，$p \equiv p_X/p_Y$ を用いると，これらの条件から，

$$-p = -\frac{\partial G/\partial L_Y}{\partial F/\partial L_X} = -\frac{\partial G/\partial K_Y}{\partial F/\partial K_X} \tag{16}$$

が成立する。(16)の2つの式と，各要素の完全雇用条件すなわち $L_X + L_Y = \overline{L}$ と $K_X + K_Y = \overline{K}$ の，合計4つの式から，p_X, p_Y が与えられたときの均衡下での L_X, L_Y, K_X, K_Y が決まり，それによって均衡生産量が $X = F(L_X, K_X)$，$Y = G(L_Y, K_Y)$ として決まる。

　一方，生産可能性フロンティア上で接線の傾きが $-p$ となる生産点における L_X, L_Y, K_X, K_Y もまた(16)において $\Omega'(X) = -p$ とした条件と各要素の完全雇用条件から決まる。よって財価格 p_X と p_Y が与えられたときの均衡生産量の点 (X, Y) は生産可能性フロンティア上で接線の傾きが $-p$ となる点として表される。この点は図3-10における A 点である。

　いま，p_X と p_Y が，それぞれ p_X' と p_Y' に変化したとしよう。ここで $p \equiv p_X/p_Y$ に対して $p' \equiv p_X'/p_Y'$ は $p < p'$ であるとしよう。このとき p' の下での均衡生産量の点は図3-10の A' 点で示される。すなわち p が上昇して p' となるように p_X や p_Y が変化すると，均衡生産量の点は A から A' と変化する。言い換えれば，X 財の生産量は増加して，Y 財の生産量は減少することになる。この結果を次のような定理としてまとめておく。

定理3（財価格比と各財の生産量の関係）

　Y 財の価格に対する X 財の価格の比が大きくなると X 財の均衡生産量は増加し，Y 財の均衡生産量は減少する。よって Y 財の生産量に対する X 財の生産量の割合は大きくなる。

　生産可能性フロンティア上で $X = 0$ のときのフロンティアの接線の傾きを $-\underline{p}$，$Y = 0$ のときのフロンティアの接線の傾きを $-\overline{p}$ としよう。図3-10に示されているように $\underline{p} < \overline{p}$ である。そして与えられた財価格比 p の下で2つの財が生産さ

---

[5]　数学附録の第4節を参照のこと。

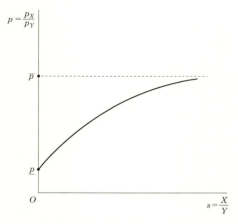

図 3-11 価格比と生産量の比の関係

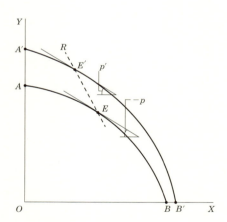

図 3-12 生産可能性フロンティアとリプチンスキー線

れるためには、フロンティア上に接線の傾きが $-p$ となる点が存在しなくてはならない。よって p が $\underline{p} < p < \overline{p}$ であるとき、そのときに限って X 財と Y 財の両方が生産されることになる。そして p が大きくなると定理 1 より $s \equiv X/Y$ は上昇する。また、p が $\underline{p}$ 以下のときは Y 財に生産特化し、$\overline{p}$ 以上のときは X 財に生産特化することになる。この p と s の関係のグラフを図 3-11 に示しておこう。

さて、要素賦存量が増大すると各財についてより多くの生産が可能となるため、生産可能性フロンティアは外側に拡大する。この拡大の仕方をみていくことにしよう。そのために労働の賦存量が $\overline{L}$ から $\overline{L}'$ へと増加したとしよう。ただし資本の賦存量は変わらないものとする。そこで図 3-12 において、要素賦存量が $(\overline{L}, \overline{K})$ のときの生産可能性フロンティアを AB とし、要素賦存量が $(\overline{L}', \overline{K})$ のときの生産可能性フロンティアを $A'B'$ としよう。p が与えられたとき、要素賦存量が $(\overline{L}, \overline{K})$ のときの均衡生産点は E で表され、$(\overline{L}', \overline{K})$ のときの均衡生産点は E' で表されている。リプチンスキーの定理によって、$\overline{L}$ が増加すると均衡生産量は労働集約的な Y 財については増加し、資本集約的な X 財については減少するため、E' は E の左上方に位置することになる。よって労働賦存量の増加は生産可能性フロンティア

を全体として外側に拡大させるとしても，資本集約的な財の増加よりも労働集約的な財の増加をより大きくするように拡大する傾向がある。

　労働賦存量の増加により生産可能性フロンティアが拡大し，それにともなって均衡生産点は E から E' の方向に変化する。この生産点の変化の軌跡が図3-12では破線 R で示されている。この破線 R をリプチンスキー線という。リプチンスキー線 R は直線となることを以下に示しておこう。

　リプチンスキー線の傾きは $(dY/d\overline{L})/(dX/d\overline{L})$ で表される。(14)と(15)から，

$$\frac{dY/d\overline{L}}{dX/d\overline{L}} = -\frac{a_K^X(\omega)}{a_K^Y(\omega)}$$

となる。ω は $\overline{L}$ の大きさに依存しないため $(dY/d\overline{L})/(dX/d\overline{L})$ は $\overline{L}$ の大きさとは関係なく一定となる。よってリプチンスキー線 R は傾き $-a_K^X(\omega)/a_K^Y(\omega)$ の直線となる。

6　要素価格均等化定理と要素集約性

　今までの議論では2つの財の要素集約性に関して，不完全特化にあるときには，どのような要素価格の下でも X 財は資本集約的で Y 財は労働集約的であるという仮定1の下で議論してきた。すなわち与えられた p_X, p_Y の下で(6)，(7)から決まる w, r により $\omega = w/r$ が決まると，その下での X 財，Y 財それぞれの資本・労働比率 $k^X(\omega)$, $k^Y(\omega)$ は，図3-5で示されるように常に $k^X(\omega) > k^Y(\omega)$ となるものと仮定してきた。

　このことを図3-7を用いて考えてみよう。$p_X = c^X(w,r)$ と $p_Y = c^Y(w,r)$ の2つの曲線の交点 E によって与えられた p_X, p_Y に対する w^* と r^* が決まる。そしてこの交点におけるそれぞれの曲線の接線の傾きは $-1/k^X(\omega^*)$ と $-1/k^Y(\omega^*)$ となる。どのような ω に対しても常に $k^X(\omega) > k^Y(\omega)$ であるため，$-1/k^X(\omega^*) < -1/k^Y(\omega^*)$ である。すなわち両曲線の交点においては必ず $p_Y = c^Y(w,r)$ の接線のほうが $p_X = c^X(w,r)$ の接線より傾きが急になっていなくてはならない。よってこの要素集約性の仮定の下では，p_X, p_Y が与えられたとき，それによって決まる2つの曲線 $p_X = c^X(w,r)$ と $p_Y = c^Y(w,r)$ が交わるとすれば，それは1ヶ所に

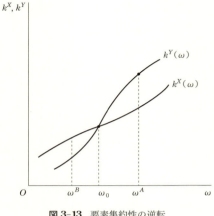

図 3-13 要素集約性の逆転

おいてのみとなる。

ここでいま，X財とY財を生産する2つの国を考え，これらの国の間で生産技術が同じであるとしよう。すなわち $p_X = c^X(w,r)$ と $p_Y = c^Y(w,r)$ は両国間で同じとする。このとき，もしこれらの国がいずれも不完全特化をしているならば，両国間で労働や資本の賦存量が違っていても，要素集約性の仮定1の下では労働と資本の価格 w と r は両国間で同じとなる。これは $p_X = c^X(w,r)$ と $p_Y = c^Y(w,r)$ の曲線が両国間の要素賦存量の大きさに関係なく両国間で同じとなることを意味し，これらの曲線は図3-7のように w と r を決める交点を1つしかもたず，この点によって両国の要素価格が決まることになる。

この結果は一般的に以下のような要素価格均等化定理（factor price equalization theorem）として知られている。

定理4（要素価格均等化定理）
　生産技術が同じ2つの国を考える。また生産技術について要素集約性の仮定1が成立しているものとする。これらの国が同一の生産価格 p_X, p_Y の下で不完全特化の状態（すなわち2財とも生産している状態）にあるとき，両国の要素賦存量がどのような大きさにあったとしても，それぞれの国内で決まる要素価格 w と r は両国間で同じとなる。

定理4は仮定1の成立を条件としているが，仮定1においてどちらの財が労働集約的でどちらの財が資本集約的かということは重要ではなく，労働集約的な財と資本集約的な財の間の関係が ω の大きさによって逆転しないことが重要である。

ここでいま，この仮定1を放棄しよう。例えば $k^X(\omega)$ と $k^Y(\omega)$ の関係が図3-13のようになっているとしよう。この場合，ω が ω_0 より小さいなら $k^X(\omega) >$

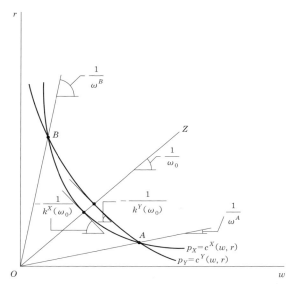

図 3-14 要素集約性の逆転と要素価格フロンティア

$k^Y(\omega)$ すなわち X 財は資本集約的であり Y 財は労働集約的である。しかし ω が ω_0 より大きいなら $k^X(\omega) < k^Y(\omega)$ となり，X 財が労働集約的，Y 財が資本集約的となる。すなわち ω_0 を境として2つの財の間での要素集約性の関係が逆転している。

2財間で要素集約性にこのような逆転が生じる場合として，図 3-7 に描かれている $p_X = c^X(w,r)$ と $p_Y = c^Y(w,r)$ の曲線が図 3-14 のように交点を2つもつ場合が考えられる。図 3-14 では ω_0 の下で決まる $k^X(\omega_0)$ と $k^Y(\omega_0)$ は等しい。そして ω が ω_0 より小さい場合（すなわち直線 OZ より左上の部分での2つの曲線の場合）には $k^X(\omega) < k^Y(\omega)$ となり，ω が ω_0 より大きい場合（すなわち直線 OZ より右下の部分での2つの曲線の場合）には $k^X(\omega) > k^Y(\omega)$ となる。

与えられた p_X, p_Y に対して決まる均衡要素価格 w，r は $p_X = c^X(w,r)$ と $p_Y = c^Y(w,r)$ の交点で示されるから，図 3-14 のように A 点と B 点の2つの交点をもつ場合には，両国が同一の生産技術を持っていて，同じ財価格の下でともに不完全特化をしていても，一方の国では A 点である価格が決まり，他方の国が B 点

88　第Ⅰ部　貿易理論の基礎

である価格を決めるならば両国間で要素価格は同じとはならない。したがって，要素集約性が2財間で逆転しないという仮定1は，要素価格均等化定理の成立にとって重要な仮定となる。

7　閉鎖経済の均衡

　2国間での貿易について考えるために，はじめに閉鎖経済における均衡がどのようになるかをみていこう。与えられた財の価格 p_X と p_Y の下で決まる各財の均衡生産量は，図3-10で示されるように，生産可能性フロンティア上で接線の傾きが $-p \equiv p_X/p_Y$ となる点 A で表される。国内総生産額 GDP はこのときの各財の生産量 X，Y に対応して $GDP = p_X X + p_Y Y$ と表せる。また，与えられた p_X と p_Y の下で(6)と(7)によってこの国の均衡要素価格 w と r が決まる。これは図3-7において2つの要素価格フロンティアの交点 E で表される。(6)式から，
$$p_X X = w a_L^X(\omega) X + r a_K^X(\omega) X = w L_X + r K_X$$
となる。同様にして $p_Y Y = w L_Y + r K_Y$ も示せる。よって X 財生産の利潤と Y 財生産の利潤はともにゼロとなる。そこで，この国の国内総所得額 GDI は
$$GDI = w\overline{L} + r\overline{K} = w(L_X + L_Y) + r(K_X + K_Y) = p_X X + p_Y Y = GDP$$
となり，国内総生産額に等しくなる。

　この国の消費者全体の集計的な効用関数を $U(D_X, D_Y)$ としよう。ただし D_X，D_Y はこの国の消費者全体の X 財と Y 財の需要量とする。消費者全体の消費行動は与えられた財価格と国内総所得の下で効用 $U(D_X, D_Y)$ を最大にするように D_X と D_Y を決めることである。すなわち
$$\underset{D_X, D_Y}{Max}\, U(D_X, D_Y) \quad \text{sub. to} \quad p_X D_X + p_Y D_Y = w\overline{L} + r\overline{K}$$
という問題として示せる。ここで $w\overline{L} + r\overline{K} = p_X X + p_Y Y$ であり，また X，Y は図3-10で示されている生産可能性フロンティアと p の大きさによって決まるため，それぞれ，$X(p)$ と $Y(p)$ で表すと，この消費者の問題は
$$\underset{D_X, D_Y}{Max}\, U(D_X, D_Y) \quad \text{sub. to} \quad p D_X + D_Y = p X(p) + Y(p)$$
とも表すことができる。そこでこの問題の解 D_X，D_Y は p の大きさによって決まるため，この問題の D_X と D_Y の解を，それぞれ，$D_X = D_X(p)$ と $D_Y = D_Y(p)$

第3章 ヘクシャー＝オリーンの貿易論　89

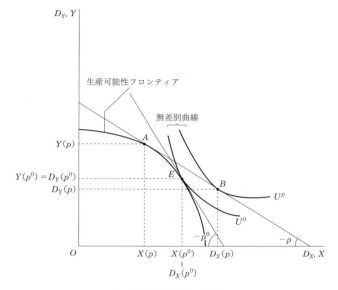

図 3-15 閉鎖経済の均衡

と表すことにする。

図 3-15 には p が与えられたときの均衡生産点 $A = (X(p), Y(p))$ と均衡消費点 $B = (D_X(p), D_Y(p))$ が示されている。この図では与えられた p の下で，生産点である A 点と消費点である B 点は一致していない。しかし，閉鎖経済すなわち自給自足経済の経済全体の均衡では各財について需要と供給が一致していなくてはならない。言い換えるなら $D_X(p) = X(p)$ および $D_Y(p) = Y(p)$ となっていなくてはならない。これは A 点と B 点が一致することである。いまの場合，$D_X(p) > X(p)$，$D_Y(p) < Y(p)$ であるから，X 財が不足し Y 財が余っている状態になっている。そのため，p_X が上昇し，p_Y は下落することになる。すなわち $p \equiv p_X/p_Y$ は上昇する。p が上昇して図 3-15 の p^0 となったとき A 点と B 点は E 点でお互いに一致する。

すなわち p^0 のとき $D_X(p^0) = X(p^0)$ および $D_Y(p^0) = Y(p^0)$ となり，閉鎖経済における経済全体の均衡が実現する。この p^0 が閉鎖経済における均衡価格比である。第1章や第2章で説明したように均衡価格の絶対水準は決まらず，決ま

90   第Ⅰ部　貿易理論の基礎

のは均衡価格の比であることに注意しよう。

8　ヘクシャー＝オリーンの貿易における比較優位

　以上の説明によって，国家間で貿易が行われたときの世界経済の均衡をみてい
くための準備が整った。以下では国家間の貿易を考えるため，世界は H 国と F
国の2つの国からなるものとして，H 国と F 国の間での貿易を考えることにし
よう。

　2つの国の間で X 財と Y 財の生産技術は同じであり，2財間の要素集約性に関
しては仮定1を満たしているとする。また国全体の消費者の効用関数も同じとす
る。特に効用関数はホモセティックであるとする。したがって2国間で異なるの
は2つの要素の賦存量のみとする。H 国の労働と資本の賦存量をそれぞれ，L^H
と K^H，F 国のそれらを L^F，K^F として，$k^F \equiv K^F/L^F < K^H/L^H \equiv k^H$ となっている
ものとしよう。すなわち H 国は F 国に比べて相対的に資本豊富国，F 国は H 国
に比べて労働豊富国であるとする。

　X 財と Y 財は両国間で貿易可能とするが，生産要素は両国間を移動できない
ものとする。財の貿易において輸送費はかからないものとする。また政府による
関税の賦課や貿易量の制限などの貿易への介入はないものとする。このような自
由貿易の下では両国は各財について同一の国際価格に直面することになる。

　貿易下での経済全体の均衡においては，各財について世界全体での需要と供給
が一致していなくてはならない。すなわち，H 国での各財の生産量を X^H，Y^H，
消費量を D_X^H，D_Y^H と表し，F 国でのそれらを X^F，Y^F，D_X^F，D_Y^F と表すと，貿易
下での均衡では

$$X^H + X^F = D_X^H + D_X^F \tag{17}$$

$$Y^H + Y^F = D_Y^H + D_Y^F \tag{18}$$

が成立しなくてはならない。このような条件を満たす財価格比 p が貿易下での
均衡価格比となる。

　以上のことを考慮に入れて，前節までの分析を用いて，貿易下での均衡における
る各国の生産と消費の比較をしていくことにしよう。財価格比 p と各国の2財

の生産量の比 $s=X/Y$ の関係は図 3-11 で示されるように右上がりの曲線となる。一方，財価格比 p が固定された下で労働の賦存量に対する資本の賦存量の割合が大きくなると，2 財の生産量の比 s はリプチンスキーの定理によって大きくなる。以下このことを確認しておこう。

p が与えられたときのある国の $s=X/Y$ の大きさは，$k=\overline{K}/\overline{L}$ として，(11) と (12) によって

$$s = \frac{a_L^Y k - a_K^Y}{a_K^X - a_L^X k} = \frac{a_L^Y(k-k^Y)}{a_L^X(k^X-k)}$$

(19)

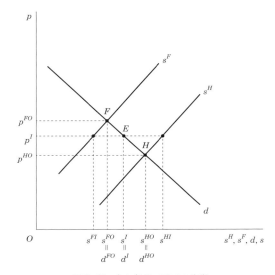

図 3-16 自由貿易の下での均衡

と表される。そこで $s>0$ であるためには $k^X<k<k^Y$ か $k^Y<k<k^X$ のいずれかでなくてはならないが，仮定 1 により $k^Y<k^X$ だから，$k^Y<k<k^X$ でなくてはならない。(19) によって k が大きくなるほど s は大きくなることがわかる。

$k^F \equiv K^F/L^F < K^H/L^H \equiv k^H$ であるから，任意に与えられた p の下で H 国において生産される 2 財の比 $s^H \equiv X^H/Y^H$ は F 国の $s^F \equiv X^F/Y^F$ より大きくなくてはならない。よって図 3-16 に示されるように H 国の s 曲線 s^H と F 国の s 曲線 s^F はともに右上がりとなるが，s^H 曲線のほうが s^F 曲線よりも右側に位置することになる。

一方，国全体の消費者の効用関数がホモセティックであるとき，この国の 2 財間の需要量の比 $d=D_X/D_Y$ は所得水準に関係なく価格比 $p=p_X/p_Y$ のみによって決まる。この価格比と需要量の比の関係を $d=d(p)$ と表すことにしよう。そして効用関数によって描かれる無差別曲線が原点方向に凸であれば p の上昇は d の下落となるから，$d=d(p)$ のグラフは図 3-16 で示されるように，右下がりの曲線 d となる。そして両国間で所得が異なっていても効用関数が同一であればこの需要曲線 d は両国間で同じとなる[6]。

92   第Ⅰ部　貿易理論の基礎

　H国とF国の間で貿易が行われると，両国は同一の財価格比に直面する。そして貿易下での均衡においては(17)と(18)が成立していなくてはならない。さらに，H国とF国は各財の国内需要量を決める場合に，それぞれ，次の所得制約条件

$$pX^H + Y^H = pD_X^H + D_Y^H \tag{20}$$

$$pX^F + Y^F = pD_X^F + D_Y^F \tag{21}$$

を満たしていなくてはならない[7]。(20)と(21)によって，

$$\frac{X^H + X^F}{Y^H + Y^F} = \frac{D_X^H + D_X^F}{D_Y^H + D_Y^F} \tag{22}$$

であれば，各財の需給一致の条件(17)と(18)が成立する。以下このことをみておこう。

　(20)と(21)によって

$$Y^H + Y^F + p\,(X^H + X^F) = D_Y^H + D_Y^F + p\,(D_X^H + D_X^F)$$

である。この式から

$$\left(1 + p\frac{X^H + X^F}{Y^H + Y^F}\right)(Y^H + Y^F) = \left(1 + p\frac{D_X^H + D_X^F}{D_Y^H + D_Y^F}\right)(D_Y^H + D_Y^F)$$

を得る。よって(22)が成立すれば，(18)が成立する。そこで(18)と(22)により(17)も成立する。すなわち(22)から(17)と(18)が導出できる。

　国際価格比p^Iに対応して，H国とF国の2財間の生産量の比を，それぞれ

$$s^{HI} \equiv \frac{X^{HI}}{Y^{HI}}, \; s^{FI} \equiv \frac{X^{FI}}{Y^{FI}}$$

としよう。このとき，H国はF国に比べて相対的に資本豊富であることから$s^{FI} < s^{HI}$となる。この場合$s^I \equiv (X^{HI} + X^{FI}) / (Y^{HI} + Y^{FI})$とすると，$s^{FI} < s^I < s^{HI}$となる（証明は簡単であるから省略する）。そして，国際価格比p^Iのもとで，貿易均衡となるためには，(22)が成立すればよい。すなわちこの価格比p^Iの下で，dとs^Iが一致すればよい。国際価格比p^Iのもとでの貿易均衡の状況は図3-16に示されている。

---

[6]　以上については数学附録の第1節を参照のこと。

[7]　第1章や第2章で述べたように貿易下ではこの条件は貿易収支条件とも解釈できる。

図3-16では閉鎖経済下でのH国の均衡点はH点で，それに対応する均衡価格比はp^{HO}，均衡生産量の比はs^{HO}で示されている。一方F国の閉鎖経済下における均衡点はF点で，そのときの価格比と生産量の比はそれぞれp^{FO}，s^{FO}となっている。図から明らかなように$p^{HO}<p^{FO}$，$s^{HO}>s^{FO}$となっている。すなわち相対的に資本豊富なH国は労働豊富なF国に比べてX財のY財に対する国内均衡価格は低く，X財のY財に対する生産量は大きくなっている。

H国とF国の間で貿易が行われたとき，貿易下での均衡価格比がp^Iであるとすると，それに対応して決まる両国の2財間の生産量の比s^{HI}とs^{FI}の間にs^Iがなくてはならず，そのs^Iにdが一致しなくてはならない。このような貿易下での均衡点をEとすると，Eは必ずd曲線上のFとHの間になくてはならない（なぜなら，d曲線上において例えばEがHより右下あるいはFより左上にあると，dとs^Iは一致しえない）。よって，E点に対応して決まる貿易下での国際均衡価格比p^Iは図3-16でみるようにp^{FO}とp^{HO}の間に位置することになる。このときH国では閉鎖経済のときに比べて，貿易下ではX財の価格比が上昇し，その結果X財の生産量の比をs^{HO}からs^{HI}に拡大させる。また，$d^I<s^{HI}$より，X財をF国に輸出し，Y財をF国から輸入することになる。すなわち相対的に資本豊富なH国は資本集約的な財を輸出し，労働集約的なY財を輸入することになる。F国ではその逆の現象が生じる。

以上の結果を次のヘクシャー゠オリーンの定理（Heckscher-Ohlin theorem）としてまとめておこう。

定理5（ヘクシャー゠オリーンの定理）

　2国2財2要素の世界経済において，2国間で生産技術および消費者の選好が同じであるとする。生産技術は各財ともに収穫一定で両国とも完全競争企業が生産しているものとする。また消費者の選好はホモセティックであるとする。2国間で財の貿易は輸送コストをかけずに自由に行うことができるが，生産要素の国際間移動は不可能とする。このとき2つの要素の賦存量の比が両国間で異なるなら，これらの国の間で自由貿易が行われると，ある要素を相対的に多く持つ国はその要素に集約的な財を輸出し，他方の財を輸入する。

2つの生産要素，例えば労働と資本を使って生産を行う場合，両国間で生産技

術が同じであっても，労働を豊富に持っている国は労働をより多く必要とする生産に有利となり，資本を豊富に持っている国は資本をより多く必要とする生産に有利となる。よって労働豊富な国は労働集約的な財の生産へのウェイトを大きくして，この財を輸出し，資本集約的な財を輸入する。資本豊富な国はその逆となる。これが定理5の内容である。

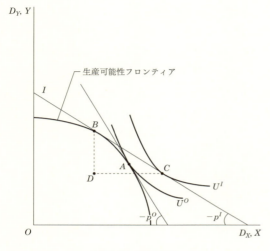

図 3-17 貿易利益

ヘクシャー゠オリーン・モデルの下では定理5に示されるような貿易のパターンが生じることは明らかになったが，貿易が各国の経済厚生に与える影響をみることも重要である。本節ではこの問題についても検討しよう。

いま，2要素を使って2つの財を生産する1つの国を考えよう。生産技術は各財とも収穫一定で，生産は完全競争企業によって行われているものとする。図3-17では，貿易のない閉鎖経済におけるこの国の均衡点が A 点で示されている。均衡価格比は p^O である。この均衡の下で達成されるこの国の経済厚生は A 点を通る無差別曲線 U^O で示されている。そのときの効用水準を U^O とすると，これがこの国の経済厚生である。

この国が貿易を開始したとき，国際価格比 p^I に直面したとしよう。$p^I < p^O$ である場合が図3-17に示されている。国際価格比 p^I の下でこの国が貿易を行うと，生産点は B となる。またそのときのこの国の国内総所得は，B を通る傾き $-p^I$ の直線 I となる。貿易三角形は $\triangle BCD$ で表され，この国は X 財を輸出し Y 財を輸入する。国全体の最適な消費点は無差別曲線が所得線 I と接する C 点で表される。この無差別曲線が曲線 U^I で表されている。この曲線の効用水準を U^I とする。

第3章　ヘクシャー=オリーンの貿易論　95

　無差別曲線 U^I は無差別曲線 U^O より上方にあるため，閉鎖経済の均衡で達成される効用水準 U^O よりも貿易を行ったときに達成される効用水準 U^I のほうが高いことがわかる。すなわち貿易によって経済厚生は大きくなる。以上は p^I が p^O より大きい場合で示したが，p^I が p^O より小さい場合でも同じようにして貿易によって経済厚生が大きくなることを示すことができる。このような結果がもたらされるのは貿易を行った場合の所得線 I が，貿易のない閉鎖経済で達成される無差別曲線 U^O と交わって，直線の一部が曲線 U^O の上方を通過することによる。
　以上の結果から次の定理を得る。

定理6（小国の貿易利益）

　2要素を用いて2財を生産する小国を考える。両財とも生産技術は収穫一定で，完全競争企業によって生産されているものとする。このときこの国が国際価格比 p^I の下で貿易を行うと，p^I が閉鎖経済のときの均衡価格比 p^O より大きくても小さくても，貿易によってこの国の経済厚生は大きくなる。すなわち貿易による利益を享受できる。

　定理6によってヘクシャー=オリーン・モデルの2国間の貿易は両国の経済厚生を大きくすることが明らかである。これを定理6の系として与えておこう。

定理6の系

　定理5のヘクシャー=オリーン・モデルにおける2国間の貿易は，両国の経済厚生を大きくする。

9　まとめとヘクシャー=オリーン・モデルの現実的妥当性

　本章ではヘクシャー=オリーン・モデルを提示して，その下での比較優位とそれによって決まる各国の貿易のパターンについてみてきた。リカードのモデルでは各国間での技術の差が比較優位の源泉であり，それによって各国は生産を得意とする財に生産を特化して，その財を輸出することを前章ではみた。リカードのモデルでは，したがって，国家間で生産技術が同じならば貿易は生じない。しか

96   第Ⅰ部　貿易理論の基礎

しヘクシャー＝オリーンのモデルでは，たとえ国家間で生産技術が同じでも，本源的要素の賦存量に差がある場合には貿易が生じうることが明らかとなった。すなわち各国の比較優位は要素賦存量の違いによって決まるというものである。ある要素を相対的に多く持つ国はその要素を集約的に使用する財に比較優位をもち，この財を輸出することになるというのが，ヘクシャー＝オリーン・モデルからの帰結である。

　　したがって，貿易の源泉を国家間の生産技術の差に求めるリカード・モデルは南北間すなわち発展途上国と先進国の間の貿易を説明するのに適しており，生産技術は国家間で同じでも本源的要素の国家間の分布に偏りがあることに貿易の源泉を求めるヘクシャー＝オリーンのモデルは人口や土地，資本の大きさの異なる先進国同士，例えば日本とアメリカの間での貿易を説明するのに適しているといえよう。ここで注意しておきたいのは，2国間で生産技術が同一であるようなケースは現実にはほとんどみられないことである。したがって現実の貿易を分析する上で，単純にこのモデルを用いることには無理がある。ヘクシャー＝オリーン・モデルの分析による主張の要点は，単に各国間の技術の差のみでなく，労働人口や土地，資本など本源的要素の賦存量に国家間で差があることもまた国家間での貿易を生じさせうるということである。

　　1950年代に産業連関分析の創始者のワシリー・レオンティエフは，1947年のアメリカの産業連関表を用いてアメリカの貿易のパターンを実証的に分析した。その結果，他の国に比べて労働よりも資本が相対的に豊富と考えられる当時のアメリカが，むしろ資本に対する労働投入の比率が高い財，すなわち労働集約的な財を輸出していることが明らかとなった。これはヘクシャー＝オリーンの定理と逆の結果であるため，レオンティエフの逆説（Leontief paradox）として知られるようになり，その後，ヘクシャー＝オリーン・モデルの現実的適応性をめぐって様々な議論が展開された。

　　ここではそれらの議論の詳細には立ち入らないが，レオンティエフの実証分析の結果とヘクシャー＝オリーンの定理の間の関係に関して，主に次の諸点が指摘されている[8]。

---

[8]　本章末の文献案内に掲げた K-y. Wong (1995) を参照のこと。

(1) アメリカの労働の質は他国の労働の質よりも高いと考えられる。そうであればアメリカの労働者数と他国の労働者数を単純に比較するより，労働の質を考慮した単位で労働量を測るほうが適切である。その場合にはアメリカの労働量はより大きくなるため，アメリカは労働豊富国となりうる。

(2) 現実には労働や資本の他にも土地なども本源的要素として考えられる。また財の数も現実にはきわめてたくさんあり，さらには非貿易財の存在も無視できない。2貿易財，2本源的要素からなるヘクシャー＝オリーン・モデルはこうした多数の貿易財・多数の非貿易財，多数の本源的要素の存在する経済を十分に説明できない。

(3) レオンティエフが用いた1947年のアメリカのデータは第2次大戦直後のデータであり，きわめて大きな経済的ショックから平時の経済状態への移行期のものであるため，通常の市場経済メカニズムが十分機能していない可能性がある。さらにこの年のアメリカ経済は大きな経常黒字を計上しており，国際収支均衡を前提とし，また，市場経済メカニズムが各国に十分浸透しているという前提に立つヘクシャー＝オリーン・モデルの検証のための時期としては適切でない。

(4) ヘクシャー＝オリーン・モデルでは各国の各産業の生産技術は収穫一定であり，国家間で同一であるとしている。また消費者の財への選好はホモセティックで，選好も国家間で同じであると想定している。しかし現実には生産技術や財の選好は国によって差があり，また産業によっては収穫が一定とは限らない。さらに選好がホモセティックであると想定することも現実的には無理がある。

(5) ヘクシャー＝オリーン・モデルにおける貿易は関税や輸送コストなどの貿易障壁のない自由貿易を想定している。

　ヘクシャー＝オリーンの定理の検証を行ったレオンティエフの実証研究は，こうした様々な問題を含んでいる。(1)の労働量の大きさの問題は学歴や職種を考慮して計測しなおすことで克服できるであろうし，(3)についてもより適切な時期のデータを用いることで検証の精度を高めることができるであろう。さらに(2)の多数財，多数要素への拡張や非貿易財の導入はその後ヘクシャー＝オリーン・モデルの理論的拡張の主要なテーマとして取り組まれ，実証的にもこのようなより現実的なフレームワークの下で種々の検証がなされている。これらの研究結果はヘ

クシャー＝オリーンの定理と整合的なものもあればそれに否定的なものもあり，決着はついていない。

　特に，ヘクシャー＝オリーン・モデルがおいている，生産技術や財選好が各国間で同一という仮定は現実的にはかなり無理があり，実証研究でも各国間でのこれらの差異を考慮に入れた上で要素賦存量と貿易パターンの関係の整合性の検証が行われているが，技術差や財選好の差はきわめて多種多様であり，このような側面を取り入れた議論の精緻化は困難な作業となることが予想される。

　さらに重要な問題がある。1950年代，60年代の経済から半世紀以上を経た現代の経済では産業構造そのものが大きく変化している。多くの産業は収穫一定の下での完全競争というより，収穫逓増的な生産技術の下での不完全競争が支配的になりつつある。さらにグローバリゼーションの進展によって労働者や企業の国境を越えての移動が急速に増加しており，国際貿易の姿を大きく変えている。このような近年の世界経済は従来のヘクシャー＝オリーン・モデルでは十分に説明できなくなっている。近年の実物経済は完全競争から不完全競争へと企業間競争のあり方が変化しており，またそれぞれの産業において企業が独占力を行使できるようにその企業独自の特色をもった製品を供給して競争を行うという独占的競争が多くみられる。また，企業の海外移転や部品など中間財の貿易も，貿易に占める割合を高めている。新しい経済の下での貿易の姿を捉えるためには，それに適した貿易モデルが必要となる。次章では近年の貿易の実像を捉えるのにより適切なモデルを提示する。

　とはいえ，本章までで学んできたリカード・モデルやヘクシャー＝オリーン・モデルが無意味というわけではない。現代の貿易モデルはこうしたモデルを基礎として構築されており，現実にもリカード・モデルやヘクシャー＝オリーン・モデルが提示した比較優位は貿易の本質的な原動力となっているからである。実際労働の多い国では労働を多く使用する財を輸出し，より技術力の高い国は高度な技術を必要とする財を輸出するという現象は，現実において観察することができる。

本章に関連する文献
　本章で展開したヘクシャー＝オリーンのモデルは，ヘクシャーが1919年にスウェーデン語

で書いた論文の影響を受けてオリーンが著した B. Ohlin, *Interregional and International Trade*, Harvard University Press, 1933 が基となっている。ヘクシャーの 1919 年の論文はその後英訳されて 1949 年に，E. F. Heckscher, The effect of foreign trade on the distribution of income, in H. S. Ellis and L. A. Metzler (eds.), *Readings in the Theory of International Trade*, The Blackston Co., 1949 として出版され，英語圏の学者によってヘクシャー＝オリーンのモデルとして脚光を浴びるようになった。特にサミュエルソンは彼らのモデルの精緻化を行い，要素価格均等化定理，ストルパー＝サミュエルソンの定理をそれぞれ以下の文献で提示した。

P. A. Samuelson, International trade and the equalization of factor prices, *Economic Journal* 58, 163–184.

F. Stolper and P. A. Samuelson, Protection and real wage, *Review of Economic Studies* 9, 58–73.

さらにリプチンスキーの定理については T. M. Rybczynski, Factor endowment and relative commodity prices, *Economica* 22, 336–341 で示された。またジョーンズはヘクシャー＝オリーンの定理について，要素集約性の逆転の可能性も含めた明快な議論を，R. W. Jones, Factor Proportions and the Heckscher-Ohlin theorem, *Review of Economic Studies* 24, 1–10 で行っている。

ヘクシャー＝オリーンのモデルをもとに様々な議論を展開した最初の優れたテキストは M. C. Kemp, *The Pure Theory of International Trade*, Prentice-Hall, 1964 である。一方ジョーンズは以下の文献で，双対的なアプローチで生産者均衡を分析する手法を用いて，ヘクシャー＝オリーン・モデルによる貿易論の分析を行った。

R. W. Jones, The structure of simple general equilibrium models, *Journal of Political Economy* 73, 1965, 557–572.

この 2 財 2 要素の基本的なモデルの拡張は，中間財の導入や多数財・多数要素への拡張という形でその後積極的に行われ，さらに不完全競争市場や外部経済の存在，情報の非対称性といった市場の失敗を引き起こす現象をともなうケースに対するヘクシャー＝オリーン・モデルの頑強性の理論的検討も行われた。双対理論を積極的に活用して，多数財・多数要素のもとで中間財や非貿易財を含んだ貿易理論を展開したテキストとして A. Woodland, *International Trade and Resource Allocation*, North-Holland, 1982 が優れている。また外部性や不完全競争，情報の非対称性などの市場の失敗や資本や労働の国際間要素移動との関連で貿易理論を説明している優れたテキストとして K-y. Wong, *International Trade in Goods and Factor Mobility*, The MIT Press, 1995 がある。

最後にレオンティエフの逆説に関連する文献を紹介しておこう。ヘクシャー＝オリーン・モデルの現実的妥当性の検証の端緒となったレオンティエフの論文は W. Leontief, Domestic production and foreign trade : The American capital position re-examined, *Proceedings of the American Philosophical Society* 97, 1953, 332–349 である。以来様々な実証分析によるこのモデルの現実的妥当性の検証が提示されてきた。これらの成果をふまえつつヘクシャー＝オリーン・モデルに依拠した最新の優れた研究書として，清田耕造『日本の比較優位——国際貿易の変遷と源泉』慶應義塾大学出版会，2016 年がある。

第II部

貿易理論の応用

第4章

外部経済と国際貿易

1 はじめに

　リカードやヘクシャー＝オリーンの貿易理論では，各国に与えられた生産技術の差や資源の賦存量の差が国家間の比較優位の源泉であった。これらの差は各国にとって変えることの困難な条件であり，その下で各国はあらかじめどの財に比較優位をもつかが決められている。したがって各国がどの財を輸出し，どの財を輸入するかが運命的に決まってしまう。

　リカードの貿易理論は2国間の生産技術の差に焦点を当てているため，先進国と途上国の間での貿易を説明するのに適している。一方，ヘクシャー＝オリーンの貿易理論は，2国間で生産技術や消費者の選好は似通っているが資源の賦存量が異なっている場合，すなわち資源の存在量の異なる先進国同士，例えば日本とアメリカのような2つの国の間での貿易を説明するのに適している。しかし現実には生産技術や消費者の選好に加えて，資源の賦存量も同じような2つの国，例えばドイツとフランスといった国同士もまた，貿易を活発に行っている。これらの国の間の貿易はリカードやヘクシャー＝オリーンの貿易理論では説明が困難である。

　実際，生産技術，消費者の選好，資源の賦存量などの経済条件が同じ国の間ではどちらの国がどの財に比較優位をもつかを決めることが困難であり，それゆえにこそ，お互いに似通った国の間では，望ましい財に比較優位をもてるよう，各国は戦略的に自国の経済環境を創り出してきたという側面がある。すなわち，これらの似通った国の間での貿易を説明するためには，比較優位となる財を自ら内

生的に決めるような理論が必要となる。

　その一つの代表的な理論はマーシャルの外部経済（Marshallian external econo-mies）によるものである。ある産業の生産規模が大きくなると，そのことがその産業内の個々の企業の生産に有利となるように働く。この経済現象をマーシャルの外部経済という。例えば，ある産業内でより多くの企業が生産を行うようになると，生産技術や経営技術のノウハウの情報交換が企業間でスムーズに行われるようになり，より効率的な生産方法を取り入れやすくなるであろう。また，多くの企業が産業内に集積することにより，その産業内で共有可能な生産のための環境，例えば輸送インフラや情報伝達手段なども改善され，企業の生産に有利となるであろう。産業規模の拡大はこのようにして個々の企業の限界費用ないしは平均費用を低下させることになる。このような現象がマーシャルの外部経済である。そこでは個々の企業の生産規模そのものは産業全体の規模に比べてきわめて小さいため，外部経済効果に影響を与えることはない。それゆえに産業全体の規模が各企業に与える効果は企業にとって操作できない外部的なものであると考える。

　本章ではこのようなマーシャルの外部経済が存在する産業を考え，その下で国際貿易の理論を展開していくことにする。

2　外部経済

　はじめにマーシャル的な外部経済による規模の経済効果を図を用いて説明しよう。ある1つの財産業を考える。この産業には外部経済が働いており，産業の生産規模が大きくなるほど各企業の限界費用が低下するものとしよう。産業の生産規模が X_1 で与えられているときの企業の限界費用曲線は図4-1の右上がりの曲線 a_1b_1 で表されるものとする。

　いま，産業全体の生産規模が X_1 から X_2 に拡大したとしよう。このとき，図4-1において，産業規模の拡大の恩恵を受けて企業の限界費用曲線は a_1b_1 から a_2b_2 へと下方に移る。これがマーシャルの外部経済効果である。

　この産業は n 個の完全競争企業からなっているものとする。企業は完全競争企業であるため，与えられた市場価格の下で，企業の限界費用が市場価格と等し

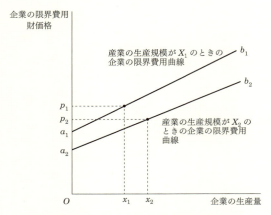

図 4-1 産業の生産規模と企業の限界費用曲線の関係

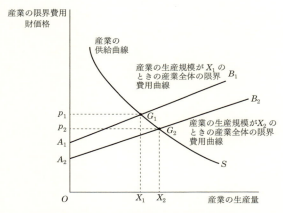

図 4-2 産業全体の限界費用曲線と産業の供給曲線

くなるように生産量の水準を決める。簡単化のために，n個の企業はすべて生産技術，すなわち限界費用曲線が同じであるとしよう。このとき，産業の生産規模がX_1として与えられた産業全体の限界費用曲線は，企業の限界費用曲線a_1b_1を横軸方向にn倍した曲線となる。それが曲線A_1B_1として図 4-2 に示されている。

実際の産業の生産規模がX_1のときの各企業の生産規模x_1は$x_1=X_1/n$として求められる。完全競争の下で産業全体の生産がX_1となるための市場価格は各企業がx_1の大きさの生産を行うような価格でなくてはならない。そのような価格は図 4-1 においてa_1b_1曲線によってx_1に対応する価格p_1となる。そこで市場価格がp_1のとき産業全体の生産量はX_1となる。このp_1とX_1の関係は図 4-2 の産業の限界費用曲線A_1B_1上の点G_1で表されている。同様にして，産業の生産規模がX_1より大きいX_2のとき，この産業がこの生産量X_2を実現するための市場価格は図 4-1 のa_2b_2の曲線上の$x_2=X_2/n$に対応してp_2となり，それによって図 4-2 によりp_2とX_2の関係がG_2としてA_2B_2曲線上に表されることになる。

以上のようにして，産業の各生産量Xに対してそれを可能とする市場価格p

が対応づけられる。この X と p の関係が図4-2に S 曲線として示されている。これが産業の供給曲線である。この供給曲線は図4-2にみるように右下がりの曲線になる可能性がある。

3　部分均衡分析での閉鎖経済の均衡

　以下ではマーシャル的な外部経済によって産業全体の供給曲線が右下がりとなる場合を考えることにする。図4-3にこの曲線が S として描かれている。一方，この財に対する需要曲線が右下がりの曲線 D で描かれている。貿易のない閉鎖経済でのこの市場の均衡は曲線 S と D が交差する E 点で表される。均衡下での生産量を X^*，均衡価格を p^* で示すことにしよう。

　図4-3において，E 点では需要曲線 D のほうが供給曲線 S よりも勾配が急になっている。その理由を説明しておこう。財市場における需要と供給の不一致があった場合，各企業は生産量の調整によってその不一致を解消しようとする。例えば図4-3で産業全体の生産量が X' であるとき，各企業の直面する限界費用，すなわち供給価格は p_S' である。一方 X' すべてを売り切るためには需要曲線の X' に対応する需要価格 p_D' で売らなければならない。供給価格 p_S' が需要価格 p_D' より高い場合，企業は生産を縮小したほうがより多くの利潤を得られる。以下このことを図4-4を用いて示そう。

　図4-4には産業全体の生産規模が X' のときの企業の限界費用曲線 $a'b'$ と一企業が直面する需要曲線 $d'd'$ が描かれている。これらは図4-3における X' の下での産業全体の限界

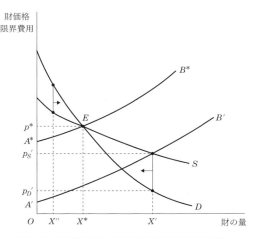

図4-3　閉鎖経済下での市場均衡と生産量の調整

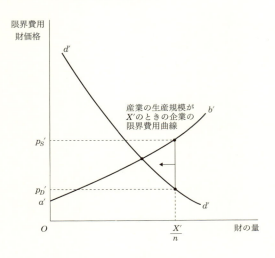

図 4-4 企業の生産量調整

費用曲線 $A'B'$ と産業全体が直面する需要曲線 D を横軸に沿って $1/n$ 縮小したものになっている。いま，産業の生産規模が X' のとき，各企業の生産量は X'/n であり，完全競争下でのそのときの企業の X'/n 番目の生産にかかる費用は p_{S}' である。一方，消費者は p_{D}' の価格でなければ購入しないため，企業にとっては X'/n 番目の製品の生産販売は損失となる。よってこの生産は行わないほうが利潤を大きくできる。これは $p_{S}' > p_{D}'$ となっている企業の生産水準で生じる。そのような状況下では企業は生産を縮小することで利潤を大きくできる。逆に産業の生産規模が図 4-3 の X^{*} より小さい水準，例えば X'' にある場合には，各企業は生産を増やすことで利潤を大きくできるため，生産量を増やそうとする。

以上のようにして，産業の供給曲線のほうが需要曲線 D より上方にあるときは企業は生産量を縮小するため，供給曲線 S と需要曲線 D がともに右下がりであっても，市場の均衡点 E において需要曲線のほうが急な傾きのときは，生産量が均衡水準以外のところ（例えば X'）にあってもやがてこの生産量は均衡生産量となるように調整されることになる。このように，市場が不均衡にあるとき，企業の生産量の調整によって市場の不均衡を解消する市場の調整メカニズムを，マーシャル的な数量調整といい，価格の調整によって市場の不均衡を解消する市場の調整メカニズムとして知られているワルラスの価格調整とともによく想定される調整メカニズムの一つである。もし図 4-3 の均衡点 E において供給曲線の傾きが需要曲線の傾きより急であるなら，経済が不均衡な状態にあったとき，マーシャル的な数量調整では均衡点 E を実現できないことになる。したがって，マーシャル的な数量調整によって不均衡状態にある経済が均衡となるためには，

需要曲線の傾きが E 点において供給曲線の傾きより急でなくてはならない。

4 部分均衡分析による国際貿易と貿易の利益

閉鎖経済の場合の市場均衡は図 4-3 の E 点で示された。これを図 4-5 に再掲しよう。そしてそのときの社会的余剰の大きさを図 4-5 を用いて表してみよう。均衡価格は p^* であるため，消費者余剰は CEF で囲まれた面積の大きさで表される。一方，A^*B^* が均衡生産量 X^* の下でのこの産業の限界費用曲線であるから，生産者余剰は FEA^* で囲まれた面積となる。よって社会的余剰は CEA^* で囲まれた面積となる。

次にこの国は小国であるとして，海外との貿易が自由に行える状況を考えよう。外部経済が貿易に与える効果をみるために，この産業の企業が直面する国際価格は図 4-5 で示される閉鎖経済での均衡価格 p^* と同じであったとしよう。もし外部経済がなければ，国際価格が閉鎖経済下での均衡価格と同じとなり貿易は生じない。しかし外部経済がある場合では，貿易が生じうる。いま，この産業の国内の生産規模を X^* から $\tilde{X}$ へと拡大することができたとしよう。このとき，この国は $\tilde{X}$ を供給するときの競争価格を p^* より低い $\tilde{p}$ とすることができる。これは産業の生産規模の拡大による外部経済効果によって産業の限界費用曲線が A^*B^* から $\widetilde{AB}$ に下がり，より低い価格で財を供給できるようになったためである。

このとき，国際価格 p^* より低い価格 $\tilde{p}$ の下で，図 4-5 の生産量 $\tilde{X}$ のうち IG を国内市場に供給して，残りの GH を海外に輸出することになる。この

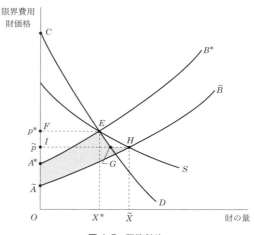

図 4-5 貿易利益

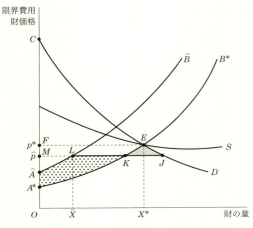

図 4-6 貿易による損失の可能性

貿易によって得られる社会的余剰をみてみよう。消費者余剰は CGI で囲まれた面積の大きさで，生産者余剰は $IH\tilde{A}$ で囲まれた部分の大きさとなるので，社会的余剰は $CGH\tilde{A}$ で囲まれた面積となる。これは閉鎖経済のときに比べて $A^*EGH\tilde{A}$ で囲まれた図 4-5 の網かけ部分の大きさだけ大きくなっている。よってこれが貿易による利益となる。もし外部経済がなければ，国際価格が閉鎖経済の均衡価格と同じ場合には貿易を行わず閉鎖経済の状態を保つことが最善であるから，図 4-5 の網かけ部分の大きさの利益は外部経済がもたらした貿易の利益といえる。

外部経済の存在するこの産業において，国際価格が p^* の下で，逆に外国が生産を拡大して，p^* より低い $\hat{p}$ の下で財を供給したとしよう。このとき図 4-6 に示されるように，この国は $\hat{p}$ の下で MJ の需要がある。低い価格での外国からの輸入によって国内の生産は縮小し，それによって産業の限界費用曲線は A^*B^* から上方に $\hat{A}\hat{B}$ へとシフトする。結局国内生産は $\hat{X}$ へと縮小し，LJ の大きさが輸入量となる。このときの消費者余剰は CJM で囲まれた面積で，生産者余剰は $ML\hat{A}$ で囲まれた面積であるから，社会的余剰は $CJL\hat{A}$ で囲まれた面積となる。貿易前と比べると，貿易後の社会的余剰は EJK の面積（網かけ部）分の増加の一方 $LKA^*\tilde{A}$ で囲まれた面積分（点々の部分）の減少となる。もしこの減少のほうが EJK の面積より大きいなら，貿易はこの国に損失をもたらすことになる。

外部経済のない財の貿易では，輸出，輸入どちらであっても，貿易を行うことで必ず利益を得ることが第 1 章で示されていた。しかし外部性のある場合には以上に示したように貿易が必ずしも利益をもたらすとは限らない。生産の規模を大きくすると外部経済効果によって限界費用を下げられる場合は，より安価に財を供給できることで貿易上の利益を享受できるため，生産を他国に先んじて拡大す

第4章 外部経済と国際貿易　109

ることが重要となる。逆にそのような生産の拡大を外国が先に行うと，自国はその財の輸入国となり，自国の生産は縮小してしまう。その場合には貿易を行うことで貿易をしない場合よりも経済厚生は低くなってしまう可能性がある。

5　一般均衡分析のためのモデル

これまでは図を用いつつ，部分均衡分析によって，外部経済のある場合の貿易についてその特徴を説明してきた。ここからは一般均衡分析を用いて貿易のパターンや貿易の利益についてより詳細にみていくことにする。

2財1生産要素からなる小国を考える。2財はX財とY財とし，生産要素は労働とする。また両産業とも完全競争企業からなるものとする。X財産業について考えよう。この産業の生産規模がXのときのこの産業の企業の生産関数を

$$x = X^\alpha l_x \quad ただし \quad \alpha < 1 \tag{1}$$

とする。ここでxは企業の生産量で，l_xは労働投入量である。またαは1より小さいパラメータである。

(1)の下では，もしαが正であればこの産業には外部経済があり，産業の生産規模Xが大きくなると同じ労働投入量の下でも企業の生産量は増えることになる。逆にαが負であれば，産業の生産規模Xが大きくなると労働投入量が同じでも企業の生産量は減少する。このような場合を，外部不経済（external diseconomies）あるいは負の外部効果が発生しているという。例えば産業の生産規模が大きくなることによって，企業の生産のための環境が悪化して，生産効率が落ちてしまうケースが考えられる。

企業は完全競争企業であるため，次のような利潤最大化行動をとる。

$$\underset{l_x}{Max}\, p_x X^\alpha l_x - w l_x$$

ただしp_xはX財の価格，wは労働賃金とする。すなわち企業はp_xやwに加えて産業全体の生産規模Xも与えられたものとして利潤$p_x X^\alpha l_x - w l_x$を最大にするように労働雇用量l_xを決める。このときの利潤最大化条件は

$$p_x X^\alpha = w \tag{2}$$

となる。(2)の下では企業の生産水準すなわち労働雇用量l_xがどのようであって

110　第 II 部　貿易理論の応用

も企業利潤はゼロとなる。

　議論をわかりやすくするために，この産業には n 個の企業が存在しているものとする。これらの企業の生産技術は同じとする。よってすべての企業の生産関数は(1)であるとする。第 i 企業の生産量を x_i，労働雇用量を l_{Xi} とすると，

$$X=\sum_{i=1}^{n} x_i=\sum_{i=1}^{n} X^{\alpha} l_{Xi}=X^{\alpha}\sum_{i=1}^{n} l_{Xi}=X^{\alpha}L_X$$

となる。ただし $L_X\equiv\sum_{i=1}^{n}l_{Xi}$ は産業全体の労働雇用量である。すなわち産業全体の生産関数として

$$X=X^{\alpha}L_X \tag{3}$$

を得る。

　同様にして Y 財産業についても企業の生産関数を

$$y=Y^{\beta}l_Y　ただし　\beta<1 \tag{4}$$

とする。ただし y と l_Y はそれぞれ，Y 財産業の企業の生産量と企業の労働雇用量である。このとき Y 財産業の企業の利潤最大化条件は

$$p_Y Y^{\beta}=w \tag{5}$$

となる。ただし p_Y は Y 財の価格とする。そして Y 財の産業全体の生産関数は

$$Y=Y^{\beta}L_Y \tag{6}$$

となる。ただし L_Y は Y 財の産業全体の雇用量である。

　この国の労働賦存量を L とする。そしてこれらの労働はすべてどちらかの産業に雇用されるものとする。すなわち労働の完全雇用条件，

$$L_X+L_Y=L \tag{7}$$

が成立するものと考える。

　ここでこの国の生産可能性フロンティアを求めてみよう。(3)から $L_X=X^{1-\alpha}$，(6)から $L_Y=Y^{1-\beta}$ であるから，これらを(7)に代入すると，生産可能性フロンティア上の X と Y の式が，

$$X^{1-\alpha}+Y^{1-\beta}=L \tag{8}$$

として表せる。すなわち

$$Y=(L-X^{1-\alpha})^{\frac{1}{1-\beta}} \tag{9}$$

である。よって X が増えれば Y は減るため，生産可能性フロンティアは右下がりの曲線となる。

ここで，X財とY財の価格がそれぞれp_Xとp_Yとして与えられたときのX財とY財の産業全体の供給量XとYは，(2)と(5)と(9)で決まる。まず(2)と(5)より

$$p \equiv \frac{p_X}{p_Y} = \frac{Y^\beta}{X^\alpha} \tag{10}$$

となる。したがって，$p \equiv p_X/p_Y$が与えられると，それぞれの産業がその下で各企業の利潤最大化行動によって供給する産業全体の生産量XとYは，(10)を満たす必要がある。また(9)式によって，XとYの組み合わせは生産可能性フロンティア上になくてはならない。そして(9)式は(7)の労働の完全雇用条件から導出されているため，この経済の生産は労働の完全雇用の下で行われていることになる。

6 小国における閉鎖経済の均衡

本節以降第8節までは，X財産業に外部経済がある一方，Y財産業には外部不経済がある小国を考えることとしよう。よってαとβはそれぞれ$0<\alpha<1$，$\beta<0$とする。このとき生産可能性フロンティアは，(9)より

$$\frac{dY}{dX} = -\frac{1-\alpha}{1-\beta}\frac{Y^\beta}{X^\alpha} < 0 \tag{11}$$

$$\begin{aligned}
\frac{d^2Y}{dX^2} &= -\frac{1-\alpha}{1-\beta}\left(-\alpha X^{-\alpha-1}Y^\beta + \beta X^{-\alpha}Y^{\beta-1}\frac{dY}{dX}\right) \\
&= \frac{1-\alpha}{1-\beta}X^{-\alpha}Y^\beta\left\{\alpha X^{-1} + \beta Y^{\beta-1}\left(\frac{1-\alpha}{1-\beta}\right)X^{-\alpha}\right\} \\
&= \frac{(1-\alpha)^2}{1-\beta}X^{-\alpha-1}Y^{2\beta-1}\left(\frac{\alpha}{1-\alpha}Y^{1-\beta} + \frac{\beta}{1-\beta}X^{1-\alpha}\right) \tag{12}
\end{aligned}$$

となるから，Y軸とはLより小さい$L^{1/(1-\beta)}$で交わり，またY軸の付近ではXは十分小さいため$d^2Y/dX^2>0$となるから，原点方向に凸となる。またX軸とはLより大きい$L^{1/(1-\alpha)}$で交わり，その付近ではYは十分小さいため$d^2Y/dX^2<0$となるから，外側に向かって凸となる。そして両軸でフロンティアの接線の傾きは無限大となる。また変曲点は1つである。以上のことから生産可能性フロンティ

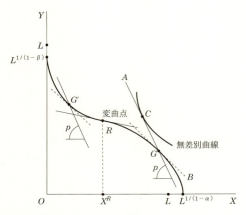

図4-7 X財に外部経済，Y財に外部不経済がある場合の生産可能性フロンティア

アの形状は図4-7のようになる。

X財の相対価格 $p = p_X/p_Y$ が与えられたときの均衡生産点は(2)と(5)によって，

$$p = -\frac{1-\beta}{1-\alpha}\frac{dY}{dX} \tag{13}$$

$0 < \alpha < 1$ および $\beta < 0$ であるから，(13)によって

$$p > \left|\frac{dX_2}{dX_1}\right| \tag{14}$$

でなくてはならない。p が与えられたときの均衡生産点は例えば図の G 点として与えられる。G 点を通る直線 A は傾き $-p$ の直線であり，破線 B は G 点におけるフロンティアの接線，すなわち dY/dX の傾きの直線である。(14)によって直線 A のほうが破線 B より傾きが急になっている。

生産可能性フロンティアの接線の傾きが最も小さくなるのは変曲点 R においてである。よって与えられた価格比 p に対して生産可能性フロンティア上で均衡生産点が存在するためには

$$p \geq -\frac{1-\beta}{1-\alpha}\frac{dY}{dX}\bigg|_{X=X^R} \equiv p^R$$

でなくてはならない。上式が等号で成立するときは変曲点 R が均衡生産点となり，不等号で成立するときには均衡生産点は2つ存在する。図4-7において，G が均衡生産点のとき，G' もまた均衡生産点となる。

以上この国の生産面をみてきたが，次に需要面をみていこう。この国では各産業の利潤はゼロであるから，国民所得の大きさは労働所得 wL となる。そこで $p = p_X/p_Y$ が与えられたときのこの国の所得制約式は

$$p_X D_X + p_Y D_Y = wL \tag{15}$$

である。ただし D_X, D_Y はそれぞれ国全体の X 財と Y 財の需要量である。この式は(7), (2), (5), (3), (6)によって

$$\begin{aligned}
p_X D_X + p_Y D_Y &= wL = wL_X + wL_Y \\
&= p_X X^\alpha L_X + p_Y Y^\beta L_Y \\
&= p_X X + p_Y Y
\end{aligned}$$

となる。よって与えられた p の下での所得制約線はそのときの均衡生産点 (X,Y) を通ることになる。さらに(5)，(6)より，

$$\begin{aligned}
p_X D_X + p_Y D_Y &= wL \\
&= p_Y Y^\beta L \\
&= p_Y L_Y^{\frac{\beta}{1-\beta}} L \\
&> p_Y L^{\frac{\beta}{1-\beta}} L \\
&= p_Y L^{\frac{1}{1-\beta}}
\end{aligned}$$

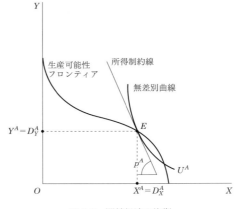

図 4-8 閉鎖経済の均衡

であるから，所得制約線は Y 軸と生産可能性フロンティアの上方で交わることになる。図 4-7 において与えられた p の下で G が均衡生産点のとき，直線 A が所得制約線となる。

この国の集計的な効用関数を $U=U(D_X,D_Y)$ として，所得制約式(15)の下で効用を最大にする X 財と Y 財の需要量 D_X と D_Y を求めると，それは $U=U(D_X,D_Y)$ の無差別曲線が所得制約線と接する点で与えられる。図 4-7 では直線 A が所得制約線のとき求める (D_X,D_Y) の点は C 点となる。すなわち C 点が与えられた p の下での均衡消費点となる。

閉鎖経済における経済全体の均衡は両財の需要と供給が一致する状態である。すなわち財価格比 p が図 4-7 の G 点と C 点が一致するような水準になったときが閉鎖経済の均衡である。そのような状況は図 4-8 で示されている。図 4-8 では閉鎖経済の均衡点は E 点に対応しており，均衡価格比が p^A，均衡生産量とそれに等しい均衡需要量が X 財，Y 財について $X^A=D_X^A$，$Y^A=D_Y^A$ として決まっている。またそのときの国全体の効用の水準は E 点を通る無差別曲線で表される効用水準 U^A となる。

114　第II部　貿易理論の応用

7　小国における貿易下での均衡と生産のパターン

　次にこの国が貿易を行ったときの経済の均衡についてみていくことにしよう。はじめに次のようなマーシャル的な生産量調整プロセスを考えよう。すなわち市場で与えられた価格 p と比べて産業の供給量 X が実現されるための企業の供給価格 p^s のほうが低いときは p^s より高い価格で売れることから生産を拡大し，逆に p より p^s のほうが高いときには p^s では販売困難であることから生産を減少するという企業のマーシャル的な生産量調整を考える。このような調整プロセスは

$$\frac{dX}{dt} = a\,(p - p^s) \tag{16}$$

と表される。ここで a は調整スピードを表す正のパラメータである。また p^s は(13)によって

$$p^s = -\frac{1-\beta}{1-\alpha}\,\frac{dY}{dX} \tag{17}$$

である。

　自由貿易下でこの国が直面する X 財の相対的な国際価格を p^I としよう。この国は小国であるため，p^I はこの国にとって所与で不変である。このとき(16)は

$$\frac{dX}{dt} = a\,(p^I - p^s) \tag{18}$$

となる。

　ここで X 財の供給曲線を表す(17)の式を図で描いてみよう。すでに述べたように生産可能性フロンティアの傾きを表す dY/dX の絶対値が最も小さくなるのは X が変曲点のときである。変曲点における X を X^R とすると，$X = X^R$ のとき $d^2Y/dX^2 = 0$ であり，X が X^R より大きいときは(12)によって $d^2Y/dX^2 < 0$ であるから

$$\frac{dp^s}{dX} = -\frac{1-\beta}{1-\alpha}\,\frac{d^2Y}{dX^2} > 0$$

となる。逆に X が X^R より小さいときは $dp^s/dX < 0$ となる。よって(17)の供給曲線は図4-9の曲線 S のように U 字型になる[1]。

国際価格比が p^I の下で，この国が貿易を開始したとしよう。そして，この国の貿易開始前の経済は閉鎖均衡，例えば図 4-9 の A 点の状態にあったとしよう。X 財の生産量はそのとき X_1^A であり，価格比は均衡価格比 p^A で示されている。

いま，この p^A に対して p^I のほうが大きいとしよう。X 財産業は p^A の下で X^A を生産しているため，p^A が供給価格 p^S であり，貿易の開始によって市場価格 p は国際価格 p^I となる。このとき初期において $p^I > p^S$ であるから，調整プロセス (18) によって $dX/dt > 0$，すなわち生産量 X は増加していく。この状況が図 4-9 において A 点上方の矢印で示されている。X_1^A から X が増加しても $p^I > p^S$ は維持されるので，X は増加していき，最終的に X の生産量は X^T の大きさに落ち着く。以上は X^A が変曲点に対応する X^R より大きい場合であるが，閉鎖均衡点が図 4-7 の G' にある場合は，初期の X 財の生産量は X^R より小さくなる。図 4-9 においてそのような X は例えば X_2^A から増加し続け，やはり最終的に X^T となる。

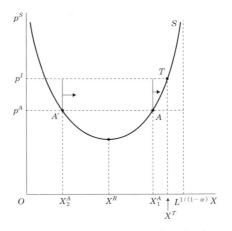

図 4-9 マーシャル的な生産量調整：$p^A < p^I$ の場合

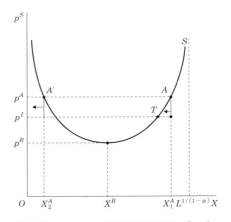

図 4-10 マーシャル的な生産量調整：$p^R < p^I < p^A$ の場合

---

[1] p^S は (17), (11), (9) より X の関数として表せる。そしてそのグラフが図 4-9 の曲線 S である。

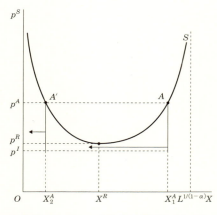

図 4-11 マーシャル的な生産量調整：$p^I<p^R$の場合

次に，変曲点 X^R に対応する p^S を p^R として，p^I が p^A よりは小さいが p^R より大きい場合を考えよう．このときは，図 4-10 で示されるように，閉鎖均衡下での X 財の生産量 X^A が X^R より大きいときは貿易の開始によって X 財の生産は X^T まで減少する．逆に X^A が X^R より小さいときには X 財の生産はゼロとなって Y 財に完全特化することになる．最後に，p^I が十分小さく $p^I<p^R$ である場合には，図 4-11 のように，閉鎖経済での X 財の生産量が X_1^A, X_2^A のいずれにあったとしても貿易によって Y 財特化となる．

以上をまとめると，

(i) $p^A<p^I$ の場合には，貿易の開始によって X 財の生産は拡大するが不完全特化となる．
(ii) $p^R<p^I<p^A$ の場合には，$X^R<X^A$ ならば貿易の開始によって X 財は減少するが不完全特化となる．$X^A<X^R$ ならば X 財生産はゼロとなり，Y 財への完全特化となる．
(iii) $p^I<p^R$ の場合には，X 財の生産は貿易によってゼロとなり，Y 財への完全特化となる．

8　小国の貿易のパターンと貿易利益

前節では小国の貿易下での均衡とそのときの生産のパターンをみてきた．本節ではそれをもとに貿易のパターンと貿易利益をみていくことにしよう．前節と同様，閉鎖経済の均衡価格と貿易下での国際価格の関係をもとに 3 つの場合に区別

してみていくことにする。

はじめに$p^A<p^I$の場合を考えよう。前節の最後の結果(i)によって，生産可能性フロンティア上で，閉鎖経済における均衡点Eは，図4-12に示されるように，貿易下での均衡生産点Tよりも左側に位置する。そして$X^R<X^T$より，点Tは生産可能性フロンティアが外側に向かって凸の部分に位置する。貿易下での所得制約線I^TはT点でフロンティアを左上から右下に通り抜け，またフロンティアとY軸の交点よりも上方でY軸と交わる。したがって図4-12にみるように，閉鎖

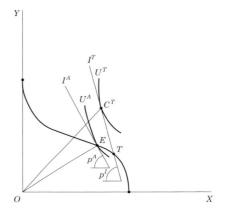

図4-12 貿易による利益と貿易のパターン：$p^A<p^I$の場合

経済の均衡点Eは貿易下での所得制約線の下方に位置することになる。よってこの場合，効用水準は必ず貿易下のほうが高いことになる。図4-12でI^Aは閉鎖経済下での所得制約線で，U^AとU^Tはそれぞれ閉鎖経済下と貿易下での無差別曲線に対応する効用水準であり，$U^A<U^T$となっている。よって貿易利益を享受できる。

この場合の貿易のパターンをみておこう。無差別曲線がホモセティックな性質をもつ場合を考えよう。$p^A<p^I$であるから貿易下での所得制約線I^Tのほうが閉鎖経済下での所得制約線I^Aよりも傾きが急なので，貿易下での消費点をC^Tとすると直線OC^Tの傾きのほうが直線OEよりも大きくなる。すなわちC^T点はT点の左上に位置するため，X財を輸出してY財を輸入することになる。

次に$p^R<p^I<p^A$の場合を考えよう。$X^R<X^A$とすると，前節最後の(ii)によって，フロンティア上においてE点よりもT点のほうが左側に位置する。図4-13-1で示されるように，貿易によって損失を受ける場合もあるし，図4-13-2のように貿易が利益をもたらす場合もあるが，無差別曲線がホモセティックであることから，いずれにしてもX財を輸入してY財を輸出することになる。$X^A<X^R$の場合には貿易下ではY財特化となる。この場合もまた貿易によって損失を受ける可能性がある。図4-14において貿易下の所得制約線がI_1^Tなら貿易利益を得るが，

118　第II部　貿易理論の応用

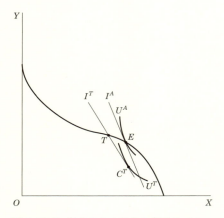

図 4-13-1 貿易による損失と貿易のパターン：$p^R<p^I<p^A$ の場合

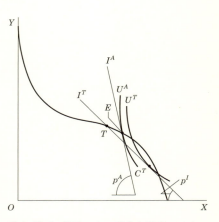

図 4-13-2 貿易による利益と貿易のパターン：$p^R<p^I<p^A$ で $X^R<X^A$ の場合

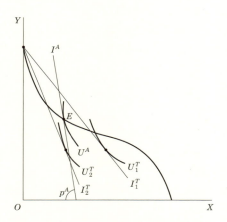

図 4-14 貿易による利益または損失と貿易のパターン：$p^R<p^I<p^A$ で $X^A<X^R$ の場合

I_2^T の場合では貿易は損失をもたらす。いずれにしても Y 財特化のため Y 財を輸出して X 財を輸入するという貿易のパターンになる。

最後に $p^I<p^R$ の場合をみておこう。この場合，貿易は Y 財特化となる。また，貿易下の所得制約線 I^T は生産可能性フロンティア全体の上方に位置するため貿易によって経済厚生は上昇する。貿易は Y 財の輸出，X 財の輸入となる。

以上をまとめると，

(i) $p^A < p^I$ のとき貿易下では X 財を輸出し，Y 財を輸入する。そして貿易利益を享受できる。

(ii) $p^R < p^I < p^A$ のとき X 財を輸入して，Y 財を輸出する。そして貿易は利益となることもあれば損失をもたらすこともある。

(iii) $p^I < p^R$ のとき X 財を輸入して Y 財を輸出する。そして貿易利益を享受できる。

9　まとめ

　本章では生産にマーシャル的な外部経済が影響をもつような経済での国際貿易がどのようになるかを考えてきた。この場合，個々の企業は自らの利潤最大化のための生産量の決定に際して，外部経済を操作できない，あるいは認識できない生産環境下にあるものとして扱われる。しかし生産量の大きさがその生産環境に影響を与えるため，企業が決める最適な生産量が実際は最適な生産量となっていないという意味での齟齬が生じる。このことは，生産可能性フロンティアと価格線が生産の均衡点で接することなく交わることで示されている。

　したがって，すべての市場が完全競争であっても，経済の効率性が損なわれることになり，これによって，貿易国のうち一部の国は貿易による損失を被る可能性が生じる。一般的には，貿易によって生産の外部性が強い産業を拡大できる国は，その産業の平均費用を低下させることができるために，貿易利益を享受できる一方，その産業を縮小させる国では，貿易により損失が発生する可能性がある。

　直感的に考えると，消費者の財に対する選好が似通った国の間で，より大きな国は自給自足経済において，小さな国と比べたとき，外部経済の存在する産業を含めてすべての産業で生産規模が大きいであろう。その場合，これらの国が国際間競争を行うと，大国は外部経済の存在する財をより安価に提供できるためこの産業を拡大できることになる。よって，大国が貿易利益を享受する一方，小国は貿易利益を享受できない可能性がある。しかし，このような問題の分析には，2国間貿易のモデルを用いたさらに詳細な分析が必要である。本章ではこの分析に

120　第II部　貿易理論の応用

は立ち入らなかったが，様々な貿易均衡が存在し，それに対応して様々な貿易パ
ターンが出現することになる点には注意されたい。また，どのような均衡が実現
するかは動学的な調整過程を用いて論じる必要があるが，これについても，どの
ような調整過程を用いるか，調整の初期点をどのように設定するかによって，達
成される均衡は影響を受けることになる。したがって，このような問題の分析に
際しては，現実と整合的になるようなより注意深い想定が重要となる。

本章に関連する文献

　本章の部分均衡分析に関しては，根岸隆『貿易利益と国際収支』創文社，1971 年の第 3 章
を参考にした。また，一般均衡分析は A. Panagariya, Variable returns to scale in production
and patterns of specialization, *American Economic Review* 71, 1980, 221-230 を参考にした。
　外部性の存在する経済での国際貿易の解説は次の 2 つの文献が要領よくまとめている。
E. Helpman, Increasing returns, imperfect markets, and trade theory, in R. Jones and P. B.
　　Kenen (eds.), *Handbook of International Economics Vol. 1*, North-Holland, 1984.
E. Helpman and P. R. Krugman, *Market Structure and Foreign Trade*, The MIT Press, 1985,
　　の第 2 章と第 3 章
　本章では紙幅の関係上，2 国間貿易におけるパターンや貿易利益の分析を扱っていない。こ
の問題については，W. Ethier, Decreasing costs in international trade and Frank Graham's
Argument for protection, *Econometrica* 50, 1982, 1243-1268 が理論的に精緻な議論を展開し
ている。さらに N. Suga, International economies of scale and the gains from trade, *Journal
of Economics* 85, 2005, 73-97 はそれを，1 国の外部性が他方の国に波及する場合の分析に拡張
している。
　マーシャル的な生産の外部性のある場合についての貿易論はその後，理論的な精緻化が行わ
れていくが，特にヘクシャー＝オリーン・モデルを用いた分析が集中的に行われるようになっ
た。その端緒となった論文が R. Jones, Variable returns to scale in general equilibrium
theory, *International Economic Review* 9, 1968, 261-272 であり，以後，M. C. Kemp and T.
Negishi, Variable returns to scale, commodity taxes, and their implications for trade gains,
Swedish Journal of economics 72, 1970, 1-11 や A. Panagariya, Variable returns to scale in
general equilibrium theory once again, *Journal of International Economics* 10, 1980, 499-
526 など多くの論文が現れた。ヘクシャー＝オリーン・モデルの下での外部性と貿易の分析は
K-y. Wong, *International Trade in Goods and Factor Mobility*, The MIT Press, 1995 の第 5
章が詳しい。

第5章
資源・環境問題と貿易

1　はじめに

　資源・環境問題は，現代の経済社会における重大な問題の一つである。経済のグローバル化が進んだ現代においては，国際的な視点でこの問題に対処することはますます重要性を増している。本章では，資源・環境問題と国際貿易に関する諸トピックについて，今までの章で説明した貿易理論を応用して議論を行う。

2　自然環境と経済活動

　自然環境は，人間の経済活動との関連において様々な機能をもっているが，特に

(ⅰ) 自然資源やエネルギーの供給者
(ⅱ) 廃棄物や汚染物質の同化・吸収源
(ⅲ) アメニティー供給や生産性向上を通じた経済的便益の改善

という3つの側面が重要である。

　第一の機能は，人間の経済活動への「インプット」としての環境の働きである。自然の資源・エネルギーは，再生不可能資源（nonrenewable resources）あるいは枯渇性資源（exhaustible resources）と呼ばれるものと，再生可能資源（renewable resources）とに二分される。前者は，化石燃料や鉱物資源のように，一度消

費されると自動的には再生されないタイプの資源であるのに対して，後者は利用されても再生が可能な資源であり，森林や水産物のような生物学的資源や，大気や水の質といった環境資源などが該当する。ただし，再生可能資源でも，それが自然の再生能力を超えて過剰に利用されれば，やがては枯渇してしまう。

第二の機能は，一番目とは逆に，人間の経済活動からの「アウトプット」に関わるもので，つまり経済活動の結果として排出された残余物を，環境が処理するという機能である。企業の生産活動や家計の消費活動の結果として，汚染された空気や水，また様々な廃棄物が大気中や水中あるいは地中に排出される。これらの排出物の量および質が自然の処理能力や浄化能力の範囲内であれば，それらは環境に同化される。しかし，自然の処理能力を超えた排出は，環境汚染という問題を引き起こすことになる。

第三の機能として挙げた「アメニティーの供給」と「生産性の向上」は，それぞれ消費者と生産者に対して自然環境がもたらす便益である。豊かな緑，澄んだ空気，野生生物との触れ合いなど，自然環境のもたらすアメニティーは消費者の効用を高める。逆に，汚染された環境は消費者の効用を低下させる。環境汚染は財やサービスの生産にも影響を与えうる。例えば，大気汚染による労働者の健康悪化は人的資本の生産性低下につながり，酸性雨による建造物の腐食は資本減耗を加速させ，海洋汚染は水産資源の枯渇をもたらす。自然環境が効用水準や生産性に与えるこうした影響は，それにともなう金銭の授受が存在しないため，経済学的には「外部性」の性質をもつ。したがって，経済モデルでは通常，環境の改善は外部経済，逆に汚染の増加や資源の枯渇による環境の悪化は外部不経済として定式化される。

3 天然資源と貿易

前節で述べたように，自然に存在する資源は，生物資源のようにそれが再生可能であっても，自然の再生能力を超えて過剰に利用されれば枯渇してしまうおそれがある。図 5-1 は世界の海洋水産資源の推移を示したものだが，生物学的に持続可能なレベルで漁獲されている資源の割合は年を追うごとに減少しており，

第5章 資源・環境問題と貿易　123

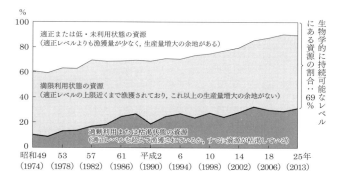

図 5-1　世界の水産資源の状況

出所）『平成 28 年度　水産白書』

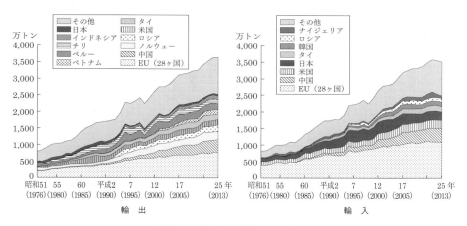

図 5-2　世界の水産物貿易量の推移

出所）『平成 28 年度　水産白書』

2013年の時点で全体の 69％ となっている。逆に言えば，世界の水産資源の3割が，過剰利用あるいは枯渇状態にある。

　このような資源利用の増加の背景として，資源貿易の増加が指摘される。図 5-2 は世界の水産物輸出入量の推移を示したものだが，実際，輸出量・輸入量ともに年々増加している。

　再生可能な生物資源として，森林資源についてもみてみよう。森林資源は，木

表 5-1　1990-2015 年における世界の森林面積の推移

年	森林面積 (千 ha)	期間	面積 (千 ha)	年平均増減率 (%)
1990	4,128,269	—	—	—
2000	4,055,602	1990-2000	-7,267	-0.18
2005	4,032,743	2000-2005	-4,572	-0.11
2010	4,015,673	2005-2010	-3,414	-0.08
2015	3,999,134	2010-2015	-3,308	-0.08

出所）*Global Forest Resources Assessment 2015* をもとに筆者作成。

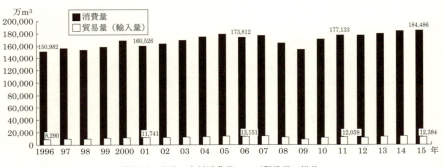

図 5-3　世界の木材消費量および貿易量の推移

出所）『平成 28 年度　森林・林業白書』

材の供給だけでなく，生態系保全や温室効果ガスの吸収，災害防止など様々な重要な機能をもっている。表 5-1 は 1990 年から 2015 年までの世界の森林面積の推移を示したものだが，この 25 年間で 41 億ヘクタール強から 40 億ヘクタール弱へと 3.1％減少している。ただし，近年の減少率は年平均 0.08％となっており，減少の程度は小さくなっている。また貿易に関しては，図 5-3 は世界の木材（産業用丸太）の消費量と貿易（輸入）量の推移を示したものだが，消費量・輸入量とも年によって増減があり，必ずしも木材の貿易が増加しているとは言えない。しかし近年では，中国における木材需要の増大などもあり，現状のような横ばいの状況が続いていくかは不透明である。

4 天然資源と貿易の理論分析——モデルの設定と閉鎖経済均衡

　再生可能な天然資源およびそこから得られる生産物（水産物や木材）に着目した場合，どのような国が資源財の輸出国になり輸入国になるのか，自由貿易は資源の過剰利用につながるのか，そしてこうした天然資源が存在する下でも貿易自由化は望ましいのか，といった様々な疑問が生じる。こうした問題について，Brander and Taylor（1997, 1998）は，第2章で説明したリカードの貿易モデルを応用して理論的に検討した。以下で，彼らのモデルを解説しよう。

　ある時点 t における再生可能資源のストック水準を $S(t)$ で表す。Δt という非常に短い期間を考え，この期間における資源ストックの変化分を $\Delta S(t) \equiv S(t + \Delta t) - S(t)$ で表す。資源ストックは自然の再生能力により増加するが，人間が採取し利用することによって減少する。自然の再生能力は現時点での資源ストック $S(t)$ に依存すると考えられるので，それを「成長関数」$G(S(t))$ で表し，また t 時点における資源の利用水準を $H(t)$ で表す。したがって，期間 Δt における資源ストックの変化分は，$\Delta S(t) = (G(S(t)) - H(t))\Delta t$ つまり

$$\frac{\Delta S(t)}{\Delta t} = G(S(t)) - H(t) \tag{1}$$

で表される。

　資源経済学において，資源の成長関数 $G(S)$ は次のように特定化されることが多い（図5-4も参照）。

$$G(S) = rS\left(1 - \frac{S}{K}\right) \tag{2}$$

ここで $r > 0$ は内在的（intrinsic）な最大成長率であり，$K > 0$ は環境収容力（carrying capacity）すなわち一定の環境下で維持可能な資源ストックの最大値である。

　以上で述べた性質をもつ再生可能資源を有する，ある国を考えよう。以下ではイメージがしやすいように，この再生可能資源を「森林」と呼ぶことにするが，他の再生可能資源（例えば水産物）でも同様の分析と解釈が可能である。この国では工業製品と木材という2つの財が，労働を用いて生産されると想定する。工業製品の生産量を M で，木材の生産量（(1)における資源の利用水準に等しい）を

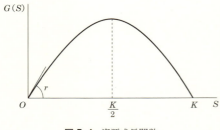

図5-4 資源成長関数

H で,それぞれ表し,各財の生産関数が

$$M = L_M \tag{3}$$
$$H = \alpha S L_H \tag{4}$$

でそれぞれ与えられるものとする。ここで L_M と L_H はそれぞれ工業製品と木材の生産に投入される労働量であり,$\alpha > 0$ である。工業製品の労働投入係数は $a_{LM} = L_M/M = 1$ である一方,木材の労働投入係数は $a_{LH} = L_H/H = 1/(\alpha S)$ である。森林ストックの水準 S が大きいほど,同じ量の木材を生産するための労働量 a_{LH} はより少なくなる。これは例えば,木材生産に適した木を見つけて伐採するための移動の手間が減る,と考えれば自然な想定だろう。つまり,より大きな森林ストックは木材の生産性に正の外部性を与えると想定する。

労働賃金を w で表す。工業製品をニューメレール財とし,木材価格を p で表すことにする。(3)と(4)より,工業製品生産企業の利潤は $\pi_M = M - wL_M = (1-w)M$,木材生産企業の利潤は $\pi_H = pH - wL_H = \{p - w/(\alpha S)\}H$ でそれぞれ表されるので,両方の財が生産される場合,利潤最大化条件より

$$p = \frac{1}{\alpha S} \tag{5}$$

が成立する。

この国の代表的消費者の効用関数は,$U(h,m) = h^\beta m^{1-\beta}$ で与えられるものとする。ここで h と m はそれぞれ木材と工業製品の消費量であり,$0 < \beta < 1$ である。消費者の予算制約条件は,所得を I として,$ph + m \leq I$ で表されるので,効用最大化条件から $h = \beta I/p$ および $m = (1-\beta)I$ が成立する。第2章で説明したように,リカード・モデルにおいては各企業が利潤最大化行動をとる結果,利潤はゼロとなる。したがって,所得は労働所得のみから成る。この国の労働賦存量を L で表すと,一国全体の工業製品と木材の需要関数はそれぞれ

$$M_d = (1-\beta)wL, \quad H_d = \frac{\beta wL}{p} \tag{6}$$

と導かれる(なお,ここでは両方の財が必ずしも生産されるとは限らないと想定して

貿易が行われない閉鎖経済の状況を想定しよう。閉鎖経済の均衡においては，両方の財が生産される必要があるので，(5)が成立する。この式を(6)に代入することにより，均衡下における木材の量が

$$H_a = \alpha\beta LS \equiv H_a(S) \tag{7}$$

と求められる。

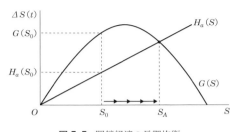

図 5-5 閉鎖経済の長期均衡

各時点において森林ストックは $S(t)$ で与えられるので，そのときの木材の均衡水準は $H_a(S(t))$ という水準に決定される。しかし，森林ストックは(1)式にしたがって時間を通じて変化していく。そして，森林ストックがこれ以上変化しない「定常状態 (steady state)」が，この経済の長期均衡である。(1)に(2)と(7)を代入し，この式をゼロとおくことにより，閉鎖経済の長期均衡条件が

$$rS\left(1 - \frac{S}{K}\right) - \alpha\beta LS = 0 \tag{8}$$

と表される。これは，図5-5において曲線 $G(S)$ と傾き $\alpha\beta L$ をもつ直線 $H_a(S)$ との交点で示される。

r は十分大きな値をとり，$r > \alpha\beta L$ が成立すると仮定する。この仮定の下で，(8)を S について解くと，$S=0$ と $S=K(1-\alpha\beta L/r) \equiv S_A$ という2つの解が求められる。しかし，$S=0$ は森林ストックが $S(0) \neq 0$ という初期水準からスタートした場合に長期的に達成されえない「不安定」な均衡である。このことは次のように説明される。いま，初期時点における森林ストックが $S(0) \equiv S_0$ という水準に与えられ，$S_0 < S_A$ であるとする。この場合，図5-5から明らかなように，$G(S_0) > H_a(S_0)$ が成立する。すると，(1)より $\Delta S/\Delta t > 0$ となるので，森林ストック S は増加していく。この増加は，$\Delta S/\Delta t = 0$ となる，つまり $S=S_A$ が成立するまで続く。逆に，森林ストックが $S_0 > S_A$ という水準からスタートする場合，$G(S_0) < H_a(S_0)$ が成立するので，$\Delta S/\Delta t < 0$ となり，森林ストックは時間を通じて減少していく。この減少は，$S=S_A$ となったときに終了する。いずれのケースにおいても，$S_0 \neq 0$ から出発する森林ストックの経路が長期的に落ち着く

128 第 II 部 貿易理論の応用

先は，$S=0$ ではなく $S=S_A$ である。

以上の議論から，閉鎖経済の長期均衡において森林ストックは

$$S_A = K\left(1 - \frac{\alpha\beta L}{r}\right) \tag{9}$$

という水準に決まり，この S_A を(5)に代入することにより，閉鎖経済の長期均衡における木材価格が

$$p_A = \frac{1}{\alpha S_A} = \frac{r}{K(r-\alpha\beta L)} \tag{10}$$

と求められる。

5 天然資源と貿易の理論分析——貿易自由化の効果

本節では，前節で説明した経済構造をもつ国（以下では「自国」と呼ぼう）が，他の国と貿易を開始する状況を考え，この国の貿易パターンと貿易利益について考察する。労働は国際間を移動できないが，国内の2つの生産部門間を自由に移動可能であるとする。議論の単純化のため，自国は小国で，木材の国際価格 p^* は所与であると仮定する。そして，自国は当初，閉鎖経済の長期均衡の状態にあると想定する。貿易開始直後の木材部門における労働の限界生産物価値は，(4)より $p^*\alpha S_A$ に等しい。したがって，木材が自国で生産されるならば，自国の賃金は $w=p^*\alpha S_A$ となる。(3)より，工業製品が生産される場合の自国の賃金は1に等しいので，労働者の部門間移動が自由に行われる下では，$1<p^*\alpha S_A$ ならばすべての労働者は木材部門での雇用を望み，$1>p^*\alpha S_A$ ならば逆にすべての労働者は工業製品部門での雇用を望む。(10)式を考慮に入れると，$p^* \gtrless p_A$ ならば自国は貿易開始後に木材（工業製品）に完全特化し，その財を輸出する。

上で述べた貿易開始による生産パターンの変化は，木材の生産量に影響を与え，(1)で示されるその後の森林ストック $S(t)$ に影響を与える。それはまた，その後の自国の貿易パターンや経済厚生，そしてそれらの長期均衡水準に影響を与える。この点を図解するために，まず自国の生産可能性フロンティアを導出しよう。各財の生産関数(3)および(4)，そして労働の完全雇用条件 $L_M+L_H=L$ より，自

国の生産可能性フロンティアは

$$M+\frac{H}{\alpha S}=L$$

$$\Rightarrow H=\alpha S(L-M) \quad (11)$$

と求められる。縦軸に木材生産量，横軸に工業製品生産量をとった場合，森林ストック S が所与の下での生産可能性フロンティアは，切片 αSL，傾き（の絶対値）αS の直線となる。生産可能性フロン

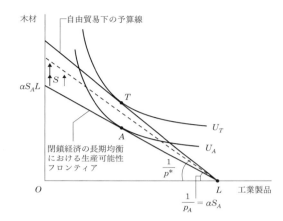

図 5-6　貿易自由化の効果：資源財輸入国の場合

ティアが線形となるのは，S が所与の下ではこのモデルは 2 財 1 要素のリカード・モデルと同じ構造となるためである。しかし，S は各時点では一定であるものの，時間を通じて変化するため，生産可能性フロンティアも時間を通じてシフトしていく。

$p^*<p_A$ のケースを想定する。このとき，貿易開始により，自国は工業製品に完全特化し輸出する一方，木材は海外から輸入する。図 5-6 で示されるように，貿易開始によって自国の生産点は閉鎖経済の長期均衡点 A から生産可能性フロンティアの右下の端点 L に移動する。そこでは自国の労働はすべて工業製品の生産に投入されるので，$M=L$ および $H=0$ が成立する。このとき，自国の予算線（所得制約線）は L 点を通る傾き（の絶対値）$1/p^*$ の直線で表されるので，自由貿易の下での自国の最適消費点は無差別曲線と予算線との接点 T で示される。$H=0$ を(1)に代入すると，$\Delta S(t)/\Delta t=G(S_A)>0$ なので，森林ストック $S(t)$ は時間を通じて増加していく。それにともない，自国の生産可能性フロンティアの傾きおよび縦軸の切片は大きくなる。図 5-4 より，定常状態において達成可能な森林ストックの最大値は K なので，生産可能性フロンティアの傾きは最大でも αK である。したがって，$1/p^*\geq\alpha K$ ならば自国は長期均衡に到達するまで工業製品に特化し続ける。$1/p^*<\alpha K$ の場合，長期的に自国の生産可能性フロンティアの傾きは自由貿易下の予算線と同じ傾きになり，自国は両方の財を生産す

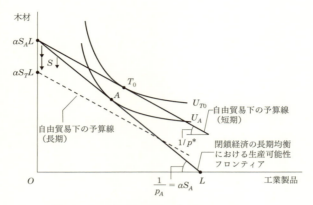

図 5-7 貿易自由化の効果：資源財輸出国の場合

る。いずれの場合も，自由貿易均衡における最適消費点は T で示され，自国の厚生（消費者の効用水準で表される）U_T は閉鎖経済均衡における厚生水準 U_A よりも高くなる。したがって，貿易開始後に木材を輸入する国は，閉鎖経済の長期均衡下に比べて高い経済厚生を享受するという意味で長期的に貿易利益を得る。また，長期均衡における森林ストックは閉鎖経済均衡時の水準に比べて増加する。

次に，$p^* > p_A$ が成立し，貿易開始後に自国が木材生産に完全特化するケースを考えよう。このとき，貿易開始により自国は木材に完全特化するので，図 5-7 で示されるように，自国の生産点は閉鎖経済の長期均衡点 A から生産可能性フロンティアの左上の端点に移動する。そこでは自国の労働はすべて木材の生産に投入されるので，$H = \alpha S_A L$ が成立する。この端点を通る傾き $1/p^*$ の直線が，自由貿易開始直後の自国消費者の予算線である。この予算線と無差別曲線との接点 T_0 が，貿易開始後の短期的な最適消費点となる。T_0 点における自国の厚生水準 U_{T_0} は，閉鎖経済の長期均衡における厚生水準 U_A を上回る。所与の森林ストックの下では，自国は比較優位財である木材の生産に特化することにより，貿易利益を得る。しかし，木材の生産に特化することは，その後の森林ストックの減少につながるため，自国の生産可能性フロンティアは時間とともに縮小していく。それにともない，自国の消費者の予算線も下方にシフトしていく。これは自国の厚生にとって負の影響をもたらす。自由貿易の下で長期的に自国が貿易利益を得るか否かは，国際価格 p^* の値に依存する。p^* が十分大きい場合，生産可能性フ

第5章 資源・環境問題と貿易 **131**

ロンティアの縮小による損失よりも生産の特化による利益のほうが大きいので，自由貿易の下での自国の経済厚生は長期的にも閉鎖経済の水準 U_A を上回る[1]。つまり，自国は長期的に貿易利益を得る。p^* の値が p_A に比べてあまり大きくない場合は逆に，生産可能性フロンティアの縮小による損失が十分大きいため，自国は長期的に貿易損失を被る。図5-7は，そのようなケースを示している。自由貿易の下での長期均衡における森林ストックの水準を S_T で表すことにし，長期的にも自国は木材生産に完全特化すると仮定すると，自国の生産の均衡点は $H=\alpha S_T L$ となる。自由貿易の長期均衡における自国消費者の予算線は，この点を通る傾き $1/p^*$ の破線で表される。この予算線と無差別曲線の接点が自由貿易の長期均衡における自国の最適消費点となるが，この点を通る無差別曲線（図には描かれていない）は U_A よりも内側に描かれるので，閉鎖経済の長期均衡に比べて自国の厚生水準は低くなる。したがって，貿易開始後に木材を輸出する国においては，長期的に森林ストックは閉鎖経済均衡時の水準に比べて減少し，ひいては貿易損失を被る可能性がある，という結果を得る。

　自国と同じ経済構造をもつもう一つの国を考え，この国を「外国」と呼ぶことにしよう。自国と外国は効用関数（パラメータ β），生産技術（パラメータ α），環境収容力 K において同一であるが，労働賦存量と森林成長率においては異なり，

$$\frac{r^*}{L^*} > \frac{r}{L} \tag{12}$$

が成立すると仮定する。

　各国はどちらの財に比較優位をもつだろうか。これを確認するために，閉鎖経済の均衡における木材の相対価格が各国でどのように決定されるかをみてみよう。(9)および(12)より，

$$S_A^* > S_A \tag{13}$$

が成り立つ。すなわち閉鎖経済の長期均衡における森林ストックは外国のほうが自国よりも大きな水準となる。これと(10)より，

$$p_A^* < p_A \tag{14}$$

---

[1] 木材の生産への特化が行われず，自国が両方の財を生産する場合は，生産の特化の利益は発生しない。Brander and Taylor（1997）が示しているように，この場合は自国は必ず貿易損失を被る。

132　第Ⅱ部　貿易理論の応用

が成立する。つまり外国は木材に比較優位をもち，自国は工業製品に比較優位を
もつことがわかる。したがって，自国と外国が貿易を開始した場合，外国は木材
を自国に輸出し，自国は工業製品を外国に輸出する。

　比較優位に関する上記の結果は，第3章で説明したヘクシャー＝オリーンの定
理と同様の解釈ができる。この経済において森林資源は，市場取引される「財」
としての木材と，「生産要素」としての森林ストックという2つの側面をもって
いる。つまり，生産要素としては労働と森林ストックの2種類が存在している。
工業製品は労働のみを用いて生産されるので，工業製品は労働集約的，木材は森
林ストック集約的となる。森林ストックは時間を通じてその水準が変化していく
が，その最大成長率 r あるいは r^* は，最大限利用可能なストック水準，いわば
森林ストックの「賦存量」を決定づける。したがって，条件(12)は自国が労働豊
富国，外国が森林ストック豊富国ということを意味している。そして，(14)式の
結果は，労働豊富国が労働集約財である工業製品に比較優位をもち，森林ストッ
ク豊富国が森林ストック集約財である木材に比較優位をもつということを意味し
ており，ヘクシャー＝オリーンの定理とよく似た結果が導かれる。

6　貿易自由化が環境に与える影響

　反グローバル化を掲げる環境保護団体や活動家は共通して，貿易の拡大が甚大
な環境被害を招くという懸念を抱いていると思われる。しかし，貿易自由化が環
境を悪化させるのか否かについては，以下で説明するように経済学的に説得力の
ある解答が提示されている。

　貿易が環境に及ぼす影響のメカニズムを理解するには，それを構成効果・規模
効果・技術効果という3つの要因に分解するのが有用な方法である。「構成効果
(composition effect)」は，その国の財・サービスの構成（環境に対する負荷の異な
る財がそれぞれ総生産のどれだけを占めるのか）が変化することによる環境への影
響であり，「規模効果（scale effect）」は，経済規模の変化による影響を意味して
いる。そして「技術効果（technique effect）」は，各生産物の環境負荷が技術進
歩や生産要素の代替などを通じて変化することによる環境への影響を表す。これ

らの3つの要因がそれぞれどのように働き、全体としての環境への影響をもたらすのかを、以下で図解しよう。

ある国において、環境悪化をもたらす「汚染財」であるX財と環境悪化をもたらさない「クリーンな財」であるY財の2種類が生産・消費されると想定する。2つの財はともに完全競争市場において取引され、この国の生産者は技術制約の下で利潤最大化を達成するように生産量を決定し、消費者は予算制約の下で効用最大化を達成するように消費量を決定し、国内の生産

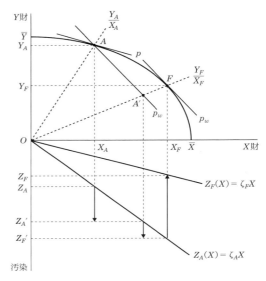

図5-8 貿易自由化の環境への影響（汚染財輸出国を仮定）

要素はすべて完全に利用されていると仮定する。企業の利潤最大化行動および生産要素市場の均衡から、この国の生産の均衡点は図5-8の生産可能性フロンティア$\overline{XY}$上で、フロンティアの傾きである限界変形率と財の相対価格が等しくなるように決まる。ここで、X財の生産活動は環境汚染を発生させるが、汚染排出量はX財の生産量に比例すると仮定し、排出係数（生産物1単位当たりの汚染排出量）は政府による環境政策や企業の生産技術および汚染防止・除去技術に依存するものとする。なお、排出係数の変化は生産可能性フロンティアの形状に影響を与えることはないと仮定する。また、環境政策の手段としては排出税、排出権取引、直接規制などが考えられるが、政府がこれらの政策をどのように決定するかについてはここでは議論せず、その水準は外生的に与えられるものとする。

閉鎖経済の均衡においては、各財の国内生産量と国内消費量は一致する。企業の利潤最大化行動および消費者の効用最大化行動を考慮に入れると、閉鎖経済の均衡点は生産可能性フロンティアと消費者の無差別曲線との接点となる（図が煩雑になるのを避けるため、消費者の無差別曲線は図5-8には描かれていない）。閉鎖経

済における自国の生産の均衡点が，図 5-8 の A 点で示されるものとしよう。A 点を通る価格線 p は，閉鎖経済での X 財の均衡相対価格を表している。また，閉鎖経済均衡での排出係数を ζ_A とすると，汚染排出量と X 財生産量との間の関係は図 5-8 の直線 $Z_A(X) = \zeta_A X$ で示され，したがって閉鎖経済均衡における排出水準は $Z_A = \zeta_A X_A$ となる。ここで X_A は X 財の閉鎖経済均衡生産量である。

いま，自国が自由貿易を行い，X 財の国際相対価格 p_w に直面することになったとしよう（自国は小国であると仮定する）。$p_w > p$ を仮定する，すなわち自由貿易の下で自国は X 財の輸出国になると仮定する。このとき，自国の生産の均衡点は図 5-8 の F 点に移る。また，自由貿易均衡における排出水準は $Z_F = \zeta_F X_F$ で表される。ここで ζ_F と X_F はそれぞれ自由貿易均衡における排出係数と X 財生産量である（ζ_A と ζ_F が異なる理由は後で説明する）。

閉鎖経済から自由貿易への移行による自国の環境汚染排出の変化を，上述の 3 つの効果に分解しよう。まず，構成効果からみていこう。これは，自国の経済規模（所得）や環境技術および環境政策が閉鎖経済のときと同じ水準であると仮定した場合の，貿易による国内の産業構造・生産物構成の変化にともなう排出量の変化として表される。汚染財とクリーンな財の生産比率は，閉鎖経済では Y_A/X_A であったのが，自由貿易の下では Y_F/X_F へと変化し，自国の生産物は相対的に汚染財が大きな割合を占めることになる。自由貿易の下での国際価格 p_w および生産比率 $(Y/X)_F$ で考えると，閉鎖経済均衡と同じ所得をもたらす点は図の A' 点で示されるので，構成効果でみると排出量は Z_A から $Z_{A'}$ へと増加する。このように構成効果によって汚染が増加するのは，この国が汚染財の輸出国であるためで，もしこの国が汚染財の輸入国になる場合は逆に，構成効果によって汚染は減少する。

次に，A' 点と F 点を比較すれば明らかなように，産業構造が一定であると仮定すると，貿易による所得水準の増加は一国の総生産の増加と同義である。したがって，環境技術や環境政策の水準も一定と仮定した場合，この国の汚染排出量は $Z_{A'}$ から Z_F へと増加する。これが規模効果である。貿易は一般に，一国の所得を増加させ消費可能集合を拡大させるので，規模効果のみで考えれば環境悪化をもたらす。

しかし，貿易はその一方で，技術効果を通じて環境改善に貢献しうる。一般に，

第5章 資源・環境問題と貿易 **135**

所得の増加にともなって人々は清浄な環境に対する需要を増加させるといえるが，このことは企業に環境負荷の低い財・サービスの開発を促すと考えられる。また，このような環境意識の高まりは，政府に環境政策を強化させるように働き，それによっても企業の環境技術の開発が促される。こうしたメカニズムを通じて，自由貿易下でのこの国の排出係数が ζ_A から ζ_F へと低下し，したがって X 財生産量と汚染排出量との関係が $Z_F(X) = \zeta_F X$ 線にシフトしたとしよう。その結果，技術効果によって排出量は Z_F' から Z_F へと減少する。

　貿易が環境悪化をもたらすのか否かは，以上で述べた構成・規模・技術の各効果の大きさに依存する。そして，これらの効果が実際にどの程度の大きさになるかは，実証研究を行って検討する必要がある。例えば Antweiler et al. (2001) では，大気中の二酸化硫黄（SO_2）濃度に関して，各効果の正負が理論モデルと整合的であること，そして技術効果が他の効果を大きく上回ることが示されている。

7　環境政策と国際分業のパターン

　前節の貿易と環境汚染に関する議論では，政府の実施する環境政策は所与であると仮定し，また自国の貿易パターンについても外生的に与えられるものと考えていた。しかし，環境政策の実施は汚染財の価格に影響を与え，それに応じて国際分業のパターンも内生的に決まっていくと考えるのが，より適切であろう。

　今までの章で述べてきたように，伝統的な貿易理論では，各国の貿易パターンは比較優位に基づいて決定される。環境政策の実施は，汚染財の相対価格の上昇をもたらすと一般に考えられるので，環境規制の厳しい（緩い）国は汚染財に比較劣位（比較優位）をもつといえる。その結果，汚染財産業は環境規制の厳しい国では縮小し，規制の緩い国へとシフトする。また，企業レベルで考えると，環境規制の厳しい国よりも緩い国のほうが環境対策費用を低く抑えられるので，環境規制の緩い国に生産拠点や工場立地を移すことも考えられる。このように，各国の環境規制の水準やそれにともなう企業の環境対策費用の国による相違が産業構造や企業立地に影響するという考え方を「汚染逃避地仮説（pollution haven hypothesis）」という。

136 第 II 部 貿易理論の応用

　汚染逃避地仮説に基づけば，相対的に厳しい環境政策を実施している先進国よりも，そうでない途上国のほうが汚染財産業や汚染財企業は集中する，ということになる。しかし，実証研究においては，必ずしもこのような考え方を強く支持する結果は出ていない。その理由として，「要素賦存仮説（factor endowment hypothesis）」の存在が挙げられる。第3章で説明したヘクシャー＝オリーンの定理に基づけば，物的資本が豊富に存在する国は資本集約的な財の輸出国になるといえるが，一般に鉄鋼や非鉄金属，工業用化学，石油精製など環境負荷の大きな産業は資本集約的であるといえるので，自由貿易の下で汚染財を輸出するのは資本豊富国ということになる。したがって，資本蓄積の進んでいる先進国のほうが，途上国に比べて汚染財産業の比率が高いということになる。この要素賦存仮説の考え方は汚染逃避地仮説の見解と対立するものであり，実証研究において汚染逃避地仮説が必ずしも支持されない一因であると考えられる。

　汚染逃避地仮説と関連した議論に，環境規制が国際競争力に与える負の影響が挙げられる。ここで国際競争力とは「海外への輸出においてどれだけ自国が有利なのか」を表すもので，すなわち「環境規制の強化は，汚染財産業や企業の国際競争力を低下させるのではないか」という見解である。この考え方をさらに推し進めると，「環境ダンピング（environmental dumping）」の議論につながる。これは，「政府は，環境悪化のもたらす外部費用を正しく反映しない低いコストでの生産によって輸出企業が高い国際競争力をもつように，緩い環境政策を実施しようとする」という見解である。

　環境ダンピングの議論とは逆に，「環境政策を強化したほうが自国企業の競争力が高まる」という議論もある。この主張は，提唱者の名をとって「ポーター仮説」と呼ばれている。この仮説の根拠は，厳しい環境規制が費用低減・品質向上につながる技術革新を企業に促し，これによって最終的にライバル企業よりも競争上優位に立てるという点にある。ポーター仮説を裏づける事例としては，1970年代前半に日本の自動車メーカーであるホンダが自動車排ガス規制（アメリカのマスキー法および日本の昭和53年規制）をクリアする CVCC エンジンを開発し，世界のトップメーカーに躍り出たケースが知られている。

　環境ダンピングやポーター仮説は，伝統的な貿易理論が想定する完全競争的な市場構造の下では，かなり特殊な状況を想定しない限り理論的に導くことはでき

第5章 資源・環境問題と貿易 **137**

ない。例えば，Rauscher（1994）が示しているように，完全競争の下では一般に輸出財部門に対して厳しい環境政策を実施するのが最適な政策となる一方，寡占市場を想定した場合は環境ダンピングが最適な政策となる場合がある。また，ポーター仮説についても，不完全競争の下で企業が環境対策技術への研究開発投資を行う状況を想定し，企業間の戦略的関係を明示的に考慮して分析を行う必要がある。

8 越境的な環境問題と貿易

今までの節では，環境悪化は一国の国内にとどまることを前提としていた。しかし，1980年代の終わり頃から，地球温暖化，オゾン層破壊，酸性雨，砂漠化，生態系の破壊など，国境を越えた，あるいは地球規模の環境破壊が，深刻な問題として受け止められるようになった。一国のみにその影響が限定される局地的な環境問題とは異なり，国境を越える環境問題への対処には，環境政策の国際協調が不可欠であり，そのためには国際的な環境協定が必要となる。実際，オゾン層保護に関しては「ウィーン条約」や「モントリオール議定書」が，生態系保護については「生物多様性条約」が，地球温暖化防止については「気候変動枠組条約」が，それぞれ締結され多くの国々が参加している。

越境的な環境問題それ自体は，貿易が直接関係する問題ではないが，後で述べるように貿易の存在が越境的な環境問題を悪化させたり，逆に改善させる可能性がある。また，越境的な環境問題の典型例である地球温暖化問題については，国際的な排出量取引が政策として実施されている。本節では，越境的な環境問題について，貿易との関連性という観点から議論する。

n国から成る世界を想定しよう。第i国（$i=1,\cdots,n$）の経済的便益はその国での化石燃料の使用量Z_iのみに依存し，$B_i(Z_i)$という関数で表されるものとする。限界便益は正で逓減する（つまり$dB_i/dZ_i > 0 > d^2B_i/dZ_i^2$）と仮定する。化石燃料使用量に比例して，各国では汚染（温室効果ガス）が排出され，その合計$Z\equiv\sum_{i=1}^{n}Z_i$が「負の国際公共財（international public bads）」として地球環境の悪化（地球温暖化）という形で各国に被害を及ぼすと想定する。第i国の環境被

138 第 II 部 貿易理論の応用

害関数を $D_i(Z)$ で表し，限界被害は正で逓増する（つまり $dD_i/dZ, d^2D_i/dZ^2 > 0$）と仮定する。この国の社会的厚生は，便益と被害との差 $W_i(Z_i, Z) = B_i(Z_i) - D_i(Z)$ で表される。

すべての国が参加する国際環境協定が締結され，世界全体の厚生 $W \equiv \sum_{i=1}^{n} W_i$ を最大にするように各国の排出量が決定されるとすると，それは

$$\frac{dB_i(Z_i)}{dZ_i} = \sum_{i=1}^{n} \frac{dD_i(Z)}{dZ}, \quad i = 1, \cdots, n \tag{15}$$

という条件を満たす必要がある。この式は「Z_i は，それがもたらす限界便益がすべての国の限界被害の合計に等しくなるように決められる」ことを表している。(15)から導かれる世界全体の総排出量を Z^* で表すことにする。

最適条件(15)の右辺はすべての国にとって共通なので，この条件は汚染排出の限界便益がすべての国で均等化することを要求する。もし排出のコントロールを税（炭素税）で行うとすると，(15)式を達成するためには，すべての国が等しい炭素税率を設定しなければならない。しかし，そのように政府間で炭素税率を調整するのは容易ではない。これに対し，国際的な排出量取引は，政府間の調整の手間をあまりかけることなく限界便益の均等化を可能にする。各国に $\overline{Z}_i$ だけの排出量が初期的に割り当てられているとし，これよりも多い排出量を希望する国は排出 1 単位当たり τ という価格を払って排出権を他の国から購入できるとしよう。$\overline{Z}_i$ よりも少ない排出量を選択する国は逆に，排出権の販売から収入を得る。いずれにしても，各国の経済的便益は $B_i(Z_i) + \tau \cdot (\overline{Z}_i - Z_i)$ で表される。各国は経済的便益を最大にするためには

$$\frac{dB_i(Z_i)}{dZ_i} = \tau, \quad i = 1, \cdots, n \tag{16}$$

を満たすように排出水準を決定する必要がある。τ は排出権の価格なので，(16)は国際排出量取引によってすべての国の汚染排出の限界便益が均等化することを意味する。さらに，各国の排出枠の合計 $\sum_{i=1}^{n} \overline{Z}_i$ が Z^* に等しくなるように各国の排出枠を定めれば，世界全体の厚生最大化を達成することもできる。つまり，政府間の政策の調整を行わずとも，各国政府が国際排出量取引への参加を表明することで目標の排出水準を達成可能なのである。ただし，排出権の初期割り当てをどのように決定するのか，取引期間をどれくらいに設定するのか，実際の排出

量の監視をいかに行うかなど，実施においては様々な問題点も存在する。

　環境政策の国際協調が行われず各国政府が自主的に排出量を決定する場合，(15)式は成立しない。各国政府が自国の厚生 W_i の最大化を求めて排出水準 Z_i を選択すると仮定しよう。他国の排出水準を所与とした場合，第 i 国政府にとっての最適条件は

$$\frac{dB_i(Z_i)}{dZ_i} = \frac{dD_i(Z)}{dZ} \tag{17}$$

となる。つまり，各国が自国の厚生の最大化を追求する非協力的な政策の下では，「汚染排出の限界便益が自国の限界被害に等しくなるように行動する」のが，各国にとって最適な行動となる。国際協調の下での最適条件(15)と比較すると，(17)では汚染排出の影響として想定する被害が過小に見積もられている。このことは，非協力的な政策決定の下での世界全体の総排出量（$Z^N = \sum_{i=1}^{n} Z_i^N$ で表す）が国際協調の下での総排出量（$Z^C = \sum_{i=1}^{n} Z_i^C$ で表す）よりも過大な水準となることを示唆する。このことを示すために，すべての国が同じ便益関数と被害関数をもち，それらが次の式で与えられるケースを考えよう。

$$B_i(Z_i) = aZ - \frac{b}{2} Z_i^2, \quad D_i(Z) = \frac{c}{2} Z^2, \quad a, b, c > 0$$

この仮定の下で，(15)式は

$$a - bZ_i = \sum_{i=1}^{n} \left(c \sum_{i=1}^{n} Z_i \right) = nc \sum_{i=1}^{n} Z_i, \quad i = 1, \cdots, n$$

と書き換えられる。便益関数と被害関数がすべての国で同じと仮定しているため，$\sum_{i=1}^{n} Z_i = nZ_i$ となるので，これを用いて上の式を変形すると，各国の排出量が $Z_i^C = a / (b + n^2 c)$ と求められる。これに対して(17)は

$$a - bZ_i = c \sum_{i=1}^{n} Z_i, \quad i = 1, \cdots, n$$

書き換えられるので，各国の排出量は $Z_i^N = a / (b + nc)$ と求められる。したがって，世界全体の排出量について

$$Z^C = \frac{na}{b + n^2 c}, \quad Z^N = \frac{na}{b + nc} \quad \Rightarrow \quad Z^C < Z^N \tag{18}$$

という関係が成立する。つまり，環境政策の国際協調が行われない下では，世界

140 第II部 貿易理論の応用

全体の排出水準は過大になる。なお，この結果は，より一般的な関数形や国の間の非対称性（国によって異なる便益関数や被害関数）を考えた場合でも同様に成立する。ただし，非対称性が存在する場合，国によっては，非協力的な状況下のほうが国際協調下よりも排出量が少なくなる可能性がある（詳しくは，石川・奥野・清野（2007）を参照）。

以上の議論においては，国際貿易およびそれを通じた国際的な相互依存関係は存在しないと仮定していた。貿易を考えると，一国の汚染排出量の決定あるいは環境政策の実施は越境汚染の影響に加えて，取引される財の国際価格の変化を通じて，他の国にも影響を与えうる。非協力的な環境政策の下では，それは例えば以下で述べる「炭素リーケージ（carbon leakage）」という現象をもたらしうる。環境政策の手段として炭素税を想定すると，非協力的な政策決定の下で各国が設定する炭素税率は，その国の限界被害の大きさに等しくなる。したがって，一般に各国の炭素税率は異なる値をとる。炭素税率の高い国では，化石燃料への需要は減少するが，これは化石燃料の国際価格の低下を招き，炭素税率の低い国における化石燃料需要を増加させる。あるいは直接的に，企業が環境対策費用の負担を逃れるために，炭素税率の高い国から低い国へと生産拠点を移転する可能性もある。いずれにしても，炭素税率が国の間で異なることは，炭素税率の低い国における排出量の増加を招くことになる。これが炭素リーケージという現象であり，結果として世界全体の排出量が増加してしまう可能性もある。

9 まとめ

本章では，資源・環境問題と国際貿易との関わりについて議論した。自然環境と経済活動との関わりは，資源やエネルギーの利用，汚染の排出，環境の外部性からの便益や損害など，様々な側面をもっている。一国の貿易利益や貿易パターンを考察する場合，これらの様々な特性を考慮に入れる必要がある。

再生可能な天然資源は，貿易取引される資源「財」と，「生産要素」としての資源ストックという2つの側面をもっている。資源ストックは，自然の再生能力と人間の経済活動による利用水準に依存して，時間を通じて変動する。ある国が

（他の国に比べて）資源豊富国ならば，その国は資源財に比較優位をもち，自由貿易の下で資源財を輸出する。しかし，資源財を輸出することは，自国で消費する以上に資源財を生産することを意味するので，閉鎖経済に比べて資源の利用は増加するため，長期的に資源ストックは減少する。その結果，資源財の輸出国は長期的に貿易損失を被る可能性がある。

　貿易が環境に与える影響は，構成効果・規模効果・技術効果という3つの要因に分解される。貿易による経済活動の拡大は一般に大量生産・大量廃棄をもたらすため，規模効果を通じて環境悪化を加速させる一方，技術進歩や環境政策の強化による技術効果を通じて環境悪化を抑制することにもつながる。構成効果に関しては，当該国が環境悪化をもたらす汚染財を輸出するのか輸入するのかによって，環境への影響も異なる。貿易が環境悪化をもたらすのか否かは，これら3つの効果の大きさに依存するが，それらの効果の具体的な影響力を明らかにするには，現実のデータを用いた実証分析が有用である。

　各国の環境政策の違いは，汚染財の相対価格に影響を与えることを通じて，比較優位の決定要因となりうる。例えば，「汚染逃避地仮説」に基づけば，一般に先進国のほうが発展途上国よりも厳しい環境規制を行っているため，汚染財に比較優位をもつのは途上国であると考えられる。その一方で，ヘクシャー＝オリーンの定理に基づく「要素賦存仮説」は，資本蓄積の進んでいる先進国のほうが途上国に比べて汚染財産業の比率が高いことを示唆する。この要素賦存仮説は，汚染逃避地仮説が実証分析において必ずしも支持されない一因となっている。また，政府による環境規制の強化が国際競争力に与える影響に関しても，負の影響を指摘する「環境ダンピング」と正の影響を主張する「ポーター仮説」という相反する議論がある。

　グローバル化の加速する現在，資源・環境問題と貿易との関係は重大な検討課題となっている。特に今後は，地球温暖化問題のように国境を越えた環境問題への対処について，さらなる研究と現実の政策における対応が求められる。

本章に関連する文献

　本章の内容は，環境経済学の知識があると，より深く理解することができるだろう。環境経

142 第II部 貿易理論の応用

済学の基礎に関しては，植田和弘『環境経済学（現代経済学入門）』岩波書店，1996年が今も
なお優れたテキストである。

第4節と第5節で説明した再生可能資源と貿易に関する理論分析は，以下の2本の論文に基
づいている。

J.A. Brander and M. S. Taylor, International trade and open-access renewable resources:
The small open economy case, *Canadian Journal of Economics* 30, 1997, 526-552.

J.A. Brander and M. S. Taylor, Open access renewable resources : Trade and trade policy in
a two-country model, *Journal of International Economics* 44, 1998, 181-209.

前者は小国モデルによる分析，後者は2国モデルによる分析がそれぞれ展開されている。

第6節で，貿易が環境に及ぼす影響を「構成」「規模」「技術」の3つの効果に分解するこ
とで説明したが，このアプローチは，北米自由貿易協定（NAFTA）の環境への影響に関す
る実証研究である G.M. Grossman and A.B. Krueger, Environmental impacts of a North
American Free Trade Agreement, in P. Garber (ed.), *The U. S. -Mexico Free Trade
Agreement*, MIT Press, 1993 によって提示され，B.R. Copeland and M.S. Taylor, North-
south trade and the environment, *Quarterly Journal of Economics* 109, 1994, 755-787 によっ
て理論的に定式化された。なお，本節での議論は B.R. Copeland and M.S. Taylor, *Trade and
the Environment : Theory and Evidence*, Princeton University Press, 2003 に基づいている。
また，理論モデルに基づいて実証分析を行った先駆的研究として，W. Antweiler, B.R. Cope-
land and M.S. Taylor, Is free trade good for the environment? *American Economic Review*
91, 2001, 877-908 が有名である。

第7節でとりあげた汚染逃避地仮説と要素賦存仮説については，前述の Copeland and Tay-
lor (2003) の第6章でさらに詳しい議論が展開されている。環境ダンピングに関する理論分
析は M. Rauscher, On ecological dumping, *Oxford Economic Papers* 46, 1994, 820-840 で行わ
れており，またポーター仮説のアイデアは M.E. Porter, America's green strategy, *Scientific
American* 264, 1991, 168 および M.E. Porter and C. van der Linde, Toward a new conception
of the environment-competitiveness relationship, *Journal of Economic Perspectives* 9 (4),
1995, 97-118 で提示されている。

第8節で議論した越境的な環境問題と貿易については，石川城太・奥野正寛・清野一治「国
際相互依存下の環境政策」，清野一治・新保一成編『地球環境保護への制度設計』東京大学出
版会，2007年，第3章でさらに詳しい議論が展開されている。

本章ではとりあげなかったが，開放経済の下での環境政策や貿易政策が経済厚生に与える影
響も，環境と貿易に関する重要なトピックの一つである。このトピックに関しては，柳瀬明彦
『環境問題と国際貿易理論』三菱経済研究所，2000年が，部分均衡モデルや2財一般均衡モデ
ルを用いた完全競争市場の分析，および国際寡占競争を想定したモデルでの分析を展開してい
る。また，多数財・多数汚染物質の一般均衡モデルを用いて貿易政策や環境政策が厚生に及ぼ
す効果を分析した研究として，B.R. Copeland, International trade and the environment :
Policy reform in a polluted small open economy, *Journal of Environmental Economics and
Management* 26, 1994, 44-65 および A.H. Turunen-Red and A.D. Woodland, Multilateral
reforms of trade and environmental policy, *Review of International Economics* 12, 2004, 321-
336 が知られている。前者は小国モデル，後者は多数国モデルでの分析である。

第6章

公共中間財と貿易

1 はじめに

　近年の世界経済の急速なグローバル化にともない，各国は国際的な経済競争にさらされて，自国の経済発展や経済的優位性の確保に向けて産業構造を強化する必要性に迫られている。政府はその中で，民間企業の生産活動を支援するための様々なインフラストラクチャーの整備という重要な役割を担っている。特に発展途上国や，社会主義経済から資本主義市場経済へと体制を移行した国では，先進国に追いつくための民間企業の競争力強化が不可欠とされており，そのための公共インフラの整備，例えば交通・輸送インフラの整備や電力などのエネルギー供給システムの整備が活発化している。先進国においても，経済的優位を確保・維持していくために，例えば先端的な基礎研究や高度な教育システムといった，民間では供給することの困難な公共財を，公的な機関を通して国が積極的に民間企業に提供している。共同利用が可能であり，誰でも自由に利用できるような財は，ただ乗りができるため民間で供給することが困難であるが，民間にとって有用かつ不可欠なこうした財を公共財といい，特に公共財が民間企業の生産活動に利用されるような場合には公共中間財という。

　本章では公共中間財を導入した経済での貿易を考え，1国の貿易パターンと貿易利益についての基礎的な考え方を示していく。ジェームズ・ミードは公共中間財を環境創出型（creation of atmosphere）と要素報酬不払い型（unpaid factor）の2つのタイプに区別した。本章ではミードの分類に従って，これらの2つのタイプの公共中間財を個別に扱って，貿易との関係をみていくことにする。

144 第II部 貿易理論の応用

　まず，環境創出型の公共中間財の性質を説明しよう。生産が労働や土地，民間資本などの共同利用できない本源的要素と，企業間で自由に利用可能な公共中間財との投入の下に行われるとき，公共中間財の投入量は不変のままで，本源的要素の投入量を2倍にすることで生産量を2倍にできるならば，そのときの公共中間財を環境創出型の公共中間財という。すなわち，公共中間財の使用に混雑が生じないため，企業が投入する本源的要素の量のみ増加させることで産業全体の生産量を増加できることになる。言い換えれば，本源的要素のみに関して収穫一定となるような生産技術を可能にする公共中間財を指す。具体的には，円滑な企業の経済活動を促進するための法制度や，生産性を高めるための教育制度や基礎研究，経営技術の開発などがある。

　一方，要素報酬不払い型の公共中間財は，生産量を2倍にする場合，本源的要素に加えて公共中間財も投入量を2倍にしなくてはならないようなものを指す。すなわち産業内で公共中間財の使用に混雑をともなう場合では，本源的要素の増加によって生産を拡大するときには公共中間財もそれに比例して増やさなくてはならない。このような混雑現象のある公共中間財と本源的要素とを投入して生産を行う場合の生産技術は，公共中間財を含めてすべての生産要素に関して収穫一定となる。この種の公共中間財の具体例としては，交通・輸送インフラや農業用灌漑インフラ，エネルギー供給システム，通信設備などが挙げられる。

　以下では最初に公共中間財を含めた小国一般均衡モデルの基本構造を説明し，その後，それをもとにまず環境創出型の公共中間財の下での貿易を扱い，次に要素報酬不払い型の公共中間財の下での貿易を扱う。また，小国経済を中心とはするが2国モデルについても簡単にふれる。この章で考える公共中間財は貿易のできない国内財であり，国際的な公共中間財ではない財，すなわち海外の生産活動への波及効果のない財を仮定する。加えて，分析は静学的な分析に限定する。また，政府は国内総生産が効率的になるような水準で供給を行い，その費用は効率的な供給を損なわないような租税を課すことでまかなわれるものとする。近年では公共中間財の貿易が活発になっており，また国際間にまたがって利用できる国際公共財の比重も大きくなっている。さらには公共中間財を自国の国益のために戦略的に供給するような政府の行動が近年では重要になっている。そして公共中間財は本来，資本としての性格が強く，したがって資本蓄積という性格を考慮に

第6章　公共中間財と貿易　145

入れるならば動学的な視点が必要である。こうした公共中間財の様々な側面を考慮に入れた場合への議論の拡張については，最後の節で展望する。

2　公共中間財を含んだ基本モデル

2つの消費財と1つの公共中間財および1つの本源的要素が存在する小国経済を考える。消費財は財1と財2とし，本源的要素は労働とする。消費財は労働と公共中間財を用いて生産される，公共中間財は労働のみで生産されるものとする。また2つの消費財は貿易可能であるが，公共中間財と労働は国際間で移動できないものとする。

消費財である財 i の生産関数を

$$X_i = F^i(L_i, R), \quad i = 1, 2 \tag{1}$$

とする。ただし X_i は財 i の生産量，L_i は財 i 生産のための労働投入量，R は公共中間財の量とする。ここで $F_L^i \equiv \partial F^i / \partial L_i > 0$，$F_R^i \equiv \partial F^i / \partial R > 0$，$F_{LL}^i \equiv \partial^2 F^i / \partial L_i^2 \leq 0$，$F_{RR}^i \equiv \partial^2 F^i / \partial R^2 \leq 0$ を仮定する。(1)において R は財1と財2の生産関数に共通に入っていることで，公共中間財は両財の生産に共同で利用できることになっている。

また，公共中間財の生産関数は

$$R = F^R(L_R) \tag{2}$$

とする。ただし L_R は公共中間財生産のための労働投入量で，$F_L^R \equiv dF^R / dL_R > 0$ かつ $F_{LL}^R \equiv d^2 F^R / dL_R^2 \leq 0$ とする。

この国の労働賦存量を L として，L は所与とする。よって各財の生産に投入される労働量は労働制約条件，

$$L_1 + L_2 + L_R \leq L \tag{3}$$

を満たしていなくてはならない。

以上の下で最初にこの国の生産可能性集合 S を

$$S = \{ (X_1, X_2) \mid X_i = F^i(L_i, R), \quad i = 1, 2, \quad R = F^R(L_R), \quad L_1 + L_2 + L_R \leq L \}$$

と定める。この生産可能性集合の上方の境界線が生産可能性フロンティアである。生産可能性フロンティア上の生産では労働賦存量のすべてが生産に使用されなく

てはならないため，(3)は等式となる。すなわち

$$L_1 + L_2 + L_R = L \tag{4}$$

となる。

　生産可能性フロンティア上の生産点を求めるためにはX_2を固定して，その下で次の問題を解けばよい。

(P)　　$\underset{L_1, L_2, L_R, R}{Max}\ X_1 = F^1(L_1, R)$

　　　　sub. to　$X_2 = F^2(L_2, R)$，　$R = F^R(L_R)$，　$L_1 + L_2 + L_R = L$

ただしX_2は所与とする。この問題を解くことによって得られるL_1とRを用いて$X_1 = F^1(L_1, R)$が得られる。このX_1が，与えられたX_2に対応する生産可能性フロンティア上のX_1となる。(P)を解くためにラグランジュ関数を

$$\mathcal{L} = F^1(L_1, R) - \lambda(X_2 - F^2(L_2, R)) - \delta(R - F^R(L_R)) - \mu(L_1 + L_2 + L_R - L)$$

とする。ただし，λ，δ，μはラグランジュ乗数である。そこで最適解が満足すべき1階の条件は

$$\frac{\partial \mathcal{L}}{\partial L_1} = F_L^1 - \mu = 0 \tag{5}$$

$$\frac{\partial \mathcal{L}}{\partial L_2} = \lambda F_L^2 - \mu = 0 \tag{6}$$

$$\frac{\partial \mathcal{L}}{\partial R} = F_R^1 + \lambda F_R^2 - \delta = 0 \tag{7}$$

$$\frac{\partial \mathcal{L}}{\partial L_R} = \delta F_L^R - \mu = 0 \tag{8}$$

となる。問題(P)の3つの制約条件式と(5)〜(8)を用いて最適なL_1，L_2，L_R，R，λ，δ，μを求めることができる。

　特に(5)〜(8)を用いて，λ，δ，μを消去すると，

$$\frac{F_R^1}{F_L^1} + \frac{F_R^2}{F_L^2} = \frac{1}{F_L^R} \tag{9}$$

を導出できる。(9)式は公共中間財の最適供給条件といわれるもので，生産が生産可能性フロンティア上で行われるためには(9)式が成立していなくてはならない。

　生産可能性フロンティアは一般的に曲線で表されるため，その曲線の接線の傾

きを求めておこう。(1)を全微分すると，

$$dX_i = F_L^i dL_i + F_L^i dR$$

となる。また $dR = F_L^R dL_R$ であるから，これを上式に代入すると，

$$dL_i = \frac{1}{F_L^i} dX_i - \frac{F_R^i}{F_L^i} F_L^R dL_R$$

となる。この式を(4)から得られる $dL_1 + dL_2 + dL_R = 0$ に代入して，生産可能性フロンティア上の生産であるための条件(9)を用いると，

$$\frac{1}{F_L^1} dX_1 + \frac{1}{F_L^2} dX_2 = 0$$

すなわち

$$\frac{dX_2}{dX_1} = -\frac{F_L^2}{F_L^1} \tag{10}$$

を得る。生産可能性フロンティアの接線の傾きは(10)式で表される。

この小国経済では公共中間財は政府によって供給され，それを与えられたものとして民間企業が消費財を生産する。民間企業は完全競争下で利潤最大化行動を行うものとする。財 i を生産する企業の利潤最大化行動は，財 i の価格 p_i と労働賃金 w と公共中間財 R が与えられたものとして，

$$\underset{L_i}{Max} \ \pi_i \equiv p_i F^i(L_i, R) - wL_i$$

と表される。ここで企業は公共中間財を無料で使用できるものとしている。

上述の利潤最大化問題の最適解が満たすべき1階の条件は

$$p_i F_L^i = w, \quad i = 1, 2 \tag{11}$$

である。すなわち

$$\frac{p_1}{p_2} = \frac{F_L^2}{F_L^1} \tag{12}$$

が生産者の均衡条件となる。

政府による公共中間財の最適供給によって，消費財の生産点は生産可能性フロンティア上にあるため，消費財価格が p_1 と p_2 で与えられたとき，消費財の均衡生産点は(12)と(10)によって，生産可能性フロンティアの接線の傾きが $-p_1/p_2$ となる点で表される。これは図6-1に示されるとおりである。図6-1で生産可能性フロンティア上の P 点で生産可能性フロンティアの接線の傾きは $-p_1/p_2$ と

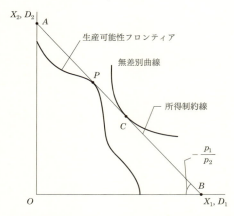

図 6-1 公共中間財のあるときの均衡生産点と均衡消費点

なるから，P 点が均衡生産点となる。

　最後に均衡消費点についてみておこう。公共中間財は政府が生産するものとし，その生産費は民間経済主体への課税によってまかなわれるものとする。公共中間財の生産費は wL_R であるため，この大きさの税収が必要となる。一方，この国の税引き前の国内総所得は $\pi_1+\pi_2+w(L_1+L_2+L_R)$ である。そこから公共中間財の生産費の大きさの税を差し引くと，税引き後の国内総所得 I は，$I=\pi_1+\pi_2+w(L_1+L_2)$ となる。$\pi_i=p_iX_i-wL_i$ であるから，結局

$$I=p_1X_1+p_2X_2 \tag{13}$$

となる。

　この国全体の集計的効用関数 $U(D_1,D_2)$ を国全体の所得制約条件 $p_1D_1+p_2D_2=I$ にしたがって最大化するときの $D_i (i=1,2)$ が財 i の需要量となる。p_1 と p_2 が与えられたときの所得制約条件は(13)より

$$p_1D_1+p_2D_2=p_1X_1+p_2X_2 \tag{14}$$

となる。与えられている p_1 と p_2 の下でこの所得制約条件を満たす (D_1,D_2) のグラフは図 6-1 において，均衡生産点 P を通る傾き $-p_1/p_2$ の直線 AB で表される。この直線と $U(D_1,D_2)$ の描く無差別曲線が接する点が均衡消費点となり，図 6-1 ではそれは C 点となる。貿易のない閉鎖経済の下ではそれぞれの消費財について国内で生産された量と国内で消費される量が一致していなくてはならない。すなわち P 点と C 点が一致するような p_1/p_2 が閉鎖経済における均衡価格比となる。

　以上の基本的な一般均衡モデルをふまえて，次節以降で2つのタイプの公共中間財を個別に導入し，自由貿易下での貿易のパターンと貿易利益をみていこう。

3　環境創出型の公共中間財と貿易

本節では環境創出型の公共中間財について考える。このとき消費財の生産関数
(1)の F^i は L_i に関して1次同次という性質をもつ。すなわち任意の $\lambda > 0$ に対
して，$F^i(\lambda L_i, R) = \lambda F^i(L_i, R)$ となる。特に本節ではそのような生産関数として，
$F^i(L_i, R)$ を

$$X_i = R^{\alpha_i} L_i, \quad i = 1, 2 \tag{1'}$$

に限定して考える。ただし(1')の α_i は $0 < \alpha_i < 1$ を満たすパラメータであり，次
の仮定をおく。

仮定1　$\alpha_1 > \alpha_2$

(1')によって $(R/X_i)(\partial X_i/\partial R) = \alpha_i$ であるから，仮定1は財1における公共中
間財に関する生産の弾力性が財2のそれより大きいことを意味する。

さらに公共中間財の生産関数(2)を

$$R = L_R \tag{2'}$$

とする。

以上の下で生産可能性フロンティアの形状をみていこう。公共中間財の供給量
R を一定としたときの生産可能性フロンティアを制約付き生産可能性フロンティ
アということにすると，制約付き生産可能性フロンティアは R を一定として，
(1')，(2')，(4)によって，

$$R^{-\alpha_1} X_1 + R^{-\alpha_2} X_2 = L - R \tag{15}$$

を満たす X_1 と X_2 の関係で表される。R と L は一定であるため，(15)によって
描かれる X_1 と X_2 の関係は，傾きが $-R^{\alpha_2 - \alpha_1}$ の直線で表せる。生産可能性フ
ロンティア上の生産点に対応する最適な公共中間財の量 R が生産点の変化と
ともに変化していくならば，R が変化したときに(15)によって描かれる X_1 と
X_2 の直線のグラフも変化して，それによって形成される包絡線が生産可能性フ
ロンティアとなる。図6-2において，異なる R に対応する制約付き生産可能性フ
ロンティアが直線 L_1，L_2，L_3 等で示され，それらが形成する包絡線が太い曲線
$ABCD$ で示されている。

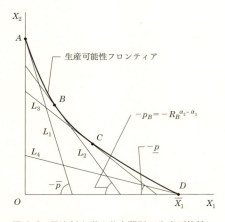

図 6-2 環境創出型公共中間財と生産可能性フロンティア

図 6-2 に見るように，この場合(15)の直線の包絡線で表される生産可能性フロンティアは原点に向かって凸の曲線となる。また生産可能性フロンティアの各生産点における接線の傾きはその点を通る制約付き生産可能性フロンティアの直線の傾きで表される。例えば図 6-2 の生産可能性フロンティア上の B 点を達成する最適な公共中間財の供給量を R_B とすると，(15)より B 点を通る制約付き生産可能性フロンティアの傾きは $-R_B^{\alpha_2-\alpha_1}$ となるから，これが B 点での生産可能性フロンティアの接線の傾きとなる。そこで一般的に生産可能性フロンティアの接線の傾きは生産点に対応する最適な公共中間財の大きさ R を用いて

$$\frac{dX_2}{dX_1} = -R^{\alpha_2-\alpha_1}$$

として表される。これは前節の(10)式を(1′)に適用することによっても確かめられる。生産可能性フロンティアが原点方向に凸であるから，X_1 が大きいほど dX_1/dX_2 の傾きは緩やかになる。すなわち最適な公共中間財の供給量は大きくなる。

今，財 1 と財 2 の価格が p_1 と p_2 で与えられているとき，各財の利潤最大化条件は(1′)の下では $p_i R^{\alpha_i} = w$ となるから，

$$\frac{p_1}{p_2} = R^{\alpha_2-\alpha_1} \tag{16}$$

となる。したがって政府が公共中間財を最適供給している場合には p_1 と p_2 が与えられたときの均衡生産量は図 6-3 で示されるように，生産可能性フロンティアの接線の傾きの絶対値が p_1/p_2 となるフロンティア上の点 P で与えられる。

生産均衡条件 $p_i R^{\alpha_i} = w$ によって利潤 π_i は $\pi_i = p_i X_i - wL_i = p_i R^{\alpha_i} L_i - wL_i = (p_i R^{\alpha_i} - w)L_i = 0$ となる。すなわち均衡下では各財の生産における利潤はゼロとなる。

そこで政府は労働所得への課税によって，公共中間財の生産の費用をまかなうものとする。労働賃金への従価税率を τ とすると，税収は $\tau w L$ となり，それによって公共中間財の生産費用 $w L_R$ をまかなうとするなら，$\tau w (L_1 + L_2 + L_R) = w L_R$ でなくてはならない。すなわち τ の大きさは

$$\tau = \frac{L_R}{L_1 + L_2 + L_R} \tag{17}$$

で表される。企業が労働者に支払う賃金は w で，労働者が受け取る税引き後の賃金は $(1-\tau)w$ である。

国全体の税引き後の所得 I は，企業利潤がゼロであるため，税引き後の労働所得 $(1-\tau)wL$ で表される。これと(17)および $\pi_i=0$ によって

$$I = p_1 X_1 + p_2 X_2$$

を得る。そこで国全体の所得制約式は第2節の(14)で表される。p_1 と p_2 が与えられた場合のこの所得制約式のグラフは，図6-3で示されるように，その下での均衡生産点 P を通り，傾きが $-p_1/p_2$ の直線 GH となる。そして国全体の均衡消費点はこの直線 GH に無差別曲線が接する点で決まる。

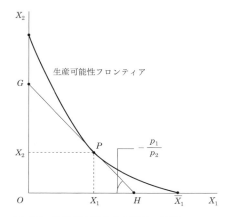

図 6-3 環境創出型公共中間財と均衡における生産点と消費点

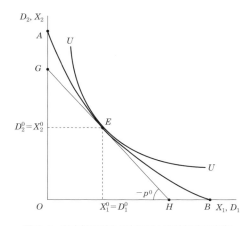

図 6-4 環境創出型公共中間財と閉鎖経済の均衡

そこでこの国が貿易のない自給自足状態である場合，均衡における消費財の価格比 $p = p_1/p_2$ は，その下で均衡生産点と均衡消費点が一致するように決まる。図6-4ではそのような価格比が p^0 で表され，均衡生産点と均衡消費点はともに E 点となっている。図6-4では生産可能性フロンティアが曲線 AEB，E を通る

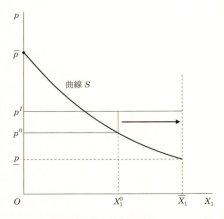

図 6-5 環境創出型公共中間財とマーシャル的生産量調整

無差別曲線が UEU,所得制約線が直線 GEB で表されている。無差別曲線が原点方向に凸で両軸のいずれとも交わることがなければ,このような均衡点 E は必ず存在する[1]。

次にこの国が自由貿易を行うときの均衡における貿易パターンと貿易利益をみていこう。この小国が自由貿易を行うときに直面する消費財の国際価格比を $p^I \equiv p_1^I/p_2^I$ とする。そして p^I は与えられたものとして,国内の経済の変化によって影響を受けないものとする。そして小国が当初図 6-4 で表されている閉鎖経済での均衡状態にあり,その下で自由貿易に移行することを考えよう。

経済が不均衡な状態にあるときの調整プロセスとして,第 4 章で用いたマーシャル的な生産量調整をここでも考えよう。すなわち第 4 章の(17)式にならって,生産量調整プロセスを

$$\frac{dX_1}{d\tau} = a(p - p^S) \tag{18}$$

とする。ただし a は調整スピードを表す正のパラメータであり,p は財 1 の財 2 に対する市場の取引価格であり,p^S は財 1 を供給するときの財 1 の財 2 に対する生産均衡価格で,(16)式を満たす。

閉鎖経済から自由貿易に移行するとき,(18)の調整プロセスによって生産がどのように変化するかを示したのが図 6-5 である。図 6-5 の右下がりの曲線 S は(16)の p を p^S として(16)を満たすような p^S と X_1 の関係を表している。ある p が与えられたとき,図 6-3 の生産可能性フロンティアの接線の傾きが $-p$ となるフロンティア上の X_1 がこの p に対応して(16)を満たす。生産可能性フロンティアは原点方向に凸となるため,p が小さくなると X_1 は大きくなることが図

---

[1] ただし E のような点は 1 つとは限らない。

6-3から明らかである。よって曲線Sは右下がりとなる。なお，図6-5の$\bar{p}$と$\underline{p}$は図6-2の$\bar{p}$と$\underline{p}$にそれぞれ対応している。

当初この国は閉鎖経済下での均衡にあるとすると，初期においてp^Sは閉鎖経済下での均衡価格比p^0となっている。一方，自由貿易ができるようになった後は，市場取引価格比は国際価格比p^Iとなる。(18)におけるpはこのp^Iが時間を通して与えられることになる。

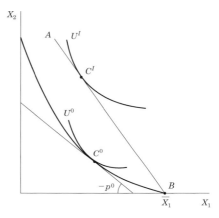

図 6-6 環境創出型公共中間財と自由貿易下での均衡

p^Iが$p^0(=p^S)$より大きい場合を考えよう。このとき(16)の下では$p^I-p^0>0$であるから，(16)よりX_1は増加する。それにともない曲線Sにしたがってp^Sは下がるため，X_1はますます増加して，最終的に図6-5の矢印で示されるようにX_1は$\overline{X_1}$に達する。$\overline{X_1}$はこの経済が財1に特化したときの財1の生産量である。よって$p^I>p^0$のとき，閉鎖経済から自由貿易に移行すると生産は財1に特化する。

自由貿易下での財1と財2の価格はそれぞれ国際価格p_1^Iとp_2^Iであるから，財1に特化したときの所得制約式は(14)式より

$p^I D_1 + D_2 = p^I \overline{X_1}$

となる。図6-6にこの所得制約線が直線ABで描かれている。自由貿易下での均衡消費点はC^Iとして与えられている。一方，閉鎖経済のときの均衡消費点はC^0で与えられている。$p^I>p^0$のときC^0は自由貿易下での所得制約線ABの下方に位置するため，C^0を通る無差別曲線U^0よりC^Iを通る無差別曲線の方が上方に位置する。よって貿易はこの国の経済厚生を大きくする。

以上，$p^I>p^0$の場合を扱ったが，$p^I<p^0$の場合も同様であり，その場合は自由貿易下では財2に完全特化することになり，やはり貿易による利益を享受できる。

本節で得られた結果をまとめておこう。公共中間財が環境創出型で，生産関数(1)と(2)はそれぞれ(1′)と(2′)であるとする。このとき生産可能性フロンティア

154 第II部 貿易理論の応用

は原点方向に凸となる。また仮定1の下では財1の生産が大きいほど，最適な公共中間財の供給量は大きい。そしてマーシャル的な生産量調整プロセス(16)の下で閉鎖経済から自由貿易経済へと移行するにあたって，財1の財2に対する価格比について，閉鎖経済のときの均衡価格比より国際価格比のほうが大きい（小さい）ときは，生産は貿易によって財1（財2）に完全特化する。したがってこのとき，この小国は財1（財2）を輸出し，もう一方の財を輸入する。そして貿易によって閉鎖経済のときより経済厚生水準は高くなる。

4 要素報酬不払い型の公共中間財と貿易

本節では公共中間財が要素報酬不払い型の場合での小国の貿易パターンと貿易利益についてみていくことにしよう。要素不払い型の公共中間財の場合，消費財の生産関数(1)は公共中間財と労働の両方について1次同次となる。すなわち任意の $\lambda > 0$ に対して(1)の F^i は

$$F^i(\lambda L_i, \lambda R) = \lambda F^i(L_i, R), \quad i = 1, 2 \tag{1''}$$

を満たす。また，公共中間財の生産関数は，前節と同じく(2')を用いることにする。

はじめに，この経済の生産可能性フロンティアの形状を考察しよう。(1'')に加えて，F^i に次の仮定をおくことにする。

仮定2 F^i は L_i と R に関して凹とする。そして2つの異なる要素投入の組み合わせ (L_i^a, R^a) と (L_i^b, R^b) について

$$\begin{pmatrix} L_i^a \\ R^a \end{pmatrix} = \lambda \begin{pmatrix} L_i^b \\ R^b \end{pmatrix}$$

となる $\lambda > 0$ が存在するとき，そのときに限って $0 < \theta < 1$ を満たす任意の θ について

$$F^i(\theta L_i^a + (1-\theta) L_i^b, \theta R^a + (1-\theta) R^b) = \theta F^i(L_i^a, R^a) + (1-\theta) F^i(L_i^b, R^b)$$

である[2]。

---

[2] 凹関数や凸集合などの概念については数学附録の第2節，第3節を参照のこと。

F^i が($1''$)と仮定 2 を満たすとき，生産可能性フロンティアは直線部分のない，外側に対して厳密に凸の形状になることを示そう。第 2 節で定めた生産可能性集合 S がこの経済で凸集合になることをはじめに示すことにする。そのために，S に含まれる 2 つの異なる生産点 (X_1^a, X_2^a) と (X_1^b, X_2^b) を考える。よって($2'$)の $R = L_R$ を考慮して $X_i = F^i(L_i^a, L_R^a)$, $i = 1, 2$, $L_1^a + L_2^a + L_R^a \leq L$, $X_i^b = F^i(L_i^b, L_R^b)$, $i = 1, 2$, $L_1^b + L_2^b + L_R^b \leq L$ とする。また $0 < \theta < 1$ を満たす任意の θ に対して，$L_i^\theta = \theta L_i^a + (1-\theta) L_i^b$, $L_R^\theta = \theta L_R^a + (1-\theta) L_R^b$ として $X_i^\theta = F^i(L_i^\theta, L_R^\theta)$ とする。このとき F^i が凹であるから，

$$X_i^\theta = F^i(L_i^\theta, L_R^\theta) \geq \theta F^i(L_i^a, L_R^a) + (1-\theta) F^i(L_i^b, L_R^b) = \theta X_i^a + (1-\theta) X_i^b, \quad i = 1, 2 \tag{19}$$

となる。

一方，

$$L_1^\theta + L_2^\theta + L_R^\theta = \theta(L_1^a + L_2^a + L_R^a) + (1-\theta)(L_1^b + L_2^b + L_R^b) \leq L$$

であるから $(X_1^\theta, X_2^\theta) \in S$ となる。よって $(\theta X_1^a + (1-\theta) X_1^b, \theta X_2^a + (1-\theta) X_2^b) \equiv (\overline{X_1^\theta}, \overline{X_2^\theta})$ とすると，(19)によって $(\overline{X_1^\theta}, \overline{X_2^\theta}) \in S$ となるから S は凸集合となり，生産可能性フロンティアは外側に凸となる。

ここで (X_1^a, X_2^a) と (X_1^b, X_2^b) がともに生産可能性フロンティア上にあるとしよう。このとき，

$$L_1^a + L_2^a + L_R^a = L_1^b + L_2^b + L_R^b = L \tag{20}$$

でなくてはならない。いま，

$$\lambda \begin{pmatrix} L_1^a \\ L_R^a \end{pmatrix} = \begin{pmatrix} L_1^b \\ L_R^b \end{pmatrix} \tag{21}$$

となる $\lambda > 0$ が存在するとしよう。$X_1^a \neq X_1^b$ より，$\lambda \neq 1$ である。一般性を失うことなく，$\lambda > 1$ とする。このとき(20)より，$L_2^a > L_2^b$ でなくてはならない。また(21)より $L_R^a < L_R^b$ であるから，いかなる $\mu > 0$ に対しても

$$\mu \begin{pmatrix} L_2^a \\ L_R^a \end{pmatrix} \neq \begin{pmatrix} L_2^b \\ L_R^b \end{pmatrix}$$

である。よって仮定 2 より(19)は $X_2^\theta > \theta X_2^a + (1-\theta) X_2^b$ となる。また(21)より $X_1^\theta = \theta X_1^a + (1-\theta) X_1^b$ である。もし財 2 の投入要素について(21)と同じような関係が成立するなら，$X_1^\theta > \theta X_1^a + (1-\theta) X_1^b$, $X_2^\theta = \theta X_2^a + (1-\theta) X_2^b$ となる。両財い

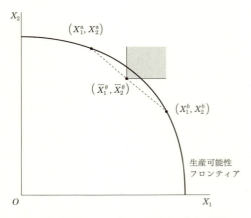

図 6-7 要素報酬不払い型公共中間財と生産可能性フロンティア

ずれも(21)のような関係がなければ $X_i^\theta > \theta X_i^a + (1-\theta) X_i^b$ $(i=1,2)$ となる。

以上から
$$(\overline{X_1^\theta}, \overline{X_2^\theta}) \leq (X_1^\theta, X_2^\theta) \in S$$
で少なくともどちらかの財については < が成立していることから，図 6-7 に示されるように $(\overline{X_1^\theta}, \overline{X_2^\theta})$ の右上の網かけ部内に生産可能性集合内の点があるため，$(\overline{X_1^\theta}, \overline{X_2^\theta})$ は生産可能性フロンティア上に位置することはない。よって生産可能性フロンティア上の異なる2点を結んでできる直線が生産可能性フロンティアとなることはない。言い換えるならば生産可能性フロンティアは外側に凸となる。さらに生産可能性フロンティアの接線の傾きは第2節で求めたように(10)式で表される。

効率的な消費財の生産が民間で行われるようにするために，政府は最適な公共中間財の供給を行うものとする。消費財を生産する完全競争企業の利潤最大化条件は第2節で導出された(12)式となる。財 i の価格が p_i $(i=1,2)$ で与えられると，(10)と(12)によって均衡生産点は，生産可能性フロンティアの接線の傾きの絶対値と与えられた2財の価格比が等しくなる生産可能性フロンティア上の点となる。

次にこの小国全体における各消費財の需要量をみていこう。(1)の生産関数が L_i と R について1次同次であることから，オイラーの定理によって
$$p_i X_i = p_i F_L^i L_i + p_i F_R^i R$$
が成立する。これに第2節で示した企業の利潤最大化条件(11)を用いると，
$$p_i X_i = w L_i + p_i F_R^i R \tag{22}$$
となる。ここで，政府が財 i を生産する企業に，公共財1単位当たりの使用に対して $\tau_i = p_i F_R^i$ の大きさの課税を行うものとする。このとき財 i の生産で支払われる税の総額は $p_i F_R^i R$ となる。よって(22)によって税の支払い後の利潤はゼロとなる。

$R=L_R$ より $F_L^R=1$ であるから，(9)式から

$$\frac{p_1 F_R^1}{p_1 F_L^1} + \frac{p_2 F_R^2}{p_2 F_L^2} = 1$$

となり，これと(11)および $\tau_i = p_i F_R^i$ を用いて，$\tau_1+\tau_2=w$ を得る。よって税収 $(\tau_1+\tau_2)R$ と R の生産費である $wL_R = wR$ が一致する。

このとき企業利潤はゼロであり，政府の税収はすべて公

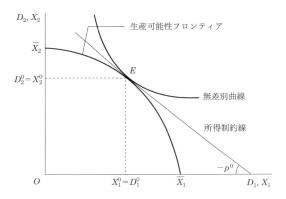

図 6-8 要素報酬不払い型公共中間財と閉鎖経済での均衡

共中間財生産のための費用となるから，この国の国全体の総所得 I は労働所得，すなわち $wL=w(L_1+L_2+L_R)$ となる。そして

$$p_1 X_1 + p_2 X_2 = wL_1 + wL_2 + (\tau_1+\tau_2)R = wL_1+wL_2+wL_R = I$$

となる。よって所得制約式として(14)が成立する。$p_i (i=1,2)$ が与えられたときの(14)の所得制約式のグラフは均衡生産点を通り，傾きが $-p_1/p_2$ の直線のグラフとなり，均衡消費点はこの直線のグラフと無差別曲線が接する点で表される。

閉鎖経済の下での均衡価格比は均衡生産点と均衡消費点が一致するような財1と財2の価格比で表される。図 6-8 ではそのような均衡価格比が p^0 で表され，均衡生産点と均衡消費点の一致する均衡点が E で表されている。これは公共中間財が環境創出型の場合の図 6-4 と同じであるが，図 6-4 では生産可能性フロンティアが原点に対して凸であるのに対して，図 6-8 では生産可能性フロンティアは外側に凸となっている。

次に，自由貿易下での小国の均衡における貿易パターンと貿易の利益をみていこう。いま，財1の財2に対する国際価格比が p^I で与えられているとする。そして閉鎖経済から自由貿易への移行を考える。自由貿易下での均衡への移行過程における調整として，前節のマーシャル的生産量調整プロセス(18)をここでも考える。今の場合，生産可能性フロンティアが外側に凸であるため，与えられた価格比 p が大きいほどそれに対応する均衡生産量 X_1 も大きくなる。よって，生産均衡価格 p_S と財1の均衡生産量 X_1 の関係を示す曲線 S は，今の場合は右上が

158 第Ⅱ部 貿易理論の応用

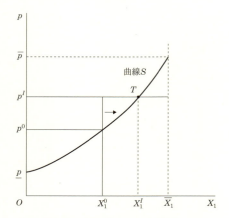

図 6-9 要素報酬不払い型公共中間財とマーシャル的生産量調整

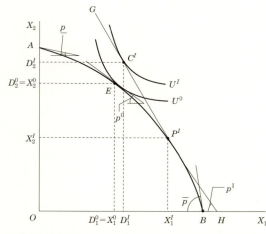

図 6-10 要素報酬不払い型公共中間財と自由貿易下での均衡

りの曲線となり，図6-9のようになる。ただし図6-9の$\overline{p}$と$\underline{p}$はそれぞれ財1と財2に完全特化したときの生産可能性フロンティアの接線の傾きの絶対値である。

図6-9にみるように，もし$p^0 < p^I < \overline{p}$であれば(18)にしたがって，X_1は矢印の方向，すなわち増加の方向に変化する。このX_1の増加はT点で止まる。T点が自由貿易の下での均衡であり，そのときの財1の生産量は図のX_1^Iとなる。$\overline{X_1}$が完全特化のX_1であるから，T点では財1と財2の両方を生産する不完全特化となっている。

図6-10では生産可能性フロンティアがAEP^IBの曲線で示され，閉鎖経済の均衡点がEで示され，自由貿易下での均衡生産点がP^I，均衡消費点がC^Iで示されている。よって$p^0 < p^I < \overline{p}$の範囲にp^Iがあるときは自由貿易に移行することによって財1の生産を増やして財2の生産を減らし，財1を輸出する。そして閉鎖経済のときと自由貿易のときの経済厚生はそれぞれ無差別曲線U^0とU^Iで表され，U^IはU^0より上方にあるため，自由貿易によって経済厚生は上昇する。また，p^Iが$\underline{p} < p^I < p^0$のときは，自由貿易に移行すると財2の生産が増え，

それを輸出することになる。さらに p^I が $\overline{p}$ より大きいと財1への完全特化となり，財1を輸出し，p^I が $\underline{p}$ より小さいならば財2への完全特化となり，財2を輸出する。いずれの場合も自由貿易によって経済厚生は上昇する。

本節の内容をまとめておこう。公共中間財が要素報酬不払い型で，生産関数(1)と(2)がそれぞれ(1″)と(2′)を満たすような小国を考える。このとき，この国の生産可能性フロンティアは外側に向かって厳密に凸となる。そして財1の財2に対する相対価格が閉鎖経済のときに比べて自由貿易のときのほうが高い（低い）が，その差が十分小さいなら，自由貿易のときの生産は不完全特化となり，財1（財2）を輸出する。また必ず貿易利益を享受できる。

5　2国モデルと環境創出型公共中間財

最後に，小国のケースの分析を2国から成る世界経済の分析に拡張した場合について簡単にふれておこう。この場合，環境創出型の公共中間財でも世界の需要条件によってはどちらかの国が不完全特化となりうる。そのときは不完全特化の国においては貿易によって必然的に経済厚生上の損失が発生する。このことは図6-11を用いて確かめられる。図では自由貿易下で不完全特化となる国の生産可能性フロンティアが AEP^IB の曲線で描かれている。閉鎖経済の均衡点は E で，自由貿易下での均衡生産点は P^I である。そして自由貿易下での所得制約線は生産可能性フロンティアとこの均衡生産点で接する直線 GH である。図に見るように貿易下での所得制約線の上方に閉鎖経済の均衡点があるため，閉鎖経済のときの効用水準を表す無差別曲線全体は所得制約線の上方に位置する。よって，貿易下での経済厚生は閉鎖

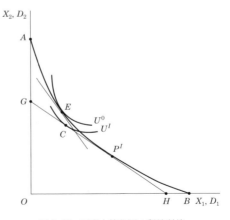

図6-11　不完全特化国の貿易利益

160 第II部 貿易理論の応用

経済のときよりも低くならざるを得ない。実際，閉鎖経済のときと自由貿易の時
の経済厚生は，それぞれ無差別曲線 U^0 と U^1 で表されていて，経済厚生は U^0 の
ほうが高いことがわかる。

6 まとめ

　本章では公共中間財があるときの小国の自由貿易下での貿易パターンと貿易利
益を考察してきた。そして，公共中間財が環境創出型でも要素報酬不払い型でも，
財1の財2に対する国際的な相対価格が閉鎖経済のときの国内価格よりも高い
（低い）場合，マーシャル的な生産数量調整の下では，閉鎖経済から自由貿易へ
の移行によって財1（財2）を輸出することとなり，貿易によって経済厚生は大
きくなることが示された。しかし，公共中間財が環境創出型の場合は，生産可能
性フロンティアが原点方向に凸となるため，生産は完全特化となり，要素報酬不
払い型の場合には生産可能性フロンティアが外側に凸となるため，不完全特化の
可能性が出現する。

　本章では公共中間財は国際的な波及効果をもたない国内財であると考えた。し
かし，技術の進歩やグローバル化の影響で，国際公共財としての性格を有する公
共財が多くなっている。人工衛星を利用した通信網や，国際標準的な法制度や教
育制度の普及はその一例といえる。そのような公共中間財を小国に導入すると，
外国の供給する公共中間財の量を R^* として，生産関数(1)は $X_i = F^i(L_i, R + R^*)$
と表せる。この国が小国で，かつ海外の国際公共財の大きさ R^* がこの国にとっ
て所与である場合には，本章の分析がそのまま適用できるが，世界が例えば2つ
の大国から成るような経済の場合では，利用が国内のみの場合と国際的な利用が
可能な場合との差が，貿易論の展開に大きく影響を与える可能性がある。

　さらに本章では，公共中間財は自国の生産が効率的に行われる，すなわち生産
可能性フロンティア上で行われるという意味での最適供給水準で政府によって供
給されるものとした。小国経済の場合にはこの仮定は妥当するとしても，例えば
2国からなる世界経済の場合，各国の政府は自国の経済厚生を高めるため，お互
いに相手国政府の公共中間財の供給量をみながら戦略的に自国の公共中間財の供

給量を決めるような状況が考えられる。そのような場合には政府の行動はゲーム論的な側面をもち，経済の均衡はクールノー＝ナッシュ均衡として描写される。そして囚人のディレンマが均衡下で生じているなら，均衡生産点は生産可能性フロンティアの内側に位置して，公共財の最適供給が実現しない可能性がある（クールノー＝ナッシュ均衡，囚人のディレンマについては第10章第3節で詳しく説明する）。さらに，公共中間財を貿易可能な財として扱うことも重要である。特に現代の貿易においては，貿易可能な公共中間財は経済発展の重要な基盤として，あるいは政治的な戦略手段として積極的に取引されるようになっている。公共中間財の貿易は自国の経済厚生の最大化を目指す政府によって行われるものとすると，その価格付けに関して，政府間での国際的な完全競争の下の市場価格あるいは寡占的競争の下での戦略的な価格による場合，技術的あるいは政治的な要因で決まる独占価格による場合，途上国への経済援助の一環として無償で輸出する場合などが考えられる。このような様々な状況を考慮した分析への展開が，現代の公共中間財と貿易の関係をみていく場合の重要な課題である。

　最後に，この章では静学分析に限定してきたが，本来公共中間財の多くが公共資本としての側面をもっている。すなわち公共投資によって時間の経過とともに公共中間財の蓄積が可能であると考えるのが適切であろう。そのようなケースを取り扱うためには，動学的な資本蓄積の分析が必要になる。動学的なモデルでは公共中間財の大きさが時間の経過とともに変化するため，2つの異なる定常的な経済状態で生産可能性フロンティアの形状が異なる。そのため，この違いをふまえて貿易のパターンや貿易利益をみていく必要がある。

本書に関連する文献

　公共中間財の2つのタイプに関する記述は J. E. Meade, External economies and diseconomies in a competitive situation, *Economic Journal* 62, 1952, 54-67 にある。また，公共財が消費財の場合の最適供給条件は P. A. Samuelson, The pure theory of public expenditure, *Review of Economic and Statistics* 36, 1954, 387-389 で与えられている。それを応用した K. Kaizuka, Public goods and decentralization of production, *Review of Economics and Statistics* 47, 1965, 118-120 において，公共中間財の最適供給条件が示されている。

　公共中間財を導入した場合の生産可能性曲線の形状については，環境創出型の場合は R. Manning and J. McMillan, Public intermediate goods, production possibilities, and

162 　第 II 部　貿易理論の応用

international trade, *Canadian Journal of Economics* 12, 1979, 87-98, 要素報酬不払い型の場合は M. Tawada, The Production possibility set with a public intermediate good, *Econometrica* 48, 1980, 1005-1012 で分析されている。さらに，公共中間財の最適供給のための課税に関する分析は R. Manning, J. Markusen and J. McMillan, Paying for public inputs, *American Economic Review* 75, 1985, 235-238 で論じられている。公共中間財を導入した貿易の分析は，本源的要素として労働と資本の二つを考えてヘクシャー＝オリーンの貿易論の諸定理を検討するという形で多くの研究がなされた。それらは例えば以下の文献にみられる。

環境創出型公共中間財の場合

M. Tawada and K. Abe, Production possibilities and international trade with a public intermediate good, *Canadian Journal of Economics* 17, 1984, 232-248.

L. Altenburg, Some trade theorems with a public intermediate good, *Canadian Journal of Economics* 25, 1992, 310-332.

K. Abe, A public input as a determinant of trade, *Canadian Journal of Economics* 23, 1990, 400-407.

要素報酬不払い型公共中間財

M. Tawada and H. Okamoto, International Trade with a public intermediate good, *Journal of International Economics* 15, 1983, 101-115.

　2 国モデルに環境創出型公共中間財を導入して，不完全特化の可能性とその下での貿易による損失について論じたものには N. Suga and M. Tawada, International trade with a public intermediate good and the gains from trade, *Review of International Economics* 15, 2007, 284-293 がある。また K. Shimomura, Trade gains and public goods, *Review of International Economics* 15, 2007, 948-954 は，公共中間財の供給量を各国政府の戦略変数とした場合，各国は貿易による利益を得ることを示した。

　動学分析の拡張は次のものがある。

環境創出型公共中間財

J. McMillan, A dynamic analysis of public intermediate goods supply in open economy, *International Economic Review* 19, 1978, 665-678.

A. Yanase and M. Tawada, History-dependent paths and trade gains in a small open economy with a public intermediate good, *International Economic Review* 53, 2012, 303-314.

要素報酬不払い型公共中間財

A. Yanase and M. Tawada, Public infrastructure for production and international trade in a small open economy : a dynamic analysis, *Journal of Economics* 121, 51-73.

第 III 部

現代の貿易理論と貿易政策

第7章

独占的競争と産業内貿易

1 はじめに

　第2章で説明したリカード・モデルでは国の間の生産技術の相違が，第3章で説明したヘクシャー＝オリーン・モデルでは国の間の生産要素賦存状況の相違が，それぞれ貿易パターンの決定要因であった。いずれも，国の間で「違い」があることが貿易を生み出すことを説明する理論であった。これに対して，第4章では，マーシャルの外部性による規模の経済が存在する場合，生産技術と生産要素賦存状況が同じような国の間でも貿易が発生しうるという結果が示された。しかし，以上のいずれの章でも共通する特徴がある。それは，例えば自国が農産物を外国に輸出し外国は工業製品を自国に輸出するというように，異なる財の貿易が一方向に行われる状況が描写されている点である。つまり，今までの章においては，それぞれの国が同じタイプの財を輸出し，かつ輸入する，という現象は説明されていない。しかし，後で見るように，現実の貿易においては工業製品が大きな割合を占めており，こうした財の貿易においては双方向の貿易が中心である。

　本章では，このような現実の国際貿易において大きな割合を占めている，同一産業内での双方向の貿易について，それがどのようにして発生するのかを説明する。

2 産業間貿易と産業内貿易

　今までの章で分析してきた，例えば自国が農産物を外国に輸出し外国は工業製

品を自国に輸出するという，異なる産業間の一方向の貿易を産業間貿易（inter-industry trade）という。これに対して，例えばある機械産業で生産される製品を自国は外国に輸出し同時に外国から輸入するといった，同一産業に属する財の双方向の貿易を産業内貿易（intra-industry trade）という。

産業内貿易の程度を示す代表的な指標として，グルーベル＝ロイド指数が挙げられる。産業 j の輸出額と輸入額をそれぞれ EX_j と IM_j で表すと，グルーベル＝ロイド指数は，以下の式で定義される。

$$GL_j = 1 - \frac{|EX_j - IM_j|}{EX_j + IM_j} \tag{1}$$

この産業において輸出あるいは輸入のみが行われている，すなわち産業内貿易が全く行われていないとすると，(1)において $GL_j = 0$ が成立する。反対に，産業内貿易が非常に活発に行われていて，輸出額と輸入額が全く同額の場合は，$GL_j = 1$ となる。つまり，グルーベル＝ロイド指数は 0 と 1 の間をとり，産業内貿易が活発に行われているほど値は大きくなる。

(1)式は，ある一つの産業の産業内貿易の程度を表しているが，これを一国内のすべての産業について集計すると，一国全体のグルーベル＝ロイド指数を求めることができる。

$$GL = 1 - \frac{\sum_j |EX_j - IM_j|}{\sum_j (EX_j + IM_j)} \tag{2}$$

現在，世界の商品貿易において工業製品は貿易額全体の約 6 割を占めているが[1]，主な工業品目について，2013 年のアジア太平洋各国・地域の対世界貿易におけるグルーベル＝ロイド指数をまとめたのが表 7-1 である。資源国であるオーストラリアを除いて，各国・地域でこれら工業製品の産業内貿易指数は総じて高いことがわかる。

産業内貿易は，水平的産業内貿易（horizontal intra-industry trade）と垂直的産業内貿易（vertical intra-industry trade）という 2 つのカテゴリーに分類される。

---

[1] 『ジェトロ世界貿易投資報告 2016 年版』によると，2015 年の世界の商品貿易において機械機器と化学品が世界の総輸出額に占める割合はそれぞれ 40.5％ と 13.4％ である。また食料品と原料品が占める割合がそれぞれ 7.1％ と 30.7％ となっているが，これらの中には加工食品や繊維製品，金属製品なども含まれている。

166 第 III 部 現代の貿易理論と貿易政策

表 7-1 アジア太平洋各国・地域の工業製品のグルーベル＝ロイド指数
（2013 年）

	化学工業品	機械類	輸送機器	精密機器類
日本	0.995	0.790	0.292	0.803
中国	0.879	0.676	0.997	0.920
韓国	0.991	0.761	0.244	0.666
アメリカ合衆国	0.971	0.772	0.951	0.946
オーストラリア	0.738	0.260	0.257	0.486
ASEAN5ヶ国	0.826	0.734	0.679	0.820

注）ASEAN5ヶ国は，インドネシア，マレーシア，フィリピン，シンガポー
ル，タイから構成される。
出所）桑森啓・内田陽子・玉村千治編『貿易指数データベースの作成と分析
——東アジア地域を中心として』アジア経済研究所，2016 年をもとに筆
者作成。

水平的産業内貿易は，例えば自動車産業において日本とドイツが互いに完成車を
輸出し合うように，デザインなどは異なるが品質や機能としてはほとんど同じも
のを双方向に取引するような貿易を指す。これに対して垂直的産業内貿易は，例
えばコンピューター産業において，日本が中国に半導体を輸出し，それをもとに
組み立てられたパソコンを中国が日本に輸出する，あるいは先進国から高スペッ
クのパソコンが途上国に輸出される一方で途上国からは低スペックのパソコンが
輸出されるというように，同じ産業分類に属するものの，機能（部品と完成品
など）や品質が異なる製品を相互取引するような貿易の形態である。石戸ほか
（2005）によると，2000 年の EU 域内の貿易に占める水平的産業内貿易と垂直的
産業内貿易の比率はそれぞれ 25.8 ％ と 40 ％ であるのに対して（したがって残り
は産業間貿易である），東アジア域内の貿易におけるそれらは 7.6 ％ と 23.7 ％ で
あった。EU 域内では東アジア域内に比べて産業内貿易，特に水平的産業内貿易
が活発に行われていることがわかる。
　品質の差異に基づく垂直的産業内貿易は，ヘクシャー＝オリーン・モデルを応
用して，伝統的な貿易理論の枠組みの中で説明が可能である。同じ産業分類に属
する製品であっても質の差異が存在する場合，要素投入比率が異なる可能性があ
る。したがって，例えば高級品が資本集約的で低級品が労働集約的ならば，資本
豊富国は高級品を輸出する一方で労働豊富国は低級品を輸出することになる。し
かし，水平的産業内貿易に関しては，完全競争市場を前提とした伝統的な貿易理

論ではなく，次節で述べる独占的競争モデルを応用することで説明が可能となる。

3 独占的競争の基本モデル

　産業内貿易の中でも水平的産業内貿易は，独占的競争モデルを用いて描写される。独占的競争とは，規模の経済と製品差別化によってある程度の独占力をもっている多数の企業が競争しているような状況を指す。規模の経済が企業内部で発生する場合，たくさん作れば作るほど製品単価を下げることが可能になる。したがって，各企業は他社と全く同じ製品を作るのではなく，他社製品と機能的には同等だがデザインや品質，ブランド等において独自の特徴をもつ製品を生産しようとする。このような製品差別化は，各企業が自社製品を購入する消費者に対して，ある程度の独占力を行使することを可能にする。しかし，すでに操業中の企業が差別化製品の供給によって独占利潤を得ているならば，同様の独占利潤を得ようと，他の企業もこの産業に参入するだろう。こうした企業の自由な参入・退出が存在するため，長期的にみれば市場では多数の企業による競争が行われる。このような，独占と競争の両面をもつ市場が，独占的競争市場である。

　以上で述べた独占的競争市場における均衡について，モデルを用いて詳しく説明しよう。ある産業において N 種類の差別化された製品が存在し，消費者はこれら多様な種類の製品の消費から効用を得ると仮定する。このような性質を「多様性選好」という。消費可能な財の種類が増えることは，第一に消費者がより多様な財を同時に消費できる，第二に消費者がより自分の嗜好に合った財を消費できる，という2つの意味をもつ。いずれも，消費者にとっては効用を高めることにつながる。消費者の効用関数は各差別化財の消費量に依存し，予算制約の下で効用を最大にするように各差別化財の消費量を決定する。効用最大化条件から，各製品に対する需要関数がその製品の価格，差別化製品の物価指数 P（これは各製品の価格に依存する）および所得水準 I に依存して決まる。製品 i の価格を p_i で表すことにすると，この製品の需要関数は $d_i(p_i, P, I)$ と表現される。

　差別化製品を生産するすべての企業は同一の生産技術を持っていると仮定する。生産にかかる限界費用は $c > 0$，固定費用は $f > 0$ でそれぞれ与えられているとす

る。製品iの生産量をx_iで表すと，生産の平均費用は$AC_i(x_i)=c+f/x_i$となるが，これは生産量が増えるほど低下する。つまり，各製品の生産において規模の経済が働いている。規模の経済の存在により，各企業にとっては他社と全く同じ製品を生産するよりも，製品差別化を行ったほうが得になるので，各製品はそれぞれ1社の企業によって生産されると以下では考える。製品iは企業iによって生産されるとすると，この企業の利潤は

$$\pi_i = (p_i - c)x_i - f = (p_i - c)d_i(p_i, P, I) - f \tag{3}$$

で表される。この産業には潜在的に多数の企業が存在し，したがって各企業は自社製品の価格決定が差別化製品の物価や消費者の所得に影響を与えないと考える。この仮定の下で，利潤最大化条件は

$$\frac{\partial \pi_i}{\partial p_i} = (p_i - c)\frac{\partial d_i(p_i, P, I)}{\partial p_i} + d_i(p_i, P, I) = 0$$

で表されるが，これを変形すると

$$p_i\left(1 - \frac{1}{\varepsilon_i(p_i, P, I)}\right) = c \tag{4}$$

を得る。ここで

$$\varepsilon_i(p_i, P, I) \equiv -\frac{\partial d_i(p_i, P, I)}{\partial p_i}\frac{p_i}{d_i(p_i, P, I)}$$

は製品iの需要の価格弾力性である。(4)の左辺は企業の限界収入を表している。なお，需要の価格弾力性が1以下の値をとる場合，(4)より限界収入が0以下になってしまうので，このような状況が発生しないように$\varepsilon_i(p_i, P, I) > 1$が常に成立すると仮定する。この仮定の下では，限界収入は常に価格を下回ることになる。したがって，利潤最大化条件(4)は，各企業が限界収入と限界費用が均等化するように自社製品の価格を決定することを意味している。製品差別化が存在するため，各企業は自社製品を購入する消費者に対して独占的に行動する。したがって，完全競争企業の場合とは異なり，その利潤最大化行動は価格と限界費用との均等化ではなく限界収入と限界費用との均等化で特徴づけられる。

製品の種類すなわち企業数Nが与えられている「短期」における独占的競争の均衡を図示したのが，図7-1である。この図の縦軸には製品iの価格，横軸には製品iの生産量（および取引量）がとられている。企業iは右下がりの需要曲線

d_i に直面しており，製品 i の価格 p_i が上昇すればこの製品に対する消費者の需要が減少することを考慮に入れて，この企業は製品価格を決定する。利潤最大化条件(4)は限界収入と限界費用の均等化を意味するが，これは図 7-1 において生産量の均衡水準 x_i^S が限界収入曲線 MR_i と限界費用曲線 $MC_i = c$ との交点

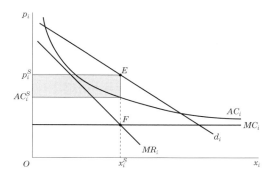

図 7-1 独占的競争の短期均衡

F で決まることで示される。なお，(4)の左辺が示すように，限界収入は価格を下回るので，限界収入曲線は需要曲線よりも内側に描かれる。生産量 x_i^S に対応する需要曲線上の点は E 点なので，短期均衡における製品価格は p_i^S となる。

図 7-1 で示した均衡状態は，しかしながら持続可能ではない。(3)式は $\pi_i = (p - AC_i(x_i))x_i$ と書き換えられるが，均衡生産量 x_i^S に対応する平均費用は AC_i^S であり，これは均衡価格 p_i^S を下回っている。したがって，各企業には独占利潤が発生しており，同様の利潤獲得を目指して潜在的な企業がこの産業への参入を試みると考えられる。新規参入企業は，既存企業とは別の差別化製品を生産し市場に売り込むが，これは既存企業の製品に対する需要の一部を奪うことになる。したがって，各企業の直面する需要曲線は左側にシフトし，それにともない限界収入曲線も左側にシフトする。その結果，各企業の独占利潤は減少する。

上で述べた企業の新規参入は，既存企業が正の独占利潤を得ている限り発生する。逆に，既存企業の利潤が負の場合，市場から退出する企業が出てくる。すべての企業が同じ生産技術を持っている下では，このような企業の参入・退出が完了する「長期」の均衡において各企業の利潤はゼロになる。(3)より，$\pi_i = 0$ は

$$p_i = c + \frac{f}{d_i(p_i, P, I)} \tag{5}$$

と書き換えられる。(5)の右辺は平均費用 AC_i に等しいので，利潤ゼロ条件(5)は製品価格と平均費用との均等化を意味する。

独占的競争の長期均衡においては，利潤最大化条件(4)と利潤ゼロ条件(5)がと

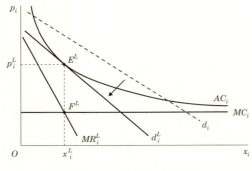

図 7-2 独占的競争の長期均衡

もに成立する。これを図示したのが図 7-2 である。生産量の均衡水準 x_i^L は限界収入曲線と限界費用曲線との交点 F^L で決まり，また製品の均衡価格 p_i^L は平均費用曲線と需要曲線との接点 E^L で示される。

限界収入曲線と限界費用曲線が交わっているため，利潤最大化条件(4)が満たされ，また平均費用曲線と需要曲線が接しているため，利潤ゼロ条件(5)が満たされるからである。

4　独占的競争モデルによる水平的産業内貿易の説明

前節で説明した独占的競争モデルを応用して，産業内貿易の発生を説明しよう。以下では，独占的競争モデルを用いた貿易理論である「新貿易理論」の中でも代表的なクルグマン・モデルを説明する。そのために追加的にいくつかの仮定をおくことにする。まず，各差別化製品に対する需要の価格弾力性は，その製品の消費量の関数であり，その関数形はすべての製品について共通であるとする。以下では，需要の価格弾力性を $\sigma(q_i)$ で表すことにする。ただし q_i は製品 i の消費量である。さらに，$\sigma(q_i)$ は q_i の減少関数であると仮定する（この仮定は，需要関数が凹関数あるいは線形ならば，必ず満たされる。需要関数が凸関数であっても，凸性があまり大きくなければ，$\sigma'(q_i) < 0$ は成立する）。また，生産には労働のみが生産要素として投入されるものとする。労働賃金を w で表すことにすると，限界費用と固定費用はそれぞれ $c = \beta w$ と $f = \phi w$ で表される。ただし β と ϕ は正の定数である。

まず，貿易が行われない閉鎖経済の下での一国の均衡について描写しよう。上で述べた仮定から，利潤最大化条件(4)は，次のように書き換えられる。

$$p_i = \frac{\sigma(q_i)}{\sigma(q_i) - 1} \beta w \tag{6}$$

すべての企業が同じ生産技術を持ち，またすべての差別化財が同じように消費者に影響を与えるので，均衡下においてすべての差別化製品は同じ量だけ生産され，同じ価格がつけられる。したがって，以下では添え字の i を省略する。

　自国の労働人口が L で与えられるものとし，各家計（労働者であり消費者でもある）は 1 単位の労働を供給すると仮定すると，L は自国の労働賦存量を表すことになる。各製品の生産には $\beta x + \phi$ だけの労働が投入されるので，労働の需給均衡条件は

$$N(\beta x + \phi) = L \tag{7}$$

で表される。閉鎖経済の均衡においては，各製品の生産量と消費量は一致しなければならないので，

$$x = Lq \tag{8}$$

が成立する。したがって，企業数 N が所与の短期均衡においては，利潤最大化条件(6)，労働の需給均衡条件(7)，そして各製品の需給均衡条件(8)から，製品価格で測った実質賃金 $w/p \equiv \omega$ が各製品の取引量とともに決定される。

　前節で述べたように，企業の自由な参入・退出の結果，長期的には各企業の利潤はゼロとなる。限界費用と固定費用に関する仮定より，利潤ゼロ条件(5)は

$$p = w\left(\beta + \frac{\phi}{x}\right) \tag{9}$$

と書き換えられる，したがって，長期均衡においては(6)～(9)の 4 本の方程式から，実質賃金 ω，各製品の生産量 x と一人当たり消費量 q，そして企業数 N の均衡水準が決まる[2]。

　長期均衡における実質賃金（の逆数）と各製品の一人当たり消費量の決定を描写したのが，図 7-3 である。利潤最大化条件(6)より，$1/\omega = \beta\sigma(q)/(\sigma(q) - 1)$ が成立するが，この式の左辺は $\sigma'(q) < 0$ という仮定により，q が増加すると値は大きくなる。したがって，利潤最大化から導かれる $1/\omega$ と q の関係は，右上が

---

[2]　企業数が離散的な場合，長期均衡における企業数も整数である必要があるが，利潤ゼロ条件を満たす N が必ずしも整数であるとは限らない。しかし，そのような「整数の問題」は，ここでは無視する。

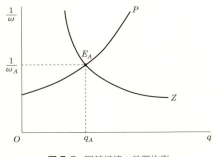

図 7-3 閉鎖経済の長期均衡

りの曲線 P で示される。一方，(8) と (9) より $1/\omega = \beta + \phi/(Lq)$ が成り立つので，利潤ゼロ条件と需給均衡から導かれる $1/\omega$ と q の関係は，右下がりの曲線 Z で示される。両曲線の交点 E_A で，閉鎖経済の長期均衡における実質賃金 ω_A と各製品の一人当たり消費量 q_A が決まる。そして，(8) から各製品の生産量は $x_A = Lq_A$ と決まり，これを (7) に代入することにより均衡における企業数が

$$N_A = \frac{L}{\beta x_A + \phi} \tag{10}$$

という水準に決まる。

次に，自国と外国の2国から成る世界経済を想定し，両国間で自由貿易が行われる状況を考える。以下では，外国の変数には * をつけて表すことにする。消費者の選好と企業の生産技術は両国で全く同一であり，自国と外国は労働賦存量のみが異なると仮定する。また，自国と外国との間で財の貿易にともなう追加的なコストはゼロであると仮定する。自由貿易の下では，各製品の需給均衡条件は

$$x = Lq + L^* q^* \tag{11}$$

で表される。

選好と生産技術が両国で同一であるという仮定の下では，自国と外国の各企業は同じ利潤最大化条件 (6) と利潤ゼロ条件 (9) に直面する。したがって，自由貿易の下で自国と外国の実質賃金は均等化し，各差別化製品の生産量および一人当たり消費量も両国で等しくなる。そこで，以下では自国に着目して，自由貿易の長期均衡における実質賃金と各製品の一人当たり消費量の決定を，図を用いて分析しよう。(6) 式を見れば明らかなように，利潤最大化条件から導かれる $1/\omega$ と q の関係を表す曲線 P については，自由貿易下においても閉鎖経済のときと全く同じ曲線となる。これに対して，利潤ゼロ条件と需給均衡から導かれる $1/\omega$ と q の関係を表す曲線 Z は，貿易によって影響を受ける。(9) と (11) から，$1/\omega = \beta + \phi/(Lq + L^* q^*)$ が成り立つので，自由貿易の下での曲線 Z は，閉鎖経済の下での

それよりも内側に描かれることになる。したがって，図7-4に示されるように，自由貿易の長期均衡点 E_T は，閉鎖経済の長期均衡点 E_A よりも左下に位置することになる。つまり，貿易によって各国の実質賃金 $\omega_T = \omega_T^*$ は上昇し，各差別化財の一人当たり消費量 $q_T = q_T^*$ は減少する。

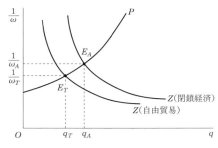

図7-4 自由貿易の長期均衡

自由貿易の下での各製品の生産量は，(11)から $x_T = x_T^* = Lq_T + L^* q_T^*$ と求められる。図7-4において示されているように，貿易によって一人当たり消費量は減少する。しかし，各製品の生産量は増加することがわかる。利潤ゼロ条件(9)は $x = \phi\omega/(1-\beta\omega)$ と書き換えられるが，これは ω の増加関数である。そして，図7-4で示されるように $\omega_T > \omega_A$ が成立するので，結果として $x_T > x_A$ を得る。

各国の労働の需給均衡条件(7)から，均衡における各国の企業数が

$$N_T = \frac{L}{\beta x_T + \phi}, \quad N_T^* = \frac{L^*}{\beta x_T^* + \phi} \tag{12}$$

という水準に決まる。$x_T > x_A$ なので，(10)と(12)より，$N_T < N_A$ および $N_T^* < N_A^*$ が成立する。貿易の開始によって，各国の企業は国内の消費者に加えて海外のマーケットという拡大した需要に対応して生産を拡大しようとする。しかし，国内の労働賦存量は一定なので，閉鎖経済と同じ企業数のまま各企業が生産量を拡大することは，一国内の労働の制約により不可能である。図7-4で示したように，自由貿易均衡においては閉鎖経済に比べて実質賃金は高くなる。これは，一部の企業の市場からの退出を促すことになる。

以上のように，自由貿易の下では，閉鎖経済に比べて各国内の企業数は減少する。しかし，消費者が入手可能な製品の種類についていえば，それは貿易によって増加することが確かめられる。(8), (10), (11), (12)から，

$$N_T + N_T^* - N_A = \frac{L + L^*}{\beta(Lq_T + L^* q_T^*) + \phi} - \frac{L}{\beta L q_A + \phi}$$

$$= \frac{1}{\beta q_T + \phi/(L+L^*)} - \frac{1}{\beta q_A + \phi/L} \tag{13}$$

を得る。なお，(13)の導出においては $q_T = q_T^*$ が成立することを用いている。すでに示したように，$q_T < q_A$ が成立する。また，明らかに $\phi/(L+L^*) < \phi/L$ が成立する。したがって，(13)より $N_T + N_T^* > N_A$ が導かれる。

　この経済においてはすべての企業が同じ生産技術を持ち，またすべての差別化財は消費者の効用関数の中に対称的に入っていると仮定しているので，各国が自由貿易の下でどの製品を輸出するのか，という貿易パターンは確定しない。しかし，各国の貿易額は確定する。自国の総輸出額は $EX = N_T p_T (x_T - L q_T)$ で表されるが，(11)を用いて書き直せば $N_T p_T L^* q_T^*$ となり，これはもちろん外国の総輸入額に等しい。これに対して，自国の総輸入額は $IM = N_T^* p_T L q_T$ で表される。(12)と $x_T = x_T^*$ および $q_T = q_T^*$ より，

$$EX = \frac{LL^*}{\beta x_T + \phi} p_T q_T^* = \frac{L^* L}{\beta x_T^* + \phi} p_T q_T = IM \tag{14}$$

が成立し，各国において総輸入額と総輸出額が一致することがわかる。つまり，第2節で説明したグルーベル＝ロイド指数は，この経済では1に等しい。さらに，世界全体の労働賦存量 $L + L^* \equiv L^W$ を一定とした場合，$L = L^*$ のときに貿易額は最大になることがわかる（$L + L^* = L^W$ の制約の下で LL^* を最大にするような L と L^* を求めると，$L = L^* = L^W/2$ を得るため）。つまり，消費者の選好と企業の生産技術に加えて，自国と外国が生産要素賦存量においても全く同等であるときに，産業内貿易は最も活発に行われることになる。これは，国の間で生産技術や要素賦存状況において差異が存在することが貿易の発生要因であったリカード・モデルやヘクシャー＝オリーン・モデルとはきわめて対照的な結果である。この結果はまた，水平的産業内貿易の占める割合が EU 域内の貿易では高く東アジア域内の貿易では低いという，第2節で述べた事実と整合的である。

5　産業内貿易と貿易利益

　前節の議論をまとめると，自由貿易の下では，各国内で貿易前に比べてより少

第7章 独占的競争と産業内貿易　175

数の企業が操業し，それぞれ貿易前よりも製品をたくさん生産する一方，各消費者は貿易前に比べてより多くの種類の製品を少量ずつ消費する。このような変化は，各国の経済厚生にどのような影響を与えるだろうか。

　この経済では，差別化製品を生産する企業の市場への参入および市場からの退出が自由に行われる結果，各企業の利潤は貿易の有無にかかわらず長期的にはゼロとなる。したがって，貿易利益があるとすれば，それはすべて消費者側に生じるものとなる。

　この経済においては，両国ですべての企業が同じ生産技術の下で生産を行っている。したがって，比較優位に基づく貿易モデルのように，各国が国内よりも相対的に高い価格で売れる他国に比較優位財を輸出し，逆に比較劣位財を相対的に安い価格で輸入する，という形で貿易利益を享受することはできない。しかし，各国の消費者は以下に述べるように貿易によって高い効用を得る。まず，図 7-4 で示したように，実質賃金 ω は貿易によって上昇する。これは，消費者の実質所得の増加をもたらし，効用水準の上昇に貢献する。また，$N_T + N_T^* > N_A$ より，自由貿易の下で消費者が消費可能な差別化財の種類は，閉鎖経済のときに比べて増加する。貿易によって消費可能な財の種類が増えることは，消費可能集合の拡大を意味し，消費者の効用水準の上昇をもたらす。今までの章で述べた完全競争を前提とした貿易モデルにおいては，各財の消費の量的な範囲の拡大が貿易利益をもたらしたのに対し，ここでは消費可能な財の種類の拡大が貿易利益をもたらすという意味で性質が異なっている。しかし，いずれも消費可能集合の拡大が貿易利益をもたらす点では共通している。

　消費可能な差別化財の種類の貿易による増加が消費者の効用を高める，という結果については，効用関数を特定化することによって，より直接的に示すことができる。以下では，代表的消費者の差別化財の消費に関する効用関数が $U(q_1, q_2, \cdots, q_N) = \left(\sum_{i=1}^{N} q_i^{(\sigma-1)/\sigma} \right)^{\sigma/(\sigma-1)}$ という CES 型の関数で与えられると仮定する[3]。ここで $\sigma (>1)$ は定数である。このとき，差別化製品の物価指数を $P \equiv \left(\sum_{i=1}^{N} p_i^{1-\sigma} \right)^{1/(\sigma-1)}$ と定義すると，製品 i の需要関数が $d_i(p_i, P, I) = p_i^{-\sigma} P^{\sigma-1} I$ と導かれる[4]。この需要関数から，需要の価格弾力性が定数で σ に等しくなること

---

[3]　CES 型効用関数については，数学附録の第 1 節を参照。

176　第 III 部　現代の貿易理論と貿易政策

がわかる。したがって，(6)は

$$\frac{1}{\omega} = \frac{\beta\sigma}{\sigma-1} \tag{15}$$

と書き換えられる。この式は，図 7-3 および図 7-4 において曲線 P が水平な直線であることを意味する。したがってこの場合，均衡における実質賃金 $\omega = (\sigma-1)/(\beta\sigma) \equiv \overline{\omega}$ は貿易前後で変化せず，また(15)を(9)に代入すれば，各製品の均衡生産量が $x = (\sigma-1)\phi/\beta$ と求められ，やはり貿易前後で変化しないことがわかる。そのため，(10)と(12)より，閉鎖経済と自由貿易のそれぞれの均衡において自国で消費可能な財の種類が以下のように求められる。

$$N_A = \frac{L}{\sigma\phi}, \quad N_T + N_T^* = \frac{L+L^*}{\sigma\phi} \tag{16}$$

長期均衡においては企業の利潤はゼロになるので，家計の所得は労働所得のみとなる。各家計は 1 単位の労働を供給すると仮定しているので，自国の各消費者の予算制約式は閉鎖経済の下では $Npq = w$ となる。したがって，閉鎖経済の均衡における各製品の一人当たり消費量は $q_A = \overline{\omega}/N_A$ と求められる。同様に，自由貿易の均衡においては $q_T = \overline{\omega}/(N_T + N_T^*)$ が成立する。(16)を用いてこれらの式を変形すると，

$$q_A = \frac{(\sigma-1)\phi}{\beta L}, \quad q_T = \frac{(\sigma-1)\phi}{\beta(L+L^*)} \tag{17}$$

を得る。

　閉鎖経済と自由貿易のそれぞれの均衡における自国の各消費者の効用水準を U_A と U_T で表すことにすると，(16)と(17)を効用関数に代入することにより，以下の式を得る。

$$\frac{U_T}{U_A} = \frac{\left\{(N_T+N_T^*)\, q_T^{\,(\sigma-1)/\sigma}\right\}^{\sigma/(\sigma-1)}}{\left(N_A q_A^{\,(\sigma-1)/\sigma}\right)^{\sigma/(\sigma-1)}} = \left(\frac{L+L^*}{L}\right)^{1/(\sigma-1)} \tag{18}$$

$\sigma > 1$ なので，(18)より $U_T > U_A$ が導かれる。外国の消費者についても同様に，$U_T^* > U_A^*$ が成立する。したがって，実質賃金が貿易前後で変化しない場合であっても，貿易は各国で消費可能な製品の種類を増加させることによって消費者の効

---

[4]　詳しくは数学附録の第 1 節を参照。

用水準を高め，各国は貿易利益を得る。

6　企業の異質性と国際貿易

　前節までにおいては，差別化財を生産するすべての企業が同じ生産技術を持っていると仮定していた。この仮定は，理論分析を明快にする上では非常に便利であるが，現実には企業間での生産技術の格差は大きい。また，すべての企業が同じ生産技術を持つならば，貿易が行われる場合にはすべての企業が製品の輸出を行うことになるが，現実には輸出を行う企業と，輸出を行わず国内のみに製品を供給する企業が並存している。このように，現実には企業間に大きな「異質性」が存在しており，国際貿易を考慮する上でもこうした異質性を無視することはできない。

　現実の貿易において企業間の異質性が重要な役割を果たしていることを，実際のデータに基づいて観察しておこう。若杉（2011）によると，2005年における日本の製造業全体で輸出企業が占める割合は企業数でみると31.7％であり，売上に占める輸出額のシェアは13.6％である。産業別にみると，機械産業は輸出企業の割合が4割前後と高い一方，食品，衣服，出版・印刷では1割にも満たない。このように，国内で操業している企業のうち，実際には一部の企業のみが海外に輸出している。また，輸出を行っていない企業と行っている企業のパフォーマンスを比較すると，表7-2に示されるように，各指標の「プレミア」（非輸出企業の平均値に対する輸出企業の平均値の比）は1を上回っていることがわかる。つまり，輸出企業は非輸出企業に比べて，より多く雇用し，より高い付加価値を生み出し，より高い賃金を払い，より資本集約的・技能集約的であり，より生産性が高いといえる。

　21世紀に入り，企業間の異質性を明示的に理論モデルに取り入れることによって，以上で示した現実の貿易の姿を理論的に説明する試みが活発に行われてきている。代表的なモデルとして，メリッツ・モデルが挙げられる。このモデルは，独占的競争に基づく産業内貿易のモデルを，生産性の異なる多数の企業から成る経済に拡張し，輸出にともなう固定費用が存在するために生産性の高い企業のみが輸出企業として選別されるメカニズムを描写したものである。以下では，

表 7-2 日本の輸出企業プレミア（2005 年）

雇用者数プレミア	2.69
付加価値プレミア	4.67
賃金プレミア	1.25
資本集約度プレミア	1.40
技能集約度プレミア	1.65
労働生産性プレミア	1.48
全要素生産性プレミア	1.38

出所）若杉（2011）

メリッツ・モデルの基本的な考え方について，単純化されたモデルを用いて説明しよう。

　代表的消費者の効用関数が前節で用いた CES 型であると仮定し，したがって製品 i の需要関数が $d_i(p_i, P, I) = p_i^{-\sigma} P^{\sigma-1} I$ で与えられるものとする。今までの議論と同様，独占的競争の下で各企業は利潤が最大になるように自社製品の価格を決定すると仮定するが，企業の生産技術に関しては以下の仮定をおく。各企業は，固定費用 f を支払って市場に参入した後に自社の生産の限界費用を知るものとし，企業 i の限界費用は c/θ_i で表されるものとする。ここで θ_i は企業 i の生産性を表すパラメータであり，大きな値をとる企業ほど生産性は高くなる。以上の仮定の下で，利潤最大化条件から製品 i の価格が

$$p_i = \frac{\sigma c}{(\sigma-1)\theta_i} \tag{19}$$

と導かれる。つまり，各製品の価格はその製品を生産する企業の生産性に依存し，生産性が高い企業は自社製品に対して低い価格を設定することがわかる。また，企業 i の利潤は

$$\pi_i = \left(p_i - \frac{c}{\theta_i}\right) d_i(p_i, P, I) - f = A\theta_i^{\sigma-1} - f \tag{20}$$

と求められる。ここで $A \equiv (P/c)^{\sigma-1} I (\sigma-1)^{\sigma-1}/\sigma^\sigma$ である。つまり，企業の利潤はその企業の生産性に依存し，生産性が高いほど利潤も大きくなる。生産性パラメータを新たに $\Theta \equiv \theta^{\sigma-1}$ と定義すると，(20)より企業の均衡利潤が Θ の関数として以下のように表される。

$$\pi(\Theta) = A\Theta - f \tag{21}$$

$\underline{\Theta} \equiv f/A$ と定義すると，(21)より $\Theta \geq \underline{\Theta}$ ならば $\pi(\Theta) \geq 0$ となり，逆に $\Theta < \underline{\Theta}$ ならば $\pi(\Theta) < 0$ となることがわかる。つまり，生産性が $\underline{\Theta}$ を下回るほど低い企業は，参入にかかる固定費用をカバーするのに十分な粗利潤（$A\Theta$）を得られないので，プラスの利潤を得ることはできない。そのような企業は市場から退出を余儀なくされるので，この産業においては生産性が $\underline{\Theta}$ 以上の企業のみが生産活動を行うことになる。

以上の分析における企業の均衡利潤(21)を国内市場での販売からの利潤と解釈し，企業は自国の国内への販売に加えて輸出を通じて外国市場にも製品を販売できると想定しよう。ただし，外国への輸出には以下の形で追加的な費用がかかるものとする。まず，限界費用については，輸出には輸送費や貿易保険やその他の手数料が発生するため，これらを含めると国内供給にかかる限界費用を上回ることになる。ここでは，「1単位の製品を外国市場に届けるためには $\tau\,(>1)$ 単位を自国から出荷しなければならない」という形で輸出供給の限界費用を表現することにしよう（貿易にともない製品の一部があたかも氷のように溶けてしまうと仮定することから，このようなタイプの貿易費用を「氷塊（iceberg）型」の貿易費用という）。次に，海外に製品を供給する際には現地での販売拠点の設置や流通網の整備などに，国内での供給以上に多額の固定費用がかかると考えられる。この固定費用を $f_X\,(>f)$ で表すことにする。以上の仮定の下で，企業 i の輸出からの利潤は

$$\pi_i^X = \left(p_i - \frac{\tau c}{\theta_i}\right) d_i^*\,(p_i, P^*, I^*) - f_X \tag{22}$$

と表される。ここで $d_i^*\,(p_i, P^*, I^*)$ は製品 i の外国における需要関数である。自国と外国の消費者は同じ選好をもっていると仮定し，したがって以下では $d_i^*\,(p_i, P^*, I^*) = p_i^{-\sigma}\,(P^*)^{\sigma-1} I^*$ と仮定する。利潤最大化条件から，企業 i は輸出品に対して $p_i = \sigma \tau c / \{(\sigma-1)\,\theta_i\}$ という価格を設定する。この価格を(22)に代入することにより，輸出供給からの均衡利潤が生産性パラメータ Θ の関数として

$$\pi_X(\Theta) = \frac{A^* \Theta}{\tau^{\sigma-1}} - f_X \tag{23}$$

と求められる。ここで $A^* \equiv (P^*/c)^{\sigma-1} I^*\,(\sigma-1)^{\sigma-1}/\sigma^{\sigma}$ である。$\Theta_X \equiv \tau^{\sigma-1} f_X / A^*$ と定義すると，(23)より，生産性が Θ_X 以上の企業のみが輸出を行うインセンティブをもつことがわかる。

自国と外国の需要の大きさは等しく，$A = A^*$ が成立すると仮定する。このとき，国内供給と輸出供給のそれぞれについて，企業の生産性と均衡利潤との関係が図7-5のように示される。$\tau^{\sigma-1} > 1$ なので，(21)と(23)より，輸出供給からの均衡利潤を表す $\pi_X(\Theta)$ 線は国内供給からの均衡利潤を表す $\pi(\Theta)$ 線よりも緩やかな傾きをもつ。それに加えて $f_X > f$ より，$\pi_X(\Theta)$ 線の切片は $\pi(\Theta)$ 線の切片よりも下に位置する。したがって，$\underline{\Theta} < \Theta_X$ が成立する。この経済においては生産性

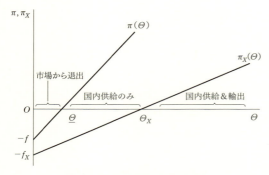

図 7-5　企業の生産性と輸出行動

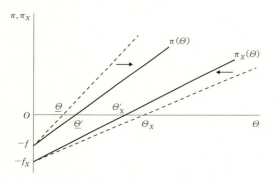

図 7-6　企業の生産性と貿易自由化の効果

が $\underline{\Theta}$ 以上の企業のみが生き残るが，生産性の低い（$\underline{\Theta} \leq \Theta < \Theta_X$）企業は国内市場にのみ製品を供給する一方，生産性の高い（$\Theta > \Theta_X$）企業は国内市場への供給のみならず輸出を通じて外国市場にも製品を供給する。この結果は，操業している企業のうち，特に生産性の高い企業のみが輸出を行っているという現実のデータと整合的である。

この経済において，貿易がより自由化され，輸出供給の限界費用 τ が低下したとしよう。τ の低下により，輸出企業はより多くの利潤を輸出によって得ることが可能になる。(23)より，製品や生産要素の価格など市場の条件が仮に変化しなければ，τ の低下によって $\pi_X(\Theta)$ 線の傾きは以前よりも急になる。その結果，$\pi_X(\Theta)=0$ となる Θ の値は今までよりも小さくなる。つまり，より多くの企業が国内供給だけでなく輸出も行うようになる。しかし，このような輸出企業の増加は，製品市場における競争の激化を通じて製品価格の低下をもたらし，また労働などの生産要素需要の増加を通じて生産要素価格の上昇をもたらす。これらは国内供給と輸出のいずれの均衡利潤に対しても負の影響をもたらすので，$\pi(\Theta)$ 線の傾きは貿易自由化前に比べて緩やかになり，$\pi_X(\Theta)$ 線の傾きの上昇も，市場価格の変化を考えなかった場合に比べると小さいものとなる（とはいうものの，τ の低下の直接効果は市場価格の変化を通じた間接効果を上回ると考えられるので，$\pi_X(\Theta)$ 線はやはり貿易自由化の前に比べて急な傾きをもつ）。結果として，図 7-6 に

示されるように，新たな均衡では生産性が $\underline{\Theta}'$（$>\underline{\Theta}$）以上の企業のみが生き残り，そのうち Θ'_x（$<\Theta_x$）以上の生産性をもつ企業が国内供給に加えて輸出を行うことになる。貿易自由化の結果，今までは輸出を行うのに十分な高い生産性をもっていなかった企業の一部（$\Theta'_x < \Theta < \Theta_x$）も輸出を行うことができるようになる一方，自由化前に操業できていた生産性の低い企業の一部（$\underline{\Theta} < \Theta < \underline{\Theta}'$）は市場からの退出を余儀なくされる。

　貿易自由化によって生産性の低い企業は市場から退出し，相対的に生産性の高い企業が生き残るので，産業全体でみると平均的な生産性は上昇する。これは貿易による生産性の低い企業から高い企業への「資源の再配分」効果であり，経済全体の生産の効率性を高めることに貢献する。このような貿易の再配分効果は，生産性の違いがない同質的な企業を想定した下では示すことができなかった効果であり，前章までの伝統的貿易モデルが示した「特化と交換の利益」，第5節で示した「消費可能な財の多様化からの利益」と並ぶ，第三の貿易利益の源泉となるものである。

7　まとめ

　本章では，現実の国際貿易において大きな割合を占めている産業内貿易について，それがどのようにして発生するのかを説明した。同一産業に属する財の双方向の貿易である産業内貿易は，デザインなどが異なるが品質や機能としてはほとんど同じものを双方向に取引する「水平的産業内貿易」と，同じ産業分類に属するが機能や品質が異なる製品を相互取引する「垂直的産業内貿易」とに二分される。品質の差異に基づく垂直的産業内貿易は，第3章で説明したヘクシャー＝オリーン・モデルを用いて分析可能だが，水平的産業内貿易は完全競争モデルに基づく伝統的な貿易理論の枠組みで説明するのは難しい。そのかわり，規模の経済と製品差別化によってある程度の独占力をもっている多数の企業が競争する「独占的競争」の市場構造を想定することによって，水平的産業内貿易は説明が可能である。

　独占的競争の市場構造をもつ産業では，多数の企業がそれぞれ差別化された製

品を生産し，市場に供給する。閉鎖経済の下では各企業は国内の消費者にのみ製品を供給していたが，自由貿易の下では自国のみならず外国の消費者にも製品を供給することになる。各国の市場はより競争的になり，また消費者は貿易前に比べてより多くの種類の製品を消費することが可能となる。特に後者の「消費可能な財の多様化からの利益」は，伝統的な貿易理論では説明できなかった，新たな貿易利益の源泉である。

　独占的競争モデルに基づく産業内貿易の理論は，1970年代後半から議論されはじめた「新貿易理論」によって発展したが，21世紀に入り，企業間の異質性に着目した「新々貿易理論」へとさらに進化し，理論・実証両面において国際貿易研究の主流となっている。この理論では，生産性の低い企業は国内市場にのみ製品を供給する一方，生産性の高い企業は国内市場への供給のみならず輸出を通じて外国市場にも製品を供給することが示され，操業している企業のうち特に生産性の高い企業のみが輸出を行っているという現実のデータと整合的な結果が導かれる。また，貿易自由化の結果，生産性の低い企業が市場から退出し，相対的に生産性の高い企業が生き残る結果，産業全体でみると平均的な生産性が上昇する。この「資源の再配分」効果もまた，既存の理論では明らかにされなかった，貿易利益の新たな源泉である。

本章に関連する文献

　産業内貿易の程度を示すグルーベル＝ロイド指数は，H. G. Grubel and P. J. Lloyd, The empirical measurement of intra-industry trade, *Economic Record* 47, 1971, 495–517 および H. G. Grubel and P. J. Lloyd, *Infra-Industry Trade : The Theory and Measurement of Trade in Differentiated Products*, Macmillan, 1975 によって提示された。なお，グルーベル＝ロイド以降の産業内貿易に関する研究を整理した書籍として，邦訳も出ている D. Greenaway and C. Milner, *The Economics of Intra-industry Trade*, Blackwell Publishing, 1986（小柴徹修・栗山規矩・佐竹正夫訳『産業内貿易の経済学』文眞堂，2008年）が挙げられる。また，本文で引用した2000年のEUと東アジアにおける産業内貿易の状況に関するデータは，石戸光・伊藤恵子・深尾京司・吉池喜政「垂直的産業内貿易と直接投資——日本の電機産業を中心とした実証分析」，『日本経済研究』51号，2005年，1–32頁に基づいている。

　独占的競争の理論の登場は，E. H. Chamberlin, *The Theory of Monopolistic Competition*, Harvard University Press, 1933 にさかのぼる。その現代的な定式化は，A. K. Dixit and J. E. Stiglitz, Monopolistic competition and optimum product diversity, *American Economic*

Review 67, 1977, 297-308 によって行われ，彼らの提示したディキシット＝スティグリッツ（DS）モデルはミクロ，マクロを問わず経済学における多くの分野で応用されている。本章の第4節以降の議論も，DSタイプの独占的競争モデルを基にしている。

第4節で説明したクルグマン・モデルのオリジナルは，P. R. Krugman, Increasing returns, monopolistic competition, and international trade, *Journal of International Economics* 9, 1979, 469-479 である。

第6節で説明したメリッツ・モデルのオリジナルは，M. J. Melitz, The impact of trade on intra-industry reallocations and aggregate industry productivity, *Econometrica* 71, 2003, 1695-1725 であるが，本節の議論は，その簡略化バージョンである E. Helpman, Trade, FDI, and the organization of firms, *Journal of Economic Literature* 44, 2006, 589-630 に基づいている。なお，クルグマン・モデルが「新貿易理論」の代表的なモデルであるのに対応して，メリッツ・モデルは「新々貿易理論」の代表的なモデルともいわれる。

現実の貿易における企業間の異質性については，今世紀初頭から数多くの実証研究が行われ，代表的な研究は前述の Helpman（2006）でもサーベイされている。日本のデータを用いた実証研究としては，若杉隆平編『現代日本企業の国際化──パネルデータ分析』岩波書店，2011年が挙げられる。また，日本語で書かれた平易な解説書として，田中鮎夢『新々貿易理論とは何か──企業の異質性と21世紀の国際経済』ミネルヴァ書房，2015年が有益である。

第 8 章

国際間要素移動

1 はじめに

　今までの章においては，財の国際貿易のみを想定してきた。しかし，現代のグローバルな経済取引は，財の貿易のみにとどまらず，資本や労働といった生産要素にまで及んでいる。本章ではこうした国際間要素移動，主に国際資本移動に関して，その理由と影響について解説する。

　まず，国際資本移動の姿を国際収支統計によってマクロ的に捉えておこう。図8-1 は，1996〜2016 年における日本の金融収支とそのうち直接投資のデータをグラフにまとめたものである。金融収支とは，居住者（自国の経済主体）と非居住者（外国の経済主体）との間の金融資産・負債に関する取引の収支状況を示したもので，直接投資（foreign direct investment：FDI），証券投資，金融派生商品，その他投資および外貨準備の合計である[1]。直接投資は，投資先企業の経営に介入すること（経営の支配あるいは経営への参加）を目的とした外国への投資であるのに対して[2]，証券投資は，専ら投資収益（利子や配当，キャピタル・ゲイン）を得

---

[1]　なお，金融派生商品とは，他の金融商品や指数，商品に連動する金融商品であり，外貨準備とは，通貨当局の管理下にあり国際収支のファイナンスや為替介入のために直ちに利用できる対外資産のことである。直接投資，証券投資，金融派生商品，外貨準備のいずれにも該当しない金融取引が「その他投資」に分類される。

[2]　国際通貨基金（IMF）の国際収支マニュアルでは，直接投資を「ある国の居住者（直接投資家）が，他の国にある企業（直接投資企業）に対して支配または重要な影響を及ぼすことに関連したクロスボーダー投資」と定義しているが，具体的には「直接投資家が議決権の 10％ 以上をもたらすような株式・持分を持つ場合に支配や影響が生じる」とし

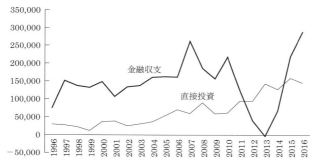

図 8-1 日本の金融収支（単位：億円）

出所）財務省「国際収支状況」をもとに筆者作成。

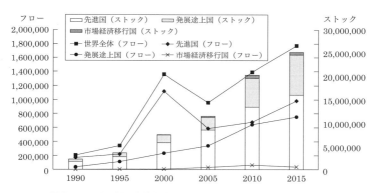

図 8-2 世界の対内直接投資フローとストック（単位：百万ドル）

出所）UNCTAD, *World Investment Report* 2017 をもとに筆者作成。

ることを目的とした外国との間の株式や債券の取引を指す。図 8-1 より，金融収支の値は年によって上下の変動が大きい一方，直接投資は増加し続けていることがわかる。

直接投資の趨勢的な増加傾向は，世界的にみられる現象でもある。図 8-2 は，世界の対内直接投資のフローとストックの推移をまとめたものだが，1990 年の時点で約 2050 億ドルだった世界の対内直接投資フローは 10 年後には約 6.6 倍に

ている。

186　第 III 部　現代の貿易理論と貿易政策

増加しピークを迎え，その後減少に転じたものの再び増加し，2015 年の対内直接投資フローは約 1 兆 7740 億ドル，ストックは 25 兆ドルを超えている。投資先としては先進国が占める割合が依然大きいものの，発展途上国向けの直接投資が年々増加しており，世界全体に占める途上国向け投資の割合の上昇が目立っている。

2　国際資本移動の古典的理論

　本節ではまず，国際的な資本移動の効果について，古典的な理論を紹介する。自国と外国という 2 国から成る世界経済を想定する。各国はそれぞれ 1 種類の財を，資本と労働を生産要素として用いて生産する。生産要素の国際移動に着目するため，両国の間で財の貿易は行われないと仮定する。各国内の企業はすべて同じ生産技術を持ち，その生産技術は規模に関して収穫一定の性質をもつと仮定する。この仮定の下で，自国の生産技術は $Y = F(K, L)$ というマクロ生産関数で表される。ここで Y は自国の財の総産出量であり，K と L は自国での財の生産に投入される資本と労働の量である。どちらの生産要素もともに生産活動に必要であり，したがって $F(0, L) = F(K, 0) = 0$ であるとする。労働は国際間を移動しないと仮定するので，L は均衡においては自国の労働賦存量 $\overline{L}$ に等しくなる。これに対して，K は資本の国際移動の有無によって異なる値をとる。国際資本移動が行われない場合，K は労働と同様に均衡において自国の資本賦存量 $\overline{K}$ に一致するが，国際資本移動が行われる場合は，K は自国の資本賦存量とネットの資本流入量との合計になる。つまり，国際資本市場の均衡において自国が資本流入国ならば，K は $\overline{K}$ と（外国から自国への）資本流入量との合計になり，自国が資本流出国ならば，K は $\overline{K}$ と（自国から外国への）資本流出量との差に等しくなる。

　国際資本移動が行われる場合に自国と外国との間で資本がどのように移動するかは，国際資本移動が行われない閉鎖経済の均衡における各国の資本収益率によって決まる。自国の閉鎖経済の均衡は，自国の資本需要と資本供給（これは $\overline{K}$ に等しい）が一致する状態であるが，自国の資本需要は次のように導出される。自国の個別企業の利潤は $\pi = pF(k, l) - \tilde{r}k - \tilde{w}l$ で表される（すべての

企業が規模に関して収穫一定の性質をもつ同じ生産技術を有しているという仮定により，個別企業の生産関数もまた F で表される）。ここで p は自国の財価格，k と l は個別企業の資本と労働の投入量，$\tilde{r}$ と $\tilde{w}$ は自国の名目資本レンタルと名目労働賃金である。資本投入に関する企業の利潤最大化の 1 階条件 $\partial\pi/\partial k=0$ より，$MP_k(k,l)=\tilde{r}/p$ が成立する。ここで $MP_k\equiv\partial F/\partial k$ は資本の限界生産物であり，$\partial MP_k/\partial k<0$ すなわち資本の限界生産物は逓減すると仮定する。したがって，一国全体では以下の式が成立する。

$$MP_K(K,\overline{L})=\frac{\tilde{r}}{p}\equiv r \tag{1}$$

r は財価格で測った実質資本レンタルであるので，(1)式は「資本の限界生産物と実質資本レンタルが等しくなるように自国の資本需要が決定される」ことを示している。閉鎖経済の均衡においては，自国内で資本需要と資本供給が一致するように実質資本レンタルが決定されるので，$K=\overline{K}$ を(1)に代入することにより自国の均衡実質資本レンタル r_A が以下のように求められる。

$$MP_K(\overline{K},\overline{L})=r_A \tag{2}$$

図 8-3a は，自国の閉鎖経済の均衡を描写したものである。MP_K 線は自国の資本の限界生産物曲線であるが，(1)を考慮に入れて縦軸を実質資本レンタルと読み替えれば，資本需要曲線とも解釈できる。閉鎖経済の下では自国の資本供給曲線は垂直線 $K=\overline{K}$ で表されるので，資本の需給均衡点は E_A 点で示され，この点に対応する r_A が閉鎖経済均衡における自国の実質資本レンタルとなる。

閉鎖経済の下での外国の均衡も，同様にして導かれる。外国の関数および変数に * をつけて表すことにすると，閉鎖経済の均衡における外国の実質資本レンタルは以下の式を満たす。

$$MP_K^*(\overline{K}^*,\overline{L}^*)=r_A^* \tag{3}$$

外国の閉鎖経済の均衡は，図 8-3b に示されている。この図は自国の均衡と同じだが，右下が原点になるように図が描かれている。資本の需給均衡点 E_A^* において，外国の均衡実質資本レンタルが r_A^* という水準に決まる。

以下では，閉鎖経済の下での均衡実質資本レンタルは外国のほうが自国よりも高い，すなわち

$$r_A<r_A^* \tag{4}$$

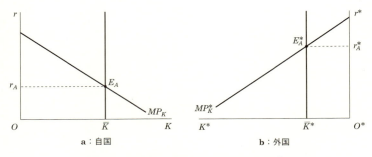

図 8-3 国際資本移動がない場合の各国の均衡

であると仮定する。この仮定の下で，自国と外国との間で資本移動が可能になった場合，自国から外国に資本が移動することになる。なぜならば，企業が資本を需要する際に支払う資本レンタルは，資本の保有者にとっては資本の収益率を表しており，彼らは収益率の低い自国から資本を引き揚げ，より高い収益を得られる外国に投資すると考えられるためである。したがって，自国での生産に投入される資本の量は $\overline{K}$ よりも少なくなり，逆に外国での生産に投入される資本の量は $\overline{K}^*$ よりも多くなる。資本の限界生産物が逓減する下では，自国における資本収益率は r_A よりも高くなり，外国における資本収益率は逆に r_A^* よりも低くなる。このような資本移動は $r<r^*$ である限り続くので，$r=r^*$ となる状態において両国間の資本移動は終了する。この国際資本市場の均衡における資本収益率を r_F で表し，自国から外国への資本流出量を ΔK_F で表すと，r_F と ΔK_F は以下の式を満たす。

$$MP_K(\overline{K}-\Delta K_F, \overline{L}) = r_F = MP_K^*(\overline{K}^*+\Delta K_F, \overline{L}^*) \tag{5}$$

以上で説明した国際間の資本移動を図示したのが，図 8-4 である。この図は，図 8-3 の a と b を，$K=\overline{K}$ 線と $K^*=\overline{K}^*$ 線が重なるようにして横に足し合わせたものであり，横軸の長さ OO^* は，両国の資本賦存量の合計 $\overline{K}+\overline{K}^*$ すなわち世界全体の資本賦存量に等しい。閉鎖経済の均衡においては $r_A<r_A^*$ が成立し，自国の投資家はより高い収益を得られる外国に投資しようとする結果，自国から外国に資本が移動する。自由な国際資本移動の下で，最終的に自国と外国との間で資本収益率は $r=r^*=r_F$ で均等化するが，これは両国の資本の限界生産物曲線が交わる E_F 点で示される。均衡において各国で生産に投入される資本の量は，

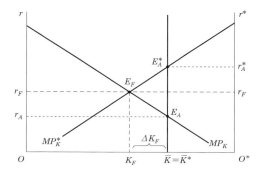

図 8-4 国際資本移動が自由化された下での国際資本市場の均衡

自国では OK_F で，外国では O^*K_F で，それぞれ表される。したがって，自国の資本流出量および外国の資本流入量は，$\overline{K}-K_F=\Delta K_F$ となる。

3 国際資本移動の利益

前節で述べた自由な国際資本移動の下での均衡は，閉鎖経済の均衡と比べて各国の経済厚生（実質所得）を高めるだろうか。また資本所有者と労働者との間の所得分配は，国際資本移動によってどのような影響を受けるだろうか。以下ではまず自国に着目して，これらの問題を検討しよう。$MP_K=\partial F/\partial K$ および $F(0,\overline{L})=0$ という仮定より，自国の生産量が以下の式で表されることが確かめられる。

$$Y=F(K,\overline{L})=\int_0^K MP_K(\kappa,\overline{L})\,d\kappa \tag{6}$$

この式は，財の産出量が資本の限界生産物曲線の下側で囲まれる部分の面積で表されることを意味している。また，生産関数が規模に関して収穫一定の性質をもつという仮定から，$F(K,L)=(\partial F/\partial K)K+(\partial F/\partial L)L$ が成立する。利潤最大化条件より，各企業は資本の限界生産物 F_K が実質資本レンタル r に，労働の限界生産物 F_L が実質賃金 $w\equiv\tilde{w}/p$ にそれぞれ等しくなるように資本と労働の投入量を決める。したがって，国際資本移動が行われない閉鎖経済の均衡では

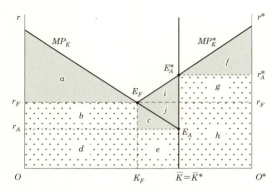

図 8-5 国際資本移動が各国の所得に与える影響

$$Y_A = r_A \overline{K} + w_A \overline{L} \qquad (7)$$

が，自由な国際資本移動の下での均衡では

$$Y_F = r_F K_F + w_F \overline{L}$$
$$= r_F(\overline{K} - \Delta K_F) + w_F \overline{L} \qquad (8)$$

が，それぞれ自国の生産量となる。閉鎖経済の下では，自国の生産量 Y_A は実質所得でもある。これに対して，国際資本移動が行われる下では，自国の実質所得 I_F は生産量 Y_F とは異なる。自国の資本所得は資本賦存量 $\overline{K}$ に実質資本レンタル r_F をかけたものに等しいので，(8)を考慮に入れると実質所得は

$$I_F = r_F \overline{K} + w_F \overline{L} = Y_F + r_F \Delta K_F \qquad (9)$$

となる。自国の資本所有者が所有する資本 $\overline{K}$ のうち自国での生産には K_F のみが投入され，$\Delta K_F = \overline{K} - K_F$ は外国での生産に投入され，自国の資本所有者は $r_F \Delta K_F$ の稼ぎを所得として得る。

以上の議論をもとに，国際資本移動の自由化が自国の実質所得に与える影響を，図 8-5 によって説明しよう。閉鎖経済の均衡においては，自国の実質所得 $I_A = Y_A$ は，$(a+b+c+d+e)$ の面積で示される。このうち，資本所有者の実質所得は $r_A \overline{K}$ すなわち $(d+e)$ の面積で表されるので，労働者の実質所得の合計は $(a+b+c)$ の面積で示される。この面積を労働賦存量 $\overline{L}$ で割ったものが，閉鎖経済の下での自国の実質労働賃金 w_A となる。次に，自由な国際資本移動の下での均衡においては，自国の生産量 Y_F は $(a+b+d)$ の面積となり，閉鎖経済下に比べて減少する。しかし，自国の資本所有者は $\overline{K} - K_F$ の量の資本を外国に投資し，そこからの収益 $(c+e+j)$ も所得として得ることになる。つまり，国際資本移動が行われている下では，自国の実質所得は $(a+b+c+d+e+j)$ の面積で表されることになる。したがって，閉鎖経済に比べて j の面積分だけ，自国の実質所得は増加する。なお，国際資本移動が行われている下で，自国の資本所

表 8-1 国際資本移動が各国の実質所得に与える効果

	資本移動なし	資本移動自由化	変化分
自国の生産量	$a+b+c+d+e$	$a+b+d$	$-(c+e)$
自国の実質所得	$a+b+c+d+e$	$a+b+c+d+e+j$	j
（資本所有者）	$d+e$	$b+c+d+e+j$	$b+c+j$
（労働者）	$a+b+c$	a	$-(b+c)$
外国の生産量	$f+g+h$	$c+e+f+g+h+i+j$	$c+e+i+j$
外国の実質所得	$f+g+h$	$f+g+h+i$	i
（資本所有者）	$g+h$	h	$-g$
（労働者）	f	$f+g+i$	$g+i$

得 $r_F\overline{K}$ は（$b+c+d+e+j$）であり，これは閉鎖経済に比べて増加する一方，自国の労働所得は a の面積で表され，閉鎖経済に比べて減少する。

　次に外国の実質所得に与える影響についてみてみよう。閉鎖経済の均衡における外国の実質所得 $I_A^*=Y_A^*$ は，（$f+g+h$）の面積で示される。このうち，資本所有者の実質所得は $r_A^*\overline{K}^*$ すなわち（$g+h$）の面積で表されるので，労働者の実質所得の合計は f の面積で示される。これに対して自由な国際資本移動の下での均衡においては，自国からの資本流入によって国内の総資本量が増加するため，外国の生産量 Y_F^* は（$c+e+f+g+h+i+j$）の面積となり，閉鎖経済下に比べて増加する。このうち（$c+e+j$）の面積で示される部分は自国の資本所有者が外国で稼得する実質資本所得 $r_F\Delta K_F$ なので，外国の実質所得 I_F^* は生産量 Y_F^* から自国の資本所有者への実質資本所得の送金分を差し引いた，（$f+g+h+i$）の面積で表される。したがって，閉鎖経済に比べて i の面積分だけ，外国の実質所得は増加する。各生産要素の所有者の実質所得についてみると，閉鎖経済に比べて外国の資本所有者の実質所得は g だけ減少する一方，労働者の実質所得は（$g+i$）だけ増加する。

　以上の議論をまとめたのが，表 8-1 である。自国から外国へ資本が移動するため，自国の生産量は減少し，外国の生産量は増加する。しかし，自国が外国への投資から受け取る収益は生産量の減少分を上回るため，自国の実質所得は増加する。また，外国は生産量の増加分が自国への投資収益の支払いを上回るので，外国の実質所得も増加する。つまり，国際資本移動の自由化は，資本の流出国と流入国の両方の実質所得を増加させる，という意味で経済厚生上望ましい。しか

し，各国内での所得分配については，自国と外国とで異なる結果が生じる。資本流出国である自国においては，国際資本移動自由化の結果，資本所有者の実質所得は増加し，労働者の実質所得は減少する。資本流入国である外国においては逆に，資本所有者の実質所得は減少し，労働者の実質所得は増加する。

4 財貿易と資本移動の代替性・補完性

前節までの議論においては，自国と外国はそれぞれ1種類の財を生産・消費し，両国の間で財の貿易は行われないと仮定していた。本節ではこの仮定を緩めて，各国が2つの財を生産・消費し，両国間で財の貿易が行われると想定しよう。このような財の国際貿易と国際資本移動をともに考慮に入れた場合，「国際資本移動の自由化が財の国際貿易を促進するのか，あるいは阻害するのか」という疑問が生まれるのは自然だろう。資本移動の増加が国際貿易の拡大をもたらす場合，資本移動は国際貿易に対して補完的であるといい，逆に資本移動の増加が国際貿易の縮小をもたらす場合，資本移動は国際貿易に対して代替的である，という。以下では，財の国際貿易と国際資本移動との間の代替性・補完性について議論しよう。

各国において，財1と財2がそれぞれ資本と労働を用いて生産されるとする。両国の生産関数は同一で，財 i の生産関数は

$$X_i = F^i(K_i, L_i), \quad i = 1, 2$$

で表されるものとする。ここで X_i は財 i の生産量，K_i と L_i はそれぞれ財 i に投入される資本と労働の投入量であるとする。各財の生産関数は規模に関して収穫一定（1次同次）の性質をもっていると仮定する。したがって，第3章で詳しく議論したように，完全競争の前提の下では企業の費用最小化条件から，各財を1単位生産するために必要な資本と労働の投入量が生産要素価格比 w/r の関数として，それぞれ $a_K^i(w/r)$ と $a_L^i(w/r)$ と求められる（$i = 1, 2$）。いま，自国が両方の財を生産する，すなわち不完全特化の状態にあると想定しよう。規模に関する収穫一定の生産技術および完全競争の仮定から，均衡下では，各産業において利潤ゼロ条件

$$p = a_K^1(w/r)\, r + a_L^1(w/r)\, w \tag{10}$$

$$1 = a_K^2(w/r)\, r + a_L^2(w/r)\, w \tag{11}$$

が成立しなければならない。ここで p は財 2 で測った財 1 の相対価格である（財 2 を価値基準財（ニューメレール）として考える）。外国でも同様に，不完全特化の下では利潤ゼロ条件

$$p^* = a_K^1(w^*/r^*)\, r + a_L^1(w^*/r^*)\, w^* \tag{12}$$

$$1 = a_K^2(w^*/r^*)\, r + a_L^2(w^*/r^*)\, w^* \tag{13}$$

が成立しなければならない。ここで p^*, r^*, w^* はそれぞれ外国における，財 2 で測った財 1 の相対価格，資本レンタル，賃金である。

　財の自由貿易が行われている下では，両国の生産者と消費者は同じ価格に直面し $p = p^*$ が成立する。したがって，(10)〜(13)より，自国と外国が同じ生産技術を持ち両国で不完全特化が成立するならば，$w = w^*$ および $r = r^*$ が成立する。これは第 3 章で説明した要素価格均等化定理に他ならない。要素価格均等化定理のもつ重要な含意は，財の自由貿易が行われている下では，生産要素自体が国際的に取引された場合と同じ状態が均衡では成立するので，生産要素の国際移動が生じる余地がない，ということである。そこで，仮にいま，自国が外国からの輸入量を自由貿易下の水準以下に制限するような政策をとる一方，両国の間で資本移動が自由化されるとしよう。このような政策としては，次章で詳しく議論するように輸入品に対する関税や輸入割当が考えられるが，いずれにしても自国における輸入品の国内価格は国際価格を上回ることになる。理解を容易にするために，自国は資本豊富国，外国は労働豊富国であり，財 1 は資本集約財，財 2 は労働集約財であると仮定しよう。ヘクシャー＝オリーンの定理より，自国は財 1 を外国に輸出し，財 2 を外国から輸入する。自国による外国からの財 2 の輸入制限によって，自国において財 2 の国内価格は国際価格（これは貿易制限政策をとっていない外国の国内価格でもある）を上回る。このことは，自国における財 1 の国内相対価格が外国に比べて低くなる（$p < p^*$）ことを意味し，ストルパー＝サミュエルソンの定理から，資本レンタルも自国のほうが外国よりも低くなる（$r < r^*$）。資本移動が自由化されている下では，資本は自国から外国へと移動することになるが，リプチンスキーの定理から，自国では財 1 の生産量の減少と財 2 の生産量の増加が，外国では財 1 の生産量の増加と財 2 の生産量の減少が，それぞれ起こ

194　第 III 部　現代の貿易理論と貿易政策

ることになる。自国は財 1 を，外国は財 2 をそれぞれ輸出しているので，このこ
とは各国の輸出量の減少を意味する。したがって，この場合，資本移動は国際貿
易に対して代替的となる。

　以上で述べた資本移動と財貿易との間の代替性については，その背後に要素価
格均等化定理が成立するという前提がある。逆に言えば，要素価格均等化定理が
成立しない場合，国際資本移動の増加が財の国際貿易を拡大するという，資本移
動と財貿易との間の補完性が成立する可能性がある。要素価格均等化定理の前提
条件として，すべての国が同じ生産技術を持っており，各国が不完全特化の状態
にあることが挙げられる。そこで以下では，不完全特化という仮定を外した場合
に，資本移動と財貿易が補完的になりうることを示そう。

　国際資本移動が行われず財の自由貿易のみが行われる下で，自国が財 1 の生産，
外国が財 2 の生産にそれぞれ完全特化する状況を想定しよう。この当初の自由貿
易均衡において，財 2 をニューメレールとして財 1 の均衡相対価格を p で表す
と，利潤最大化条件より

$$pF_K^1(\overline{K},\overline{L}) = r \tag{14}$$
$$F_K^2(\overline{K}^*,\overline{L}^*) = r^* \tag{15}$$

が成立する。

　当初の自由貿易均衡において，$r < r^*$ であるとしよう。このとき，両国間で資
本移動が自由化されたとすると，自国から外国に資本が移動することになる。前
節での議論を応用すれば，両国とも財 2 で測った実質所得は増加することになる。
財 1 と財 2 がともに上級財（所得の増加にともなって需要が拡大するような財）で
あるならば，それらの需要は両国において増加する。これに対して，財の供給サ
イドにおいては，資本移動の結果として自国の資本量は $\overline{K}$ よりも少なくなり，
外国の資本量は逆に $\overline{K}^*$ よりも多くなる。自国は財 1，外国は財 2 にそれぞれ特
化しているので，この世界経済においては財 1 の供給量は減少し，財 2 の供給量
は増加する。すなわち，財 1 の世界市場において超過需要が発生することになる。
したがって，世界市場の需給バランスを回復するためには財 1 の相対価格が当初
の価格 p から上昇する必要がある。財 1 の国際相対価格の上昇は，財 1 の輸出
国である自国にとっては交易条件の改善を意味し，輸入国である外国にとっては
逆に交易条件の悪化を意味する。自国の実質所得は，外国に流出した資本からの

投資収益および交易条件の改善によって必ず増加するので，輸入も増加する。これに対して外国では，交易条件の悪化の影響があるため，資本移動の自由化による実質所得の増加の効果が削がれるが，ネットで実質所得が増加するならば，やはり輸入は増加することになるだろう。この場合，資本移動は国際貿易を補完することになる。

5 海外直接投資

本章の冒頭でも述べたように，国際資本移動の形態には，経営への参加を目的とした直接投資と，投資収益の稼得を目的とした間接投資（証券投資）の2つがある。前節までの議論は，間接投資を前提としたものであった。これに対して本節から第7節までは，直接投資について議論する。

海外直接投資の多くは，複数の国に生産・販売の拠点を持つ「多国籍企業（multinational corporation）」によって行われるが，その投資の形態には大きく分類して「グリーン・フィールド（greenfield）投資」と「M&A投資」の2つのタイプがある。グリーン・フィールド投資とは，投資先の国に新規に現地法人を設立する形態である。これに対してM&A投資とは，外国の既存の企業を吸収合併あるいは買収する形態である。企業経営に関する様々な知識や技術を総称して「経営資源」と呼ぶが，この用語を用いると，それぞれのタイプの直接投資の特徴は次のように説明される。すなわち，グリーン・フィールド投資は自社の経営資源を海外で活用するものであるのに対し，M&A投資は海外の既存企業の経営資源を活用するものである。グリーン・フィールド投資は土地や事業認可の取得，工場などの設備投資をともなうため，一般に多額の投資費用がかかるが，M&A投資はこうした新規投資にともなう費用を節約できる。その一方でM&A投資は投資先企業の経営資源を利用するため，自社の経営資源を現地子会社に移転する際に摩擦が生じたり，また買収そのものに多額の費用がかかる可能性がある。

多国籍企業が直接投資を行う際にグリーン・フィールド投資とM&A投資のどちらを採用するかは，それぞれの投資にかかる費用の大きさに依存することになるが，そもそもなぜ企業は直接投資という形で海外進出を行うのだろうか。理由

196　第 III 部　現代の貿易理論と貿易政策

としてまず考えられるのが，費用の節減である。この観点からの直接投資は，ど
のようなタイプの費用を節約するかによって「水平的直接投資（horizontal
FDI）」と「垂直的直接投資（vertical FDI）」とに大きく分けられる。前者は，貿
易費用を節約することが目的であるのに対し，後者は生産費用の節約を追求する
ものである。以下，それぞれのタイプの直接投資について説明しよう。

　水平的直接投資は，海外に生産拠点を設けて，国内の生産拠点と同様の生産活
動を行うようなタイプの直接投資である。企業が海外の市場に製品を供給する場
合，輸出という形でそれを行おうとすると，輸送費用や関税などの貿易障壁の存
在にともなう様々な貿易費用が発生する。そのかわりに海外に生産拠点を設けて
現地の市場に製品を直接販売すれば，こうした貿易費用を節約することができる。
このような水平的直接投資のメリットを，「市場への近接性」という（したがっ
て，水平的直接投資は，市場アクセス動機に基づく直接投資ということもできる）。し
かしその一方で，国内の生産拠点に加えて海外に生産拠点を設けることには，追
加的な固定費用や生産部門における規模の経済性の喪失というデメリットも存在
する。企業が水平的直接投資を行うか，それとも輸出による海外市場への供給を
行うかは，これらのメリットとデメリットの比較によって決まるといえる。この
点については，次の節で詳しく議論する。

　垂直的直接投資は，国内の生産活動の一部の工程を海外に移転させるようなタ
イプの直接投資である。外国で生産するほうが自国と比べて労働者を低い賃金で
雇用できる，部品や中間財を安く調達できる，などコスト面でのメリットがある
場合，企業は外国に生産拠点を設けることで生産費用の削減を図るだろう。した
がって，垂直的直接投資は生産費用の節減がその動機となる。このタイプの直接
投資が行われる場合，企業は国内拠点で行っていた生産活動を海外拠点に移すこ
とになるので，水平的直接投資と異なり，海外拠点で行われる生産活動とは異な
る活動が国内拠点で行われることになる。典型的なパターンとして考えられるの
が，企業活動のうち経営資源集約的な本社サービスは自国に残し，生産工程は別
の国に移す，というものである。第 7 節で説明するように，生産工程のうち特に
労働集約的な工程は発展途上国などの賃金の安い国に移転させるのが，費用削減
の点からは最も効果的である。つまり，比較優位に基づく貿易モデルと同様，生
産工程を分割した場合に各国には比較優位をもつ工程が存在し，それぞれの工程

は比較優位をもつ国で分散して生産が行われるのが望ましいと考えられる（その意味において，垂直的直接投資は比較優位動機に基づく直接投資ということもできる）。したがって，水平的直接投資が先進国間での直接投資に多いとされるのに対して，垂直的直接投資は先進国から発展途上国への直接投資に多く見られるといえる。

　垂直的直接投資の中でも，特に第三国への輸出のために外国に生産拠点を設ける直接投資のことを「輸出基地型直接投資」という。例えば，日本企業がアメリカ市場に製品を供給する際に，賃金の安いメキシコの子会社で生産を行い，それをアメリカに輸出する，というケースである。さらには，日本企業がメキシコとアメリカにそれぞれ子会社を設立し，メキシコの子会社では部品を作って，その部品を使ってアメリカの子会社で最終組み立てをする，という戦略も考えられる。これは「複合型直接投資」と呼ばれ，中間財の生産工程を低賃金国に移転することによる生産費用の節約と，最終財の生産工程を市場に近い国で行うことによる貿易費用の節減の両方を狙ったものであるといえる。

　以上で述べた直接投資の様々な形態は，いずれも費用の節減を目的として行われるものであったが，費用の節減以外にも企業が直接投資を行う理由は存在する。例えば，海外の拠点は，生産拠点のみであるとは限らない。製品を海外で販売する際，現地の需要動向や消費者のニーズをつかむ，また販売後の製品の修理やアフターサービスを充実させる，といった活動は自社製品に対する需要の拡大や他社との差別化につながり，企業にとって大きなメリットとなる。こうした観点から，海外での販売拠点の設立も，企業が直接投資を行う要因の一つとなる。このような直接投資は，海外拠点において国内での拠点と同じ種類の活動が行われているという意味で，水平的直接投資の一種と見なすことができる。また，生産活動においてエネルギーや原材料として多くの天然資源に依存する企業にとっては，天然資源の供給国での開発事業に投資を行う誘因が発生する。直接投資を行い海外での資源開発拠点を確保することで，資源価格の動向や地政学的リスクに左右されることなく，自社への資源の安定的な供給が可能になる。

　なお，前節において，財の貿易と国際資本移動との間の代替性と補完性について議論したが，海外直接投資と財貿易との間の代替性と補完性についても，簡単に述べておこう。水平的直接投資や販売拠点設立型直接投資は，輸出による財の供給を現地生産で置き換えることになるので，貿易と代替的な関係にあるといえ

198 第 III 部 現代の貿易理論と貿易政策

る。これに対して垂直的直接投資の場合，生産工程が分離されて異なる国に配置されることにともない，工程間での部品や中間財などの貿易が増加するので，垂直的直接投資と貿易とは補完的な関係にあると考えられる。資源開発型直接投資も，それによって企業の生産規模の拡大が期待されるので，やはり貿易を拡大することになり，貿易と補完的な関係にあるといえる。

6　水平的直接投資——企業の生産性と輸出 vs 直接投資

　第 7 章第 6 節で議論したように，現実の各産業において操業している企業は同質的ではなく，生産性をはじめとして様々な点で大きな「異質性」を有している。そして近年の国際貿易論の研究は，メリッツ・モデルによって，こうした異質な企業を明示的に扱うことで発展してきた。また前節で説明したように，直接投資の中でも水平的直接投資は貿易費用を回避することを主な目的として行われる。つまり，海外市場に財に供給する際の手段として輸出と直接投資のどちらを選択するか，という問題に企業は直面するのだが，こうした輸出と直接投資の選択においても企業間の異質性は重要な要素となっている。以下では，メリッツ・モデルを用いて，企業の生産性と直接投資行動の関係について説明しよう。

　簡単にモデルの設定を復習しておこう。経済には多数の差別化された製品が存在し，消費者はこれら多様な種類の製品の消費から効用を得ると仮定する。各企業は固定費用 f を支払って市場に参入した後に自社の生産性を知るものとし，独占的競争の下で自社製品の価格を決定すると仮定する。均衡における国内市場への製品の供給から得られる利潤は，生産性パラメータ Θ の関数として $\pi(\Theta) = A\Theta - f$ と表される。ここでパラメータ A は，（選好と自国の費用条件に加えて）自国の市場規模に依存している。これに対して企業が外国に輸出する場合，固定費用 f_X と輸出 1 単位当たり $\tau > 1$ の限界費用がかかるので，輸出市場への製品の供給から得られる均衡利潤は $\pi_X(\Theta) = A^*\Theta / \tau^{\sigma-1} - f_X$ で表される。ここでパラメータ $\sigma > 1$ は需要の価格弾力性に等しく，A^* は外国の市場規模に依存している。第 7 章第 6 節で示したように，生産性が $\underline{\Theta} \equiv f/A$ 以上の企業が操業可能であるが，そのうち生産性が $\Theta_X \equiv \tau^{\sigma-1} f_X / A^*$ を下回る企業は国内市場にのみ製品を供

給し，国内市場への供給に加えて外国への輸出も行える企業は Θ_X 以上の高い生産性をもつ企業に限られる。

ここで，企業にとって外国市場に製品を供給する手段として，輸出の他に直接投資による現地生産・販売も選択可能であると想定しよう。直接投資には固定費用 f_I がかかり，また外国の労働や土地を利用して生産活動を行うため，生産の限界費用 c^* はこうした外国の生産要素価格を反映したものとなる。したがって，直接投資による製品の供給から得られる均衡利潤は，

$$\pi_I(\Theta) = A^{**}\Theta - f_I \tag{16}$$

で表される。ここでパラメータ A^{**} は，外国の市場規模および要素価格に依存している[3]。

前節で述べたように，企業が外国市場に製品を供給する形態として輸出と直接投資のどちらを採用するかは，それぞれのケースにおける企業の均衡利潤 $\pi_X(\Theta)$ と $\pi_I(\Theta)$ の大小関係に依存する。限界費用のパラメータは生産活動を行う場所によらず同じ値をとる，すなわち $c = c^*$ であると仮定しよう。このとき，外国への製品供給の限界費用は，貿易費用が存在するぶん，輸出による供給のほうが直接投資による現地生産・販売よりも高くなる。これに対して，固定費用については，直接投資のほうが輸出に比べて多額の費用がかかると考えられるので，$f_I > f_X$（$>f$）であると仮定する。したがって，$A = A^* = A^{**}$ ならば，図 8-6 に示されるように $\Theta_I > \Theta_X > \underline{\Theta}$ が成立する。ここで Θ_I は $\pi_X(\Theta) = \pi_I(\Theta)$ となる Θ の値である。生産性が Θ_X 以上の企業のうち，あまり生産性の高くない（$\Theta_X \leq \Theta < \Theta_I$）企業は，輸出のほうが直接投資よりも大きな利潤を得られるので輸出を選択する。これに対して生産性が Θ_I を超える企業は，直接投資のほうが輸出よりも大きな利潤を得られるので直接投資を選択する。

以上の議論をまとめると，最も生産性の高い企業が直接投資を行う「多国籍企

---

[3] 第 7 章第 6 節のモデルと同様に，生産性 θ_i をもつ企業が外国で生産を行ったときの限界費用は c^*/θ_i で表されるとする。したがって，この企業の直接投資からの利潤は $\pi_i^I = (p_i - c^*/\theta_i)\, d_i^*(p_i, P^*, I^*) - f_I$ で表される。製品 i の外国における需要関数は $d_i^*(p_i, P^*, I^*) = p_i^{-\sigma}(P^*)^{\sigma-1}I^*$ で表され，また利潤最大化条件から $p_i = \sigma c^*/\{(\sigma-1)\theta_i\}$ が成立するので，これらを π_i^I の式に代入することにより，企業 i の均衡利潤が(16)式のように導かれる。ここで $A^{**} \equiv (P^*/c^*)^{\sigma-1}I^*\,(\sigma-1)^{\sigma-1}/\sigma^{\sigma}$ である。

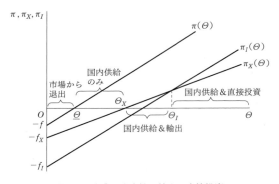

図 8-6 企業の生産性と輸出・直接投資

業」となり，それに次ぐ生産性をもつ企業は外国に輸出する「輸出企業」，そして操業可能な企業のうち最も生産性の低い企業は国内にのみ製品を供給する「非国際化企業」となる。このような企業の選別パターンが現実にみられるかどうかについては，数々の実証分析が行われており，その多くにおいて理論と整合的であるという結果が得られている。例えば，1996年のアメリカにおいて，直接投資を行っている企業は輸出のみを行っている企業よりも 15％ 労働生産性が高く，また輸出のみを行っている企業は輸出も直接投資も行っていない企業に比べて 39％ 労働生産性が高い，という結果が得られている (Helpman, et al., 2004)。

7　垂直的直接投資

　第5節で述べたように，垂直的直接投資は国内の生産活動の工程の一部を海外に移転させることにより，すべての生産工程を自国で行った場合に比べてより低い生産費用を達成することを目的として行われる。そのメカニズムを以下で簡単に説明しよう。
　差別化された製品部門と同質財部門という2つの生産部門が存在し，各財は資本と労働を用いて生産されるものとする。差別化財部門は同質財部門に比べて資本集約的であると仮定する。差別化財の生産はさらに本社サービスと生産ライン（工場での製品の組み立て）という2つの工程から成るものとし，本社サービスは生産ラインよりも資本集約的であると仮定する。本社サービスは，経営資源を各工場に提供するが，それは企業内では非競合的で，複数の工場に対して同時にサービスを提供可能であると仮定する。本社サービスが自国で生産される場合，

その費用関数は $C_H(w,r,h)$ で表される。ここで w と r はそれぞれ自国の賃金と資本レンタル，また h は本社サービスが提供する経営資源の水準であり，C_H は規模に関して収穫逓増の生産関数から導かれると仮定する。生産ラインは，本社サービスによって提供される経営資源を資本および労働とともに用いて，最終財を生産する。その生産技術は規模に関して収穫逓増であると仮定し，費用関数は $C_M(w^i,r^i,h,q^i)$ で表される。ここで q^i は最終財の生産量であり，また賃金と資本レンタルについては生産ラインが自国に存在するならば $w^i=w$ および $r^i=r$ であるが，最終財の組み立てが外国で行われるならば $w^i=w^*$ および $r^i=r^*$ となる。C_M は h について減少関数で，他の要素については増加関数であると仮定する。

　生産要素の国際移動は存在せず，財の貿易のみが可能であり，貿易費用はゼロであると仮定する。差別化財の各生産工程において規模の経済が発生するため，各企業は同じ生産工程を異なる国に配置することはない。しかし，異なる生産工程を異なる国に配置することはありうる。もし本社サービスと生産ラインが両方とも自国に立地している場合，差別化財の総生産費用は

$$C_1(w,r,q) = \underset{h}{Min}\left(C_M(w,r,h,q) + C_H(w,r,h)\right) \tag{17}$$

で表される。これに対して，本社サービスが自国に，生産ラインが外国にそれぞれ立地している場合，総生産費用は

$$C_2(w,w^*,r,r^*,q^*) = \underset{h}{Min}\left(C_M(w^*,r^*,h,q^*) + C_H(w,r,h)\right) \tag{18}$$

で表される。(17)と(18)から直ちに，$C_M(w,r,h,q) > C_M(w^*,r^*,h,q^*)$ ならば企業にとっては生産ラインを外国に配置したほうが総費用を低く抑えられるので望ましい，といえる。生産ラインは本社サービスよりも労働集約的であると仮定しているので，外国が自国に比べて十分に労働豊富国であり，外国の賃金が自国の賃金よりも低ければ，$C_M(w,r,h,q) > C_M(w^*,r^*,h,q^*)$ という条件は成立するだろう。つまりこの場合，自国企業は十分に資本豊富国である自国において資本集約度の高い本社サービスに特化し，生産ラインは労働の豊富な外国に移転し，外国の低い賃金を利用して最終財の組み立てを行う，ということになる。

　以上の議論において，「十分に」労働や資本が豊富である，と表現したが，これには理由がある。第3章で述べたように，各国の資本と労働の賦存量の組が不完全特化錐の中にあれば，各国で差別化財と同質財の両方が生産され，その結果自由貿易の下では要素価格均等化定理が成立する。つまり，自国が資本豊富国で

202　第 III 部　現代の貿易理論と貿易政策

外国が労働豊富国であっても，各国の生産要素賦存量比率の違いがあまり大きくなく，不完全特化錘の中に納まるのであれば，$w = w^*$ かつ $r = r^*$ が成立するので，自国企業は生産ラインだけを切り離して外国に立地する誘因をもたない。したがって，本社サービスと生産ラインを異なる国に立地させるという垂直的直接投資が行われるのは，自国と外国との間で要素賦存パターンの差が十分に大きい場合となる。この場合，自国に立地する本社サービスが生産する経営資源は，生産ラインの立地する外国に企業内貿易という形で輸出されることになる。

　以上で説明したモデルでは，差別化財の生産工程が本社サービスと生産ラインという 2 つの部門から成り立っていると仮定してきた。このモデルをさらに拡張して，生産ラインがさらに中間財の製造と最終財の組み立てとに分かれ，これらの部門で資本集約度が異なると仮定すると，中間財の企業内貿易をともなう垂直的直接投資を理論的に説明することも可能である。ただし，このように製品の生産工程が細かく分かれ，異なる国に立地すると，それぞれの工程を結びつけるための輸送費用や通信費用がかかることになる。こうした費用のことを「サービス・リンク・コスト（service link cost）」というが，規制緩和や技術革新により通信・輸送手段の質の向上や価格の低下が起これば，サービス・リンク・コストも低下し，生産工程の分散立地（フラグメンテーション，fragmentation）が進むことが期待される。フラグメンテーションの理論は，国境を越えた生産ネットワークの構築という形でのグローバル化のさらなる進展に関して重要な示唆を与えるものである。

8　国際労働移動

　今までの節においては，国際的に移動可能な生産要素としての資本あるいは企業活動の国際化を考えてきた。しかし，国際的な労働移動も増加し続けている。シンガポールでは労働力人口総数に占める外国人労働力人口の割合は 4 割近くに達しており，欧米諸国でも外国人労働者の比率は高いのに対して，日本における外国人労働力人口の割合は 2015 年の時点で 1.4 ％ と低い（労働政策研究・研修機構『データブック 国際労働比較 2017』）。しかしながら，少子高齢化による労働力

不足を背景に，日本も積極的に外国人労働を受け入れつつある。例えば，厚生労働省による「外国人雇用状況」届出状況に関するデータによると，2016年10月末時点で日本で働く外国人は初めて100万人を超え，4年連続で過去最高を更新している。

　生産要素として労働を考えた場合，その国際移動について第2節および第3節で議論した国際資本移動の古典的理論を応用すると，賃金が低い国から高い国へと労働の移動が起こる，という結果が予想される。実際，移民や出稼ぎ労働などは，一般に賃金の低い発展途上国から先進国など賃金の高い国へ向けた形で起きており，第3節の議論を適用すれば，こうした労働移動は理論上は送り出し国である途上国と受け入れ国である先進国の両方に利益をもたらすものになるといえる。しかし，現実に起きている国際労働移動のすべてが，資本移動と同じ性質をもつものではない。労働の移動は，近藤（2000）で詳しく述べられているように，以下の様々な点で資本移動とは異なる性質をもつため，その分析においても資本移動についてのモデルとは異なる固有のモデルを用いる必要がある。

　第1に，労働者の雇用に関しては，最低賃金制度や労働組合の存在などにより賃金が硬直的となり，失業が発生しうる。これは，海外に進出した場合は原則として完全雇用がなされる資本とは対照的である。

　第2に，外国人労働者，特に移民労働者の就く仕事としては製造業におけるいわゆるブルーカラー職種の他に，サービス産業も考えられる。サービス産業の多くは非貿易財産業であり，その中には非正規の，いわゆるインフォーマル部門（informal sector）も含まれる。

　第3に，短期的にはより高い要素報酬を提供する国に生産要素が移動する，という意味で労働移動と資本移動には共通点があるものの，長期的視点では両者は異質であると考えられる。長期的には資本移動は企業の利潤最大化行動と関連する。これに対して労働者は通常，家計の構成員であり，したがって消費者としての側面ももつため，長期的な問題を考えた場合には家計の生涯効用最大化行動を前提として考えられるべきである。

　第4に，労働には様々なタイプがあり，高い水準の技術や知識を必要とする仕事（頭脳労働，熟練労働）にすべての労働者が就くわけではない。この点を考慮に入れて，労働をさらに熟練労働（skilled labor）と非熟練労働（unskilled la-

204　第 III 部　現代の貿易理論と貿易政策

bor），あるいは頭脳労働と単純労働とに分類し，異なるタイプの生産要素として分析に導入する必要があると考えられる。また，労働者間の質の違いは，雇用する側（企業）にとっては情報の非対称性の問題や，教育や職業訓練などによる人的資本の形成など，様々なトピックとも関連する。

　第5に，労働の国際移動は資本移動とは異なり，文化的な背景を異にするヒトの移動であるため，様々な外部性を発生させる。特に問題となるのが，外国人犯罪や非合法移民などによる負の外部性であり，このことは完全な国際労働移動が必ずしも社会的に最適ではなく，政府による規制が必要となりうることを示唆する。

9　まとめ

　本章では生産要素，特に資本の国際的な移動について，その理由と影響を解説した。古典的な理論においては，資本はその収益率が低い国から高い国へと流れる。自由な資本移動の結果，資本収益率は国際間で均等化するが，資本の流出国と流入国はともに経済厚生が改善する。ただし，各国内での所得分配については資本の流出国と流入国とで異なる結果が生じる。このような国際資本移動の理論モデルにおいて財の国際貿易も考慮に入れた場合，要素価格均等化定理が成立する状況においては財貿易と国際資本移動とは代替的となる。しかし，そうでない場合，貿易が国際資本移動を促進し，補完的な役割を担う可能性がある。

　国際資本移動の形態は，経営への参加を目的とした直接投資と，投資収益の稼得を目的とした間接投資とに二分されるが，古典的な資本移動の理論は後者を前提としたものである。直接投資は複数の国に生産・販売の拠点を持つ多国籍企業によって行われ，その投資の形態は，投資先の国に新規に現地法人を設立する「グリーン・フィールド投資」と外国の既存企業を吸収合併あるいは買収する「M&A 投資」とに分かれる。

　直接投資が行われる主な理由は費用の節減であるが，その観点からは直接投資は「水平的直接投資」と「垂直的直接投資」とに大きく分かれる。前者は貿易費用の節約，後者は生産費用の節約をそれぞれ目的とする。水平的直接投資は，海

外に生産拠点を設けて国内の生産拠点と同様の活動を行うものであり，市場への近接性というメリットを企業にもたらす。水平的直接投資は輸送費用や関税などの貿易費用の節約をもたらす一方で，海外拠点を設けることで生じる固定費用や生産における規模の経済の喪失をともなうので，これらのメリットとデメリットの比較によって輸出と直接投資のどちらの形態による海外進出が行われるかが決まる。垂直的直接投資は，国内の生産活動の一部の工程を海外に移転させるタイプの直接投資であり，比較優位動機に基づく直接投資といえる。直接投資の目的には他にも，第三国への輸出を行うための生産拠点を外国に設ける「輸出基地型直接投資」や，海外での販売拠点の設立，天然資源の開発拠点の確保などが挙げられる。

　近年用いられるようになった，企業の異質性に着目したメリッツ・モデルに基づいて考えると，多国籍企業となるのは最も生産性の高い企業であり，それに次ぐ生産性をもつ企業は輸出企業となり，操業可能な企業のうち最も生産性の低い企業は国内にのみ製品を供給することになる。このような企業の選別パターンは，現実の企業データにおいてもみられている。

　国際資本移動の古典的理論を労働移動に応用すると，それは賃金の低い国から高い国への移動という形で説明される。これは発展途上国から先進国への労働移動を説明する上で適しており，また理論上は双方の国に利益をもたらすものとなる。しかし，労働の国際移動は資本の国際移動とは様々な面で異なっており，資本移動のモデルで得られた結論を単純にそのまま労働移動の議論に当てはめるのは必ずしも適切とは言えない。

本章に関連する文献

　国際資本移動の古典的な理論分析は，マクドゥーガルの研究に遡る。その原論文は，G. D. A. MacDougall, The benefits and costs of private investment from abroad : A theoretical approach, *Economic Record* 36, 1960, 13-35 である。

　第 4 節で紹介した国際資本移動と財貿易との代替性についての議論は，R. A. Mundell, International trade and factor mobility, *American Economic Review* 47, 1957, 321-335 にさかのぼる。本章では完全特化の場合に国際資本移動が財貿易を補完する可能性を示したが，J. R. Markusen, Factor movements and commodity trade as complements, *Journal of International Economics* 14, 1983, 341-356 では，国の間での生産技術の相違，規模の経済，

206　第 III 部　現代の貿易理論と貿易政策

不完全競争，国内の課税などが存在するケースについて，資本移動と財貿易の補完性を検討している。

　直接投資のあり方について，グリーン・フィールド投資と M&A 投資との間の選択に関する研究は，V. Nocke and S. R. Yeaple, Cross-border mergers and acquitions vs. greenfield foreign direct investment: The role of firm heterogeneity, *Journal of International Economics*, 72, 2007, 336–365 および V. Nocke and S. R. Yeaple, An assignment theory of foreign direct investment, *Review of Economic Studies* 75, 2008, 529–557 によって展開されている。

　第 6 節の終わりで述べた，アメリカの企業の生産性と輸出・直接投資行動についてのデータは，E. Helpman, M. J. Melitz, and S. R. Yeaple, Export versus FDI with heterogeneous firms, *American Economic Review* 94, 2004, 300–316 に基づいている。この研究は，企業の生産性と直接投資に関する先駆的研究で，その後の多くの論文で引用されている。

　垂直的直接投資の一般均衡モデルでの分析に関しては，E. Helpman, A simple theory of international trade with multinational corporations, *Journal of Political Economy* 92, 1984, 451–471 が先駆的研究として知られている。第 7 節での説明は，P. Antràs and S. R. Yeaple (2014), Multinational firms and the structure of international trade, in G. Gopinath, E. Helpman and K. Rogoff (eds.), *Handbook of International Economics* Volume 4, Chanpter 2, 2014, 55–130 での説明をもとに，改変を加えたものである。

　フラグメンテーション理論の基本的概念は，R. W. Jones, and H. Kierzkowski, The role of services in production and international trade: A theoretical framework, in R.W. Jones and A.O. Krueger (eds.), *The Political Economy of International Trade: Essays in Honor of Robert Baldwin*, 1990, 31–48 によって提唱された。また，日本を含めた東アジアの国際分業ネットワークという観点から，このテーマを扱った実証研究が，木村福成・大久保敏弘・安藤光代・松浦寿幸・早川和伸『東アジア生産ネットワークと経済統合』慶應義塾大学出版会，2016 年にまとめられている。

　国際労働移動の経済分析をまとめた研究書として，近藤健児『国際労働移動の経済学』勁草書房，2000 年および K. Kondoh, *The Economics of International Immigration: Environment, Unemployment, the Wage Gap, and Economic Welfare*, Springer, 2016 が挙げられる。特に後者は，伝統的な理論モデルの枠組みを用いて，現代の経済社会に特徴的な様々なトピックについて検討している。

第 9 章

貿易政策

1　はじめに

　本章では，貿易政策の効果について検討する。今までの章においては，貿易が開始された場合，各国の消費者および生産者は国際市場で成立する価格で財の取引を行うという，「自由貿易」の状況を仮定していた。しかし，現実的には，輸入品への関税や，貿易が制限されている財が存在しており，完全な自由貿易が達成されているとは言い難い。

　自由貿易が達成されず，輸出入への政策的介入により国内産業の保護が行われている状況を「保護貿易」という。輸入品と競合する財を生産する国内産業を保護するために実施される輸入関税や輸入数量制限は，その代表例である。しかし，このような保護貿易政策は，貿易による利益を損なうものとなる。事実，アメリカでは 1930 年に不況対策としてスムート・ホーレー法が成立し，輸入関税を引き上げることで国内産業の保護を図ろうとしたが，これに対して諸外国も対抗措置を講じ，関税戦争に突入した結果，国際貿易は縮小し不況はますます悪化したという経緯がある。第 2 次世界大戦後の 1947 年に調印された関税および貿易に関する一般協定（General Agreement on Tariffs and Trade：GATT）は，こうした世界恐慌時の保護貿易主義に対する反省から生まれたものである。GATT における数度の関税引き下げ交渉を通じて，先進国における鉱工業品の平均関税率は 1940 年代には約 40 ％ だったのが 1960 年代には 20 ％ 弱となり，さらには 1990 年代には約 5 ％ へと大きく低下した。その結果，世界貿易は飛躍的に拡大した。しかし，農産物など高関税のかけられている分野は依然として存在し，GATT

208　第 III 部　現代の貿易理論と貿易政策

を発展解消する形で 1995 年に設立された世界貿易機関（World Trade Organiza-tion：WTO）での交渉における合意形成を妨げる一因となっている。

　貿易政策について一般的な定義を与えるとするならば，それは「自由貿易に対する政策的介入によって，国内の生産・消費・所得分配などに対して一定の影響を与えようとするもの」である。その目的としては，上で述べた「国内の生産者の利益の保護」の他に，「消費者の利益の保護」，「幼稚産業や衰退産業の保護・育成」，「税収その他の政府収入の確保」，「環境保全や雇用の確保」などが考えられる。貿易政策の手段としては，税・補助金（輸入関税，輸出税，輸出入補助金）によるものと，数量規制（輸入割当，輸出数量制限）によるものとがある。その他に，国内の産業政策や環境政策も「隠れた」貿易政策となりうるが，本章ではこうした間接的に貿易に影響を与えうる政策は考えず，直接的な貿易への政策的介入の効果を分析する。

　以下では第 1 章に倣って，コメともう一つの財が国際市場で取引されていると想定する。もう一つの財は，ここでは自動車とし，コメと自動車の国際価格をそれぞれ p_R^w と p_C^w で表すことにする。各国内の生産者と消費者は完全競争的に行動すると仮定し，したがって p_R^w や p_C^w は国際市場における需給バランスに依存して決定され，個別の生産者や消費者が価格に影響を与えることはないものとする。完全競争の仮定はまた，世界中で取引されるコメと自動車がそれぞれ 1 種類のみであることを意味する。つまり，各国内で国産品と輸入品は同質的であると仮定する。

2　小国の輸入関税政策——部分均衡分析

　本節から第 7 節までにおいては，小国，すなわち貿易量の変化が p_R^w と p_C^w に影響を与えない国にとっての貿易政策の効果を検討する。本節ではまず，小国である自国がコメを輸入している状況を想定し，この国の政府がコメの輸入に対して関税をかけた場合の効果について，コメの市場に着目した部分均衡モデルを用いて分析する。

　関税賦課の方法には大別して，「財 1 単位につき t 円」という形で賦課する

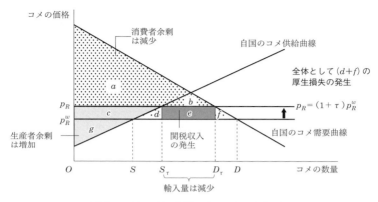

図 9-1 小国の輸入関税の効果：部分均衡分析

「従量税」と「財価格 1 円に対して τ（×100％）の率で上乗せ」という形で賦課する「従価税」という 2 種類の方法がある。コメの国内価格を p_R で表す。このとき，国産品と輸入品は同質的であるとの仮定から，$t = \tau p_R$ とすると，国際価格と国内価格との間に

$$p_R = (1+\tau) p_R^w = p_R^w + t > p_R^w \tag{1}$$

という関係が成立する[1]。したがって，$t = \tau p_R$ とするならば，関税の国内価格への影響は従量税 t でも従価税 τ でも同じとなる。以下では，従価関税を仮定する。

輸入関税が自国の輸入量と経済厚生に与える影響をみていこう。比較する際の基準として，自由貿易すなわち関税がゼロの状態を考える。自由貿易が行われる下では，$\tau = 0$ より，コメの国内価格は国際価格に一致する（$p_R = p_R^w$）。自国のコメ需要量は図 9-1 の D，コメ供給量は S でそれぞれ表されるので，自国は $(D-S)$ だけの量のコメを海外から輸入する。このとき，自国の消費者余剰は（a

---

[1] 外国の生産者は，自国市場にコメを供給したとき，国内価格から関税支払い額 t を差し引いた金額を受け取ることになる。もし国内価格が $p_R^w + t$ よりも低いとすると，税引き後の外国企業の受取額は国際価格 p_R^w を下回ることになり，自国市場にコメを誰も供給しなくなってしまう。これは自国市場において超過需要が発生していることを意味するので，国内価格は上昇する必要がある。国内価格が $p_R^w + t$ を上回る場合は逆に自国市場で超過供給が発生し，国内価格は低下する必要がある。

210 第 III 部　現代の貿易理論と貿易政策

表 9-1　小国の輸入関税の厚生効果

	自由貿易	輸入関税	変化分
消費者余剰	$a+b+c+d+e+f$	$a+b$	$-(c+d+e+f)$
生産者余剰	g	$c+g$	c
関税収入	なし	e	e
総余剰	$a+b+c+d+e+f+g$	$a+b+c+e+g$	$-(d+f)$

$+b+c+d+e+f$) の面積，生産者余剰は g の面積でそれぞれ表されるので，自国の経済厚生は消費者余剰と生産者余剰の合計 ($a+b+c+d+e+f+g$) となる。

自国政府がコメの輸入に税率 $\tau>0$ の輸入関税を課した場合，コメの国内価格は国際価格を上回る ($p_R>p_R^w$)。したがって，自国のコメ需要量は図 9-1 の D_τ に減少する一方，コメ供給量は S_τ に増加する。その結果，自国のコメ輸入量は ($D-S$) から ($D_\tau-S_\tau$) に減少する。また，自国の消費者余剰は ($a+b$) の面積，生産者余剰は ($c+g$) の面積でそれぞれ表される。しかし，関税など政府による税・補助金政策が行われる下では，これらの政策の結果として発生する政府の収入や支出も経済厚生の構成要素として考慮に入れる必要がある。ここでは，e の面積（輸入量 1 単位当たりの税収 τp_R^w と輸入量 ($D_\tau-S_\tau$) との積）だけ関税収入が発生する。したがって，輸入関税の下での自国の経済厚生は ($a+b+c+e+g$) の面積で表される。これは，自由貿易の場合に比べると，($d+f$) の面積だけ少なくなっている。つまり，小国の輸入関税政策は，自由貿易に比べて経済厚生の損失を発生させる（表 9-1 も参照）。

自由貿易と比較して，コメの価格は上昇し生産量は増加するので，輸入関税政策は生産者余剰の増加をもたらす。また，政府には関税収入が発生する。その一方で，関税による価格上昇と消費量の減少は，消費者余剰の減少をもたらす。この消費者余剰の減少という負の厚生効果は，生産者余剰の増加と関税収入という正の厚生効果を打ち消すほど大きく，全体として経済厚生の損失が発生する。

関税による厚生損失は，d と f という 2 つの部分から成るが，これらはそれぞれ次のように解釈される。d の部分は，自由貿易の下での生産量 S よりも過大な水準 S_τ が達成されていることにともなう「生産面での資源配分の歪み」である。輸入関税政策の下で自国のコメの国内価格 p_R は国際価格 p_R^w よりも高い。これは，自由貿易下においては自国は国際価格でこの財を手に入れることができ

るはずなのに，それよりも高いコストをわざわざかけて国内で生産を増やしていることを意味する。この高コストでの国内生産の増加は，資源配分の効率性を損なわせている。次に，f の部分は，自由貿易の下での消費量 D よりも過小な水準 D_τ が達成されていることにともなう「消費面での資源配分の歪み」である。これは，自由貿易の下では国際価格 p_R^w でコメを購入できたのに，輸入関税政策の下ではコメの価格は p_R に上昇するため，コメの消費を諦める消費者が出てくることによって引き起こされる。このように，輸入関税政策による国内価格の国際価格からの乖離は，生産と消費の両面から資源配分の歪みをもたらすことにより，自由貿易に比べて経済厚生を悪化させる。

3　小国の輸入関税政策——一般均衡分析

　前節で述べた小国の輸入関税の効果を，一般均衡モデルを用いて再度確認しよう。一般均衡モデルにおいては，消費サイドは代表的消費者の効用関数で，生産サイドは生産可能性フロンティアで，それぞれ表される。生産可能性フロンティアは，第 3 章のヘクシャー＝オリーン・モデルで分析したように，原点に対して凹の形状をもつものと仮定する。

　関税の効果を分析するための準備として，自由貿易の下での自国の一般均衡を確認しておこう。自由貿易の下では，国内の各企業は国際価格をふまえた上で，利潤最大化を目指して生産量と生産要素投入量を決定する。国内の各生産要素の市場においても完全競争が成立し，需給が一致するように生産要素価格が調整されると仮定する。利潤最大化行動と生産要素の完全雇用が成立する結果，コメの国際相対価格 $p^w \equiv p_R^w / p_C^w$ とコメの機会費用は一致する。機会費用は生産可能性フロンティアの接線の傾きである限界変形率に等しいので，自国の生産の均衡点は図 9-2 において，国際相対価格線 p^w と生産可能性フロンティアとの接点 Y で示される。自国のコメと自動車の生産量は y_R と y_C でそれぞれ示され，したがって自国の総生産額は $p_R^w y_R + p_C^w y_C$ となる。第 2 章や第 3 章でみたように，国内総生産は国内総所得に等しいので，自国の代表的消費者の予算制約条件は

$$p_R^w x_R + p_C^w x_C = p_R^w y_R + p_C^w y_C \tag{2}$$

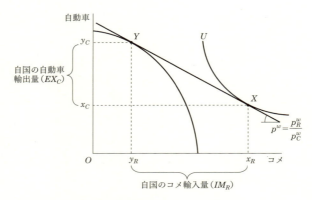

図 9-2 自由貿易の下での一般均衡

で表される。ここで x_R と x_C はそれぞれ代表的消費者のコメと自動車の消費量である。消費者は予算制約の下で財の消費から得られる効用を最大にするように x_R と x_C を決定する。効用最大化条件は，（自動車に対するコメの）限界代替率とコメの相対価格との均等化によって特徴づけられる。国内の生産者と同様，自由貿易の下では自国の代表的消費者は国際価格に直面するので，最適消費点は図 9-2 において，国際相対価格線 p^w と無差別曲線との接点 X で示される。無差別曲線 U は，自由貿易の下での代表的消費者の効用水準を示しているが，それは同時に自国の経済厚生の水準も表している。

(2)式は，国際価格で測った自国の総支出額と総生産額との均等化を表しているが，それは同時に自国の貿易収支が均衡していることも意味している。図 9-2 において，コメの消費量は生産量を上回り，自動車については逆に生産量が消費量を上回っている。つまり，自国は $x_R - y_R = IM_R$ だけのコメを海外から輸入し，$y_C - x_C = EX_C$ だけの自動車を海外に輸出している。図から明らかなように，IM_R にコメの国際相対価格 $p^w \equiv p_R^w / p_C^w$ をかけたものは EX_C に等しくなっている。つまり，自動車を価値基準財とした場合の自国におけるコメの輸入額は，自動車の輸出額に等しくなり，したがって自国の貿易収支は均衡している。このことは，(2)を変形することによって，

$$p^w(x_R - y_R) = y_C - x_C \tag{3}$$

と書き換えられることからも確かめられる。

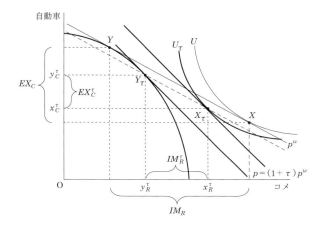

図 9-3 輸入関税の下での一般均衡（小国のケース）

　自国政府による関税政策によって，自国の貿易均衡はどのように変化するだろうか。自国政府がコメの輸入に対して $\tau > 0$ の輸入関税を課し，自動車に関しては自由貿易を行うものとすると，コメの国内価格は(1)式で表される一方，自動車の国内価格については $p_C = p_C^w$ が成立するので，コメの国内相対価格 $p \equiv p_R/p_C$ は

$$p = \frac{(1+\tau)p_R^w}{p_C^w} = (1+\tau)p^w > p^w \qquad (4)$$

となり，国際相対価格よりも高くなる。このことは，輸入関税の下で自国の消費者と生産者が直面する相対価格線 p は自由貿易の下での相対価格線 p^w よりも急な傾きをもつことを意味する。生産の均衡点は自由貿易の時と同様，相対価格 p と機会費用（限界費用）とが等しくなる状態，すなわち図 9-3 の相対価格線と生産可能性フロンティアとの接点 Y_τ で表される。コメと自動車の生産量はそれぞれ y_R^τ と y_C^τ となる。

　最適消費点はどこになるだろうか。それを理解するためには，関税政策の下での代表的消費者の予算制約条件を考える必要がある。関税収入は消費者全体に還元されると仮定すると，予算制約条件は

$$p_R x_R + p_C x_C = p_R y_R^\tau + p_C y_C^\tau + \tau p_R^w (x_R - y_R^\tau) \qquad (5)$$

と表現される。(5)の左辺は，国内価格で測った場合の総支出額を表し，した

214 第 III 部 現代の貿易理論と貿易政策

がって予算線を表す。これに対して(5)の右辺の第1項と第2項の和は，国内価格で測った場合の総生産額を表し，第3項は関税収入を表している。したがって，(5)式は，国内価格で測った場合，総支出額は総生産額を関税収入の分だけ上回ることを意味している。しかし，国際価格で測った場合，総生産額と総支出額は一致し，貿易収支は均衡する。このことは，(4)と(5)を組み合わせると，

$$p^w(x_R - y_R^\tau) = y_C^\tau - x_C \tag{6}$$

が成立することから確かめられる。

以上の議論より，輸入関税の下での自国の生産点と消費点は以下の三つの条件を満たすことがわかる。

(i) 自国の消費者と生産者が直面する相対価格線は，輸出財を縦軸にとった場合，自由貿易の下でのそれに比べて大きな傾きをもつ。
(ii) 消費者の予算線（無差別曲線と接する）は，総生産額を表す線（生産可能性フロンティアと接する）よりも外側に位置する。
(iii) 生産点と消費点はともに，国際相対価格の傾きをもった同じ線の上にある。

これらの三つの条件を満たすような生産点と消費点を図示したのが，図9-3である。性質(i)と性質(ii)から，輸入関税の下での消費者の予算線の傾きは総生産額を表す線と同様，国内相対価格 p に等しいが，総生産額の線よりも外側に位置する。この結果と性質(iii)より，最適消費点は，国内相対価格の傾きをもつ予算線と無差別曲線との接点で，かつ国際相対価格の傾きをもち生産点 Y_τ を通る破線の上にあることがわかる。したがって，自国の消費点は X_τ で示され，コメと自動車の消費量はそれぞれ x_R^τ と x_C^τ で表される。

輸入関税により輸入財の国内相対価格は上昇するため，その生産量は増加し，輸出財の生産量は逆に減少する。つまり，自国にとっての比較劣位財部門が拡大し比較優位財部門が縮小することにより，生産の非効率性が発生している。これは，部分均衡モデルを用いた分析における生産面での歪みに相当する。このことは，国際価格で測った国民所得が減少している（Y_τ 点を通る国際価格で測った総生産額を表す破線が，自由貿易の下での生産点 Y を通る総生産額を表す実線よりも内側に描かれる）ことからも理解される。

消費に関しては，ミクロ経済学の消費者行動理論で通常分析されるように，価

格変化の効果を代替効果と所得効果とに分解すると，輸入財の相対価格の上昇は代替効果によって輸入財の消費の減少と輸出財の消費の増加をもたらすことがわかる。この輸入財の消費量の減少は，部分均衡モデルにおける消費面での歪みに相当するが，ここでは輸出財の消費の増加および所得効果も存在しているので，これらの影響も考慮に入れて消費サイドへの影響をみる必要がある。各財の消費量への影響については，代替効果と所得効果に依存して様々なケースが起こりうるが，ここでは効用関数がホモセティックであり，無差別曲線が相似拡大的であるとしよう。このとき，第2章で述べたように，関税賦課による輸入財の国内相対価格の上昇は，輸入財の輸出財に対する国内の消費比率の低下をもたらすことになる。このことは，輸入関税の下での最適消費点 X_τ が自由貿易の下での消費点 X よりも左上に位置することを意味する。したがって，図9-3に示されるように，自国のコメの輸入量は自由貿易下に比べて減少する。(3)式より，国際価格が一定の下では，自動車の輸出量も減少する。

　図9-3においては，輸入関税下の自国のコメ輸入量は IM_R から $IM_R^\tau = x_R^\tau - y_R^\tau$ に，自動車輸出量は EX_C から $EX_C^\tau = y_C^\tau - x_C^\tau$ に，それぞれ減少することが示されている。また，消費点 X_τ を通る無差別曲線 U_τ は，自由貿易下の無差別曲線 U よりも内側に位置するが，このことは自国の経済厚生が自由貿易下に比べて悪化することを意味している。これは，国際価格で測った国民所得の減少により，自国の消費者の実質所得が減少するためである。以上の結果をまとめると，輸入品への関税によって輸入量と輸出量はともに減少し，小国である自国の経済厚生は悪化する。

4　輸入関税と輸出税

　自国からの輸出品に対して課される輸出税は，輸入関税と違って実際に課される例はあまり多くない。しかし，発展途上国など一部の国では，食料や天然資源の輸出国が国内での需要不足を防ぐ，国産原材料の輸出を抑制することで自国の加工産業を育成する，財政収入を確保するなどの目的のために課されることがある。

216　第 III 部　現代の貿易理論と貿易政策

　図 9-3 で示したように，輸入品に関税を課し輸出品に関しては自由貿易を行った場合，一般均衡モデルの枠組みにおいては自国の輸入量だけでなく輸出量も減少する。この結果は，逆に輸出品にのみ課税し輸入品に関しては自由貿易を行ったとしても，輸入関税政策と同様の結果が得られるのではないかという予想につながる。実際，この予想は正しい。自国政府が自動車の輸出に $\varepsilon > 0$ の率（× 100％）の税を課すとする。輸出税の課税ベースは出荷地である自国の国内価格なので，$(1+\varepsilon) p_C = p_C^w$ が成立する[2]。この式は $p_C = p_C^w / (1+\varepsilon)$ と変形できるので，輸出税の下でのコメの国内相対価格は

$$p = \frac{p_R}{p_C} = \frac{p_R^w}{p_C^w / (1+\varepsilon)} = (1+\varepsilon) p^w > p^w \tag{7}$$

となる。ε を τ に置き換えると，(7)は(4)と一致する。つまり，輸出税政策の下で自国の消費者と生産者が直面する国内価格は，同率の輸入関税政策の下でのそれと一致する。

　自由貿易や輸入関税の下においてと同様，輸出税下での自国の生産の均衡も，生産可能性フロンティアの傾きである機会費用と相対価格との均等化で特徴づけられる。この条件を満たすコメと自動車の生産量をそれぞれ y_R^ε と y_C^ε で表し，輸出税収入は消費者に還元されると仮定すると，消費者の予算制約条件は

$$p_R x_R + p_C x_C = p_R y_R^\varepsilon + p_C y_C^\varepsilon + \varepsilon p_C (y_C^\varepsilon - x_C) \tag{8}$$

で表される。(8)の第 3 項は輸出税収入であり，したがってこの式は，国内価格で測った場合に総支出額が総生産額を輸出税収入の分だけ上回ることを意味している。しかし，(7)を(8)に代入して整理すると，

$$p^w (x_R - y_R^\varepsilon) = y_C^\varepsilon - x_C \tag{9}$$

が成立する。つまり，国際価格で測った場合，総生産額と総支出額は一致し，貿易収支は均衡する。

　以上の議論から明らかなように，輸出税政策の下での国内相対価格(7)，お

---

[2]　自国の生産者は，海外に自動車を輸出する際，輸出価格 p^w から輸出税支払い額 εp_C を差し引いた金額を受け取ることになる。もし国内価格 p_C が $p^w - \varepsilon p_C$ よりも低ければ，自動車を生産するすべての企業が輸出を選択し，国内に供給しなくなる。逆に p_C が $p^w - \varepsilon p_C$ よりも高ければ，輸出は全く行われなくなる。したがって，国内供給と輸出がともに行われる状況においては，$p_C = p^w - \varepsilon p_C$ すなわち $(1+\varepsilon) p_C = p_C^w$ が成立しなければならない。

第9章　貿易政策　**217**

および消費者の予算制約条件(8)と(9)はそれぞれ，輸入関税政策の下で成立する(4)，(5)，(6)に完全に対応している。したがって，2財一般均衡モデルにおいては，輸出税の効果はそれと同率の輸入関税の効果と同一のものとなることがわかる。なお，この結果は，「ラーナーの対称性定理」として知られている（Lerner, 1936）。

5　小国の輸出補助金政策

　前節の最後に輸出税について述べたが，輸出税とは逆に，輸出に対して政府が補助金を支給する政策が輸出補助金である。輸出補助金は，贈与（通常の補助金に当たるもの），税の減免措置，低利融資，出資など様々な形態をとって多くの国々で実施されているが，自国の産業を必要以上に保護し，自由な貿易競争を歪めるおそれがある。そのため，WTO の「補助金および相殺措置に関する協定」では，これらの様々な形態は広く「補助金」として規律の対象とされている。

　自国政府が自動車の輸出に $\sigma > 0$ の率（×100％）の補助金を供与すると想定しよう。輸出補助金はマイナスの輸出税と解釈できるので，輸出税の分析における ε を $-\sigma$ と置き換えることによって，輸出補助金政策の下での自国における自動車の国内価格を

$$p_C = \frac{p_C^w}{1-\sigma} > p_C^w \tag{10}$$

と表すことができる。

　まず，部分均衡モデルを用いて，輸出補助金が自国の輸出量と経済厚生に与える影響をみてみよう。自由貿易（$\sigma = 0$）の下では自動車の国内価格は国際価格に一致し（$p_C = p_C^w$），自国の自動車輸出量は図 9-4 において（$S-D$）で表され，自国の経済厚生は消費者余剰（$a+b+c$）と生産者余剰（$f+g$）の合計（$a+b+c+f+g$）で表される。

　自国政府が自動車の輸出に $\sigma > 0$ の輸出補助金を供与した場合，自動車の国内価格は国際価格を上回る（$p_C > p_C^w$）。自国の自動車需要量は図 9-4 の D_σ に減少する一方，自動車供給量は S_σ に増加するので，自国の自動車輸出量は（$S-D$）

218　第 III 部　現代の貿易理論と貿易政策

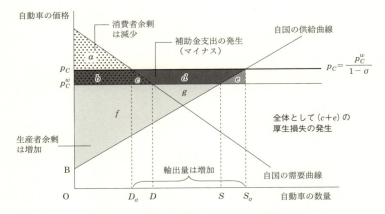

図 9-4　小国の輸出補助金の効果：部分均衡分析

表 9-2　小国の輸出補助金の厚生効果

	自由貿易	輸出補助金	変化分
消費者余剰	$a+b+c$	a	$-(b+c)$
生産者余剰	$f+g$	$b+c+d+f+g$	$b+c+d$
補助金支出	なし	$-(c+d+e)$	$-(c+d+e)$
総余剰	$a+b+c+f+g$	$a+b+f+g-e$	$-(c+e)$

から $(S_\sigma - D_\sigma)$ に増加する。自国の消費者余剰は a に減少する一方，生産者余剰は $(b+c+d+f+g)$ に増加する。しかし，自国政府は輸出補助金を輸出企業あるいは輸出業者に供与しているので，その分の財政支出が発生する。この政府支出は，輸出量 1 単位当たりの補助金支出 σp_C と輸出量 $(S_\sigma - D_\sigma)$ との積，すなわち $(c+d+e)$ の面積で表される。自国の経済厚生を考える場合，この部分を消費者余剰と生産者余剰の合計から差し引く必要がある。したがって，輸出補助金の下での自国の経済厚生は $(a+b+f+g-e)$ の面積で表される。これは自由貿易下に比べて $(c+e)$ の面積だけ少なくなっており，したがって小国の輸出補助金政策は自由貿易に比べて経済厚生の損失を発生させると結論づけることができる（表 9-2 も参照）。

輸出補助金政策は，輸出品である自動車の国内価格の上昇をもたらすので，自由貿易に比べて生産者余剰は増加する一方，消費者余剰は減少する。それに加え

て，補助金供与にともなう政府支出が発生する。消費者余剰の減少と政府支出を合わせた負の厚生効果は，生産者余剰の増加という正の厚生効果を打ち消すほど大きく，全体として経済厚生の損失が発生する。この厚生損失は，c と e という2つの部分の面積の合計で表されるが，その解釈は輸入関税政策のときと同様である。つまり，輸出補助金政策によって国内価格は国際価格から乖離し，それによって消費面での歪み（c の部分）と生産面での歪み（e の部分）が生じることにより，自国の経済厚生は自由貿易に比べて悪化する。

次に，一般均衡モデルを用いて分析しよう。輸入品であるコメに関しては自由貿易が行われるとすると，輸出補助金の下でのコメの国内相対価格は

$$p = \frac{p_R}{p_C} = \frac{p_R^w}{p_C^w/(1-\sigma)} = (1-\sigma)\,p^w < p^w \tag{11}$$

となり，輸入品であるコメの国内相対価格は国際相対価格に比べて低くなる。生産の均衡点は，国内相対価格と機会費用が等しくなるような点で決定されるが，このときのコメと自動車の生産量を y_R^g と y_C^g で表すことにする。補助金支出のための財源は消費者から一括税を徴収することによって賄われるとすると，自国の代表的消費者の予算制約条件は

$$p_R x_R + p_C x_C = p_R y_R^g + p_C y_C^g - \sigma p_C (y_C^g - x_C) \tag{12}$$

で表される。この式の第3項は補助金支出であり，したがって輸出入税の場合とは逆に，国内価格で測った場合，総支出額は総生産額を下回ることになる。しかし，(11)を(12)に代入して整理すると，輸出入税の場合と同様に

$$p^w (x_R - y_R^g) = y_C^g - x_C \tag{13}$$

が成立する。

(11)〜(13)式より，輸出補助金の下での自国の生産点と消費点は以下の三つの条件を満たすことがわかる。

(i)自国の消費者と生産者が直面する輸出財（輸入財）の相対価格線は，自由貿易の下でのそれに比べて大きな（小さな）傾きをもつ。

(ii)消費者の予算線（無差別曲線と接する）は，総生産額を表す線（生産可能性フロンティアと接する）よりも内側に位置する。

(iii)生産点と消費点はともに，国際相対価格の傾きをもった同じ線の上にある。

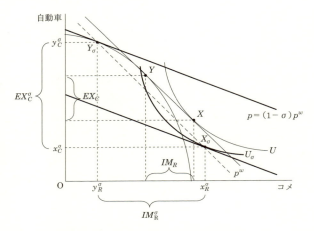

図 9-5 輸出補助金の下での一般均衡（小国のケース）

これらの条件を満たす生産点と消費点は，図 9-5 の Y_σ 点と X_σ 点でそれぞれ表される。自由貿易と比べると，自国の自動車輸出量は EX_C から $EX_C^\sigma = y_C^\sigma - x_C^\sigma$ に増加する。自国の貿易収支は均衡することから，自国のコメ輸入量も IM_R から $IM_R^\sigma = x_R^\sigma - y_R^\sigma$ に増加する。また，消費点 X_σ を通る無差別曲線 U_σ は，自由貿易下の無差別曲線 U よりも内側に位置する。したがって，輸出補助金政策は自国の輸出量と輸入量をともに増加させ，経済厚生の悪化をもたらす。

輸出補助金の下での経済厚生については，閉鎖経済の均衡（生産可能性フロンティアと無差別曲線との接点で達成される）における経済厚生よりも悪化する可能性があることに注意しておきたい。図 9-5 は，まさにそのようなケースを示している。輸出入税の場合，政策の実施によって貿易量は減少するので，最悪のケースでも貿易量がゼロとなるにとどまり，経済厚生が閉鎖経済のときの水準を下回ることはない。しかし，輸出補助金の場合，補助金率を上げれば上げるほど輸出量は増加し，それにともなって補助金支出の増加によって総所得は減少する。したがって，結果的に最適消費点における消費者の効用水準が閉鎖経済の均衡における水準よりも低くなる，ということが起こりうる。

6 数量規制とその他の非関税障壁

　今までの議論では，政府が貿易量をコントロールする際に税・補助金という価格政策をとるケースを扱ってきた。しかし，貿易政策の手段としては，価格政策ではなく貿易量を直接コントロールする政策も考えられる。貿易量を直接規制する政策として代表的なのが，輸入割当である。これは，対象とする輸入品の輸入総量を政府が制限し，輸入業者は輸入割当を申請し取得した後に割当数量を限度として輸入承認申請を提出し，輸入承認証を得た場合にのみ輸入することができる，という制度である。現在，日本では，水産物や，モントリオール議定書で定められたオゾン層破壊物質について，輸入割当が行われている。

　自国政府によるコメ輸入に対する数量規制（輸入割当）の効果を，部分均衡モデルを用いて分析しよう。自国政府がコメの輸入に関して図9-6の HI の大きさで表される輸入枠を設定し，これ以上の輸入はできないものとしよう。この輸入枠は，自由貿易の下での輸入量 $IM = D - S$ よりも少ないものとし，議論の単純化のため輸入業務は政府が直接行うと仮定しよう[3]。政府は国際価格 p_C^w でコメを海外から輸入し，自国内で販売する。このとき，自国のコメ供給量は，コメの価格が p_C^w よりも低いときは国内生産量に一致するが，p_C^w 以上のときは国内生産量と輸入量の合計となる。したがって，輸入割当の下での自国のコメ供給曲線は，$p_C < p_C^w$ においては自由貿易下の自国の供給曲線に一致するが，$p_C \geq p_C^w$ においては自国の供給曲線を輸入枠 HI だけ右にシフトさせたものになる。

　自国におけるコメの国内価格 p_C^q は，自国のコメ需要曲線とコメ供給曲線との交点 I で決定される。均衡におけるコメの国内供給量は国内需要量 D_q に等しいが，ここから輸入割当量を引いた X_q がコメの国内生産量である。このとき，自国の経済厚生は次のように表される。コメの国内価格は p_C^q で，需要量は D_q でそれぞれ表されるので，自国の消費者余剰は $\triangle A p_C^q I$ の面積で表される。これに対して自国の国内生産量は X_q なので，生産者余剰は $\triangle B p_C^q H$ の面積で表され

---

[3]　かわりに，政府が輸入許可証を発行し，許可証を割り当てられた輸入業者のみが輸入業務を行い，全体として政府が設定した輸入枠を達成する，と考えることも可能である。この場合，後で述べる割当レントは輸入業者のものとなる。

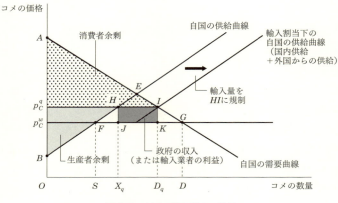

図 9-6 小国の輸入割当の効果

る。それに加えて、政府には輸入割当からの収入（割当レント）が発生する。自国政府は国際価格でコメを海外から輸入し、国内価格で国内消費者に販売するので、輸入量1単位当たり（$p_C^q - p_C^w$）の利益を得る。したがって、輸入レントは□$HIKJ$ の面積で表される。これらの3つの面積の合計が、輸入割当の下での自国の経済厚生となる。自由貿易の下での自国の消費者余剰と生産者余剰は △Ap_C^wG と △Bp_C^wF の面積でそれぞれ表されるので、輸入割当は自由貿易と比べて（△HFJ + △IGK）の面積に相当する厚生損失をもたらすことがわかる。

　自由貿易水準よりも少ない水準に輸入量を制限する輸入割当政策は、消費者余剰の減少をもたらす一方で、生産者余剰の増加と政府の割当レントの発生をもたらす。しかし、小国の場合、前者の損失が後者の利益を上回るので、経済厚生は必ず悪化することになる。したがって、輸入関税政策と同様、小国の輸入割当政策は一国全体の経済厚生の観点からは望ましい政策ではない。分析は省略するが、一般均衡モデルを用いても同様の結果を示すことができる。

　輸入数量制限は輸入国政府が行う政策であるが、このような政策を輸入国が実施するかわりに、輸出国側が輸入国と協議して、あるいは輸入国の要請を受けて、財の輸出量を自主的に制限する措置をとることも考えられる。このような政策を輸出自主規制（voluntary export restraint：VER）という。かつて日本政府がアメリカへの繊維製品や自動車の輸出に関して行ってきたVERは、よく知られた事

例である。VER は実質的には輸入割当と同じことを輸出国が行う政策だが，輸入割当の場合は割当レントが輸入国のものになるのに対し，VER は割当レントを輸出国が獲得するため，輸出国政府にとっても実施するメリットがある。しかしながら，このような輸入国と輸出国間の自主的な貿易制限の取り決めは WTO の枠組みでは「灰色措置」であると考えられ（GATT 第 11 条は，WTO 加盟国に対して原則として産品の輸入制限や輸出制限を行うことを禁止している），現在では VER は，それを要求することも含め，WTO のセーフガード協定において明確に禁止されている。

　以上で述べた輸入や輸出に関する数量制限は，関税以外の方法で行う貿易を制限する「非関税障壁」の一種である。非関税障壁は他にも，税関および行政手続，政府調達，ローカルコンテント規制，各種の基準・認証制度など，実に多岐にわたる。GATT の多角的貿易交渉でも，こうした非関税障壁は市場アクセスを妨げる要因として，1960 年後半からその削減・撤廃が重要な課題として議論されるようになり，WTO でも引き続き議論が行われている。

7　貿易政策による国内産業保護の有効性

　今までみてきたように，国際価格を所与として行動する小国の政府にとって，貿易政策の実施は自国の経済厚生を常に悪化させるため，望ましい政策とは言えない。それにもかかわらず，政府が輸入関税や輸出補助金を実施するのはなぜだろうか。一つの理由として，「国内産業を保護する，あるいは発展させる」ことが考えられる。事実，図 9-1 や図 9-4 をみれば明らかなように，輸入関税や輸出補助金は対象とする輸入品あるいは輸出品の国内価格の上昇を招くため，生産者余剰を増加させる効果がある。

　しかし，国内生産者の利益を拡大する，という観点からは，貿易政策よりも国内生産者への生産補助金政策のほうが有効である。このことを，図 9-7 を用いて説明しよう。国際価格 p_R^W が与えられた下で，自由貿易における自国のコメの供給量と需要量はそれぞれ S と D で表されるので，自国の輸入量は $(D-S)$ である。ここで，自由貿易を維持しつつ自国政府が国内生産者に対して生産補助金

224　第III部　現代の貿易理論と貿易政策

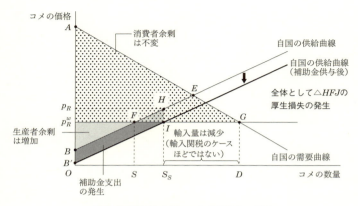

図 9-7　国内生産者への生産補助金の効果

を与えると想定する。生産補助金は従量的で，生産量1単位当たり図9-7の HI の大きさだけ与えられるとすると，自国の生産者の限界費用が補助金の分だけ低下するので，自国の供給曲線は HI だけ下方にシフトする。その結果，自国のコメ供給量は S_S に増加する。生産補助金は自国の消費者の行動には影響を与えないので，自国の需要曲線は変化せず，したがって自由貿易の下では自国のコメ需要量は D のままである。結果として，自国の輸入量は生産補助金政策によって減少する。

　生産補助金を実施する前後で自国のコメ需要量は変化しないので，消費者余剰も何ら影響を受けない。しかし，生産者余剰は $\triangle Bp_R^w F$ から $\triangle B'p_R^w I$ に増加する。その一方で，政府には □$BB'IH$ の面積で示される補助金支出が発生するので，この部分を消費者余剰と生産者余剰の合計から差し引く必要がある。全体として，生産補助金実施前に比べて，$\triangle HFI$ の面積分の厚生損失が発生する。自由貿易でかつ自国政府が何ら市場取引に介入しない場合に比べると，自国の経済厚生は悪化する。しかし，輸入関税によって同じコメ供給量と生産者余剰を達成しようとすると，国内価格の上昇によってコメ需要量と消費者余剰の減少が発生するので，経済厚生の損失はより大きくなる。経済厚生の観点からは，生産補助金は「生産面での歪み」のみをもたらすのに対し，輸入関税は生産面での歪みに加えて「消費面での歪み」も発生させるので，いわば消費税と生産補助金という2つ

第9章 貿易政策　225

の国内政策を同時に実施しているのと同じことを意味する。したがって，国内産業を保護するという観点からは，生産補助金のほうが輸入関税よりも資源配分の歪みが少なく済むという意味で，より望ましい政策であるといえる。

8　大国の輸入関税政策——部分均衡分析

　今までの節において，貿易政策を実施する自国は小国である，つまり自国の貿易量は国際価格に影響を与えないと仮定してきた。このような小国の仮定の下では，自国政府の貿易政策は必ず自国の経済厚生の悪化をもたらすため，貿易に対して何ら政策的介入が行われない自由貿易の状態が最も望ましい，ということが前節までの分析から明らかとなった。

　では，このような自由貿易の最適性は，自国が国際市場において影響力をもつ「大国」の場合でも成立するだろうか。本節以降では，大国の貿易政策の効果について分析する。まず本節では大国の輸入関税政策の効果について，部分均衡モデルを用いて分析しよう。

　小国とは異なり，大国による貿易政策は，貿易される財の国際価格を変化させる。したがって，輸入関税の効果を検討するためには，まず国際価格がどのように決まり，また自国の輸入関税政策によってどのように影響を受けるのかを明らかにする必要がある。

　自国はコメを外国から輸入していると想定する。与えられた国際価格の下で，自国のコメ輸入量はコメの国内需要量と国内供給量との差で表されるが，国際市場におけるコメの需給均衡は，自国のコメ輸入量と外国のコメ輸出量とが一致する状態として定義される。自由貿易の下での国際市場の均衡は，図 9-8 の右の図において自国の輸入需要曲線と外国の輸出供給曲線とが交わる E 点で示され，コメの均衡国際価格は p_R^w の水準に決定される。このとき，自国のコメ輸入量（および外国のコメ輸出量）は，IM_R で表される。ここで，自国がコメの輸入に関税を課したとしよう。小国のケースの分析で示したように，所与の国際価格に対し，自国の消費者と生産者が直面するコメの国内価格は上昇するので，自国のコメ輸入量は減少する。例えば，関税賦課後の自国におけるコメの国内価格と輸入

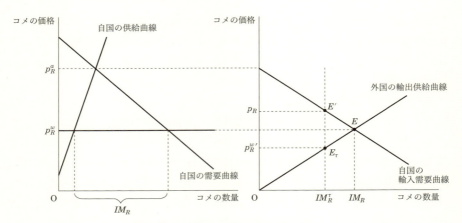

図 9-8 大国の輸入関税と国際価格の変化

表 9-3 大国の輸入関税の厚生効果

	自由貿易	輸入関税	変化分
消費者余剰	$a+b+c+d+e+f$	$a+b$	$-(c+d+e+f)$
生産者余剰	$g+i$	$c+g+i$	c
関税収入	なし	$e+h$	$e+h$
総余剰	$a+b+c+d+e+f+g+i$	$a+b+c+e+g+h+i$	$h-(d+f)$

量の組み合わせが図の E' 点（それぞれ p_R と IM_R^τ）になったとする．しかし，外国の輸出量は国際価格 p_R^w の下では IM_R のままなので，コメの国際市場において超過供給が発生している．国際市場におけるコメの需給均衡を達成するには，コメの輸出量が IM_R^τ に等しくなるように国際価格が低下する必要があり，その結果，新しい国際市場の均衡点 E_τ ではコメの国際価格は $p_R^{w\prime}$ になる．つまり，大国によるコメの輸入関税は，コメの国際価格の低下をもたらす．

自国にとっての輸入品であるコメの市場に着目した部分均衡モデルでは，自国の輸出品の価格は一定であると暗黙の裡に仮定している．したがって，コメの国際価格の低下は，自国の交易条件（輸出品の輸入品に対する相対価格）の上昇を意味する．つまり，大国の輸入関税政策は，輸入国の交易条件の改善をもたらす．この交易条件の改善は自国の経済厚生にとってプラスに働き，結果として自由貿易に比べて経済厚生が改善するという，小国のケースとは異なる結果が大国モデ

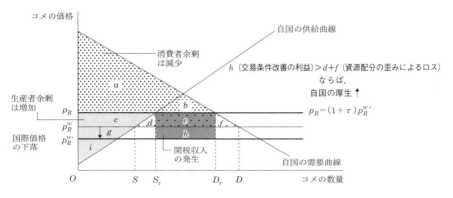

図 9-9 大国の輸入関税の効果：部分均衡分析

ルでは起こりうる。この可能性を示したのが，図 9-9 である。自由貿易の下 ($p_R = p_R^w$) では，自国の消費者余剰と生産者余剰はそれぞれ ($a+b+c+d+e+f$) の面積と ($g+i$) の面積で表される。自国政府がコメの輸入に関税を課したとする。上で述べたように，コメの国際価格は p_R^w から $p_R^{w\prime}$ に低下し，他方で自国におけるコメの国内価格は $p_R = (1+\tau) p_R^{w\prime}$ に上昇する[4]。コメの国内価格の上昇により，自国の消費者余剰は減少する一方，生産者余剰は増加し，また関税収入が発生する。これらの結果自体は小国のケースと同じだが，国際価格が下落する点が小国の場合と異なる。その結果，自由貿易と比較して，($d+f$) の面積分の余剰が減少する一方で，h の面積に相当する余剰の増加が発生している。

---

[4] 図 9-8 において，輸入関税下の国際価格と輸入国における国内価格，そして自由貿易均衡での国際価格との間には，$p_R > p_R^w > p_R^{w\prime}$ という関係が成立している。しかし，一般的には輸入関税によって国際均衡価格が大きく下がりすぎることにより，国内価格が自由貿易均衡価格よりも低くなる ($p_R < p_R^w$) 可能性も排除できない。このように，関税を課すことによって逆に輸入国の国内価格が低下するケースを「メッツラーの逆説」という (Metzler, 1949)。

9 大国の輸入関税政策——一般均衡分析

次に，一般均衡モデルを用いて輸入関税の効果を検討する。そのために，まず財の国際価格の決定を考えよう。一般均衡モデルにおいては，第1章で説明したオファー曲線を用いることにより，コメの国際相対価格がどのように決定されるかがわかる。自国は自動車生産に，外国はコメ生産に，それぞれ比較優位をもつと仮定し，自由貿易の下での自国のオファー曲線は図 9-10 の曲線 OF，外国のオファー曲線は曲線 OF^* で，それぞれ描かれるとしよう。OF と OF^* の交点 E が自由貿易均衡であり，均衡におけるコメの国際相対価格 p^w は直線 OE の傾きで表される。

自国がコメの輸入に関税を課したとしよう。第2節での議論より，所与の国際価格の下で，自国の輸入量および輸出量は減少する。したがって，関税賦課後の自国のオファー曲線は OF から OF' へと内側にシフトする。このとき，仮に国際相対価格が p^w のままだったとすると，自国のコメ輸入量と自動車輸出量は E' 点での組み合わせ，すなわちそれぞれ IM_R' と EX_C' であるのに対し，外国のコメ輸出量と自動車輸入量は E 点での組み合わせである EX_R^* および IM_C^* となる。つまり，世界市場においてコメが超過供給，自動車が超過需要の状態となる。したがって，コメの相対価格が低下することによって世界全体の需給バランスを回復する必要がある。その結果，新しい貿易均衡点は曲線 OF' と曲線 OF^* との交点 E_τ で達成される。コメの国際相対価格 $p^{w'}$ は直線 OE_τ の傾きで表されるが，その傾きは自由貿易均衡における国際相対価格線の傾き p^w よりも小さなものとなり，したがって新たな均衡ではコメの国際相対価格は低下する。

自国が大国の場合のコメへの輸入関税の効果を示したのが，図 9-11 である。小国のケースにおいて成立した，輸入関税の下で自国の生産点と消費点が満たすべき三つの条件は，ここでも同様に成立する。つまり，自国の消費者および生産者が直面するコメの国内相対価格 p は国際相対価格よりも大きな傾きをもつ直線で表されるが，消費者の総支出額は国内価格で測った場合，関税収入分だけ総生産額を上回るので，消費者の予算線は生産可能性フロンティアと接する国内価格線よりも外側に位置する。その一方で，国際価格で評価すると総生産額と総支

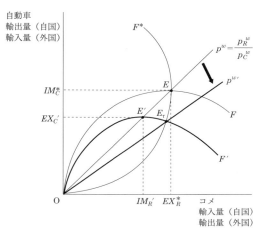

図 9-10 輸入関税と国際相対価格の変化

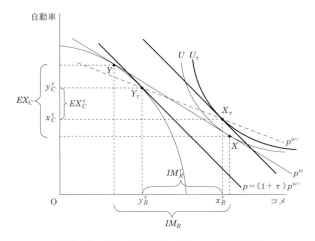

図 9-11 大国の輸入関税の効果：一般均衡分析

出額は一致するので，生産点 Y_τ と消費点 X_τ は国際価格線の傾きをもつ同じ直線上に位置する。ただし，小国のケースとは異なり，コメの国際相対価格は自由貿易下に比べて $p^{w\prime}$ に低下するので，Y_τ 点と X_τ 点は傾き $p^{w\prime}$ の国際価格線上に存在する。自国は輸入財であるコメの国際相対価格が低下することで，交易条件

230 第 III 部　現代の貿易理論と貿易政策

が改善している。輸入関税によって国内価格と国際価格との間に乖離が生じる（$p = (1+\tau)p^{w\prime} > p^{w\prime}$）ため，自国の経済には資源配分の歪みが発生しているが，その一方で自国の交易条件は自由貿易下に比べて改善している。後者の交易条件改善の効果が資源配分の非効率性にともなう厚生損失を上回るならば，自国の経済厚生は輸入関税政策によって改善する。図 9-11 は，そのような状況を示している。

10　最適関税

　図 9-9 で示したように，大国による輸入関税の賦課は，交易条件改善の利益が資源配分の歪みによる損失よりも大きければ，自国の経済厚生の改善につながる。そこで，自由貿易の状態（$\tau = 0$）から出発して，わずかに自国政府が関税率を引き上げたとしよう。このとき，自由貿易水準からの貿易量の減少はごくわずかなので，資源配分の歪みによる損失も無視しうるほど小さい。したがって，交易条件改善の利益が資源配分の歪みによる損失を上回るので，図 9-12 で示されるように，自国の経済厚生は自由貿易水準（W_f）に比べて改善する。関税率が低い場合，貿易量の減少幅はあまり大きくないので，このような関税引き上げによる経済厚生の改善は続いていくと考えられる。しかし，関税率が高くなり貿易量の減少幅が大きくなると，逆に資源配分の歪みによる損失が交易条件改善の利益を上回ることになる。そして，関税率があまりに高い水準にある場合，貿易はもはや行われなくなるだろう。このような，貿易が行われなくなるほど高い水準の関税率を「禁止的関税率」と呼び，$\bar{\tau}$ で表すことにする。関税率が $\bar{\tau}$ 以上の場合，自国は事実上，閉鎖経済の状態になるので，自国の厚生水準は閉鎖経済均衡における水準で一定となり（$W = W_a$），それは自由貿易均衡における厚生水準 W_f よりも低いものとなる。したがって，$\tau = 0$（自由貿易）と禁止的関税率 $\bar{\tau}$ との間で，自国の経済厚生を最大にする関税率が存在する。このような関税率を最適関税と呼び，τ^o で表すことにする。

　最適関税はどのような条件を満たすだろうか，実際に導出してみよう。図 9-13 には，コメに対する自国の輸入需要曲線と外国の輸出供給曲線が描かれてい

る。ただし，m をコメの貿易量（自国の輸入量および外国の輸出量）として，それぞれ逆需要関数 $p_I(m)$ と逆供給関数 $p_X(m)$ の形で表現している。両曲線の交点が自由貿易均衡であり，そのときのコメの貿易量を m_f で表すことにすると，コメの国際価格は $p_R^w = p_I(m_f) = p_X(m_f)$ で表される。いま，自国政府がコメの輸入に関税を課し，コメの貿易量が m_τ に減少したとすると，コメの自国における国内価格は $p_R = p_I(m_\tau)$ で表される一方，国際価格は $p_R^{w\prime} = p_X(m_\tau)$ に低下する。図9-9および表9-3において，輸入関税の下で自国の経済厚生は自由貿

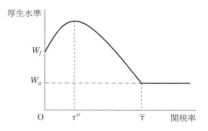

図 9-12　関税率と大国の経済厚生

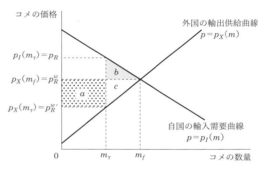

図 9-13　最適関税の導出

易に比べて $h - (d+f)$ の面積分だけ増加することを示したが，これは図9-13においては a の面積と b の面積との差に等しい。なぜならば，図9-13の m_τ は図9-9の $(D_\tau - S_\tau)$ に対応し，また同様に図9-13の $(m_f - m_\tau)$ は図9-9の $(D - S) - (D_\tau - S_\tau)$ に対応するので，図9-13における a と b の面積はそれぞれ図9-9における h と $(d+f)$ の面積にそれぞれ等しいからである。

a の面積は $(p_X(m_f) - p_X(m_\tau))m_\tau$ で，b の面積は $\int_{m_\tau}^{m_f}(p_I(m) - p_X(m_f))dm$ でそれぞれ表されるので，自国の経済厚生は，自由貿易の場合と比較して

$$\Omega = (p_X(m_f) - p_X(m_\tau))m_\tau - \int_{m_\tau}^{m_f}(p_I(m) - p_X(m_f))dm$$

$$= (p_X(m_f) - p_X(m_\tau))m_\tau - \int_{m_\tau}^{m_f} p_I(m)\,dm + p_X(m_f)(m_f - m_\tau)$$

だけ増加する。上の式の第2項は，$P'_I(m) = p_I(m)$ を満たす関数 $P_I(m)$（原始

232　第 III 部　現代の貿易理論と貿易政策

関数）を考えることにより,

$$\int_{m_\tau}^{m_f} p_I(m)\, dm = \left[P_I(m)\right]_{m_\tau}^{m_f} = P_I(m_f) - P_I(m_\tau)$$

と書き換えられる。したがって,

$$\Omega = \left(p_X(m_f) - p_X(m_\tau)\right)m_\tau - \left(P_I(m_f) - P_I(m_\tau)\right) + p_X(m_f)(m_f - m_\tau)$$

を m_τ で最大化するための 1 階条件は

$$\frac{\partial \Omega}{\partial m_\tau} = p_X(m_f) - p_X(m_\tau) - \frac{dp_X(m_\tau)}{dm_\tau} m_\tau + p_I(m_\tau) - p_X(m_f)$$

$$= -p_X(m_\tau)\left(1 + \frac{dp_X(m_\tau)}{dm_\tau}\frac{m_\tau}{p_X(m_\tau)}\right) + p_I(m_\tau) = 0 \tag{14}$$

で表される。$p_X(m_\tau) = p_R^{w\prime}$ および $p_I(m_\tau) = p_R$ なので,

$$\tau^o = \frac{dp_X(m_\tau)}{dm_\tau}\frac{m_\tau}{p_X(m_\tau)} \tag{15}$$

ならば,(14)は $p_R = (1 + \tau^o)p_R^{w\prime}$ と書き換えられる。(1)式より,このことは自国の最適関税が(15)を満たすことを意味する。

　(15)式において,m_τ は自国のコメ輸入量であるが,同時に外国のコメ輸出量でもある。また,$p_X(\cdot)$ は外国の輸出供給関数の逆関数である。そこで,外国の輸出供給関数を $m_X(p)$ で表すと,$m_\tau = m_X(p_X)$ という関係が成立するので,(15)は

$$\tau^o = \frac{1}{(dm_\tau / m_\tau)\, /\, (dp_X / p_X)}$$

と書き換えられる。この式の分母は,外国の輸出量の変化率 dm_τ / m_τ をコメ価格の変化率 dp_X / p_X で割ったものなので,外国の輸出供給の価格弾力性を表している。したがって,自国の最適関税率は,外国の輸出供給の価格弾力性の逆数に等しいことがわかる。外国の輸出供給が価格非弾力的なほど,自国政府が課す最適関税率は高くなり,逆に価格弾力的なほど,最適関税率は低くなる。特に,輸出供給が完全弾力的なケースにおいては自由貿易が最適（$\tau^o = 0$）となるが,これは外国の輸出供給曲線が水平線の場合であり,すなわち小国のケースに対応している。

　以上で述べた最適関税だが,これはあくまでも自国の経済厚生の観点から「最

適」であることに注意したい。貿易相手国である外国は自国とは対照的に，輸出品であるコメの国際価格の低下により，交易条件の悪化を被っている。これは外国の経済厚生を必ず悪化させる。実際，図 9–13 において，自由貿易下と比較して $(a+c)$ の面積に相当する厚生の損失を外国は被る。a の部分は自国の交易条件の改善による経済厚生の増加分を示しているので，大国による輸入関税は貿易相手国の犠牲をともなう「近隣窮乏化」政策であるといえる。そして，世界全体でみると自由貿易下と比較して $(b+c)$ の面積に相当する経済厚生の損失が発生している。したがって，世界全体では自由貿易が経済厚生上最も望ましいという自由貿易の最適性が依然として成立する。

11　大国の貿易政策——輸出補助金

　前節において，大国による輸入関税は小国のケースとは異なり，経済厚生を高める可能性があることを示した。大国による輸入関税は，自国の貿易量の制限をもたらすが，これは自国の輸入品の世界全体での超過需要（と自国の輸出品の世界全体での超過供給）を減少させ，自国の輸入品の国際相対価格の低下をもたらす。これは自国にとっては輸出品の相対価格の上昇つまり交易条件の改善をもたらすので，この交易条件効果が自国の経済厚生の改善につながる可能性がある。

　以上で述べた交易条件の改善は，自由貿易の下での貿易量以下の水準に自国政府が貿易量を制限するならば，輸入割当や輸出税など他の貿易制限的な政策を想定しても，同様に発生する。このことは逆に言えば，輸出補助金のように自由貿易下での貿易量を超えて貿易量を促進する政策は，交易条件の悪化をもたらすことを意味する。すでに小国のケースで，輸出補助金政策は消費と生産の両面において資源配分の歪みを発生させることを示したが，大国の場合にも同様の資源配分の歪みが発生する。それに加えて，大国の場合は交易条件の悪化による厚生損失が発生するので，大国の輸出補助金政策は，小国のケース以上に経済厚生の観点からは望ましくない政策となる。

　以上で述べた，大国による輸出補助金政策の厚生悪化の効果について，図 9–14 を用いて説明しよう。まず，部分均衡モデルを用いた分析を図 9–14a に示し

234 第Ⅲ部 現代の貿易理論と貿易政策

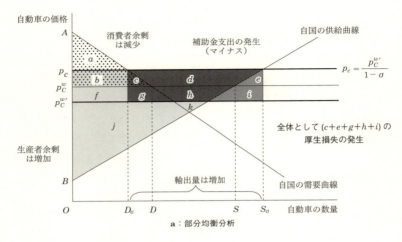

a：部分均衡分析

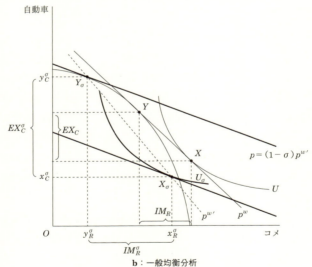

b：一般均衡分析

図 9-14 大国の輸出補助金の効果

たが，この図において自由貿易均衡（自動車の国内価格が国際価格 p_C^w に等しい）下の自国の消費者余剰は $(a+b+c)$，生産者余剰は $(f+g+h+j+k)$ の面積でそれぞれ表される。自国政府が自動車の輸出に補助金を供与した場合，自動車の国

際価格は $p_C^{w\prime}$ に低下し，国内価格は $p_C = p_C^{w\prime}/(1-\sigma)$ に上昇する。その結果，自国の消費者余剰は a の面積に減少する一方，生産者余剰は $(b+c+d+f+g+h+j+k)$ の面積に増加する。しかし，$(c+d+e+g+h+i)$ の面積に相当する補助金支出が発生するので，この部分を差し引くことにより，輸出補助金政策の下での総余剰が $(a+b+f+j+k)-(e+i)$ の面積で示されることがわかる。これは，自由貿易下の総余剰に比べて $(c+e+g+h+i)$ だけ少ないので，大国の輸出補助金政策は必ず経済厚生を悪化させると結論づけることができる。これらの厚生損失のうち，c と e の部分は小国のケースと同様それぞれ消費面と生産面での資源配分の歪みを示し，$(g+h+i)$ の部分は交易条件の悪化にともなう自国の余剰の減少分を表している。

　次に，一般均衡モデルを用いた分析は，図 9-14b に示したとおりである。小国のケースと同様，輸出補助金政策により，自国の生産者と消費者が直面する自動車の国内相対価格は大きくなるので，コメの国内相対価格 $p = p_R/p_C$ は逆に小さくなる。また，消費者の予算線（無差別曲線と接する）は，総生産額を表す線（生産可能性フロンティアと接する）よりも内側に位置する。そして，国際相対価格で測った場合，総支出額と総生産額は一致するので，生産点と消費点はともに国際相対価格の傾きをもった同じ線の上にある。ただし，輸出補助金政策の下での新たな世界市場の均衡における自動車の国際相対価格は，自由貿易均衡の水準に比べて小さくなるので，輸出補助金下のコメの国際相対価格線 $p^{w\prime}$ は p^w よりも急な傾きをもつ。以上の諸条件を考慮に入れると，輸出補助金政策の下での自国の生産と消費の均衡点はそれぞれ Y_σ 点と X_σ 点で示される。自国の自動車輸出量とコメ輸入量はともに増加するが，それは資源配分の非効率性をともなうものであり，大国の場合はそれに加えて自国の交易条件の悪化が発生している。したがって，自由貿易に比べて自国の経済厚生は悪化し，しかもその悪化の程度は小国の場合に比べてさらに大きいものとなる。

12　まとめ

　本章では，完全競争的な市場構造を想定し，貿易政策の効果について検討した。

236　第 III 部　現代の貿易理論と貿易政策

貿易政策としては輸入関税や輸出税のように課税によって貿易量を自由貿易水準以下に制限する政策，輸出補助金のように逆に貿易量を自由貿易水準以上に拡大する政策，税や補助金を用いるのではなく貿易量を直接コントロールする数量制限，さらには関税や数量制限以外の方法で貿易を制限する非関税障壁など，様々な手段が存在する。いずれの政策も，貿易量の変化が国際価格に影響を与えない「小国」の政府が実施した場合には，必ず自国の経済厚生を悪化させることが明らかとなった。これは，貿易政策によって国内価格が国際価格から乖離し，自国の資源配分の効率性が損なわれるためである。したがって，小国にとっては自由貿易が資源配分上最も望ましい政策となる。

　貿易量の変化が国際価格に影響を与える「大国」の場合は，事情が異なる。大国の場合も，貿易政策の実施による国内価格の国際価格からの乖離が，資源配分の歪みによるロスをやはり生じさせるが，貿易量を自由貿易水準以下に制限することによって自国の交易条件が改善するので，この交易条件改善による利益が資源配分におけるロスを上回る場合，全体として貿易量の制限が自国の経済厚生の改善をもたらす。このように，大国の場合は保護貿易政策が望ましい政策となりうる。

　しかし，大国による一方的な保護貿易政策は，貿易相手国の犠牲をともなう「近隣窮乏化」政策であり，世界全体でみると自由貿易に比べて経済厚生の損失が発生する。なお，このような場合，貿易相手国である外国の政府は，自国の貿易政策の実施による経済厚生の悪化を一方的に被るのではなく，自国に対して報復措置をとろうとするだろう。このような外国による報復措置は，さらなる貿易の縮小を招くことになる。いずれにしても，世界全体でみると自由貿易が最適であるという命題は，依然として成立する。

本章に関連する文献
　貿易政策の理論に関しては，多くの上級の教科書で扱っているのは言うまでもないが，邦語で書かれた教科書としては，伊藤元重・大山道広『国際貿易』岩波書店，1985 年の第 6 章〜第 8 章を，英語で書かれた教科書としては R. E. Feenstra, *Advanced International Trade: Theory and Evidence*, 2nd Edition, Princeton University Press, 2015 の Chapters 7–10 をそれぞれ挙げておきたい。前者は出版されてから 30 年以上が経っているが，完全競争下の貿易

政策の理論に関する日本語による解説としては，今なお最高峰であるといえる。また同書では，本章で扱わなかった有効保護率などの関連するトピックについても詳しく解説している。後者は，貿易政策に関する諸トピックについて，理論による説明のみならず，現実のデータを用いた実証分析の結果も示しており，理論と実証の両面から理解するという点で大変有益である。

　本章で扱わなかった不完全競争下の貿易政策の理論に関しては，E. Helpman, and P. Krugman, *Trade Policy and Market Structure*, MIT Press, 1989（大山道広訳『現代の貿易政策——国際不完全競争の理論』東洋経済新報社，1992 年）が包括的な議論を行っている。また，同書の第 2 章は，完全競争下の貿易政策に関するコンパクトな解説として有益である。

　第 4 節で述べたラーナーの対称性定理，脚注 4 で紹介したメッツラーの逆説については，それぞれ A. P. Lerner, The symmetry between import and export taxes, *Economica* 3, 1936, 306-313 と L. Metzler, Tariffs, the terms of trade and the distribution of national income, *Journal of Political Economy* 57, 1949, 1-29 が原論文である。

補論1 双対性アプローチによる貿易政策の分析

　この補論では，本文で説明した様々なケースにおける様々な貿易政策の効果について，双対性アプローチを用いて，統一的に説明する。双対性アプローチとは，経済の消費サイドを支出関数，生産サイドをGDP関数でそれぞれ描写することで[1]，経済の均衡を扱いやすく，かつ様々な一般化や拡張が可能な形で分析する手法で，国際経済学の分野でも広く使われるようになった（Dixit and Norman (1980), Woodland (1982), 小田 (1997, 第4章), などが代表的な文献である）。以下では2つの国（自国と外国）が存在し，各国において2つの財（財1と財2）が生産・消費される経済を想定する。各国の消費者と生産者はともに同質的で，完全競争的に行動すると仮定する。

　自国に着目し，消費サイドについてまずみていこう。自国の代表的消費者の効用関数は $U(c_1, c_2)$ で表され（c_i は財 i（$i=1,2$）の消費量），各財の消費の限界効用は正（$U_i \equiv \partial U/\partial c_i > 0$, $i=1,2$）で逓減し（$U_{ii} \equiv \partial^2 U/\partial c_i^2 < 0$, $i=1,2$），また $U_{ij} \equiv \partial^2 U/\partial c_i \partial c_j \geq 0$ が成立する（$i,j=1,2$, $j \neq i$）と仮定する。財2を価値基準財（ニューメレール）とし，財1の価格を p で表すと，自国消費者の支出関数は

$$E(p,u) \equiv \underset{c_1,c_2}{Min}(pc_1 + c_2 \text{ sub. to } U(x,y) \geq u)$$

で定義される。ここで u は消費者の効用水準である。シェパードの補題より，$c_1 = E_p(p,u)$ が成立する。また，効用関数についての仮定から $E_u > 0$ および $E_{pp} = \partial c_1/\partial p < 0$ が成立する。$E_{pp} < 0$ は，財1の補償需要関数がその価格の減少関数となることを意味している。

　次に生産サイドについてみていくが，それはGDP関数（あるいは収入関数）で特徴づけられる。自国のGDP関数は，

$$G(p) \equiv \underset{y_1,y_2}{Max}(py_1 + y_2 \text{ sub. to } (y_1,y_2) \in Y)$$

で定義される。ここで y_1 と y_2 はそれぞれ財1と財2の生産量であり，Y は自国の生産可能性集合である[2]。生産可能性集合は凸集合で，GDP関数の微分可能性を仮

---

[1]　支出関数やGDP関数については数学附録の第6, 7節を参照。

定すると，ホテリングの補題より $y_1 = G_p(p)$ が成立し，また $G_{pp} = \partial y_1 / \partial p > 0$ が成立する。$G_{pp} > 0$ は，財 1 の供給関数がその価格の増加関数となることを意味している。

　外国についても，消費サイドと生産サイドをそれぞれ支出関数と GDP 関数で表現する。外国の変数と関数については，右上に * を付けて表すことにする。自国と外国との間で自由貿易が行われる場合，p^w を財 1 の均衡価格として，以下の 3 本の式が成立する。

$$E(p^w, u) = G(p^w) \tag{1}$$

$$E^*(p^w, u^*) = G^*(p^w) \tag{2}$$

$$E_p(p^w, u) + E_p^*(p^w, u^*) = G_p(p^w) + G_p^*(p^w) \tag{3}$$

(1)と(2)はそれぞれ自国と外国において総支出額と総生産額（および総所得）とが等しいことを意味し，(3)は世界市場において財 1 の需給均衡が成立することを意味している。なお，ワルラス法則から，財 1 の市場の需給が均衡していれば，財 2 についても市場均衡が同時に成立している。(1)～(3)の 3 本の式から，p^w に加えて各国の代表的消費者の効用水準 u および u^* が決定される。u と u^* はそれぞれ，自国と外国の経済厚生水準と解釈される。

　(3)式は

$$E_p(p^w, u) - G_p(p^w) = G_p^*(p^w) - E_p^*(p^w, u^*)$$

と変形できるので，例えば自国が財 1 を輸入する（$E_p > G_p$）場合，世界市場の均衡において自国の輸入量と外国の輸出量は一致する。

1　貿易政策の効果——小国のケース

　本文で説明したように，小国による貿易政策はいかなる場合においても自国の経済厚生を悪化させ，したがって小国にとっては自由貿易が最適となる。この結果について，もう一度確認していこう。小国の仮定より，以下では財 1 の国際価格 p^w

---

[2]　自国の生産技術と生産要素賦存量に関するすべての情報は，生産可能性集合 Y に集約されている。生産要素の種類については特に仮定をおかないが，各生産要素は 2 つの生産部門間を自由に移動可能だが国際的な移動はできないと仮定する。

240　第 III 部　現代の貿易理論と貿易政策

および外国市場の均衡条件は変化しないものとして，分析を行う。

a) 輸入関税

　自国は財 1 の輸入国で，自国政府が $\tau > 0$ の率の輸入関税を課したとする。自国における財 1 の国内価格は $p = (1+\tau)p^w$ に上昇する。関税収入はすべて消費者に還元されると仮定すると，自国の総支出と総所得との均等条件は

$$E(p,u) = G(p) + \tau p^w M \tag{4}$$

で表される。ここで

$$M = E_p(p,u) - G_p(p) \tag{5}$$

は，自国の財 1 の輸入量である。(4)と(5)から，自国の厚生水準 u と輸入量 M の均衡水準が，輸入関税率 τ に依存して決定される。(4)と(5)をそれぞれ全微分し，$p = (1+\tau)p^w$ および p^w が所与という仮定より $dp = p^w d\tau$ が成立することを考慮に入れて整理すると，

$$\begin{bmatrix} -E_u & \tau p^w \\ E_{pu} & -1 \end{bmatrix} \begin{bmatrix} du \\ dM \end{bmatrix} = \begin{bmatrix} 0 \\ S_{pp} p^w \end{bmatrix} d\tau$$

を得る。ここで $S_{pp} \equiv G_{pp} - E_{pp} > 0$ である。上の式を du と dM について解くことにより，関税率 τ の変化が厚生水準 u と輸入量 M に与える影響が

$$\frac{du}{d\tau} = -\frac{S_{pp}\tau (p^w)^2}{E_u - E_{pu}\tau p^w} < 0, \quad \frac{dM}{d\tau} = -\frac{E_u S_{pp} p^w}{E_u - E_{pu}\tau p^w} < 0 \tag{6}$$

と求められる（2 つの財がともに消費者にとって上級財ならば，$E_u > E_{pu}\tau p^w$ が成立する）。したがって，小国における輸入関税政策（τ の引き上げ）は，自国の輸入量を減少させ厚生水準の悪化をもたらすことがわかる。

b) 輸入数量割当

　自国政府が財 1 の輸入量を自由貿易水準よりも少ない $\overline{M}$ という水準に定め，この水準で外国から国際価格 p^w で輸入する一方，国内の消費者には p の価格で販売すると想定する。輸入割当からのレントはすべて消費者に還元されると仮定すると，自国の総支出と総所得との均等条件は

$$E(p,u) = G(p) + (p-p^w)\overline{M} \tag{7}$$

で表される。このモデルにおいては，(7)および(5)に $M = \overline{M}$ を代入した式から，自国の厚生水準 u と国内価格 p の均衡水準が，輸入割当量 $\overline{M}$ に依存して決定される。比較静学の結果は，

$$\begin{bmatrix} E_u & 0 \\ E_{pu} & -S_{pp} \end{bmatrix} \begin{bmatrix} du \\ dp \end{bmatrix} = \begin{bmatrix} p-p^w \\ 1 \end{bmatrix} d\overline{M}$$

より,

$$\frac{du}{d\overline{M}} = \frac{p-p^w}{E_u} > 0, \quad \frac{dp}{d\overline{M}} = -\frac{E_u - (p-p^w)E_{pu}}{E_u S_{pp}} < 0 \tag{8}$$

と求められる。したがって, 自由貿易水準よりも少ない輸入量 $\overline{M}$ の設定 ($dM < 0$) は, 自国の輸入財の国内価格を上昇させ厚生水準の悪化をもたらす。

c) 輸出補助金

今度は自国が財 1 の輸出国で, 自国政府が $\sigma > 0$ の率の輸出補助金を供与する状況を考える。自国における財 1 の国内価格は, $p = p^w/(1-\sigma)$ に上昇する (第 5 節の(10)式を参照)。補助金支出は消費者から一括税の形で徴収すると仮定すると, 自国の総支出と総所得との均等条件は

$$E(p,u) = G(p) - \sigma p X \tag{9}$$

で表される。ここで

$$X = G_p(p) - E_p(p,u) \tag{10}$$

は, 自国の財 1 の輸出量である。(9)と(10)から, 自国の厚生水準 u と輸出量 X の均衡水準が, 輸出補助金率 σ に依存して決定される。均衡条件を全微分し, $(1-\sigma)p = p^w$ より $dp = \{p/(1-\sigma)\} d\sigma$ となることを用いて整理すると,

$$\begin{bmatrix} E_u & \sigma p \\ E_{pu} & 1 \end{bmatrix} \begin{bmatrix} du \\ dX \end{bmatrix} = \begin{bmatrix} 0 \\ \frac{S_{pp}p}{1-\sigma} \end{bmatrix} d\sigma$$

を得るので, 比較静学の結果が

$$\frac{du}{d\sigma} = -\frac{\sigma S_{pp}p^2}{(1-\sigma)(E_u - \sigma p E_{pu})} < 0, \quad \frac{dX}{d\sigma} = \frac{E_u S_{pp}p}{(1-\sigma)(E_u - \sigma p E_{pu})} > 0 \tag{11}$$

と求められる。したがって, 小国における輸出補助金政策 (σ の引き上げ) は, 自国の輸出量を増加させ厚生水準の悪化をもたらすことがわかる。

2 貿易政策の効果——大国のケース

大国による貿易政策の効果の分析に移ろう。この場合, 国際価格 p^w はもはや一定ではなく, 自国と外国との貿易均衡から内生的に決定される。以下では貿易政策

242 第 III 部 現代の貿易理論と貿易政策

を行うのは自国政府のみであるとし，外国は国際価格の下で貿易を行うと仮定する。

a) 輸入関税

自国においては(4)式と(5)式が成立する一方，外国においては(2)式が成立し，また財 1 の国際市場の均衡条件は

$$M = G_p^*(p^w) - E_p^*(p^w, u^*) \tag{12}$$

で表される。これらの 4 本の式を全微分して整理すると，

$$\begin{bmatrix} E_u & 0 & M & -\tau p^w \\ E_{pu} & 0 & -S_{pp}(1+\tau) & -1 \\ 0 & E_u^* & -M & 0 \\ 0 & E_{pu}^* & -S_{pp}^* & 1 \end{bmatrix} \begin{bmatrix} du \\ du^* \\ dp^w \\ dM \end{bmatrix} = \begin{bmatrix} 0 \\ S_{pp}p^w \\ 0 \\ 0 \end{bmatrix} d\tau \tag{13}$$

を得る。この式の係数行列の行列式は $\Delta_\tau \equiv (E_u - \tau p^w E_{pu})(E_u^* S_{pp}^* - E_{pu}^* M) + E_u^* \{E_u S_{pp}(1+\tau) + E_{pu}M\}$ と求められるが，財 1 の国際市場における均衡のワルラス的安定性が成立する下では，$\Delta_\tau > 0$ でなければならない。このことは，以下のようにして示される。(5)および $p = (1+\tau)p^w$ を(4)に代入すると，$E((1+\tau)p^w, u) = G((1+\tau)p^w) + \tau p^w (E_p((1+\tau)p^w, u) - G_p((1+\tau)p^w))$ という式を得るが，この式より所与の τ に対する自国の厚生水準 u を p^w の関数 $u = \tilde{u}(p^w)$ として表現することができ，

$$\frac{d\tilde{u}}{dp^w} = -\frac{M + \tau p^w S_{pp}(1+\tau)}{E_u - \tau p^w E_{pu}} < 0 \tag{14}$$

という関係が成立する。外国の厚生水準も同様に，(2)から u^* が p^w の関数 $\tilde{u}^*(p^w)$ として表され，

$$\frac{d\tilde{u}^*}{dp^w} = \frac{M}{E_u^*} > 0 \tag{15}$$

を得る。財 1 の国際市場における超過需要は，世界全体の需要 $E_p(p, u) + E_p^*(p^w, u^*)$ から世界全体の供給 $G_p(p) + G_p^*(p^w)$ を差し引いたものであるが，$p = (1+\tau)p^w$ であり，また上の議論から u および u^* が p^w の関数として表現されるので，これらを代入することによって p^w の関数として

$$Z(p^w) = E_p((1+\tau)p^w, \tilde{u}(p^w)) + E_p^*(p^w, \tilde{u}^*(p^w)) - G_p((1+\tau)p^w) - G_p^*(p^w) \tag{16}$$

という式で表される。財 1 の国際市場の均衡がワルラス的に安定であるための条件は，超過需要関数が p^w に関して減少関数であることなので，(14)と(15)を考慮に

入れると

$$Z'(p^w) = -\frac{(E_u - \tau p^w E_{pu})(E_u^* S_{pp}^* - E_{pu}^* M) + E_u^*\{E_u S_{pp}(1+\tau) + E_{pu}M\}}{(E_u - \tau p^w E_{pu})E_u^*} < 0$$

(17)

で示される。この式の分子は本文で定義した Δ_τ に等しいので，(17)が成立するためには $\Delta_\tau > 0$ でなければならない。

(13)式を解くと，自国の輸入関税率 τ の変化が各国の厚生水準 u および u^*，国際価格 p^w，貿易量 M に与える影響が

$$\frac{du}{d\tau} = -\frac{S_{pp}p^w}{\Delta_\tau}\{(E_u^* S_{pp}^* - E_{pu}^* M)\tau p^w - E_u^* M\}$$

(18a)

$$\frac{du^*}{d\tau} = -\frac{S_{pp}p^w E_u M}{\Delta_\tau} < 0$$

(18b)

$$\frac{dp^w}{d\tau} = -\frac{S_{pp}p^w E_u E_u^*}{\Delta_\tau} < 0$$

(18c)

$$\frac{dM}{d\tau} = -\frac{S_{pp}p^w E_u}{\Delta_\tau}(E_u^* S_{pp}^* - E_{pu}^* M) < 0$$

(18d)

と求められる。なお，(18d)の符号の導出においては，後で詳しく述べるように，外国の輸出供給が国際価格 p^w の増加関数であるという仮定をおいている。財1の輸入に対する自国の関税引き上げは，財1の貿易量の減少をもたらし，その国際価格を低下させる。これは財1の輸出国である外国の交易条件を悪化させるので，外国の厚生水準は低下する。しかし，財1の輸入国である自国は，貿易が縮小する一方で交易条件が改善するので，必ずしも経済厚生は悪化しない。特に，自由貿易（$\tau=0$）を初期状態として考えた場合，輸入関税の導入は

$$\frac{du}{d\tau}\Big|_{\tau=0} = \frac{S_{pp}p^w E_u^* M}{\Delta_\tau} > 0$$

より，必ず自国の厚生改善をもたらす。

b）最適関税

(18)式より，自国の厚生最大化条件 $du/d\tau = 0$ を満たす関税率が

$$\tau^o = \frac{E_u^* X^*}{(E_u^* S_{pp}^* - E_{pu}^* X^*)p^w}$$

(19)

と求められる。ここでは自国の財1輸入量 M を外国の財1輸出量 X^* で置き換え

244　第 III 部　現代の貿易理論と貿易政策

て表現している。

　第9章第10節で，最適関税率は外国の輸出供給の価格弾力性の逆数に等しいと述べたが，それはここでも当てはまる。つまり，(19)の右辺は外国の輸出供給の価格弾力性の逆数に等しい。このことは，以下のようにして確かめられる。(2)を全微分し，外国の財1輸出量を X^* で表すことにすると，$du^* = (X^*/E_u^*)\,dp^w$ を得る。また，(12)は $X^* = G_p^*(p^w) - E_p^*(p^w, u^*)$ と書き換えられるが，この式を全微分し，$du^* = (X^*/E_u^*)\,dp^w$ を用いて整理すると，

$$dX^* = \left(S_{pp}^* - \frac{E_{pu}^* X^*}{E_u^*} \right) dp^w \tag{20}$$

を得る。この式の括弧内の2つの項は，国際価格の変化が外国の財1需要量に与える影響が代替効果と所得効果から成ることを反映している。第1項の S_{pp}^* は，代替効果のみを考慮に入れた場合の p^w の変化が X^* に与える影響を表している。これに対して第2項は，p^w の変化が実質所得 u^* の変化を通じて需要量に与える所得効果を考慮に入れた，外国の輸出量への影響である。外国の財1の輸出供給量 X^* は国際価格 p^w の増加関数，つまり(20)式の括弧内の符号は正であると仮定しよう。世界市場の均衡においては $X^* = M$ が成立するので，このことは(18d)の符号が負になることを意味する。また，(20)を変形すると，

$$\frac{dX^*}{dp^w} \frac{p^w}{X^*} = \frac{(S_{pp}^* E_u^* - E_{pu}^* X^*)\, p^w}{E_u^* X^*} \tag{21}$$

を得る。(21)の左辺をみれば明らかなように，この式は外国の輸出供給の価格弾力性を表している。

c) 輸出補助金

　最後に，自国が財1を輸出している状況を想定し，自国政府による輸出補助金政策の効果について検討しよう。自国においては(9)式と(10)式が成立する一方，外国においては(2)式が成立し，また財1の国際市場の均衡条件は

$$X = E_p^*(p^w, u^*) - G_p^*(p^w) \tag{22}$$

で表される。これらの4本の式を全微分して整理すると，

$$\begin{bmatrix} E_u & 0 & -X & \sigma p^w \\ E_{pu} & 0 & -\frac{S_{pp}}{1-\sigma} & -1 \\ 0 & E_u^* & X & 0 \\ 0 & -E_{pu}^* & S_{pp}^* & 1 \end{bmatrix} \begin{bmatrix} du \\ du^* \\ dp^w \\ dX \end{bmatrix} = \begin{bmatrix} 0 \\ \frac{S_{pp}p}{1-\sigma} \\ 0 \\ 0 \end{bmatrix} d\sigma$$

第 9 章　貿易政策　　**245**

を得るので，自国の輸出補助金率 σ の変化が各国の厚生水準 u および u^*，国際価格 p^w，貿易量 X に与える影響が

$$\frac{du}{d\sigma} = -\frac{S_{pp}p\{(E_u^*S_{pp}^* + E_{pu}^*X)\sigma p + E_u^*X\}}{\varDelta_\sigma(1-\sigma)} < 0 \tag{23a}$$

$$\frac{du^*}{d\sigma} = \frac{S_{pp}pE_uX}{\varDelta_\sigma(1-\sigma)} > 0 \tag{23b}$$

$$\frac{dp^w}{d\sigma} = -\frac{S_{pp}pE_uE_u^*}{\varDelta_\sigma(1-\sigma)} < 0 \tag{23c}$$

$$\frac{dX}{d\sigma} = -\frac{S_{pp}pE_u(E_u^*S_{pp}^* + E_{pu}^*X)}{\varDelta_\sigma(1-\sigma)} > 0 \tag{23d}$$

と求められる。ここで $\varDelta_\sigma \equiv (E_u - \sigma pE_{pu})(E_u^*S_{pp}^* + E_{pu}^*X) + E_u^*\{E_uS_{pp}/(1-\sigma) - E_{pu}X\}$ > 0 である[3]。自国の財 1 の輸出に対する補助金の増加は，財 1 の貿易量の増加をもたらし，その国際価格を低下させる。これは財 1 の輸入国である外国を利する一方，自国は交易条件の悪化により厚生水準が低下する。

参考文献

A. Dixit and V. Norman, *Theory of International Trade : A Dual, General Equilibrium Approach*, Cambridge University Press, 1980.

A. D. Woodland, *International Trade and Resource Allocation*, North-Holland, 1982.

小田正雄『現代国際経済学』有斐閣，1997 年。

---

[3]　証明は省略するが，$\varDelta_\tau$ の符号と同様，財 1 の国際市場において均衡のワルラス的安定性が満たされるためには $\varDelta_\sigma > 0$ が成立する必要がある。

補論 2 貿易政策の政治経済学

　第 9 章第 10 節で最適関税について議論したが，そこでは自国の経済厚生を最大化するように関税率が決定されると仮定した。しかし，政府は実際にはそのような「博愛的」な行動をとるとは限らない。この補論では，政府が経済厚生の最大化とは異なる目的関数をもつ場合，政府はどのように貿易政策を決定するかについて議論する。

1　国内政治と貿易政策

　一般に保護貿易は，自由化を行うと損失を被ることになる国内の特定の集団を保護するものとなるが，なぜ保護するのか，どの集団を保護するのか，どの程度保護するのか，といった疑問に答える上で，国内の政治的な要因が大きな影響力をもつと考えられる。

　国によって政治制度は多様だが，現在，多くの国々で採用されているのは民主制である。政府は貿易政策を決定する際，「国民の声」を反映する必要があるが，この「国民の声」には大きく分けて二つのタイプがある。

　第一の「国民の声」は，有権者である。例えば，日本は議院内閣制を採用しており，衆議院と参議院のすべての議員は選挙によって選ばれ，その国会議員の中から内閣総理大臣が選ばれ，内閣を組織する。したがって，政権与党にならないと事実上，政策を実行することはできない。このことは，有権者が投票行動を通じて，貿易政策を含めた政府の政策に影響を与えることを意味する。

　政府が考慮すべき第二の「国民の声」は，利益集団である。利益集団とは，特定の関心・利益に基づいて組織される社会集団で，自分たちの目的を実現するために圧力団体を形成し，政治献金やロビー活動を通じて，政治に対して組織的に影響力を及ぼす。日本においても，日本経済団体連合会（経団連）などの経済団体，日本労働組合総連合会（連合）などの労働組合団体，農業協同組合（農協），教職員組合，

医師会など様々な利益集団が存在しており，政府の政策決定に多大な影響を与えている。

　有権者の投票行動と利益集団によるロビー活動のそれぞれに着目して，国内政治が貿易政策の決定に与える影響について分析しよう。以下では，国内政治と貿易政策決定に関する様々なアプローチを，Helpman（1997）に基づき，統一されたモデルで説明する。小国開放経済を想定し，この国には $n+1$ 種類の産業が存在すると仮定する。国内には多数の個人が存在し，消費者としての各個人の効用水準は $u=q_0+\sum_{i=1}^{n}u_i(q_i)$ で表されるものとする。ここで q_i は産業 i で生産される財（財 i と呼ぶ）の消費量であり（$i=0,1,\cdots,n$），$u_i(q_i)$ は財 0 を除く各財の効用関数である。財 i の国内価格と国際価格をそれぞれ p_i と p_i^w で表すことにし，τ_i を自国政府が財 i の輸入に課す関税率とすると，$\tau_i=(p_i-p_i^w)/p_i^w$ が成立する。なお，財 i が輸出品の場合，$\tau_i>0$（$\tau_i<0$）は輸出補助金率（輸出税率）となる。財 0 はニューメレール財でかつ自由貿易が行われている（$\tau_0=0$）と仮定する，すなわち $p_0=p_0^*=1$ であるとする。

　財 0 の生産には労働のみが生産要素として用いられ，労働投入係数は 1 である（1 単位の労働から 1 単位の財が生産される）と仮定すると，労働賃金は 1 に等しくなる。残りの財（$i=1,\cdots,n$）は，労働に加えて部門特殊的生産要素（その産業でのみ用いられる生産要素）を用いて生産されると仮定し，その生産関数は $Y_i=F^i(L_i,K_i)$ で与えられるものとする。ここで Y_i は財 i の生産量，L_i と K_i はそれぞれ財 i の生産に投入される労働と特殊的要素の量であり，生産関数 $F(\cdot,\cdot)$ は規模に関して収穫一定の性質をもつと仮定する。労働投入に関する利潤最大化条件 $p_iF_L^i(L_i,K_i)=1$ より（F_L^i は労働の限界生産物），L_i は p_i の関数として求められる。財 i の販売収入 $p_iF^i(L_i(p_i),K_i)$ から労働所得の支払い $1\times L_i(p_i)=L_i(p_i)$ を差し引いた額 $\Pi_i(p_i)=p_iF^i(L_i(p_i),K_i)-L_i(p_i)$ は，産業 i の特殊的要素の所有者が得る総所得（レント）である。

　自国の人口を N で表し，また労働賦存量を 1 に基準化する。ある個人 j を考え，この個人の労働供給量を γ_L^j で表し，また産業 i の特殊的要素のうち個人 j が所有する割合を γ_i^j で表す（γ_L^j と γ_i^j はともに 0 と 1 の間の値をとる）。政府が得る関税収入（輸出補助金がある場合，補助金支出を差し引いたネットの関税収入）は，すべての個人に均等に分配されると仮定する。各産業のレントと各財の消費者余剰，および各財の輸入量は国内価格の関数だが，各財の国内価格は関税率に依存している。した

がって，個人 j の間接効用関数は関税率ベクトル $\tau = (\tau_1, \cdots, \tau_n)$ の関数として，次のように表される。

$$v^j(\tau) = \gamma_L^j + \frac{1}{N} \sum_{i=1}^{n} \tau_i p_i^w M_i(p_i) + \sum_{i=1}^{n} \gamma_i^j \Pi_i(p_i) + \sum_{i=1}^{n} S_i(p_i) \tag{1}$$

ここで $M_i(p_i)$ は財 i の輸入量であり，$S_i(p_i) = u_i(d_i(p_i)) - p_i d_i(p_i)$ は財 i の消費からの消費者余剰である（$d_i(p_i)$ は財 i の需要関数）。(1)の右辺第1項は労働所得，第2項は関税収入の還付，第3項は特殊的要素からのレント，そして第4項は消費者余剰の合計である。$\Pi_i'(p_i) = Y_i(p_i)$ および $S_i'(p_i) = -d_i(p_i)$ が成立するので（$Y_i(p_i)$ は財 i の供給関数），財 i の輸入量 $M_i(p_i)$ は $-(NS_i'(p_i) + \Pi_i'(p_i))$ に等しい（$d_i(p_i) = -S_i'(p_i)$ は各個人の財 i の需要関数なので，それを N 倍したのが経済全体の需要である）。

2　直接民主制

　すでに述べたように，選挙における有権者の投票行動は貿易政策に影響を与えうるが，その最も単純な状況として，直接民主制の下での多数決投票を考えることができる。現代の政治システムにおいて，直接民主制を重視している国（スイスがそうである）は稀で，ほとんどの国が間接民主制を採用しているが，例えば近年の英国の EU 離脱のように，重大な政策決定は国民投票によってなされることもある。また，間接民主制であっても，現在政権を担っている与党が多数の有権者の意思を反映せずに政権運営を行えば，次の選挙の際に十分な得票を得られず政権から転落する可能性がある。したがって，政策が有権者の多数決投票によって直接決定されないとしても，政府は多数決投票によって得られる結果を実際の政策運営に反映させようとすると考えられる。

　(1)式より明らかなように，個人の効用水準 $v^j(p)$ はその個人の特性 γ_L^j および γ_i^j に依存して異なる値をとる。このうち特殊的要素の所有比率 γ_i^j は，以下で示すように貿易政策に対する個人の選好に影響を与えるものとなるので，$v^j(\tau) = \hat{v}(\tau, \gamma^j)$ と表すことにしよう。ここで $\gamma^j = (\gamma_1^j, \cdots, \gamma_n^j)$ は個人 j の特殊的要素所有比率ベクトルである。より具体的には，

$$\widehat{v}\,(\tau,\gamma^j) = \gamma_L^j + \sum_{i=1}^{n} \widehat{v}_i\,(\tau_i,\gamma_i^j),$$

$$\widehat{v}_i\,(\tau_i,\gamma_i^j) = \frac{1}{N}\tau_i p_i^w M_i\,(p_i) + \gamma_i^j \Pi_i\,(p_i) + S_i\,(p_i)$$

と書き換えられる。$p_i = (1+\tau_i)\,p_i^w$ より,

$$\frac{\partial \widehat{v}\,(\tau,\gamma^j)}{\partial \tau_i} = \frac{\partial \widehat{v}_i\,(\tau_i,\gamma^j)}{\partial \tau_i} = p_i^w \Big(\frac{M_i\,(p_i) + \tau_i p_i^w M_i{}'\,(p_i)}{N} + \gamma_i^j \Pi_i{}'\,(p_i) + S_i{}'\,(p_i) \Big)$$

$$= \frac{p_i^w}{N} \{\tau_i p_i^w M_i{}'\,(p_i) + (N\gamma_i^j - 1)\,Y_i\,(p_i)\} \tag{2}$$

が成立する。個人 j にとって最も望ましい財 i の関税率は,$\widehat{v}_i\,(\tau_i,\gamma^j)$ を最大にするような τ_i だが,(2)より,それは $\tau_i p_i^w = (N\gamma_i^j - 1)\,Y_i\,(p_i)\,/(-M_i{}'\,(p_i))$ を満たす必要がある。$M_i{}'\,(p_i) < 0$ なので,$N\gamma_i^j > 1$ ならば個人 j にとっての最適な関税率は正となる。また,産業 i の特殊的要素を多く所有する個人ほど,高い関税率を選好することがわかる。

γ_i^j の分布を考えた場合の中央値,つまり各個人の γ_i^j の値を小さい順から並べてちょうど中央に位置する値を γ_i^m で表す。多数決投票によって関税率 τ_i が決定される場合,公共選択論における中位投票者定理(例えば,井堀(1996)の第5章を参照)より,その関税率は γ_i^m をもつ個人にとっての最適な関税率となる,つまり

$$\frac{\tau_i}{1+\tau_i} = (N\gamma_i^m - 1)\frac{y_i\,(p_i)}{\mu_i\,(p_i)} \tag{3}$$

を満たすものとなる。ここで $y_i\,(p_i) \equiv Y_i\,(p_i)\,/M_i\,(p_i)$ は財 i の生産量の輸入量に対する比率であり,$\mu_i\,(p_i) \equiv -(1+\tau_i)\,p_i^w M_i{}'\,(p_i)\,/M_i\,(p_i)$ は財 i の輸入需要の価格弾力性である。

(3)を満たす関税率が多数決投票によって決定される理由は,以下のように説明される。(3)を満たす τ_i よりも低い関税率 τ_i^0 を考えよう。これは γ_i^m よりも小さい γ_i^j をもつ個人にとって最適な関税率であるが,この γ_i^j よりも大きい特殊要素所有比率をもつ個人にとっては,もっと高い関税率が望ましい。つまり,この経済の過半数の個人にとっては τ_i^0 という関税率は支持されないので,この関税率は過半数を獲得することはできない。(3)を満たす τ_i よりも高い関税率を考えても,同様に過半数を獲得することはできない。したがって,多数決の結果として決定される関税率は,(3)で表される。

250 第 III 部 現代の貿易理論と貿易政策

(3)より，中位投票者の特殊的要素所有比率が高いほど，多数決投票の下で選択される関税率は高くなる（Mayer (1984) を参照）。また，$y_i(p_i)$ が大きい，つまり輸入量と比較して国内生産量が大きく，輸入需要の価格弾力性 $\mu_i(p_i)$ が小さいほど，より高い関税率が選択される。

3 政治的支持関数

利益集団による政権への圧力を考慮に入れた，貿易政策の決定に関する単純な理論として，Hillman (1982) に始まる「政治的支持関数」アプローチが挙げられる。このアプローチでは，政府の目的関数（政治的支持関数）は，利益集団による政治的支持（political support）の獲得と，消費者あるいは社会厚生の損失に依存すると仮定している。特定の産業を関税等によって保護することは，保護の対象となっている産業の利益集団による政治的支持の獲得・拡大につながり，政権の維持や政権与党への献金の増加をもたらすため，政府にとっては望ましい。その一方で，保護貿易は消費者にとっては輸入品の価格上昇を生じさせるので厚生の悪化につながり，また国内価格が国際価格から乖離することは資源配分の非効率を意味するため，望ましいものではない。このように，利益集団による政治的支持と消費者あるいは社会厚生の損失との間にはトレード・オフの関係が存在し，政府がこのトレード・オフの下で目的関数を最大化する結果，貿易政策の水準は決定される。

自国政府の政治的支持関数を定義しよう。まず，各個人の間接効用関数(1)をすべての個人について集計することにより，自国の経済厚生が次のように表される。

$$W(\tau) = 1 + \sum_{i=1}^{n} \tau_i p_i^w M_i(p_i) + \sum_{i=1}^{n} \Pi_i(p_i) + N\sum_{i=1}^{n} S_i(p_i) \tag{4}$$

保護貿易による自国の厚生損失は，$W(\tau) - W(0)$ で表される。ここで $W(0) = 1 + \sum_{i=1}^{n} \Pi_i(p_i^w) + N\sum_{i=1}^{n} S_i(p_i^w)$ は，自由貿易の下での自国の経済厚生である。次に，産業 i の利益集団の政治的支持は，保護貿易がその産業にもたらすレントの増加分 $\Pi_i(p_i) - \Pi_i(p_i^w)$ によって表されるものとする。したがって，自国政府の政治的支持関数は，

$$\widehat{P}(\tau) = \sum_{i=1}^{n} \frac{1}{a_{pi}}\left(\Pi_i(p_i) - \Pi_i(p_i^w)\right) + \left(W(\tau) - W(0)\right) \tag{5}$$

で定義される。ここで$a_{pi} > 0$ は，政府の政治的支持関数における経済厚生と各産業のレントとの間の限界代替率を表している。つまり，a_{pi} が大きいほど，政府は経済厚生の改善に対してより多くの産業 i のレントを犠牲にしようとする。

自国政府は，政治的支持関数 $\widehat{P}(\tau)$ を最大にするように各産業における関税率を決定する。(4)および(5)より，最大化のための1階条件は

$$\frac{\partial \widehat{P}(\tau)}{\partial \tau_i} = p_i^w \left(\frac{1}{a_{pi}} \Pi_i{}'(p_i) + M_i(p_i) + \tau_i p_i^w M_i{}'(p_i) + \Pi_i{}'(p_i) + NS_i{}'(p_i) \right)$$

$$= p_i^w \left(\frac{1}{a_{pi}} Y_i(p_i) + \tau_i p_i^w M_i{}'(p_i) \right) = 0$$

で表されるので，政府にとって最適な産業 i の関税率は

$$\frac{\tau_i}{1+\tau_i} = \left(\frac{1}{a_{pi}} \right) \frac{y_i(p_i)}{\mu_i(p_i)} \tag{6}$$

と求められる。多数決投票のモデルと同様，$y_i(p_i)$ が大きい，つまり輸入量と比較して国内生産量が大きく，輸入需要の価格弾力性 $\mu_i(p_i)$ が小さいほど，政府はより高い関税率を設定する。また，利益集団の影響が強い産業（$1/a_{pi}$ が大きい）ほど，高い関税率が設定される。

4　ロビー活動と貿易政策

政府の貿易政策決定における利益集団の影響を明らかにしたという点で，政治的支持関数アプローチは興味深い考え方である。しかし，このアプローチにおいては，利益集団の具体的な行動については明示的に描写されていない。実際には，利益集団は政治献金や選挙協力等を行う一方で，自分たちの望む貿易政策を実施してくれるように政府に対して政治的な働きかけを行う。このようなロビー活動を様々な利益集団が行うことを明示的に考慮に入れて，政府の貿易政策の決定について考察しよう。なお，このような利益誘導型政治（special interest politics）による貿易政策決定の理論は，その先駆的研究である Grossman and Helpman（1994）の論文のタイトルから "protection for sale" モデルとも呼ばれている。

産業 i の特殊的要素所有者から成る利益集団が圧力団体（ロビー）を結成すると想定する。産業 i の特殊的要素所有者の全人口に占める割合を α_i で表す。各個人

252 第 III 部 現代の貿易理論と貿易政策

は，複数の産業の特殊的要素を所有することはできず，最大でも１つの産業の特殊的要素しか所有できないと仮定すると，産業 i の圧力団体の（メンバー全員について集計化された）総厚生水準は

$$W_i(\tau) = l_i + \Pi_i(p_i) + \alpha_i \sum_{j=1}^{n} \left(\tau_j p_j^w M_j(p_j) + NS_j(p_j) \right) \tag{7}$$

で表される。(7)の第１項は労働所得，第２項は特殊的要素からの所得（レント），第３項は関税収入と消費者余剰の配分額である。

産業 i の圧力団体による政府への献金額を C_i で表す。圧力団体が結成されている産業の集合を $\mathcal{Z}$ で表すと，$\sum_{i \in \mathcal{Z}} C_i \equiv C$ は政府が得る総献金額である[1]。政府の目的関数は，総献金額 C と自国全体の経済厚生 W の加重和 $G = C + aW$ で定義されるとする。ここで $a > 0$ は，政府が圧力団体からの献金に比べて経済厚生をどれだけ重視するかを表すパラメータである。したがって，政府は，以下で説明する各圧力団体の行動を考慮に入れながら，G を最大にするように関税率ベクトル τ を決定する。

産業 i の圧力団体の行動は，ネットの厚生水準 $W_i(\tau) - C_i$ を最大にするように C_i を決定することとして定義されるが，それには以下の２つの点を考慮に入れる必要がある。第一に，各利益集団の厚生水準は政府の決定する関税率ベクトル τ に依存するので，C_i は τ の関数としての「献金スケジュール」となる。第二に，圧力団体が結成されている産業は一般に複数存在するので，各圧力団体は $C_i(\tau)$ を決定する際に，他の圧力団体の献金額 $C_j(\tau)$ の影響を受ける（$j \neq i$）。もし産業 i の圧力団体がロビー活動を行わなければ，政府の目的関数の値は $G_{-i} = Max_{\tau}(\sum_{j \neq i} C_j(\tau) + aW(\tau))$ となる。したがって，産業 i の圧力団体がロビー活動を行うことで政府にある政策 τ を実施してもらうためには，$C_i(\tau)$ は，政府が得る目的関数の値が少なくとも G_{-i} 以上になる，つまり

$$C_i(\tau) \geq G_{-i} - \left(\sum_{j \neq i} C_j(\tau) + aW(\tau) \right) \tag{8}$$

を満たすものでなければならない。しかし，圧力団体にとっては必要以上の支出をする理由はないので，(8)を満たす中で最小の C_i が選択される，つまり(8)は等号

---

[1] あるいはより一般的に，C_i をロビー活動の費用全般，C を圧力団体のロビー活動から政府が得る総利益と解釈してもよい。

で成立する。したがって，産業 i の圧力団体の目的関数は以下のように書き換えられる。

$$W_i(\tau) - C_i = W_i(\tau) + \sum_{j \neq i} C_j(\tau) + aW(\tau) - G_{-i}$$

G_{-i} は定数なので，産業 i の圧力団体にとって最適な関税率ベクトルは $W_i(\tau)$ $+\sum_{j \neq i} C_j(\tau) + aW(\tau)$ を最大にするものとなる。そして，産業 i の圧力団体の献金スケジュールは，その最適な関税率ベクトルを達成するものとなる。

いま，産業 i の利益集団のみが圧力団体を結成し，ロビー活動を行うと仮定しよう。産業 i 以外のすべての産業からの献金額はゼロとなるので，均衡における関税率ベクトルは産業 i の圧力団体の厚生と経済全体の厚生との加重和 $W_i(\tau) +$ $aW(\tau)$ を最大にするものとなる。(4)と(7)より，均衡関税率は圧力団体が結成されている産業 i については

$$\frac{\tau_i}{1+\tau_i} = \left(\frac{1-\alpha_i}{a+\alpha_i}\right)\frac{y_i(p_i)}{\mu_i(p_i)} > 0 \tag{9}$$

を満たす一方，その他の産業 $j (\neq i)$ では

$$\frac{\tau_j}{1+\tau_j} = \left(\frac{-\alpha_i}{a+\alpha_i}\right)\frac{y_i(p_i)}{\mu_i(p_i)} < 0 \tag{10}$$

が成立する。(9)および(10)より，圧力団体が結成されている産業のみに輸入関税が課され，他の産業では輸入補助金（あるいは輸出税）が貿易政策として選択される。これは，圧力団体が結成されている産業では献金によって政府から保護を「買う」ことができるため，関税によって保護されるからである。また，政府の目的関数における経済厚生に対するウェイト a が小さいほど，そして α_i が小さく産業 i の特殊的要素がごく少数の国民に集中しているほど，産業 i の輸入関税率は高くなる。

産業 i 以外の産業も圧力団体を結成し，複数の圧力団体がロビー活動を行う場合は，どうなるだろうか。実はこの場合も，均衡における関税率は各産業の圧力団体の総厚生と経済全体の構成の加重和を最大にするものとなる（証明については，Grossman and Helpman（1994）を参照）。上の議論と同様にして，均衡関税率が満たすべき条件として以下の式が導かれる。

254 第III部 現代の貿易理論と貿易政策

$$
\frac{\tau_i}{1+\tau_i} = \begin{cases} \left(\dfrac{1-\alpha_L}{a+\alpha_L}\right)\dfrac{y_i(p_i)}{\mu_i(p_i)} > 0 & i \in \mathcal{Z} \text{のとき} \\[3mm] \left(\dfrac{-\alpha_L}{a+\alpha_L}\right)\dfrac{y_i(p_i)}{\mu_i(p_i)} < 0 & i \notin \mathcal{Z} \text{のとき} \end{cases} \tag{11}
$$

ここで $\alpha_L \equiv \sum_{i \in \mathcal{Z}} \alpha_i$ は特殊的要素をもつ(したがって,圧力団体を結成する)人々の全人口に占める割合である。(11)の解釈は,(9)および(10)と同様である。すなわち,圧力団体が結成されている産業のみに輸入関税が課される。また,政府が相対的に経済厚生を軽視していたり,特殊的要素が少数の国民に集中している場合,関税率は高くなる。

参考文献

E. Helpman, Politics and trade policy, in D. M. Kreps and K.F. Wallis (eds.), *Advances in Economics and Econometrics: Theory and Applications*, Volume II, Cambridge University Press, 1997.

W. Mayer, Endogenous tariff formation, *American Economic Review* 74, 1984, 970–985.

井堀利宏『公共経済の理論』有斐閣,1996 年。

A. Hillman, Declining industries and political support protectionist motives, *American Economic Review* 72, 1982, 1180–1187.

G. M. Grossman and E. Helpman, Protection for sale, *American Economic Review* 84, 1994, 833–850.

第 10 章

戦略的貿易政策

1 はじめに

　日本が第 2 次世界大戦後の復興経済を脱却して，先進国の仲間入りをし，さらに世界一の経済力を誇るアメリカに追いつくようになる 1980 年代に入ると，アメリカと日本の間での貿易摩擦が顕著になった。資源の乏しい日本は戦後，海外から資源を輸入して，国内でこれらの資源を利用して生産した製品を輸出するという加工貿易によって比較的順調な経済発展を成し遂げてきた。この目覚ましい日本の経済発展によって，アメリカは日本の経済力にライバルとしての大きな関心をもつようになった。

　日本が世界市場，とりわけ大きな市場であるアメリカ市場をターゲットにして，国内で生産した製品の大量の輸出を成し遂げるようになると，アメリカはこの大量の輸出の裏には日本政府による国内産業の育成や，輸出促進のための産業政策や貿易政策の力が働いているのではないかと考えるようになった。そのような考え方に説得的な理論的根拠を与えようとするのが戦略的貿易政策（strategic trade policy）の理論である。

　戦略的貿易政策とは，国際的に展開される企業間競争に介入する政府の政策であり，特に自国企業ないしは自国経済全体のために企業間競争への働きかけを戦略的に行おうとする政策である。特に市場が不完全競争状態にあり，企業が戦略的行動をとっている場合，貿易政策によって企業の戦略的行動に影響を与え，自国企業もしくは自国経済全体に有利な状況を作り出そうとする政府の政策が戦略的貿易対策であるといえる。例えば典型的な例として，寡占市場で生じる超過利

256　第 III 部　現代の貿易理論と貿易政策

潤（レント）の争奪に関与する政策がある。

　そもそも戦略的貿易政策を対象とする経済理論は，国内や貿易相手国に寡占企業が存在する経済を背景としてまず考えられたことから，多くの小さな企業で経済が形成されている途上国よりも大きな企業が産業の中心となっているような先進国間での貿易に適用されることが多い。例えば，特に先進国間で繰り広げられる，先端産業における研究開発投資の国際的な企業間競争への政府の介入といった問題が考察の対象となる。しかし近年では，先進国と途上国の間での中間財貿易や先進国から途上国への企業の直接投資が活発化しており，こうした国際的な企業活動への政府の介入も戦略的貿易政策のフレームワークの中で分析されている。

　本章では，このような問題を分析する場合によく用いられる基本的なモデルと分析を示すことにする。

2　外国の独占企業に対する自国の関税政策

　不完全競争によって生じるレントの分配に影響を与える貿易政策の簡単な例として，外国の独占企業に対する自国の貿易政策を考えてみよう。

　外国の 1 つの企業が自国に独占的に製品を輸出している経済を考える。自国内にはこの製品を生産する企業は存在しないものとする。よって自国の消費者はこの外国企業の生産した製品のみを購入することになる。自国全体でのこの製品の需要は逆需要関数 $p = -x + a$ で表されるものとする。ここで p は製品価格，x はこの製品の自国内の需要の大きさを表す，また，a は与えられた正のパラメータとする。さらに製品 1 単位当たりの外国企業の生産費は正のパラメータ c で表され，この大きさは生産量の水準に関係なく一定とする。したがってこの企業の限界費用は c となる。また固定費は存在しないものとする。

　外国企業の生産量を y としよう。外国企業は自国内の需要の大きさに合わせて生産量を決めるため，外国企業が自国への輸出によって得られる売上収入 R は

$$R = (-y + a)y = -y^2 + ay$$

となる。よって限界収入を MR とすると $MR \equiv dR/dy = -2y + a$ となる。一方，この企業の生産費用 C は $C = cy$ であるから，限界費用 MC は $MC \equiv dC/dy = c$

となる。

外国企業の自国への輸出の大きさは以下のような独占企業の利潤最大化行動で表される。

$$\underset{y}{Max}\ \pi \equiv R - C$$
$$= (-y+a)y - cy$$

この利潤最大化問題の最適条件は

$$\frac{d\pi}{dy} = \frac{dR}{dy} - \frac{dC}{dy}$$
$$= -2y + a - c = 0 \quad (1)$$

となる。したがって、限界収入 $MR=$ 限界費用 MC となるような y の大きさがこの企業の最適な生産量すなわち輸出量となる。その大きさを y_M とすると、y_M は(1)より、

$$y_M = \frac{a-c}{2}$$

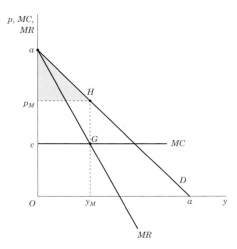

図 10-1 外国の独占企業と均衡

となる。ここで $a>c$ を仮定すると、$y_M > 0$ である。

最適な生産量 y_M を図示すると図 10-1 のようになる。図 10-1 において、逆需要関数 $p = -x + a$ のグラフは直線 D で示され、限界収入関数 $MR = -2y + a$ と限界費用関数 $MC = c$ のグラフはそれぞれ直線 MR と MC で示されている。最適な生産量は $MR = MC$ で決まるため、2 つの直線 MR と MC の交点に対応する y_M として求められる。そしてこのときの外国企業の製品の価格は需要曲線によって図のように p_M となる。p_M は具体的には $y_M = (a-c)/2$ を逆需要関数に代入して、

$$p_M = -\frac{a-c}{2} + a = \frac{a+c}{2}$$

として求められる。

このときの自国の経済厚生の水準を W_M としよう。自国の経済厚生は、今の場合、消費者余剰の大きさに等しいので、図 10-1 の網かけ部の大きさとなる。すなわち、

258　第III部　現代の貿易理論と貿易政策

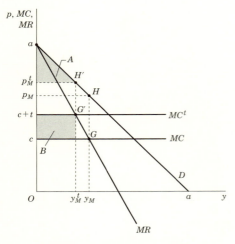

図 10-2　外国の独占企業と関税

$$W_M = \frac{(a-p_M)y_M}{2} = \frac{(a-c)^2}{8}$$

(2)

となる。一方，外国企業の稼ぐ独占利潤（レント）を π_M とすると，それは図 10-1 の $p_M HGc$ で囲まれた長方形の大きさになる。すなわち

$$\pi_M = (p_M - c)y_M = \left(\frac{a-c}{2}\right)^2$$

となる。

ここでいま，自国政府が外国からの製品の輸入 1 単位につき，$t>0$ の関税を課すものとしよう。このとき外国企業が製品の輸出にあたって直面する費用は 1 単位につき生産費用 c と自国政府に支払う関税 t を加えた大きさになる。よって外国企業の利潤最大化行動は

$$\underset{y}{Max}\, \pi \equiv (-y+a)y - (c+t)y$$

となる。このときの利潤最大化行動の条件は

$$\frac{d\pi}{dy} = 2y + a - (c+t) = 0$$

となる。このときの最適な生産量を y_M^t とすると，

$$y_M^t = \frac{a-(c+t)}{2}$$

であり，また逆需要関数にこの y_M^t を代入すると，このときの製品の価格は

$$p_M^t = -\frac{a-(c+t)}{2} + a = \frac{a+c+t}{2}$$

となる。y_M^t と p_M^t は図 10-2 のように図示できる。限界収入曲線は図 10-1 と同じであるが限界費用曲線は $MC = dC/dy = c+t$ であるから，図 10-1 の MC の水平線は t だけ上方にシフトして MC^t となる。

以上の場合における自国の経済厚生水準 W_M^t を求めてみよう。自国の経済厚

生は消費者余剰に自国政府にもたらされる関税収入を加えた大きさとなる。消費者余剰の大きさは図 10-2 の網かけ部の三角形 A の面積で示され，関税収入は網かけ部の長方形 B の面積で示される。これらの面積の大きさは，それぞれ，

$$A = \frac{1}{2}\Big(a - \frac{a+c+t}{2}\Big)\Big(\frac{a-(c+t)}{2}\Big) = \frac{\{a-(c+t)\}^2}{8}$$

$$B = t\frac{a-(c+t)}{2}$$

であるから，W_M^t は結局

$$W_M^t = \frac{\{a-(c+t)\}^2}{8} + t\frac{a-(c+t)}{2}$$

$$= \frac{a-(c+t)}{8}(3t+a-c) \tag{3}$$

となる。関税のないときの経済厚生 W_M と関税のあるときの経済厚生 W_M^t を比較するために，W_M と W_M^t の差を求めよう。(2)と(3)によって

$$W_M^t - W_M = \frac{1}{8}[\{a-(c+t)\}(3t+a-c) - (a-c)^2]$$

$$= \frac{1}{8}\{2(a-c) - 3t\}t$$

となる。よって t が $0 < t < 2(a-c)/3$ であれば $W_M^t > W_M$ となる。すなわち関税を導入することによって自国の経済厚生を上昇させることができる。

図 10-2 をみると，関税をかけることにより，消費者余剰は $\triangle ap_M H$ から $\triangle ap_M' H'$ となり，台形 $p_M' H' H p_M$ の面積分だけ小さくなる。これは関税によって国内製品の価格が上昇することで消費者が不利益を受けるためである。一方，関税収入が自国政府に四角形 B の面積分もたらされる。これは関税を外国企業に課すことにより，外国企業の稼ぐ独占利潤の一部を自国のものとして奪うことによるものである。この関税収入が消費者余剰の損失を上回るならば自国の経済厚生は関税によって上昇することになる。そのためには関税 t が 0 より大きく $2(a-c)/3$ より小さい範囲にあればよい。

第 9 章で論じたように，小国の完全競争下では関税の導入は関税のない自由貿易に比べて，その国の経済厚生を必ず低下させることになる。しかしここでみた

ように，不完全競争の場合には，関税の導入によって外国企業の稼ぐレントの一部を自国のものとすることで，自国の経済厚生を高める余地が生じることになる。

3　ブランダー＝スペンサーの第3国市場モデル

　前節でみたように不完全競争下では貿易政策によって自国の経済厚生を高くできる可能性があるため，各国政府には自国の経済厚生を高めるための政策をとるインセンティブがある。本節ではきわめてシンプルでありながら応用範囲の広い貿易モデルとしてよく知られているブランダー＝スペンサーの第3国市場モデルをとりあげて，その下で，一国の関税政策がどのような経済効果をもたらすかをみていくことにする。

　世界は3つの国と1つの財からなるものとして，A国とB国にはそれぞれ1つの企業が存在するとしよう。これらの企業はお互いに同質的な財を生産して，第3国に輸出するものとする。A国とB国には消費者は存在しない一方，第3国には企業は存在せず消費者のみが存在するとする。そこで，第3国の市場ではA国企業とB国企業がお互いに輸出競争をすることになる。その競争はクールノー競争（Cournot competition）とする。ここでクールノー競争とは，各企業が相手の企業の生産量が与えられたとき，その下で自企業の利潤が最大になるように生産量を同時に決める競争で，特に自企業の生産量の大きさが相手企業の生産量に影響しないと考えて行動するような競争である。

　第3国市場の逆需要関数を$p=a-x$とする。ここでpは財の価格，xは第3国市場の財需要である。またaは正のパラメータである。A国とB国の企業の費用関数をそれぞれ$C_A=cy_A$と$C_B=cy_B$とする。ただしcは正の定数とする。またC_AとC_BはA国企業とB国企業の生産費であり，y_Aとy_BはA国企業とB国企業の生産量を表すものとする。よって両国企業の限界費用はともにcである。

　以上の仮定の下でB国企業の生産量がy_Bとして与えられたとき，A国企業の利潤最大化行動は

$$\underset{y_A}{Max}\ \pi_A \equiv \{a-(y_A+y_B)\}y_A - cy_A$$

と表される。この利潤最大化問題の最適条件は

$$\frac{d\pi_A}{dy_A} = -2y_A + (a - y_B - c) = 0$$

であるから，これより利潤を最大にする A 国企業の生産量 y_A は

$$y_A = -\frac{y_B}{2} + \frac{a-c}{2} \qquad (4)$$

となる。ここで a は c に比べて十分大きく，$a-c>0$ であるとしよう。(4)式は B 国企業の生産量が y_B と与えられたとき，その下で A 国企業が自らの利潤を最大にする生産量 y_A の大きさを決める式である。よって(4)式は B 国企業の生産量に対する A 国企業の生産量の反応を表すため，A 国企業の反応関数という。同様にして B 国企業も A 国企業と同じように行動すると仮定するとき，B 国企業の反応関数は

$$y_B = -\frac{y_A}{2} + \frac{a-c}{2} \qquad (5)$$

となる。図 10-3 は(4)式と(5)式の反応関数のグラフを描いたものである。それぞれのグラフは直線 R_A と R_B で表されており，反応曲線という。図のように，縦軸に y_A，横軸に y_B をとると，A 国企業の反応曲線 R_A のほうが B 国企業の反応曲線 R_B より緩やかになっている。

　一般的に，寡占競争にある企業同士がクールノー競争のもとでこのように決めた生産量が，相手の生産量の下で自企業の利潤を最大にするという意味でお互いに最適な生産量となっているとき，そのような生産量の組み合わせをクールノー均衡という。よってクールノー均衡の生産量の組み合わせは図 10-3 の A 国と B 国の反応曲線の交点 C で表される (y_A^C, y_B^C) となる。具体的には(4)と(5)を y_A と y_B に関して解くことにより

$$y_A^C = y_B^C = \frac{a-c}{3} \qquad (6)$$

となる。今の場合両国企業の費用関数が同じ，すなわち限界費用がともに c の大きさであるため，クールノー均衡の生産量は両国企業で同じとなる。

　ゲーム理論では，ゲームにおける均衡を考える際にナッシュ均衡（Nash equilibrium）という概念がよく用いられる。ゲームの各プレイヤー（今の場合，企業）は相手の戦略（今の場合，生産量）が与えられたとき，その戦略に対して自分の

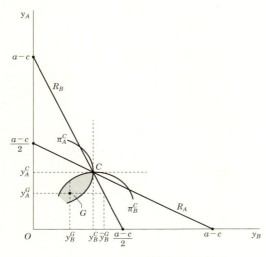

図 10-3 クールノー競争下での均衡

最適な戦略（今の場合，利潤を最大にする生産量）を決める。各プレイヤーがこのようにして選んだ戦略の組がナッシュ均衡であるとは，各プレイヤーのそのときの戦略が他のプレイヤーのそのときの戦略の下でお互いに最適となっている場合をいう。よって今の場合，図 10-3 の反応曲線の交点 C で決まる (y_A^C, y_B^C) はナッシュ均衡である。なぜなら，A 国企業の生産量 y_A^C は B 国企業の生産量 y_B^C の下で最適となっており，逆に B 国企業の生産量 y_B^C は A 国企業の生産量 y_A^C の下で最適となっているからである。よって(4)と(5)で決まるクールノー均衡の生産量 (y_A^C, y_B^C) はナッシュ均衡となるため，クールノー＝ナッシュの均衡ともいわれる。

次に A 国企業の反応曲線と利潤の関係についてみていこう。B 国企業の生産量が $\bar{y}_B$ と与えられたときの A 国企業の利潤を $\pi_A(\bar{y}_B)$ と表すと，$\pi_A(\bar{y}_B) = \{a-(y_A+\bar{y}_B)\}y_A - cy_A$ となる。この $\pi_A(\bar{y}_B)$ を最も大きくする y_A を $\bar{y}_A$ とすると，$\bar{y}_A$ は(4)式から決まるため，$(\bar{y}_A, \bar{y}_B)$ は A 国企業の反応曲線上の点となる。よって y_B を $\bar{y}_B$ としたときの $\pi_A(\bar{y}_B)$ と y_A の関係のグラフは $\bar{y}_B$ に対応する反応曲線上の $\bar{y}_A$ を頂点として，その付近で山型の形状となる。このグラフが図 10-4 の $\pi_A(\bar{y}_B)$ で描かれている。同様にして y_B を $\tilde{y}_B$ で固定したときの $\pi_A(\tilde{y}_B) = \{a-(y_A+\tilde{y}_B)\}y_A - cy_A$ で表される $\pi_A(\tilde{y}_B)$ と y_A の関係のグラフは $\tilde{y}_B$ に対応する反応曲線 R_A 上の点を頂点とし，その付近で山型のグラフとなり，それは図 10-4 に $\pi_A(\tilde{y}_B)$ として描かれている。

ここで A 国企業の利潤 $\pi_A = \{a-(y_A+y_B)\}y_A - cy_A$ について y_A を固定して y_B のみを大きくすると，明らかに π_A は小さくなる。これはどのような y_A の下でも成立する。よって図 10-4 において $\bar{y}_B > \tilde{y}_B$ ならば $\pi_A(\bar{y}_B)$ の山型のグラフのほう

が全体的に $\pi_A(\bar{y}_B)$ の山型グラフよりも低くなっていなくてはならない。すなわち y_B を大きくしていくと，$\pi_A(y_B)$ のグラフの山は次第に低くなっていく。そしてその山の頂点を結んでできる頂点の軌跡は A 国企業の反応曲線 R_A 上をはっていくことになる。すなわち A 国企業の反応曲線 R_A 上の点で実現される A 国企業の利潤は y_B が大きくなるにつれて小さくなる。

以上のことを念頭において，図 10-4 で A 国企業の反応曲線上の $(\bar{y}_A, \bar{y}_B)$ の点を D，この点での A 国企業の利潤を π_A^D としよう。すなわち $\pi_A^D = \{a - (\bar{y}_A + \bar{y}_B)\}\bar{y}_A - c\bar{y}_A$ である。次にこの π_A^D と同じ大きさの利潤を A 国企業にもたらす (y_A, y_B) の点の

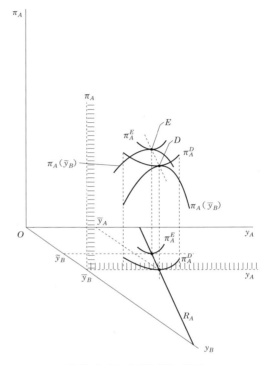

図 10-4 反応曲線と利潤の関係

集まりが描く曲線，すなわち A 国企業の利潤が π_A^D となる等利潤曲線を求めてみよう。A 国企業の利潤は，y_B が $\bar{y}_B$ のときは D 点でのみ最大となる。よって $y_B = \bar{y}_B$ のときは π_A^D の等利潤曲線は D 点のみを通る。また $\pi_A(y_B)$ が作る山型のグラフは $\bar{y}_B$ より y_B が大きいところでは $\pi_A(\bar{y}_B)$ の山より小さいため，π_A^D の等利潤曲線は y_B が $\bar{y}_B$ より大きい部分には表れない。y_B が $\bar{y}_B$ より小さくなると $\pi_A(y_B)$ の山は $\pi_A(\bar{y}_B)$ の山より大きくなっていき，π_A^D の等利潤曲線はこれらの山を $\pi_A = \pi_A^D$ の水準で切った切り口の形状となる。よってこの等利潤曲線は $\bar{y}_B$ より小さい部分での y_A 軸と y_B 軸の作る平面上で，少なくとも D 点付近で D 点を頂点とした山型の曲線となる。これは図 10-4 に π_A^D の曲線として描かれている。同様に E 点に対応する A 国企業の利潤 π_A^E の等利潤曲線も図 10-4 に曲線 π_A^E

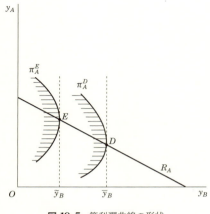

図 10-5 等利潤曲線の形状

として描かれている。またこれらの曲線 π_A^D や π_A^E は図 10-5 にも示されている。図 10-5 に描かれた各等利潤曲線の山型の内部の (y_A, y_B) の点では，その等利潤曲線の利潤より大きな利潤がもたらされ，外側の点ではより小さな利潤しかもたらされないことになる。

以上，A 国企業の反応曲線と利潤の関係をみてきた。B 国企業についても同様である。そこで図 10-3 に戻って，クールノー＝ナッシュ均衡点 C を通る A 国企業と B 国企業の等利潤曲線をそれぞれ π_A^C と π_B^C として描くことができる。図の網かけ部内の (y_A, y_B) の点では各国は C 点で得られる利潤よりも大きな利潤を得られる。すなわち両国企業が協力して生産量を網かけ部内の点，例えば G 点にすることができれば，両国企業はともにクールノー競争で実現できる利潤よりも大きな利潤を得られる。それにもかかわらずクールノー競争の下では，そのようなより高い利潤を実現できず，お互いに低い利潤を実現することになる。このような現象は囚人のディレンマ (prisoner's dilemma) といわれる。クールノー競争下では網かけ部内の生産点，例えば G 点を実現できないことは，もし A 国企業が生産量を図 10-3 の y_A^G とすると B 国企業はその下で利潤を最大にするために生産量を y_B^G ではなく $\hat{y}_B^G$ にしてしまうことから明らかである。基本的にクールノー競争はこのようにお互いが協力することなく専ら自企業の利潤の最大化のみを実現しようとする企業間の競争で，このようなゲームは非協力ゲームといわれるものである。

最後にクールノー＝ナッシュ均衡下での両国企業の利潤と両国の経済厚生水準を求めておこう。両国の均衡下での生産量は $y_A^C = y_B^C = (a-c)/3$ であるから，利潤は

$$\pi_A^C = \pi_B^C = \left(\frac{a-c}{3}\right)^2 \tag{7}$$

となる。ただし π_A^C と π_B^C はそれぞれ A 国企業と B 国企業のクールノー＝ナッ

シュ均衡下での利潤である。またそのときの A 国と B 国の経済厚生をそれぞれ W_A^C と W_B^C とすると，それらはその国の企業の利潤であるから

$$W_A^C = W_B^C = \left(\frac{a-c}{3}\right)^2 \tag{8}$$

となる。

4　第3国市場モデルにおける輸出補助金政策

前節の第3国市場モデルにおいて，A 国の政府は自国企業の輸出を促進させるための輸出補助金政策をとるものとしよう。B 国政府による政策はないものとする。A 国政府が自国企業への輸出補助金の大きさを決めると，その下で A 国企業と B 国企業は第3国市場でクールノー競争を行うものとする。

そこではじめに A 国政府は A 国企業の輸出1単位に対して s_A の補助金を与えるものとしよう。このとき A 国企業の利潤最大化行動は

$$\underset{y_A}{Max}\ \pi_A = \{a - (y_A + y_B)\}y_A + s_A y_A - c y_A$$

と表せる。その最適条件は

$$\frac{d\pi_A}{dy_A} = -2y_A + (a - y_B + s_A - c) = 0$$

となり，これより A 国企業の反応関数は

$$y_A = -\frac{y_B}{2} + \frac{a - c + s_A}{2} \tag{9}$$

となる。

一方 B 国企業に対しては補助金がないため，利潤最大化行動は前節におけるものと同じになる。よって B 国企業の反応関数は(5)である。A 国政府が輸出補助金 s_A を自国企業に与えたときの両企業間でのクールノー競争により，両国企業の均衡生産量が決まる。このときの A 国企業と B 国企業の均衡生産量を，それぞれ $y_A^C(s_A)$ と $y_B^C(s_A)$ とすると，これらは(9)と(5)を解いて，

$$y_A^C(s_A) = \frac{a-c}{3} + \frac{2}{3}s_A \tag{10}$$

266 　第 III 部　現代の貿易理論と貿易政策

$$y_B^c(s_A) = \frac{a-c}{3} - \frac{1}{3}s_A \tag{11}$$

となる。よって A 国政府の自国企業への輸出補助金政策によって，A 国企業の生産量は $(2/3)s_A$ だけ増え，B 国企業の生産量は $(1/3)s_A$ だけ減ることになる。

　この下で両企業の利潤を求めよう。A 国企業と B 国企業の利潤をそれぞれ，$\pi_A(s_A)$，$\pi_B(s_A)$ とすると，(10)，(11)を用いて，

$$\pi_A(s_A) = \{a - (y_A^c(s_A) + y_B^c(s_A))\}y_A^c(s_A) + s_A y_A^c(s_A) - cy_A^c(s_A)$$

$$= \left(\frac{a-c+2s_A}{3}\right)^2$$

$$\pi_B(s_A) = \{a - (y_A^c(s_A) + y_B^c(s_A))\}y_B^c(s_A) - cy_B^c(s_A)$$

$$= \left(\frac{a-c-s_A}{3}\right)^2$$

となる。すなわち補助金のない場合の両国の利潤(7)とこれらを比較すると，A 国企業の利潤は大きくなり，B 国企業の利潤は小さくなる。

　最後に両国の経済厚生をみておこう。今の場合の A 国と B 国の経済厚生をそれぞれ，$W_A(s_A)$ と $W_B(s_A)$ と表すことにする。A 国の経済厚生 $W_A(s_A)$ は A 国企業の利潤から政府による A 国企業への補助金支出額を引いた大きさであるから

$$W_A(s_A) = \left(\frac{a-c+2s_A}{3}\right)^2 - s_A\left(\frac{a-c+2s_A}{3}\right)$$

$$= \left(\frac{a-c+2s_A}{3}\right)\left(\frac{a-c-s_A}{3}\right)$$

となる。補助金のない場合の A 国の経済厚生 W_A は(8)式で示されている。$W_A(s_A)$ と W_A を比べると，

$$W_A(s_A) - W_A = \left(\frac{a-c+2s_A}{3}\right)\left(\frac{a-c-s_A}{3}\right) - \left(\frac{a-c}{3}\right)^2$$

$$= \frac{s_A}{9}(a-c-2s_A)$$

となる。よって $0 < s_A < (a-c)/2$ となるように s_A を設定すると，$W_A(s_A) > W_A$ となるから，輸出補助金 s_A の導入によって A 国の経済厚生は上昇することになる。

一方 B 国の経済厚生は B 国企業の利潤のみで表される。すでにみたように B 国企業の利潤は A 国政府の補助金 s_A の導入によって減少するから，B 国の経済厚生は下がることになる。このように A 国政府は自国企業への輸出補助金政策を採用することにより，B 国企業の利潤を A 国に取り込み，A 国の経済厚生を高めることができる。しかしそれは B 国の経済厚生を下げるという犠牲をともなうことになる。

A 国政府にとって最も望ましい輸出補助金政策は，A 国全体の経済厚生を最大にするような水準に補助金 s_A を設定することであろう。このような s_A を求めよう。A 国政府の目的は

$$\underset{s_A}{Max}\ W_A=\{a-(y_A+y_B)\}y_A-cy_A+s_Ay_A-s_Ay_A$$

と表される。s_A が与えられたときのクールノー競争下における y_A と y_B はすでにみたとおり，(10)と(11)で与えられているので，これらを上の問題の y_A と y_B に代入すると，この問題は

$$\underset{s_A}{Max}\ W_A=\left[a-\left\{\frac{2}{3}(a-c)+\frac{1}{3}s_A\right\}-c\right]\left(\frac{a-c}{3}+\frac{2}{3}s_A\right)$$

となる。この問題の最適条件は

$$\frac{dW_A}{ds_A}=\frac{1}{9}\{-4s_A+(a-c)\}=0$$

となる。この式を満たす最適な s_A を s_A^* とすると，上式から

$$s_A^*=\frac{a-c}{4} \tag{12}$$

となる。この下での A 国企業と B 国企業の生産量を $y_A(s_A^*)$ と $y_B(s_A^*)$ とすると，これらは(12)を(10)と(11)に代入して，

$$y_A(s_A^*)=\frac{a-c}{3}+\frac{2}{3}\frac{a-c}{4}=\frac{a-c}{2} \tag{13}$$

$$y_B(s_A^*)=\frac{a-c}{3}-\frac{1}{3}\frac{a-c}{4}=\frac{a-c}{4} \tag{14}$$

となる。

すでにみたように A 国政府による輸出補助金の導入は A 国企業の利潤を増加させ，B 国企業の利潤を減少させる。すなわち B 国の経済厚生の低下をもたら

す。さらに $s_A^* = (a-c)/4$ は $0 < s_A^* < (a-c)/2$ であるため，A 国の経済厚生を上昇させる。具体的に $\pi_A(s_A^*)$，$\pi_B(s_A^*)(=W_B(s_A^*))$ と $W_A(s_A^*)$ を求めると，

$$\pi_A(s_A^*) = \frac{(a-c)^2}{4}$$

$$\pi_B(s_A^*) = W_B(s_A^*) = \frac{(a-c)^2}{16}$$

$$W_A(s_A^*) = \frac{(a-c)^2}{8}$$

となる。

　A 国政府の最適な補助金 s_A^* の性質を明らかにするために，次のような企業間競争を考えよう。いま，両国政府は貿易政策を用いないものとする。その下で A 国企業が最初に生産量を決め，B 国企業は A 国企業の決めた生産量を知った後に自分の生産量を決めるという競争を考える。A 国企業は最初に生産量を決めるため，先導者（リーダー）といい，B 国企業はそのあとで生産量を決めるため追随者（フォロワー）という。このように企業が順番に生産量を決める競争をシュタッケルベルグ競争（Stackelberg competition）という。

　シュタッケルベルグ競争では，B 国企業は A 国企業の生産量 y_A の大きさが与えられたあと，その下で利潤を最大にするように y_B を決めるため，B 国企業の生産量 y_B は y_A に対する B 国企業の反応関数(5)によって決まる。A 国企業はこの B 国企業の行動を念頭において y_A を決める。すなわち A 国企業の利潤最大化行動は

$$\underset{y_A}{Max}\ \pi_A = \{a-(y_A+y_B)\}y_A - cy_A \quad \text{sub. to} \quad y_B = -\frac{y_A}{2} + \frac{a-c}{2}$$

と表される。この問題は制約条件を目的関数に代入して

$$\underset{y_A}{Max}\ \pi_A = \left\{a-\left(y_A - \frac{y_A}{2} + \frac{a-c}{2}\right)\right\}y_A - cy_A$$

と書き直せるから，最適条件は

$$\frac{d\pi_A}{dy_A} = \frac{a-c}{2} - y_A = 0$$

となる。この条件を満たす A 国企業の最適な生産量を y_A^S とすると，上式から

$$y_A^S = \frac{a-c}{2} \tag{15}$$

となる。一方，B国企業の最適な生産量をy_B^Sとすると，y_B^Sは上式のy_A^SをB国企業の反応関数(5)に代入して，

$$y_B^S = \frac{a-c}{4} \tag{16}$$

となる。

このときのA国，B国それぞれの企業の利潤をπ_A^Sとπ_B^Sとすると，(15)と(16)を用いて，

$$\pi_A^S = \{a - (y_A^S + y_B^S)\} y_A^S - c y_A^S$$
$$= \left\{(a-c) - \frac{3}{4}(a-c)\right\} \frac{a-c}{2} = \frac{1}{8}(a-c)^2$$
$$\pi_B^S = \{a - (y_A^S + y_B^S)\} y_B^S - c y_B^S$$
$$= \left\{(a-c) - \frac{3}{4}(a-c)\right\} \frac{a-c}{4} = \frac{1}{16}(a-c)^2$$

となる。

政府が政策的介入を行わないときのクールノー競争下での両国企業の生産量と利潤はそれぞれ，(6)と(7)で与えられている。これらとシュタッケルベルグ競争の場合とで両国企業の生産量と利潤を比較すると，シュタッケルベルグ競争での先導者であるA国企業の生産量と利潤はともにクールノー競争のときより大きくなるが，追随者であるB国企業の生産量と利潤はともにクールノー競争のときより小さくなる。すなわちシュタッケルベルグ競争では，対等な競争であるクールノー競争に比べて先導者が有利となり追随者が不利となることになる。

ここで興味深いことは，シュタッケルベルグ競争の下で決まるy_A^Sとy_B^Sは，A国政府が自国にとって最適な大きさの輸出補助金を導入した状況において両国企業のクールノー競争で決まる$y_A^C(s_A^*)$と$y_B^C(s_A^*)$にそれぞれ等しくなることである。すなわち(13)，(14)，(15)，(16)から

$$y_A^S = y_A^C(s_A^*) = \frac{a-c}{2}, \quad y_B^S = y_B^C(s_A^*) = \frac{a-c}{4}$$

となる。さらに$\pi_A^S = W_A(s_A^*)$，$\pi_B^S = W_B(s_A^*)$であることもわかる。シュタッケル

270 第III部 現代の貿易理論と貿易政策

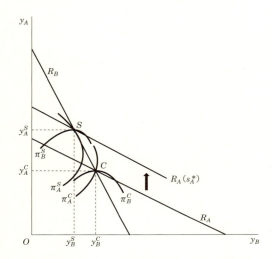

図 10-6 クールノー均衡とシュタッケルベルグ均衡

ベルグ競争下での A 国と B 国の経済厚生をそれぞれ W_A^S と W_B^S とすると，それらはともにその国の企業の利潤の大きさ，すなわち $W_A^S = \pi_A^S$, $W_B^S = \pi_B^S$ である。これらのことから，$W_A(s_A^*) = W_A^S$, $W_B(s_A^*) = W_B^S$ となっている。以上のことから，自国にとって最適な大きさの輸出補助金が導入された下で行われるクールノー競争は，もし相手国政府が政策介入をしなければ，自国企業を先導者，相手企業を追随者として両国企業がシュタッケルベルグ競争を行うときと同じ結果を実現することになる。

以上のことを図10-6を用いて確かめてみよう。図10-6で C 点をクールノー競争で決まる両国企業の生産量の点 $(y_A^C, y_B^C) = ((a-c)/3, (a-c)/3)$ とし，S 点をシュタッケルベルグ競争で決まる両国企業の生産量の点 $(y_A^S, y_B^S) = ((a-c)/2, (a-c)/4)$ とする。ただし図の R_A と R_B はそれぞれ A 国企業と B 国企業の反応曲線である。シュタッケルベルグ競争で決まる A 国企業の生産量は B 国企業の反応曲線上で A 国企業の利潤を最も大きくする点であるから，A 国企業の等利潤曲線の中で，R_B を通るもののうち，y_A 軸に最も近い等利潤曲線と R_B との共通点で A 国企業の生産量が決まり，B 国企業の生産量はそれに対応する R_B 上の点で決まる。図10-6においてこの点を求めると，C 点を通る A 国企業の等利潤曲線は π_A^C であり，それより高い等利潤曲線は y_A 軸に近い左側にある。R_B と共通点をもち，最も y_A 軸に近い等利潤曲線は図の π_A^S であり，共通点は S 点となる。この点がシュタッケルベルグ競争下で決まる両国の生産量 (y_A^S, y_B^S) を与える。

次に両国企業がクールノー競争を行う場合で，A 国政府が自国企業に輸出補助金 s_A を与えると，A 国企業の反応関数は(4)式から(9)式に変化する。すなわち図10-6の A 国企業の反応曲線 R_A は上方に平行移動する。この移動は s_A が大き

いほど大きい。そこでs_Aの下でのA国の反応曲線を$R_A(s_A)$と表そう。一方B国企業の反応関数はs_Aによって影響を受けないので，反応曲線R_Bは不変である。そしてs_Aがあるときの両企業間のクールノー競争で決まる両国の生産量は反応曲線$R_A(s_A)$とR_Bの交点によって決まる。以上のことを念頭において，いまA国政府が自国の経済厚生を最大にするための最適な輸出補助金の導入を考えよう。A国の経済厚生は補助金のない場合のA国企業の利潤で表される。よって，補助金のない場合のA国企業の利潤をB国企業の反応曲線上で最大にするような補助金がA国政府にとって最適な補助金となる。このとき，A国政府の補助金はB国企業の反応曲線に影響を与えないため，曲線R_B上で補助金のない場合のA国企業の利潤を最大にする点，すなわちS点がクールノー均衡点になるように補助金を設定すればよい。そのためには補助金をs_A^*として反応曲線R_Aを$R_A(s_A^*)$に移動させればよいことになる。よって，A国政府の最適な補助金の下でのクールノー均衡点とA国企業が先導者でB国企業が追随者でのシュタッケルベルグ競争の均衡点とは一致することになる。

5　両国政府間の補助金政策ゲーム

前節ではブランダー = スペンサーの第3国市場モデルを用いて，B国政府は貿易政策を行使しないという前提の下で，A国政府が補助金政策を行ったときの経済効果についてみてきた。ここでは両国政府がともに補助金政策を用いた場合を考えてみよう。すなわち両国政府間での補助金政策ゲームを考える。そこで政府と企業の行動は次のような段階を踏むものとする。

第1段階　A国政府とB国政府は互いに相手政府が設定する補助金の水準がわからない状況の下で，同時に自国の厚生を最大にするように補助金の水準を決める。

第2段階　第1段階で設定された両国の補助金が明らかになった状況の下で両国の企業はお互いにクールノー競争によってそれぞれの生産量を決める。

このように両国間において2段階で展開されるゲーム全体を解くためには，A

272 第III部 現代の貿易理論と貿易政策

国政府とB国政府の補助金が，それぞれs_Aとs_Bで与えられたとして，まず第2段階の企業間クールノー競争で決まる両国企業の生産量を求める。これらの生産量はs_Aとs_Bに依存して決まるため，この補助金と生産量の関係を念頭において第1段階での政府間補助金政策ゲームを解くことにより，それぞれの政府は自国にとって最適な補助金の水準を決める。このようにまず第2段階のゲームから解いて，それをもとに第1段階のゲームを解くという方法を後向き帰納法（backward induction）という。この方法に従って両国政府の決める補助金を求めていこう。

A国とB国の政府の補助金の大きさを，それぞれs_Aとs_Bとして，まず第2段階の企業間クールノー競争の下での両国企業の生産量を求めよう。A国企業の利潤最大化行動は

$$\underset{y_A}{Max} \ \pi_A \equiv \{a-(y_A+y_B)\}y_A-cy_A+s_Ay_A$$

と表される。この利潤最大化問題の下でのA国企業の反応関数は第4節の(9)式で与えられる。一方B国企業の利潤最大化行動も同じように示されるから，B国企業の反応関数は

$$y_B = -\frac{1}{2}y_A+\frac{a-c+s_B}{2} \tag{17}$$

となる。(9)と(17)をy_Aとy_Bについて解くことで得られるそれらの解はs_Aとs_Bに依存するため，それぞれを$y_A(s_A,s_B)$と$y_B(s_A,s_B)$と表す。(9)と(17)よりそれらは具体的に

$$y_A(s_A,s_B) = \frac{1}{3}(a-c)+\frac{2}{3}s_A-\frac{1}{3}s_B \tag{18}$$

$$y_B(s_A,s_B) = \frac{1}{3}(a-c)+\frac{2}{3}s_B-\frac{1}{3}s_A \tag{19}$$

となる。

上で示した$y_A(s_A,s_B)$と$y_B(s_A,s_B)$をもとにして第1段階の政府間の補助金ゲームをみていこう。A国政府の補助金の設定は次のようなA国の経済厚生最大化問題として表される。

$$\underset{s_A}{Max} \ W_A \equiv \{a-(y_A(s_A,s_B)+y_B(s_A,s_B))\}y_A(s_A,s_B)$$
$$-cy_A(s_A,s_B)+s_Ay_A(s_A,s_B)-s_Ay_A(s_A,s_B)$$

この問題は(18)と(19)によって

$$Max_{s_A} W_A \equiv \left[a - \left\{\frac{2}{3}(a-c) + \frac{1}{3}s_A + \frac{1}{3}s_B\right\}\right]\left(\frac{a-c+2s_A-s_B}{3}\right) - c\left(\frac{a-c+2s_A-s_B}{3}\right)$$

となる。よってその最適条件は

$$\frac{dW_A}{ds_A} = \frac{1}{9}\{(a-c) - 4s_A - s_B\} = 0$$

となる。よって B 国政府の補助金 s_B に対する A 国政府の補助金 s_A の反応関数は上式から

$$s_A = -\frac{1}{4}s_B + \frac{a-c}{4} \tag{20}$$

となる。同様にして B 国政府の補助金の反応関数は

$$s_B = -\frac{1}{4}s_A + \frac{a-c}{4} \tag{21}$$

となる。(20)と(21)を解くことにより A 国と B 国それぞれの政府の最適な補助金 $\bar{s}_A$ と $\bar{s}_B$ が

$$\bar{s}_A = \bar{s}_B = \frac{1}{5}(a-c) \tag{22}$$

として求められる。

　以上の状況は図 10-7 に示されている。図 10-7 の R_A と R_B の曲線はそれぞれ A 国企業と B 国企業の反応曲線である。いま補助金 $\bar{s}_A = (a-c)/5$ を A 国政府が自国企業に与えると，A 国企業の反応曲線 R_A は前節で説明したように図の $\overline{R}_A$ へと上方に平行移動する。同様に B 国政府による補助金 $\bar{s}_B = (a-c)/5$ の導入は B 国企業の反応曲線 R_B を図のように右側に $\overline{R}_B$ まで平行移動させる。$\overline{R}_A$ と $\overline{R}_B$ の交点 $\overline{C}$ で両国企業のこのときの生産量が決まる。図から明らかなように，両国政府間での補助金政策ゲームがないときの両国の生産量は C 点で示されるから，政府間で補助金政策ゲームが展開されると両国の生産量は大きくなる。

　$\overline{C}$ での両国企業の生産量を $y_A(\bar{s}_A, \bar{s}_B)$ と $y_B(\bar{s}_A, \bar{s}_B)$ と表し，これらを具体的に求めると，(22)を(18)と(19)に代入することで

$$y_A(\bar{s}_A, \bar{s}_B) = y_B(\bar{s}_A, \bar{s}_B)$$

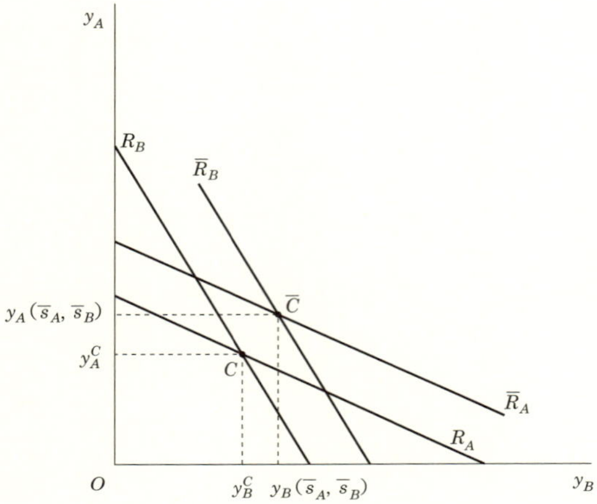

図 10-7　政府間の補助金政策ゲーム

$$=\frac{2}{5}(a-c) \quad (23)$$

となる。一方，補助金のない場合のクールノー競争による各企業の生産量は(6)式で示される y_A^C と y_B^C である。よって図 10-7 に示されるように $(a-c)/3=y_A^C=y_B^C<y_A(\overline{s}_A,\overline{s}_B)=y_B(\overline{s}_A,\overline{s}_B)=2(a-c)/5$ となる。さらに $\overline{s}_A$ と $\overline{s}_B$ の下での A 国と B 国の企業の利潤を $\pi_A(\overline{s}_A,\overline{s}_B)$ と $\pi_B(\overline{s}_A,\overline{s}_B)$ とすると，それらは(22)と(23)を用いて

$$\begin{aligned}\pi_A(\overline{s}_A,\overline{s}_B) &= \pi_B(\overline{s}_A,\overline{s}_B)\\ &= \{a-(y_A(\overline{s}_A,\overline{s}_B)+y_B(\overline{s}_A,\overline{s}_B))\}y_A(\overline{s}_A,\overline{s}_B)-cy_A(\overline{s}_A,\overline{s}_B)+\overline{s}_A y_A(\overline{s}_A,\overline{s}_B)\\ &= \frac{4}{25}(a-c)^2\end{aligned}$$

となる。一方 $s_A=s_B=0$ の場合の両国企業の利潤は(7)より $\pi_A^C=\pi_B^C=(a-c)^2/9$ であるから，各国政府がお互いに補助金を導入したときのほうが企業の利潤は大きくなる。しかし，この場合政府からの補助金が企業の利潤の中に含まれていることに注意する必要がある。各国の経済厚生は自国企業の利潤から政府の企業への補助金を引いた大きさである。この経済厚生を A 国，B 国それぞれ $W_A(\overline{s}_A,\overline{s}_B)$ と $W_B(\overline{s}_A,\overline{s}_B)$ と表すと，

$$\begin{aligned}W_A(\overline{s}_A,\overline{s}_B) &= \pi_A(\overline{s}_A,\overline{s}_B)-\overline{s}_A y_A(\overline{s}_A,\overline{s}_B)\\ &= \frac{4}{25}(a-c)^2-\frac{1}{5}(a-c)\cdot\frac{2}{5}(a-c)\\ &= \frac{2}{25}(a-c)^2=W_B(\overline{s}_A,\overline{s}_B)\end{aligned}$$

である。

一方，両国とも補助金のない場合の各国の経済厚生は(8)式で示される W_A^C と

表 10-1 政府間の補助金政策ゲームの利得表

		B 国政府	
		補助金を出す	補助金を出さない
A 国政府	補助金を出す	$\dfrac{2(a-c)^2}{25}$, $\dfrac{2(a-c)^2}{25}$	$\dfrac{(a-c)^2}{8}$, $\dfrac{(a-c)^2}{16}$
	補助金を出さない	$\dfrac{(a-c)^2}{16}$, $\dfrac{(a-c)^2}{8}$	$\dfrac{(a-c)^2}{9}$, $\dfrac{(a-c)^2}{9}$

W_B^C である。よって，$2(a-c)^2/25 = W_A(\bar{s}_A, \bar{s}_B) = W_B(\bar{s}_A, \bar{s}_B) < W_A^C = W_B^C = (a-c)^2/9$ であるから，政府間での補助金政策ゲームで補助金を用いると，お互いに補助金を用いないときよりも各国の経済厚生は悪化する。自国の経済厚生をより高くしようとして各国が補助金政策を用いることにより，逆に経済厚生が低下してしまう結果になる。すなわち政府間の補助金政策のゲームもまた囚人のディレンマに陥ってしまうことになる。これは各国の補助金政策と経済厚生の関係を表した表 10-1 を用いるとより明瞭になる。

表 10-1 の各マス目の前の値が A 国の経済厚生，後の値が B 国の経済厚生で，これらの値は各国が補助金政策を用いるか用いないかにより 4 つの組み合わせがあり，そのそれぞれについて表されている。例えば，A 国が補助金を出し，B 国が補助金を出さない場合は，前節で示したように $W_A(s_A^*) = (a-c)^2/8$，$W_B(s_A^*) = (a-c)^2/16$ となる。表 10-1 からわかるように，もし B 国政府が補助金を出す場合，A 国政府が補助金を出すなら A 国の経済厚生は $2(a-c)^2/25$ であるが，補助金を出さないとそれより低い $(a-c)^2/16$ となる。よって補助金を出すほうがよい。B 国政府が補助金を出さない場合には，A 国政府が補助金を出すと $(a-c)^2/8$ であるが出さなければ $(a-c)^2/9$ と小さくなる。よってこの場合も補助金を出すことになる。以上より，B 国政府が補助金を出す，出さないにかかわらず A 国政府は自国企業に補助金を出すことになる。同じことは B 国政府についてもいえる。したがって，A 国と B 国の政府間のゲームでは必ずお互いに補助金を出すことになり，その結果お互いに補助金を出さないときよりも経済厚生は低くなってしまうのである[1]。

---

[1]　各国政府の戦略の組み合わせが各国にもたらす利得を一覧にした表 10-1 を利得表（pay-

276 第 III 部 現代の貿易理論と貿易政策

6 第3国市場モデルでのベルトラン競争

　これまでは第3国市場モデルにおける企業同士がクールノー競争を行う場合での貿易政策の効果についてみてきた。国際的寡占市場における近年の企業間競争は，製品が全く同じものをお互いに生産し，その生産規模をめぐって競争をするというよりは，特色のある製品を生産して，製品価格で競争を展開するというケースが多くなっている。特に国際的な寡占企業は企業規模も大きいため，他社とは異なる独自のブランド商品を供給して，一定の消費者をこの商品に引きつけることにより，商品の独占力を利用した競争を展開することが多い。すなわち製品の基本的機能は同じであるが他社の製品と異なるデザインや付属品をもたせることで製品の差別化（product differentiation）を図り，それによって他社製品と異なる価格をつけることが可能になるため，価格を軸にした競争が展開されることになる。このような競争をベルトラン競争（Bertrand competition）という。現代においては自動車や化粧品，ワインなど様々な分野において国際的な市場で製品の差別化による価格競争が展開されている。

　本節と次節では第3国市場モデルの下でベルトラン競争を行う企業を考えて，政府の戦略的貿易政策をみていくことにする。そこで，A 国企業と B 国企業が互いに製品を差別化したときの第3国市場での需要を，それぞれ，以下のような需要関数

$$y_A = a - p_A + p_B \tag{24}$$
$$y_B = a - p_B + p_A \tag{25}$$

で表そう。ただし y_A と y_B は A 国と B 国の企業の製品の需要量すなわち生産量とする。また，p_A と p_B は A 国および B 国企業の製品の価格である。上の2つの需要関数では自国製品の価格が高くなると需要は小さくなる一方，他社の製品の価格が高くなると他社製品の需要が落ち込み，その影響で自社製品の需要が大きくなる。両国企業の限界費用はともに c として，固定費はないものとする。よって A 国企業と B 国企業の費用関数は，それぞれ，$C_A = c y_A$ と $C_B = c y_B$ とな

---

off matrix）という。

る。

　以上の状況下でベルトラン競争を行う A 国企業の利潤最大化行動を考えよう。
A 国企業の利潤 π_A は(24)を用いて

$$\pi_A = p_A y_A - c y_A$$
$$= (p_A - c)(a - p_A + p_B)$$

であるから，利潤最大化行動は

$$\underset{p_A}{Max}\ \pi_A = (p_A - c)(a - p_A + p_B)$$

と表せる。p_B が与えられたときの上の最適化問題の最適条件は

$$\frac{d\pi_A}{dp_A} = -2p_A + (a + c + p_B) = 0$$

となる。よって A 国企業の価格に関わる反応関数は

$$p_A = \frac{1}{2}p_B + \frac{1}{2}(a + c) \tag{26}$$

となる。同様にして B 国企業の反応関数は

$$p_B = \frac{1}{2}p_A + \frac{1}{2}(a + c) \tag{27}$$

となる。

　以上のベルトラン競争の場合も，クールノー競争と同じようにナッシュ均衡を
ゲームの均衡と考えよう。すなわち両国の反応関数を同時に満たす p_A と p_B をこ
の競争の均衡とする。この場合の均衡価格を p_A^B, p_B^B とすると，

$$p_A^B = p_B^B = a + c$$

となる。よって両国の均衡生産量を y_A^B と y_B^B，またそのときの利潤を π_A^B と π_B^B と
すると，それらは

$$y_A^B = y_B^B = a$$
$$\pi_A^B = \pi_B^B = a^2$$

となる。このときの両国の経済厚生を W_A^B と W_B^B とすると，それらは各国の利潤
で表されるから

$$W_A^B = W_B^B = a^2$$

となる。

　ベルトラン競争でこのようにして決まる均衡価格は図 10-8 のように図示でき

278　第III部　現代の貿易理論と貿易政策

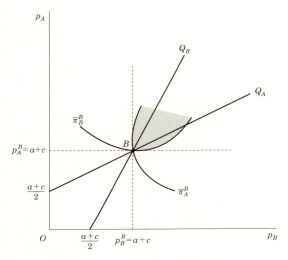

図 10-8　ベルトラン競争下での均衡

る。図10-8のQ_AとQ_Bはそれぞれ(26)式と(27)式で表される反応曲線である。両国企業の均衡価格はこれら2つの曲線の交点Bで決まる。特にここで注意したいのは，クールノー競争の場合の反応曲線が負の傾きをもっていたのに対して，ここでの反応曲線の傾きは正となっていることである。クールノー競争では相手企業が生産量を大きくすると，自国企業は生産量を小さくする。このような戦略上の反応を戦略的代替（strategic substitutes）という。すなわち相手企業の生産拡大によって過大な生産量が市場に供給され，価格が下落して，超過利潤が少なくなることを防ぐために，自国企業は生産量を少なくするのである。一方，ベルトラン競争では相手企業が製品価格を高くすると，自国企業も製品価格を高くする。このような戦略上の反応を戦略的補完（strategic complements）という。この場合，相手企業の価格の上昇にともなって自国企業が価格を高くしても自国製品への需要はそれほど下がらず，しかも価格を高くすることでより大きな超過利潤を稼ぐことができる。

　ここで図10-9に，クールノー競争の場合と同様にして，ベルトラン競争の場合のA国企業の等利潤曲線を図示してその形状を示しておこう。A国企業の反応曲線上のD点を通る等利潤曲線を$\bar{\pi}_A^D$とすると，その接線はD点で垂直となり，p_A軸と反対方向に反り返る曲線となる。曲線の形状はクールノー競争の場合と同様にして求められるが，ここでは計算によって示しておくことにする。

　ベルトラン競争の場合のA国企業について利潤を$\bar{\pi}_A^D$に固定したときの等利潤を表す式は$\bar{\pi}_A^D = (p_A - c)(a - p_A + p_B)$であるから，$p_A$と$p_B$の関係で表される。

そこで π_A を一定として上式を全微分すると，

$$0 = (-2p_A + a + p_B + c)\,dp_A + (p_A - c)\,dp_B$$

すなわち

$$\frac{dp_B}{dp_A} = \frac{2p_A - (a + p_B + c)}{p_A - c}$$

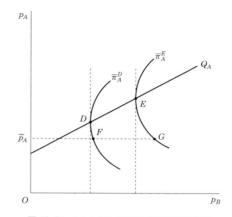

図 10-9 ベルトラン競争下での等利潤曲線

となる。よって，A国の反応曲線上の (p_A, p_B) の点では $dp_B/dp_A = 0$，すなわち図 10-9 において等利潤曲線の接線は A国の反応曲線上で垂直となる。ここで，

$$f(p_A, p_B) \equiv \frac{2p_A - (a + p_B + c)}{p_A - c}$$

としよう。このとき

$$\frac{d^2 p_B}{dp_A^2} = \frac{\partial f}{\partial p_A} + \frac{\partial f}{\partial p_B}\frac{dp_B}{dp_A}$$

$$\frac{\partial f}{\partial p_A} = \frac{2(p_A - c) - \{2p_A - (a + p_B + c)\}}{(p_A - c)^2}$$

$$\frac{\partial f}{\partial p_B} = \frac{-1}{p_A - c}$$

である。よって

$$\frac{d^2 p_B}{dp_A^2} = \frac{df(p_A, p_B)}{dp_A} = \frac{a - p_A + p_B}{(p_A - c)^2} > 0$$

となるから，A国の等利潤曲線は p_A 軸と反対方向に反り返る曲線となる。以上によって A国の等利潤曲線は図 10-9 のような曲線となる。

同様にして Q_A 上で D点より右上方にある E点を通る等利潤曲線が $\bar{\pi}_A^E$ として示されている。p_A を一定としたとき，p_B が高くなると y_A が大きくなるため A国企業の利潤は大きくなる。例えば図 10-9 で $p_A = \tilde{p}_A$ と固定したときの F点での利潤よりも G点での利潤のほうが大きい。したがって，より右側にある等利

280 第 III 部 現代の貿易理論と貿易政策

潤曲線に対応する利潤のほうが大きくなっている。

図 10-8 に戻って，ベルトラン均衡点 B を通る両国のそれぞれの等利潤曲線が $\bar{\pi}_A^B$ と $\bar{\pi}_B^B$ として描かれている。これらの等利潤曲線で囲まれた網かけ部内の点に対応する価格を両国企業が協力して選ぶことができれば，ベルトラン競争によって得られる利潤よりも高い利潤を両国とも実現できる。その意味において，ベルトラン競争下での均衡もまた囚人のディレンマの状態となっている。

7　ベルトラン競争の下での最適な貿易政策

議論をさらにすすめて本節では，A 国政府の最適な補助金政策について考えていこう。A 国政府は自国企業に輸出量 1 単位につき s_A の補助金を与えるとする。このとき A 国企業の利潤最大化行動は

$$\underset{p_A}{Max}\ \pi_A \equiv (p_A - c + s_A)(a - p_A + p_B)$$

と表される。この問題の最適条件から A 国企業の反応関数は

$$p_A = \frac{1}{2}p_B + \frac{a+c-s_A}{2} \tag{28}$$

となる。一方 B 国企業の反応関数は(27)のままである。そこで，このときにベルトラン競争下で決まる A，B 両国企業の価格を $p_A(s_A)$ と $p_B(s_A)$ とすると，これは(28)と(27)を解いて，

$$p_A(s_A) = a + c - \frac{2}{3}s_A \tag{29}$$

$$p_B(s_A) = a + c - \frac{1}{3}s_A \tag{30}$$

となる。このときの企業の生産量を $y_A(s_A)$ と $y_B(s_A)$ とすると，(29)，(30)を(24)と(25)に代入して

$$y_A(s_A) = a + \frac{1}{3}s_A$$

$$y_B(s_A) = a - \frac{1}{3}s_A$$

となる。このときの企業の利潤をそれぞれ $\pi_A(s_A)$ と $\pi_B(s_B)$ とすると，それらは

$$\pi_A(s_A) = (p_A(s_A) - c + s_A) y_A(s_A)$$

$$= \left(a + \frac{1}{3}s_A\right)^2$$

$$\pi_B(s_A) = (p_B(s_A) - c) y_B(s_A)$$

$$= \left(a - \frac{1}{3}s_A\right)^2$$

となる。

　そこで A 国政府は自国の経済厚生 $W_A(s_A) = \pi_A(s_A) - s_A y(s_A)$ を最大にするように s_A を決める。すなわち A 国政府の決める s_A は

$$\underset{s_A}{Max}\ W_A(s_A) = \pi_A(s_A) - s_A y(s_A)$$

の最適解である。それを s_A^{**} として，具体的に求めると，

$$W_A(s_A) = a^2 - \frac{1}{3}s_A a - \frac{2}{9}s_A{}^2 \tag{31}$$

であるから，最適条件は

$$\frac{dW_A(s_A)}{ds_A} = -\frac{4}{9}s_A - \frac{1}{3}a = 0$$

となり，最適な輸出補助金は

$$s_A^{**} = -\frac{3}{4}a < 0 \tag{32}$$

となる。すなわち A 国政府にとって最適な補助金は負となる。言い換えるならば A 国の経済厚生を最大にする貿易政策は輸出 1 単位に対して $3a/4$ の課税をすることである。そのときの A 国の経済厚生 $W_A(s_A^{**})$ は(31)と(32)より

$$W_A(s_A^{**}) = \frac{9}{8}a^2 > W_A^B = a^2 \tag{33}$$

となる。一方 B 国の経済厚生 $W_B(s_A^{**})$ は，そのときの B 国企業の利潤であるから，同様にして

$$W_B(s_A^{**}) = \left(a - \frac{1}{3}s_A^{**}\right)^2 = \frac{25}{16}a^2 > W_B^B = a^2 \tag{34}$$

282 第 III 部　現代の貿易理論と貿易政策

となる。特に，(33)と(34)により $W_A(s_A^{**}) < W_B(s_A^{**})$ であるから，A 国政府の最適な貿易政策は結果的に A 国よりも B 国に大きな恩恵をもたらすことになる。

　ここで，ベルトラン競争下での企業間競争がシュタッケルベルグ的な逐次的ゲームで行われる場合を考えてみよう。A 国企業を先導者，B 国企業を追随者とする。このとき，A 国企業の行動は(27)を制約条件として利潤を最大にするように価格を決めることであるから，

$$\underset{p_A}{Max} \; \pi_A = (p_A - c)\left(a - p_A + \frac{1}{2}p_A + \frac{a+c}{2}\right)$$

と表せる。その最適解は $d\pi_A/dp_A = 0$ を満たす p_A であるから，それを p_A^S とすると，

$$p_A^S = \frac{3a + 2c}{2} \tag{35}$$

となる。そしてそのときの A 国企業の利潤を π_A^S とすると

$$\pi_A^S = \frac{9}{8}a^2 = W_A(s_A^{**}) \tag{36}$$

となる。

　さらに追随者である B 国企業の利潤は $\pi_B = (p_B - c)y_B$ であり，価格 p_B は(27)に従うから，(35)と(27)および前節で求めた $y_B = y_B^B = a$ を用いて，

$$\pi_B^S = \frac{25}{16}a^2 = W_B(s_A^{**}) \tag{37}$$

となる。すなわち，企業間競争がクールノー的な同時ゲームである場合において A 国政府が最適な貿易政策を行ったときに得られる A 国と B 国の経済厚生の大きさは，A 国企業を先導者，B 国企業を追随者として行うシュタッケルベルグ的なゲームにおいて達成される経済厚生と，それぞれ同じになる。(36)と(37)からわかるように，ベルトラン競争の下での逐次的なゲームでは先導者よりも追随者のほうがより大きな利潤を得るため，追随者が有利となる。

　A 国政府が最適な貿易政策を行ったときの企業間でのベルトラン競争の均衡が，A 国企業を先導者，B 国企業を追随者としたときの逐次的ゲーム下での均衡と同じになることは図 10-10 を用いて表すことができる。図 10-10 で，政府による政策介入のない状況でのベルトラン競争下での A 国企業と B 国企業の反応曲線

を Q_A と Q_B とすると，両企業の均衡価格はこれらの曲線の交点である B で決まる。A 国政府が最適な貿易政策として輸出課税を自国企業に $3a/4$ を課すと A 国企業の反応曲線 Q_A は (28) 式に従って上方に $3a/8$ だけ平行移動して Q_A' となる。よってそのときの両企業の均衡価格は S 点となる。他方，政府の政策介入がないとき A 国企業が先導者，B 国企業が追随者となって逐次的な競争を行うと，A 国企業の等利潤曲線は B 国の反応曲線とこの S 点で接する。よって S 点はこのような逐次的なゲームの下での均衡でもある。

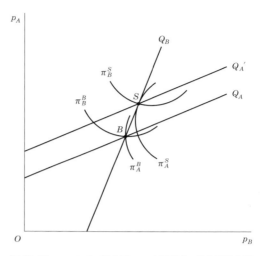

図 10-10 ベルトラン競争下での A 国政府の輸出課税政策

最後に，両国政府がお互いに補助金政策を用いて自国の経済厚生を最大にするための競争を行う場合について述べておこう。すなわち次のような手順で政府と企業の行動は表現できる。

第1段階 両国政府がそれぞれ同時に自国企業への補助金額を決める。
第2段階 両国企業は各国政府が企業に与える補助金額を知った上で，ベルトラン競争によって自国製品の価格を同時に決める。

このときの各国政府の補助金の大きさを $\hat{s}_A$, $\hat{s}_B$, 価格を $\hat{p}_A$, $\hat{p}_B$, 企業の生産量を $\hat{y}_A$, $\hat{y}_B$, 各国の利潤を $\hat{\pi}_A$, $\hat{\pi}_B$, 各国の経済厚生を $\hat{W}_A$, $\hat{W}_B$ とすると，クールノー競争のときと同じようにして解くことにより，

$\hat{s}_A = \hat{s}_B = -a < 0$
$\hat{p}_A = \hat{p}_B = 2a + c$
$\hat{y}_A = \hat{y}_B = a$
$\hat{\pi}_A = \hat{\pi}_B = a^2$

284 第 III 部 現代の貿易理論と貿易政策

$$\widehat{W}_A = \widehat{W}_B = 2a^2$$

となる[2]。両国政府が貿易政策を行使しないときの経済厚生は前節で示したように $W_A^B = W_B^B = a^2$ であったから，ベルトラン競争下で両国政府が非協力的に政策ゲームを行うと，経済厚生は政策ゲームのないときよりも良くなる。しかし両国が協力して，例えば $s_A = s_B = -2a$ を採用すると，$p_A = p_B = 3a + c$ となり，$\widehat{W}_A = \widehat{W}_B = 3a^2$ を実現できる。すなわち両国政府が協力することにより経済厚生をいっそう高めることができるから，非協力的な政府間の政策ゲームでの均衡は囚人のディレンマに陥ることになる。

実際 $s_A = s_B$ の値を $-\infty$ とすると $p_A = p_B$ の価格は ∞ となる。このとき $y_A = y_B = a$ であるため経済厚生 W_A と W_B は ∞ となる。このような現象は需要関数(24)と(25)の形に依存して生じるものである。(24)，(25)の下では，$p_A = p_B$ であれば p_A，p_B をどれだけ大きくしても必ず両国の製品はそれぞれ a だけ売ることができる。しかし，このような事態は現実には想定しがたいであろう。したがって，本来ならば第3国の消費者の効用最大化行動をもとにしてそれぞれの国の製品の需要関数を導出することが望ましい。しかし本章では議論の本質を失わない範囲内で分析を簡単にするために，あえて(24)と(25)を用いていた。またこの章での様々な最大化問題の解に関する2階の条件には直接言及していないが，2階の条件が満たされていることは容易に確認できるため証明を省略している。

8 まとめ

完全競争企業ではなく寡占企業によって生産が行われている市場では，企業が超過利潤を稼ぐことができる。政府は自国の経済厚生を高めるため，自国企業が世界市場でより大きな超過利潤を稼ぐような貿易政策を行使しようとする。各国の政府が相手の用いる政策を念頭におきながら，自国の厚生を高めるための政策を実行する場合，それがどのような政策となるのかを本章では考察した。そこで

---

[2] これらの結果を得るための計算は紙幅の都合で省略するが，クールノー競争の場合と同様の手順で導くことができる。読者自身で確かめられたい。

は，寡占企業の利潤最大化のための戦略的行動に加えて，政府間での戦略的政策行動を導入して，ゲーム論的手法で分析した。

　本章ではこのような問題を考察するための基本的なモデルである第3国市場モデルを用いて，寡占企業がクールノー競争を行う場合とベルトラン競争を行う場合のそれぞれにおいて，政府の関税・補助金政策がどのようなものになるかをみてきた。そして，各国の企業がクールノー競争を展開する場合とベルトラン競争を展開する場合では政府の政策が正反対となり，クールノー競争下では輸出企業への補助金，ベルトラン競争では輸出企業への課税が政府の最適政策となることがわかった。この結果の違いは企業の反応曲線の違いに強く依存している。すなわちクールノー競争では相手企業の生産量の変化に対して自国企業は生産量を逆方向に変化させる（これを戦略的代替という）ことが最適であり，ベルトラン競争では相手企業の価格の変化に対して自国企業は価格を同方向に変化させる（これを戦略的補完という）ことが最適であることによる。

　基本モデルは第3国市場モデル以外にも2国のモデルも考えられる。その場合はお互いの国が相手国に輸出し合う，あるいはよりシンプルには自国市場で自国製品と外国からの輸入品が販売されるようなモデルが想定できる。本章ではこうした2国間での貿易モデルは考察しなかったが，本章と同様の方法で分析できる。

　これらの基本モデルは様々な方向に拡張され，様々な現代の貿易問題，例えばダンピング問題，中間財貿易，直接投資，貿易の自由化，研究開発投資，環境問題などの考察に応用されている。戦略的貿易政策のゲーム論的アプローチによるこれらの問題の分析においては，仮定を少し変えると結果が大きく変わることが多い。よって実証分析による理論モデルの検証が必要であるが，この面での研究は理論的研究に比べて必ずしも十分とはいえないため，現実との対応力が弱く実用性に乏しい。しかし，従来の伝統的貿易モデルでは説明することのできなかった，様々な経済主体の戦略的行動を取り入れることで，これらのモデルが現実的な視点を提供したことには大きな意味がある。

本章に関連する文献
　戦略的貿易政策の分析にはゲームの理論が用いられる。経済学の分野にゲーム理論が導入さ

286 第 III 部 現代の貿易理論と貿易政策

れて半世紀以上になるが，テキストの中に普及しはじめたのは 1980 代以降である。現在では経済学の様々な分野でゲーム理論は欠かせない分析ツールとなっており，経済学の学習においてゲーム理論は必修科目となっている。そのため多くのテキストが書かれているが，ここでは代表的な入門書として以下の 3 冊を挙げておこう。

渡辺隆裕『ゲーム理論入門』日本経済新聞出版社，2008 年

R. Gibbons, *Game Theory for Applied Economists*, Princeton University Press, 2011（福岡正夫・須田伸一訳『経済学のためのゲーム理論入門』創文社，1995 年）

岡田章『ゲーム理論　新版』有斐閣，2011 年

　第 3 国市場モデルのクールノー競争下での分析は J. A. Brander and B. J. Spencer, Export subsidies and international market share rivalry, *Journal of International Economics* 18, 1985, 83-100 が端緒である。またそのベルトラン競争下での分析は J. Eaton and G. M. Grossman, Optimal trade industrial policy under oligopoly, *Quarterly Journal of Economics* 101, 1986, 383-406 が端緒である。

　戦略的貿易政策の全体的な展望を扱った文献としては，冨浦英一『戦略的通商政策の経済学』日本経済新聞社，1995 年；石川城太「戦略的貿易政策」，大山道広編『国際経済学の地平』東洋経済新報社，2001 年；J. A. Brander, Strategic trade policy, in G. M. Grossman and K. Rogoff (eds.), *Handbook of International Economics Vol. 3*, Elsevier, 1995, などがある。また邦語の研究書としては，利光強『現代貿易政策の経済分析——不完全競争，不完備情報，および貿易政策』有斐閣，2000 年；林原正之『戦略的通商政策理論の展開』昭和堂，2005 年等がある。

　戦略的貿易政策論の拡張や応用はこれらの文献にみられるように非常に多岐にわたるため，個別テーマの文献紹介は上述の著作の参考文献をあたられたい。

第11章

自由貿易協定

1　はじめに

　第2次世界大戦後の世界経済における自由貿易促進のための貿易体制の構築において，中心的役割を担ってきたのは GATT であり，現在では WTO がその役割を引き継いでいる。アダム・スミスやデイヴィッド・リカードを代表とする18世紀後半から19世紀前半の英国の古典派経済学者の，自由貿易こそが世界を豊かにするという主張は，その後エリ・ヘクシャーやバーティル・オリーンによって強化され，さらにワルラスやアロー，ドブリュー等によって確立された一般均衡論をベースとして，サミュエルソンやケンプ等によって国際貿易理論の基本的命題として精緻化された。この理論的支柱に加えて，戦前における各国間での関税政策競争が世界貿易を縮小させ，それが第2次世界大戦の一要因となったことへの反省によって，自由貿易推進の重要性が世界経済における共通認識となったのである。

　多様な国が参加して関税引き下げの交渉を行う場である GATT は1947年からスタートした。GATT において参加国が集まり数年をかけて関税引き下げを中心に行う交渉はラウンドと呼ばれる。GATT 設立以後1995年に WTO に引き継がれるまで6回のラウンドがもたれてきた。そしてラウンドでの交渉を重ねることで各国の関税の引き下げに大きな成果を上げ，最後のラウンドとなる1986年からのウルグアイ・ラウンドでは，関税の引き下げ交渉から輸入数量制限や貿易に影響する国内規制などの非関税障壁の緩和の交渉に焦点が移っていった。GATT は参加国の関税引き下げという役割をひとまず果たしたことにより，

1994 年のウルグアイ・ラウンド終了とともに，自由貿易促進のためのより広範な問題を扱うのに適した WTO という組織を新たに 1995 年から発足させた。WTO は関税引き下げという GATT の役割を引き継ぐとともに，貿易上のより重要な課題として浮上してきた，安全面や環境面で各国における国内規制の異なる財の貿易促進や，労働の国際間移動の促進，知的財産権の国際間での保護といった非関税分野での貿易促進のための諸問題を扱うほか，国際間での貿易上の紛争を解決するために紛争国間の調停を行うこととなった。

　1990 年代に入ると，世界経済の急速なグローバル化により，先進国間では産業内貿易というそれ以前にはあまりみられなかった貿易形態が拡大した。また発展途上国ではそれまでの貿易の主流であった原材料や天然資源の輸出から，先進国における生産活動のための中間財の供給地として，新たに中間財の輸出が活発化していった。先進国のみならず途上国でも生じたこうした貿易の多様化と拡大は WTO への途上国の積極的な参加を促したが，WTO の交渉の場において，国益をめぐって先進国と途上国の間での対立が鮮明となり，合意を得ることが困難になってきた。例えば生産活動において要求される自然環境を守るための基準や，労働者の人権を守るための労働基準などについて，経済が成熟して余力のある先進国では厳しい規制を求める一方，より豊かな経済を求めて経済成長を優先する途上国では緩い規制を求める傾向がある。こうした先進国と途上国の間での規制の隔たりが交渉における合意形成を困難にしている。そして参加国が増え，その経済発展の段階が多様化すればするほど，この困難の程度は大きくなる。交渉に多大な時間と費用をかけてもそれに見合う，実りある成果が得られないという状況の中で，多くの国は WTO への期待をなくしていくことになった。

　貿易の促進が経済をより豊かにするのであれば，お互いに貿易を促進させたいと思う国同士が WTO における合意形成を待たずに WTO とは別に自由貿易協定を結んでいくという動きが活発になるのは自然の流れともいえる。GATT-WTO 体制においては，ある国が別の特定の国に対して貿易障壁を低めた場合，そのルールは他のすべての国に対しても適用しなくてはならないという最恵国待遇の原則（most favored nation principle）を定めている。しかし WTO は一定の条件の下で特定の国同士が形成する地域貿易協定（regional trade agreement）をこの原則の適用外として認めており，それが地域貿易協定の締結の後押しとなってい

る。

　日本の場合，1990年代までは，他国が地域貿易協定締結の動きを見せる中，そのような動きを肯定的に捉えながらも，GATT-WTO体制の目指す多国間自由貿易体制の構築を基本方針としていた。しかし多くの国が地域貿易協定締結を加速させていく中で，1990年代末に大きく方向転換を図り，2国間の地域貿易協定の締結を積極的に推進するようになる。日本の最初の2国間協定は2002年にシンガポールとの間の経済連携協定として結実し，以後，日本は2国間協定をメキシコ，マレーシア，チリ，タイなどとの間に拡大させてきている。WTOが最恵国待遇の原則とは矛盾するこのような地域貿易協定締結の動きを容認する理由は，そのような地域間における貿易の自由化の広がりがやがては多国間自由貿易協定の形成に結実するという期待が込められているためでもある。

　以上，第2次世界大戦後から近年までの自由貿易体制構築の動きを手短に概説したが，次節以降ではこうした自由貿易協定締結に対する各国の対応とその本質的な経済的意味を貿易理論によって説明していくことにする。

2　2国間の関税競争

　多くの国はこれまで様々な輸入財に関税をかけてきたが，それにはいくつかの理由があった。その主要なものは①国内の輸入産業を保護するため，②財の国内生産が国内の消費や生産にもたらす外部経済がある場合それを維持するため，③関税をかけることにより国益を増加させるため，といった理由である。

　①の国内産業の保護が国益にかなう場合の代表的なものは幼稚産業の保護である。すなわち，ある産業がその国においてまだ育成段階にあるため，自由貿易下で海外企業との競争にさらされると敗れ去ってしまう可能性があるとき，一定の期間この産業の輸入財に関税をかけて，輸入制限をすることで，国内の産業規模が一定の大きさになるように育成する。そして将来的にその国内産業が成長して，国際競争力がついた段階で関税を撤廃するというものである。しかし①のケースの中には，国際競争力が劣り将来性のない産業の従事者が，その産業が国際競争にさらされないように，政府に働きかけて関税などによる保護を求めるといった

290 第 III 部 現代の貿易理論と貿易政策

場合もある。このような場合，関税による産業の保護は逆に国益を損なうことになる。

②は，ある種の輸入財を国内で生産することが，国内の消費活動や生産活動に正の外部性をもたらす場合である。すなわち関税によってその産業の国内生産の規模を一定の大きさに保つことが，国内の消費や生産にプラスの効果を与える場合である。例えば，ある産業の持つ生産技術や経営のノウハウが他産業に役立つ場合や，ある産業の生産活動が自然環境に有益な効果をもたらす場合などが考えられる。

③について考えよう。第9章で述べたように，一般的に市場が完全競争市場で，市場の失敗がなく，関税を課す国が小国であれば，関税を課すとその国の経済厚生は低下してしまう。しかし，自国が大国のとき，関税政策は交易条件に影響を与えることができるため，関税によって自国の厚生を高めることができる場合がある。関税によって輸入品の輸出品に対する相対的な国際価格を低下させることで，貿易を有利にして国益を増加させるというものである。これは貿易相手国にとっては輸入品の相対的な国際価格の上昇を意味するため，交易条件の悪化となり国益を損なうことになる。よってこのような政策は近隣窮乏化政策といわれる。また，関税を課す財の産業が国際市場において不完全競争市場であっても，関税を課すことで自国の国益が上昇する場合がある。これは例えば第10章第2節で示したような場合である。ある国がある財の国内供給を外国の独占企業からの輸入に頼っている場合，この外国の独占企業はこの国への輸出によって独占利潤を稼ぐことができる。そこで外国企業からの輸入に関税を課して独占利潤の一部をこの国のものとすることで，この国の経済厚生を高めることができるのである。

以上で述べた，関税を課すことによって自国の経済厚生を高めることができるいくつかの理由のうち，本節では③の場合について詳しくみていくことにする。③の理由によって，自国の経済厚生を高めようとするインセンティブが貿易国に働く。貿易国同士がこのようなインセンティブの下で関税をかけ合うことによって，結局関税をかけなかったときよりも経済厚生が低下してしまう。それにもかかわらず貿易国がお互いに関税をかけ合う状態が出現することを，大国経済の場合で示すことにする。

はじめに2つの大国の間での貿易で考えることにする。2つの大国を自国と外

第11章　自由貿易協定　291

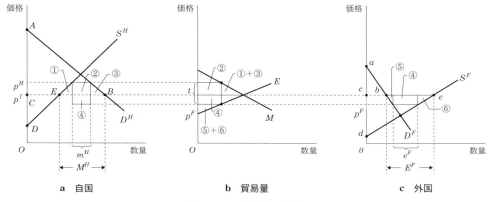

図 11-1　2国間貿易と関税

国とする。自国は外国からX財を輸入しているものとしよう。すなわち自国はX財の輸入国で，外国は輸出国とする。図 11-1a にはX財に関する自国の需要曲線D^Hと供給曲線S^Hが描かれ，図 11-1c には外国のX財に関する需要曲線D^Fと供給曲線S^Fが描かれている。これらに基づいて，図 11-1b には自国のX財の輸入曲線Mと外国のX財の輸出曲線Eが描かれている。自由貿易下では自国の輸出量と外国の輸出量が一致するような価格p^Iが，X財の世界市場から決まる均衡世界価格となる。このときの自国の輸入量をM^H，外国の輸出量をE^Fとする。当然のこととして，$M^H=E^F$である。またこのときの自国の総余剰は図 11-1a において消費者余剰△ABCと生産者余剰△CDEの合計で表される。他方，外国の総余剰は図 11-1c において，消費者余剰△abcと生産者余剰△cdeの合計となる。

　ここで自国政府は外国からの輸入1単位にtの関税を課すとしよう。このときの外国の輸出価格がp^Fであれば，自国におけるこの輸入品の国内価格p^Hは$p^H=p^F+t$となる。そしてそのときの外国の輸出量をe^F，自国の輸出量をm^Hとすると，国際市場での均衡では$e^F=m^H$でなくてはならない。tを与えたとき，$e^F=m^H$を満たし，$p^H=p^F+t$となるp^Hとp^Fがそれぞれ自国の国内の均衡価格と外国の均衡輸出価格となる。それは図 11-1c と 11-1a に示されている。この場合の自国の消費者余剰と生産者余剰の合計は自由貿易のときに比べて①＋②＋

292 第 III 部 現代の貿易理論と貿易政策

③の減少となるが，関税収入②＋④が新たに得られるので，自由貿易のときに比べて，自国の総余剰には①＋③－④の変化が生じる。①＋③＞④なら関税の導入によって自国の総余剰は減少し，④＞①＋③なら逆に総余剰は増加する。すなわち大国の場合には関税を課すことで X 財の国際価格が p^I から p^F に下落する。このことによって輸入国である自国は経済厚生を自由貿易のときよりも高くできる可能性がある。

　一方，外国についてみると，自由貿易のときに比べて，自国による関税の導入によって消費者余剰と生産者余剰の合計は⑤＋④＋⑥の面積分の減少となる。ここで④は自国が関税によって得る関税収入として移転する大きさである。このように自国の関税の導入は外国の総余剰を必ず減少させることになる。

　以上にみたように，輸入国は関税を課すことで経済厚生を自由貿易のときよりも大きくできる可能性がある。以下では④＞①＋③となるような関税 t があるものとしよう。その場合，自国は X 財について，自由貿易ではなく関税政策を選択するであろう。さらにここで，もう一つ別の財として Y 財を考えよう。Y 財については逆に自国が外国に輸出しているものとしよう。そして X 財の両国の需要や供給と Y 財のそれらとはお互いに影響を与えることはないものとする。このとき，図 11-1 の自国と外国の役割を入れ替えた場合の図を Y 財の場合で描くことができる。その場合の図 11-1 に対応する記号は＊を付したもので表すことにしよう。このとき Y 財の輸入国である外国は関税を課すことで自由貿易に比べて④＊－（①＊＋③＊）の総余剰の増加がある。X 財のときと同様に④＊＞①＊＋③＊となるような関税 t^* が Y 財の場合にもあるものとしよう。このとき外国はそのような関税を課すことによって，自由貿易のときよりも高い経済厚生水準を実現できるので，関税政策を採用するであろう。その場合，輸出国である自国は－（⑤＊＋④＊＋⑥＊）の総余剰の減少となる。

　ここで自国政府と外国政府の間での関税競争のゲームを考えよう。自国政府は X 財の貿易について自由貿易か X 財への関税かのいずれかを選び，外国は Y 財の貿易について自由貿易か関税かを選ぶものとする。両国政府のこれらの間での選択の組み合わせによって，表 11-1 のような両国間の利得表が作成できる。両国とも X 財と Y 財の貿易が自由貿易の場合の両国の利得を基準として，それらをゼロとしよう。その下で，例えば自国が X 財への関税を選び，外国が Y 財に

表 11-1　2国間関税政策ゲームの利得表

		外国	
		自由貿易	Y財への関税 t^*
自国	自由貿易	0 0	④*−(①*+③*)>0 −(⑤*+④*+⑥*)
	X財への 関税 t	−(⑤+④+⑥) ④−(①+③)>0	④*−(①*+③*+⑤+④+⑥) ④−(①+③+⑤*+④*+⑥*)

ついて自由貿易を選んだとすると，自国は自由貿易のときに比べて④−(①+③)>0の総余剰の増加となり，外国は−(⑤+④+⑥)の総余剰の減少となる。両国とも関税政策を用いた場合には，自国はX財への関税によって④−(①+③)>0の余剰の増加の一方，Y財の貿易によって−(⑤*+④*+⑥*)の余剰の減少となるから総余剰の変化の大きさは④−(①+③+⑤*+④*+⑥*)となる。同様にして外国の場合の総余剰の変化の大きさは④*−(①*+③*+⑤+④+⑥)となる。

④−(①+③)>0と④*−(①*+③*)>0の下ではこのゲームのナッシュ均衡は両国とも関税を課すこととなる。この場合，もし⑤+④+⑥が④*−(①*+③*)より大きく，⑤*+④*+⑥*が④−(①+③)より大きいなら，④*−(①*+③*+⑤+④+⑥)<0および④−(①+③+⑤*+④*+⑥*)<0となる。特に④と④*が同じ大きさならば両国が関税をかけ合ったときの自国と外国の利得はそれぞれ−(①+③+⑤*+⑥*)<0と−(①*+③*+⑤+⑥)<0となり，両国がともに自由貿易を選択したときよりも両国とも経済厚生は低下することになる。お互いが自由貿易を行うほうが両国とも経済厚生が高いにもかかわらず両国政府がお互いに関税をかけ合うと，関税競争になり，その結果両国ともに自由貿易のときより低い経済厚生しか実現できない。すなちわ囚人のディレンマの状態が出現する。

294 第 III 部 現代の貿易理論と貿易政策

3 繰り返しゲームの下での 2 国間の関税競争

　以上はお互いの国が 1 回限りの政策決定を行う場合を考えた。しかし両国が長期間に何度もこのゲームを繰り返して行う状況を考えると，ゲームの結果は異なってくる可能性がある。今，時間の流れは第 1 期からスタートして無限に続くものとしよう。各期に行われるゲームは先に述べたゲームと同じであるとする。表 11-1 の利得表を一般的に表したものを表 11-2 に掲げておく。

　表 11-2 で例えば，$W^H(t,t)$ と $W^F(t,t)$ は自国，外国ともに関税政策をとったときの自国と外国の経済厚生を表すものとする。そして，各国の表 11-2 の経済厚生の大きさに関して

$$W^H(f,t) < W^H(t,t) < W^H(f,f) < W^H(t,f)$$
$$W^F(t,f) < W^F(t,t) < W^F(f,f) < W^F(f,t)$$

を満たすものとする。よって表 11-2 は表 11-1 の各国の経済厚生の大きさの順序を満たしているため，表 11-1 をより一般的にしたものとなっている。この表 11-2 の利得表の下での 1 回限りのゲームでは自国，外国ともに関税政策を選択することがナッシュ均衡となる。そのときの自国と外国の経済厚生はそれぞれ $W^H(t,t)$ と $W^F(t,t)$ で，両国ともに自由貿易を選択した場合の経済厚生 $W^H(f,f)$ と $W^F(f,f)$ より小さくなっているため，このナッシュ均衡の下では囚人のディレンマの状態になっている。

　ここでこのゲームが一定期間にわたって，毎期繰り返して行われるものとしよう。一定期間にわたって同じゲームが繰り返し行われるこのようなゲームを繰り返しゲーム（repeated game）という。ここでは期間を無限として，無限にゲームが繰り返される場合を考えよう。そして各国の政府は相手国が自由貿易を選び続ける限り自由貿易を選択するが，相手国が関税政策をとったときは，次の期のゲーム以降関税政策をとるという戦略を用いる。このように，お互いが協力をしている間は協力を続けるが，一旦裏切られたらそれ以降は二度と協力をしないという戦略を，トリガー戦略（trigger strategy）という。そして各国はお互いに相手国がトリガー戦略をとってくることを知っているものとする。

　以上の下でお互いが継続的に協力して両国とも自由貿易を続けていくとき，自

第 11 章　自由貿易協定　**295**

表 11-2　表 11-1 の一般的な場合

<table>
<tr><td></td><td></td><td colspan="2" align="center">外国</td></tr>
<tr><td></td><td></td><td align="center">関税政策</td><td align="center">自由貿易</td></tr>
<tr><td rowspan="2">自国</td><td>関税政策</td><td>$W^F(t,t)$
$W^H(t,t)$</td><td>$W^F(t,f)$
$W^H(t,f)$</td></tr>
<tr><td>自由貿易</td><td>$W^F(f,t)$
$W^H(f,t)$</td><td>$W^F(f,f)$
$W^H(f,f)$</td></tr>
</table>

国の全期間にわたっての経済厚生の総和の現在価値を求めると,

$A \equiv$ 第 1 期の厚生水準 $+\delta \times$（第 2 期の厚生水準）$+\delta^2 \times$（第 3 期の厚生水準）$+\cdots$

$= W^H(f,f) + \delta W^H(f,f) + \delta^2 W^H(f,f) + \cdots$

$= W^H(f,f)(1+\delta+\delta^2+\cdots)$

$= W^H(f,f)/(1-\delta)$ （1）

となる[1]。ただし δ は 1 期間当たりの割引因子で $1-\delta$ を割引率という。

次にお互いが自由貿易を選択しているときに自国はある時期に関税政策をとったとしよう。一般性を失うことなくその期を第 1 期として考える。

第 1 期に自国が関税政策をとったとする。それ以前は両国とも自由貿易で協力をしてきたが, 第 1 期で自国が裏切って関税政策としたため, 外国はトリガー戦略を適用して第 2 期以降関税政策をとるものとする。自国は外国のこの戦略を推測し, 第 2 期以降も関税政策を用いざるを得なくなる。この場合, 各国が各期で用いる戦略は表 11-3 のように表せる。

このとき, 自国の全期間にわたっての経済厚生の総和の現在価値を計算すると

$B \equiv W^H(t,f) + \delta W^H(t,t) + \delta^2 W^H(t,t) + \cdots$

$= W^H(t,f) + \dfrac{\delta}{1-\delta} W^H(t,t)$

---

[1]　すなわち 1 期後に得られる利得 A の現在時点での評価は δA である。また $\varDelta = 1+\delta+$ $\delta^2+\cdots+\delta^T$ とすると $\varDelta - \delta\varDelta = 1-\delta^{T+1}$ であるから $\varDelta = (1-\delta^{T+1})/(1-\delta)$ である。よって $0 < \delta < 1$ を考慮すると

$$(1+\delta+\delta^2+\cdots) = \lim_{T \to \infty} \varDelta = \frac{1}{1-\delta}$$

となるから(1)式を得る。

296　第 III 部　現代の貿易理論と貿易政策

表 11-3　繰り返しゲーム
で逸脱する場合の戦略

期＼国	1	2	3	…
自国	t	t	t	…
外国	f	t	t	…

注）ただし t は関税政策，f
　　は自由貿易とする

$$= W^H(t,f) + \delta \frac{W^H(t,t)}{1-\delta}$$

となる。経済厚生の総和の現在価値が，自由貿易を継続
し続けたほうが，自由貿易から逸脱して関税政策に切り
替えた場合よりも大きいための条件は

$$W^H(t,f) + \delta \frac{W^H(t,t)}{1-\delta} < \frac{W^H(t,t)}{1-\delta}$$

すなわち

$$(1-\delta)\, W^H(t,f) < W^H(f,f) - \delta W^H(t,t)$$

となり，これより，

$$(1-\delta)\, W^H(t,f) < W^H(f,f) + (1-\delta)\, W^H(t,t) - W^H(t,t)$$

であるから，

$$1-\delta < \frac{W^H(f,f) - W^H(t,t)}{W^H(t,f) - W^H(t,t)} \tag{2}$$

となる。ここで仮定により

$$0 < \frac{W^H(f,f) - W^H(t,t)}{W^H(t,f) - W^H(t,t)} < 1$$

である。よって δ が十分大きく 1 に近いとき $1-\delta$ は十分小さくなり，(2)が成
立する。すなわち割引率が小さい（将来得られる価値が現在価値を基準に評価して
それほど下がらない）ほど，協力して自由貿易を継続することを選択することに
なる。

　したがって，将来にわたって毎期両国間で自由貿易と関税政策の間の選択の
ゲームが繰り返されていく場合，あるいは繰り返されていくという信念を各国が
もっている場合には，両国が協力して自由貿易を選択し続ける可能性が出現する。
しかし，このような繰り返しゲームが有限回である場合には，最後の期で自由貿
易から関税政策に逸脱することが有利となるため，お互いに最後の期で逸脱して
関税政策をとる。このことが推測されると，その前の期に逸脱するほうが有利と
なり，両国とも最後の期の前の期に逸脱して関税政策をとる。これをさかのぼっ
ていくと初めから両国とも関税政策をとることとなり，囚人のディレンマを解消
できないことになる。したがって，有限の繰り返しゲームでは繰り返しゲームの

均衡として協力関係を導くことはできないことになる。

第2次世界大戦前の先進国がお互いに関税をかけ合うことで貿易が縮小し，それによって各国の経済が悪化していった状況は，各国が上述のような囚人のディレンマに陥ったことによるものとみることもできよう。また今日の日本とアメリカの間での自動車とコメの貿易をめぐる関税の問題において，両国が自由貿易を望ましいとしながらもお互いが課している関税を廃止できないのは，国内産業の保護に加えて上述の状況が生じていることが一つの要因であろう。

お互いの国が信頼し合って，関税をなくし，完全な自由貿易を実現することで，両国ともにより高い経済厚生を実現できる。したがって，自由貿易が実現するか否かは，お互いの信頼の強さや，自由貿易を実現するといって実現しなかった国への報復の実効性に依存している。しかし自由貿易のための交渉の参加国が増えて多様化すれば，相互の信頼性や違反したときの報復の実効性は弱いものとならざるを得ない。

第2次世界大戦後のGATT–WTO体制では，メンバー諸国は自由貿易体制実現のための話し合いを精力的に行ってきた。しかし，参加国が増え，参加国間での経済発展段階や政治経済体制が多様化し，交渉も非関税障壁やサービス貿易をはじめ従来対象とされなかった様々な財を含めて行われるようになったことで，多国間の交渉の実りある妥結は非常に困難になっている。近年ではそれゆえに地域貿易協定の締結が主流となっている。しかし，一部の国の間での自由貿易の実現は，そこに加わらない国が存在するため，すべての国が自由貿易を行う状況とは異なる影響を各国に及ぼすことになる。次節ではこの点についてみていくことにする。

4 地域貿易協定の経済効果

本節では地域貿易協定の経済効果をみていく。地域間自由貿易が与える経済効果を理論的に考えようとする場合，そのための経済モデルは複雑にならざるを得ないという問題がある。まず，国の数は協定を結ぶ国が少なくとも2つ，協定を結ばない国が少なくとも1つで，少なくとも合計3国を想定する必要がある。さ

298 第 III 部 現代の貿易理論と貿易政策

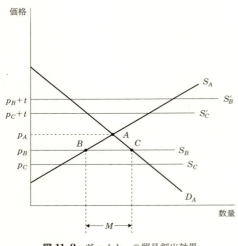

図 11-2 ヴァイナーの貿易創出効果

らに，これら3つの国が，それぞれ大国か小国かによって，地域貿易協定が与える経済効果は異なってくる。経済効果としてはジェイコブ・ヴァイナーが指摘した貿易創出効果（trade creation effect）と貿易転換効果（trade diversion effect）がよく知られているので，ここではこれら2つの効果を説明しよう。

貿易創出効果は，輸入が生じないような禁止的関税を課している国が，地域貿易協定を締結して関税をなくすことで，協定相手国から輸入ができるようになることで発生する経済効果である。また，貿易転換効果は，関税を課している国が地域貿易協定を結んで関税をなくすことにより，輸入国がそれまで輸入していた国からの輸入を協定国からの輸入に切り替えることで生じる経済効果である。

これら2つの効果を図によって示しておこう。ある財市場において3つの貿易国として A 国，B 国，C 国を考える。A 国は小国，B 国と C 国は大国とする。B 国と C 国の限界費用をそれぞれ p_B と p_C として，これらは生産量の大きさに関係なく一定とする。よって B 国と C 国の供給曲線をそれぞれ S_B と S_C とする。これらの供給曲線は図 11-2 に示されるように，p_B と p_C の水準で水平な直線で示される。ここで $p_B > p_C$ とする。また A 国の供給曲線と需要曲線をそれぞれ S_A と D_A とする。

貿易のないときの A 国の均衡価格は p_A であり，図 11-2 では $p_A > p_B > p_C$ となっている。したがって自由貿易のときは，A 国は一番安価な C 国から輸入を行うことになる。しかし今，A 国は輸入財に非常に高い関税 t を課すことで，B 国と C 国からの輸入財の A 国の国内価格が $p_B + t > p_C + t > p_A$ となっているものとする。よって A 国への B 国や C 国からの輸入はなく，A 国は自給自足の状態

にあるとする。このような状態から、A国はB国と地域貿易協定を結び、B国からの輸入に対してのみ関税を撤廃したとしよう。このときA国におけるB国やC国からの輸入品の価格はそれぞれp_Bとp_C+tとなり、$p_C+t>p_A>p_B$となるため、B国からA国への輸入が行われるようになる。輸入量は図11-2のMの大きさとなる。これがヴァイナーの貿易創出効果であり、それによってA国の総余剰には△ABCの面積分の増加が発生し、A国の経済厚生はB国との地域貿易協定の締結によって高くなる。

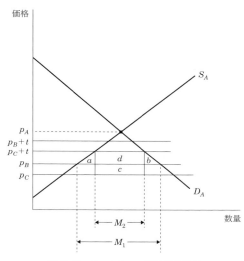

図 11-3 ヴァイナーの貿易転換効果

次にヴァイナーの貿易転換効果について、図11-3を用いてみていこう。図11-3は基本的に図11-2と同じであるが、A国の課す関税tはそれほど高くなく、$p_A>p_B+t>p_C+t$という状態になっているものとしよう。よってA国がそのような関税を課している状況でも、図11-3に示されるように、A国はC国からM_2の輸入を行っているものとする。

ここでいまA国は地域貿易協定をB国と締結して、B国からの輸入に対する関税を撤廃すると、$p_A>p_C+t>p_B$となるため、C国からの輸入はB国からの輸入に替わり、輸入はM_1の大きさになる。これがヴァイナーの貿易転換効果である。A国の経済厚生の変化をみると、関税をなくしたことによる経済効率の上昇で、図11-3の$a+d+b$の面積分の総余剰の増加がある一方、$d+c$の大きさの関税の収入が失われるため、B国との貿易協定の締結はA国の総余剰を$a+b-c$だけ変化させる。$a+b>c$ならばA国の経済厚生はB国との地域貿易協定によって上昇するが、$a+b<c$なら逆に低下する。よって貿易転換効果はA国にとってプラスともマイナスともなりうる。

ハリー・ジョンソンはヴァイナーとは異なった定義を与えている。ヴァイナー

300 第 III 部 現代の貿易理論と貿易政策

の貿易転換効果における $a+b$ の部分の総余剰の増加は，輸入財価格が p_C+t から p_B に下がったことによって輸入量が M_2 から M_1 に拡大したことで生じたものであるため，ジョンソンはこの部分を貿易創出効果と定義しなおし，貿易転換効果は純粋に C 国からの輸入量 M_2 が B 国からの輸入量 M_1 に置き換わったことによる効果であるとした。この場合，貿易転換効果による A 国の経済厚生への影響は，関税収入 c が失われるぶん，マイナスとなる。すなわちジョンソンの定義の下では貿易創出効果は A 国の余剰を増加させる一方，貿易転換効果は余剰を減少させることになる。ジョンソンの定義のほうが解釈しやすいこともあって，ジョンソンによる貿易創出効果や貿易転換効果を用いることも多い。

5 地域貿易協定の拡大による多国間自由貿易協定の形成

　本節では多数の国のうち一部の国同士が自由貿易協定を結ぶことを考え，このような地域貿易協定が順次拡大していくことによって最終的にすべての国の間での自由貿易協定が形成されることになるのかどうかを理論モデルによって確かめてみよう。

　モデルは部分均衡モデルとし，各国政府は戦略的貿易政策をとるものとする。世界全体で 3 つの国があり，それらを A 国，B 国，C 国とする。また財は X 財とする。各国の X 財の国内市場の需要関数は同じとして，その i 国の需要関数を

$$Q^i = 1 - P_i, \quad i = A, B, C \tag{3}$$

とする。ここで P_i は X 財の i 国の国内価格で，Q^i は X 財の i 国の国内需要である。

　q_j^i（ただし $i \neq j$）を j 国から i 国が輸入する X 財の量とする。また，q_i^i は i 国の企業が国内向けに生産する X 財の量とする。そこで i 国内の X 財の需給均衡条件は

$$Q^i = q_A^i + q_B^i + q_C^i \tag{4}$$

と表せる。例えば A 国の国内の需給条件は $Q^A = q_A^A + q_B^A + q_C^A$ であり，q_A^A は A 国の企業が A 国内に供給する X 財の量であり，q_B^A と q_C^A は，それぞれ，B 国と C

国から輸入する X 財の量である。

各国には X 財を生産する企業は 1 つだけ存在し，分析の単純化のためこれらの企業が X 財を生産するための費用はかからないものとする。そして各国の国内市場においてこれらの企業はクールノー的な寡占競争を行うものとする。また各国政府は外国からの X 財の輸入に関税を課すものとする。ここで t_j^i を i 国が j 国からの X 財の輸入 1 単位当たりに課す関税とする。ただし $i,j=A,B,C$ で $i \neq j$ とする。関税の水準は自国の経済厚生を最大にするような最適関税の水準とする。

1）どの国も自由貿易協定を結んでいない場合

以上の仮定の下で，はじめにどの国も他国との自由貿易協定を結んでいない状況を考え，そのときの各国の企業の利潤最大化行動をみていくことにしよう。A 国企業が A 国の国内市場から得る利潤を π_A^A とすると

$$\pi_A^A = (1-Q^A) q_A^A \tag{5}$$

である。また，$i=B,C$ として，A 国企業が i 国への輸出によって得る利潤を π_i^A とすると

$$\pi_i^A = (P_i - t_A^i) q_A^i = (1 - Q^i - t_A^i) q_A^i, \quad i=B,C \tag{6}$$

と表せる。そこで A 国の経済厚生を W^A とすると，それは

$$W^A = \frac{(1-P_A) Q^A}{2} + \pi_A^A + \pi_B^A + \pi_C^A + t_B^A q_B^A + t_C^A q_C^A \tag{7}$$

と表せる。(3)の右辺の第 1 項は A 国の消費者余剰であり，第 2 項から第 4 項は A 国企業の利潤の合計，第 5 項と第 6 項は A 国政府の関税収入である。B 国や C 国についても同様である。

以上をふまえてこのモデルでのゲームの構造を示しておこう。第 1 段階では，各国政府が自国の経済厚生を最大にする最適関税の大きさを決める。第 2 段階では，与えられた関税の下で各国企業が利潤を最大にするようにクールノー競争を行い，各国の国内市場に供給する X 財の量 q_j^i を決める。ゲームは以上の 2 段階である。各国の最適な関税の水準をこのゲームの中で求めるために，後向き帰納法を用いる。そこでまず，各国の関税が与えられたもとで各国企業の利潤最大化のための各国市場への供給量 q_j^i を求める。

302　第 III 部　現代の貿易理論と貿易政策

　クールノー競争下での A 国企業は，他国企業の各市場への供給量が与えられた下で A 国企業の利潤を最大にするように供給量を決める。A 国企業の各国市場における利潤は(3)と(4)を(5)や(6)に代入すると，

$$\pi_A^A = \{1-(q_A^A+q_B^A+q_C^A)\}q_A^A$$
$$\pi_B^A = \{1-(q_A^B+q_B^B+q_C^B)-t_A^B\}q_A^B$$
$$\pi_C^A = \{1-(q_A^C+q_B^C+q_C^C)-t_A^C\}q_A^C$$

となるから，A 国企業の各国市場での利潤最大化条件は

$$\frac{\partial \pi_A^A}{\partial q_A^A}=1-(2q_A^A+q_B^A+q_C^A)=0 \tag{8}$$

$$\frac{\partial \pi_B^A}{\partial q_A^B}=1-(2q_A^B+q_B^B+q_C^B)-t_A^B=0 \tag{9}$$

$$\frac{\partial \pi_C^A}{\partial q_A^C}=1-(2q_A^C+q_B^C+q_C^C)-t_A^C=0 \tag{10}$$

となる。B 国企業や C 国企業の利潤最大化条件も同様である。π_j^i を j 国市場での i 国企業の利潤とすると，B 国企業や C 国企業の利潤最大化条件は

$$\frac{\partial \pi_B^B}{\partial q_B^B}=1-(q_A^B+2q_B^B+q_C^B)=0 \tag{11}$$

$$\frac{\partial \pi_A^B}{\partial q_B^A}=1-(q_A^A+2q_B^A+q_C^A)-t_B^A=0 \tag{12}$$

$$\frac{\partial \pi_C^B}{\partial q_B^C}=1-(q_A^C+2q_B^C+q_C^C)-t_B^C=0 \tag{13}$$

$$\frac{\partial \pi_C^C}{\partial q_C^C}=1-(q_A^C+q_B^C+2q_C^C)=0 \tag{14}$$

$$\frac{\partial \pi_B^C}{\partial q_C^B}=1-(q_A^B+q_B^B+2q_C^B)-t_C^B=0 \tag{15}$$

$$\frac{\partial \pi_A^C}{\partial q_C^A}=1-(q_A^A+q_B^A+2q_C^A)-t_C^A=0 \tag{16}$$

となる。これらから q_j^i を求める。(8)，(11)，(14)より，

$$q_i^i=1-Q^i, \quad i=A,B,C \tag{17}$$

であり，これらを(9)，(10)，(12)，(13)，(15)，(16)に代入すると，

$$q_B^B - q_A^B - t_A^B = 0 \tag{9'}$$

$$q_C^C - q_A^C - t_A^C = 0 \tag{10'}$$

$$q_A^A - q_B^A - t_B^A = 0 \tag{12'}$$

$$q_C^C - q_B^C - t_B^C = 0 \tag{13'}$$

$$q_B^B - q_C^B - t_C^B = 0 \tag{15'}$$

$$q_A^A - q_C^A - t_C^A = 0 \tag{16'}$$

となる。(12′)と(16′)を足すと,

$$2q_A^A - q_B^A - q_C^A - t_B^A - t_C^A = 0$$

であり,これに(17)を用いてまとめると

$$q_A^A = \frac{1 + t_B^A + t_C^A}{4} \tag{18}$$

となる。これをさらに(12′)と(16′)に代入すると

$$q_B^A = \frac{1 + t_B^A + t_C^A}{4} - t_B^A \tag{19}$$

$$q_C^A = \frac{1 + t_B^A + t_C^A}{4} - t_C^A \tag{20}$$

となる。他の q_j^i も同様にして求めると,

$$q_B^B = \frac{1 + t_A^B + t_C^B}{4} \tag{21}$$

$$q_A^B = \frac{1 + t_A^B + t_C^B}{4} - t_A^B \tag{22}$$

$$q_C^B = \frac{1 + t_A^B + t_C^B}{4} - t_C^B \tag{23}$$

$$q_C^C = \frac{1 + t_B^C + t_A^C}{4} \tag{24}$$

$$q_B^C = \frac{1 + t_B^C + t_A^C}{4} - t_B^C \tag{25}$$

$$q_A^C = \frac{1 + t_B^C + t_A^C}{4} - t_A^C \tag{26}$$

となる。そこで

304　第 III 部　現代の貿易理論と貿易政策

$$Q^A = \frac{3-(t_B^A+t_C^A)}{4} \tag{27}$$

$$1-Q^A = \frac{1+t_B^A+t_C^A}{4} \tag{28}$$

$$1-Q^B = \frac{1+t_A^B+t_C^B}{4} \tag{29}$$

$$1-Q^C = \frac{1+t_A^C+t_B^C}{4} \tag{30}$$

となる。以上の結果を (5) と (6) を用いて，(7) に代入すると，

$$
\begin{aligned}
W^A &= \frac{(Q^A)^2}{2} + (1-Q^A)\,q_A^A + (1-Q^B-t_A^B)\,q_A^B + (1-Q^C-t_A^C)\,q_A^C + t_B^A q_B^A + t_C^A q_C^A \\
&= \frac{1}{2}\frac{\{3-(t_B^A+t_C^A)\}^2}{16} + \left(\frac{1+t_B^A+t_C^A}{4}\right)^2 \\
&\quad + \left(\frac{1+t_A^B+t_C^B}{4}-t_A^B\right)^2 + \left(\frac{1+t_A^C+t_B^C}{4}-t_A^C\right)^2 \\
&\quad + t_B^A\left(\frac{1+t_B^A+t_C^A}{4}-t_B^A\right) + t_C^A\left(\frac{1+t_B^A+t_C^A}{4}-t_C^A\right) \\
&= \frac{\{3-(t_B^A+t_C^A)\}^2}{32} + \left(\frac{1+t_B^A+t_C^A}{4}\right)^2 \\
&\quad + \frac{(1-3t_A^B+t_C^B)^2}{16} + \frac{(1-3t_A^C+t_B^C)^2}{16} \\
&\quad + \frac{t_B^A(1-3t_B^A+t_C^A)}{4} + \frac{t_C^A(1-3t_C^A+t_B^A)}{4} \tag{31}
\end{aligned}
$$

となる。

　A 国の経済厚生を最大とする関税 t_B^A と t_C^A を求めるため，(31) の W^A を t_B^A と t_C^A で偏微分してゼロとおくと，それぞれ，

$$\frac{\partial W^A}{\partial t_B^A} = -\frac{2}{32}\{3-(t_B^A+t_C^A)\} + \frac{2}{16}(1+t_B^A+t_C^A) + \frac{1}{4}(1-6t_B^A+t_C^A) + \frac{1}{4}t_C^A = 0$$

$$\frac{\partial W^A}{\partial t_C^A} = -\frac{2}{32}\{3-(t_C^A+t_B^A)\} + \frac{2}{16}(1+t_C^A+t_B^A) + \frac{1}{4}(1-6t_C^A+t_B^A) + \frac{1}{4}t_B^A = 0$$

となる。これらの2つの式から

$$t_B^A = t_C^A = \frac{3}{10}$$

を得る。A国にとってB国とC国は同じ経済構造であるため，最適な関税はこのように同じになる。またB国やC国もA国と同様の経済構造となっているから，これらの国の最適な関税はA国と同じになる。すなわち

$$t_B^A = t_C^A = t_A^B = t_C^B = t_A^C = t_B^C = \frac{3}{10}$$

となる。

$t_j^i = 3/10$ の下で各国の経済厚生をみていこう。はじめに W^A を求める。$t_j^i = 3/10$ を(31)に代入して

$$W^A = \frac{1}{32}\left\{\left(\frac{12}{5}\right)^2 + 2\times\left(\frac{8}{5}\right)^2 + 2\times\left(\frac{2}{5}\right)^2 + \left(16\times\frac{3}{10}\times\frac{2}{5}\right)\right\}$$

$$= \frac{1}{32}\,(5.76 + 5.12 + 0.32 + 0.32 + 1.92) = \frac{1}{32}\times 13.44$$

となる。ここで上の式の（　）内の第1項は消費者余剰，第2項は自国市場で得られる企業利潤，第3項と第4項は他国への輸出から得られる企業利潤，最後の項は関税収入である。A国，B国，C国は対称であるため，$W^A = W^B = W^C$ である。よって

$$W^A = W^B = W^C = \frac{1}{32}\times 13.44$$

となる。

2) A国とB国の間で自由貿易協定を結ぶ場合

　3国のうちいずれの国も自由貿易協定を結んでいない状態から，A国とB国が自由貿易協定を結ぶ可能性について考えていこう。もしA国とB国が自由貿易協定を結ぶことで，それ以前に比べて両国とも経済厚生が大きくなるなら，自由貿易協定を結ぶであろう。そして以下では，A国とB国が自由貿易協定を結び両国間の貿易における関税をなくした状態で，各国が実現できる経済厚生を求めていく。

306 第 III 部 現代の貿易理論と貿易政策

A 国と B 国の間での関税が撤廃されると，$t_B^A = t_A^B = 0$ である。このときの A 国の C 国からの輸入に対する最適な関税 t_C^A を求めよう。求め方は 1) の方法と基本的に同じである。$t_B^A = t_A^B = 0$ のとき，(18)から(26)より

$$q_A^A = q_B^A = \frac{1 + t_C^A}{4}$$

$$q_C^A = \frac{1 + t_C^A}{4} - t_C^A$$

$$q_B^B = q_A^B = \frac{1 + t_C^B}{4}$$

$$q_C^B = \frac{1 + t_C^B}{4} - t_C^B$$

$$q_C^C = \frac{1 + t_A^C + t_B^C}{4}$$

$$q_A^C = \frac{1 + t_A^C + t_B^C}{4} - t_A^C$$

$$q_B^C = \frac{1 + t_A^C + t_B^C}{4} - t_B^C$$

となる。さらに W^A は(29)に $t_B^A = t_A^B = 0$ を代入して，

$$W^A = \frac{(3 - t_C^A)^2}{32} + \left(\frac{1 + t_C^A}{4}\right)^2 + \left(\frac{1 + t_C^B}{4}\right)^2 + \left(\frac{1 + t_B^C - 3t_A^C}{4}\right)^2 + t_C^A\left(\frac{1 - 3t_C^A}{4}\right) \tag{33}$$

となる。ここで第 1 項は消費者余剰，第 2 項は自国市場での企業利潤，第 3 項と第 4 項は外国への輸出による企業利潤，第 5 項は関税収入である。最適な関税 t_C^A は(33)より

$$\frac{\partial W^A}{\partial t_C^A} = \frac{6 - 42t_C^A}{32} = 0$$

を満たす必要がある。これより，A 国の最適関税は $t_C^A = 1/7$ となる。B 国についても A 国と同様であるから，$t_C^B = 1/7$ である。

C 国の最適関税を求めよう。C 国の経済厚生は今の場合

$$W^C = \frac{(1 - P_C) Q^C}{2} + \pi_C^C + \pi_A^C + \pi_B^C + t_A^C q_A^C + t_B^C q_B^C$$

$$= \frac{(Q^C)^2}{2} + (q_C^C)^2 + (q_C^A)^2 + (q_C^B)^2 + t_A^C q_A^C + t_B^C q_B^C$$

$$= \frac{\{3 - (t_A^C + t_B^C)\}^2}{32} + \frac{(1 + t_A^C + t_B^C)^2}{16} + \frac{(1 - 3t_C^A)^2}{16}$$

$$\quad + \frac{(1 - 3t_C^B)^2}{16} + t_A^C \frac{1 - 3t_A^C + t_B^C}{4} + t_B^C \frac{1 - 3t_B^C + t_A^C}{4} \tag{34}$$

となる。そこで最適な t_A^C は

$$\frac{\partial W^C}{\partial t_A^C} = \frac{-2\{3 - (t_A^C + t_B^C)\}}{32} + \frac{2(1 + t_A^C + t_B^C)}{16} + \frac{1 - 3t_A^C + t_B^C}{4} - \frac{3}{4} t_A^C + \frac{1}{4} t_B^C = 0$$

を満たさねばならない。A 国と B 国は C 国にとって対称的であるため C 国にとって A 国と B 国からの輸入に対しての最適な関税は同じとなる。すなわち $t_A^C = t_B^C$ である。これと上の式から

$$t_A^C = t_B^C = \frac{3}{10}$$

となる。

$t_B^A = t_A^B = 0$, $t_C^A = t_C^B = 1/7$, $t_A^C = t_B^C = 3/10$ の下で各国の経済厚生の大きさを求めていこう。(33)にこれらの t_j^i を代入して W^A を求めると，

$$W^A = \frac{1}{32} \left\{ \left(\frac{20}{7}\right)^2 + 2 \times \left(\frac{8}{7}\right)^2 + 2 \times \left(\frac{8}{7}\right)^2 + 2 \times \left(\frac{4}{10}\right)^2 + \frac{1}{7} \times 8 \times \frac{4}{7} \right\}$$

$$= \frac{1}{32} (8.1633 + 2.6122 + 2.6122 + 0.32 + 0.6531) = \frac{1}{32} \times 14.3608$$

となる。また W^B は W^A と同じである。W^C は(34)から

$$W^C = \frac{1}{32} \left\{ \left(\frac{12}{5}\right)^2 + 2 \times \left(\frac{8}{5}\right)^2 + 2 \times \left(\frac{4}{7}\right)^2 + 2 \times \left(\frac{4}{7}\right)^2 + \frac{3}{5} \times 8 \times \frac{2}{5} \right\}$$

$$= \frac{1}{32} (5.76 + 5.12 + 0.6531 + 0.6531 + 1.92) = \frac{1}{32} \times 14.1062$$

となる。各国の経済厚生をまとめると表 11-4 のようになる。

よって A 国，B 国はお互いに自由貿易協定を結ぶことで経済厚生が増加するため，自由貿易協定を結ぶことになる。

308 第 III 部 現代の貿易理論と貿易政策

表 11-4 *A* 国・*B* 国間での自由貿易協定締結後の各国の経済厚生

	W^A	W^B	W^C
自由貿易協定なし	$\dfrac{13.44}{32}$	$\dfrac{13.44}{32}$	$\dfrac{13.44}{32}$
A 国と *B* 国の間で 自由貿易協定あり	$\dfrac{14.3608}{32}$	$\dfrac{14.3608}{32}$	$\dfrac{14.1062}{32}$

3) ハブ・スポーク方式での**自由貿易協定の拡大**

A 国と *B* 国の間での自由貿易協定が締結された後，さらに *C* 国との締結に発展していく可能性があるかどうかについてみていく。この問題を考察するにあたって，ここでは次のような 2 つの仮定を置くことにしよう。

仮定 1 各国とも一度自由貿易協定を締結したら，それを今後破棄することはできない。

仮定 2 各国は自由貿易協定を締結するかどうかを決定するときに，締結時点での経済厚生と締結前の経済厚生を比較して，締結時点のほうが高ければ締結する。

仮定 1 は以下のようなものである。例えば *A* 国と *B* 国が自由貿易協定を結んでいるときに，*B* 国はさらに *C* 国と自由貿易協定を結んだとしよう。この場合，*A* 国が *B* 国との自由貿易協定を破棄することで自国の経済厚生を高められるならば破棄する行動に出るかもしれない。分析の複雑化を避けるためにこのような行動をとることができないとするのが仮定 1 である。また，仮定 2 は次のような想定に基づく。例えば *A* 国が *B* 国と自由貿易協定を結ぶと経済厚生が下がるとき，それでもそのあと *C* 国も結ぶことでそれ以上の経済厚生の上昇が期待できるならば，*A* 国はあえて *B* 国と協定を結ぶかもしれない。このような長期的な経済厚生の水準をもとに自由貿易協定を結ぶかどうかを決めようとすると，様々な可能性が出現するため，分析が複雑になる。そこで，協定の締結が与える経済厚生への直近の影響のみによって締結するかしないかを決めるとするのが仮定 2 である。

以上の仮定の下で，2) でみたように，*A* 国と *B* 国が自由貿易協定を結んだとしよう。このとき，自由貿易協定がさらに *C* 国との自由貿易協定へと拡大でき

るかどうかを考えるにあたって，拡大の方法としてここでは次のハブ・スポーク方式と呼ぶ方法を考えることにする。

ハブ・スポーク方式 基本的に2国間での自由貿易協定を順次結んでいく方式である。よって今の場合，A国はB国と結んだ後，C国と2国間自由貿易協定を結び，最後にB国とC国が自由貿易協定を結べば3国間全体で自由貿易協定が形成されることになる。

そこでA国とB国が自由貿易協定を締結したとして，引き続いて，A国とC国の間での自由貿易協定締結の可能性をみていく。A国とC国の間での自由貿易協定締結によって，$t_B^A = t_A^B = t_C^A = t_A^C = 0$ となる。このときの最適なt_C^Bとt_B^Cを求めよう。A国とC国の経済厚生は，それぞれ，$t_B^A = t_A^B = t_C^A = t_A^C = 0$ を(33)と(34)に代入して求められ，B国の経済厚生はC国と対称的になる。よって，この場合，

$$W^A = \frac{9}{32} + \frac{1}{16} + \frac{(1+t_C^B)^2}{16} + \frac{(1+t_B^C)^2}{16} \tag{37}$$

$$W^B = \frac{(3-t_C^B)^2}{32} + \frac{(1+t_C^B)^2}{16} + \frac{1}{16} + \frac{(1-3t_B^C)^2}{16} + \frac{t_C^B(1-3t_C^B)}{4} \tag{38}$$

$$W^C = \frac{(3-t_B^C)^2}{32} + \frac{(1+t_B^C)^2}{16} + \frac{1}{16} + \frac{(1-3t_B^C)^2}{16} + \frac{t_B^C(1-3t_B^C)}{4} \tag{39}$$

を得る。最適なt_C^Bを求めるために $\partial W^B / \partial t_C^B = 0$ を求めると，

$$\frac{\partial W^B}{\partial t_C^B} = \frac{-2(3-t_C^B)}{32} + \frac{2(1+t_C^B)}{16} + \frac{1-6t_C^B}{4} = 0$$

となる。これを解くとB国の最適な関税 t_C^B は 1/7 となる。C国はB国と対称的であるため，C国の最適な関税 t_B^C も 1/7 となる。そこで $t_C^B = t_B^C = 1/7$ を(37)から(39)に代入すると

$$W^A = \frac{1}{32}(9 + 2 + 2.6122 + 2.6122) = \frac{1}{32} \times 16.2244$$

$$W^B = W^C = \frac{1}{32}(8.1633 + 2.6122 + 2 + 0.6531 + 0.6531) = \frac{1}{32} \times 14.0817$$

したがってA国とB国が自由貿易協定を結んでいる状態の各国の経済厚生水

310 第 III 部 現代の貿易理論と貿易政策

表 11-5 *A* 国・*B* 国間と *B* 国・*C* 国間の自由貿易協定締結後の各国の経済厚生

	W^A	W^B	W^C
A 国と *B* 国のみ自由貿易協定	$\dfrac{14.3608}{32}$	$\dfrac{14.3608}{32}$	$\dfrac{14.1062}{32}$
A 国と *B* 国, *A* 国と *C* 国の 2 つの自由貿易協定	$\dfrac{16.2244}{32}$	$\dfrac{14.0817}{32}$	$\dfrac{14.0817}{32}$

準とその状態から，新しく *A* 国と *C* 国が自由貿易協定を結んだときの各国の経済厚生水準は表 11-5 のようにまとめられる。

　表 11-5 にしたがうと，*A* 国と *C* 国の間での自由貿易協定の締結は *C* 国の経済厚生の低下をもたらすため，*C* 国はこの協定の締結はしないことになる。*A* 国のかわりに *B* 国が *C* 国と自由貿易協定を締結する場合も，*A* 国と *B* 国は対称的であるため同様の結果となる。よって，ハブ・スポーク方式による自由貿易協定の拡大はこの段階で行き詰まることになる。

4) 加入国数増加方式による自由貿易協定の拡大

　ここで自由貿易協定の拡大の仕方として，ハブ・スポーク方式とは異なる別の方式を考えよう。ここでは次のような加入国数増加方式を考える。

　加入国数増加方式　自由貿易協定に加わっていない国を順次加入させていくことによって多国間自由貿易協定を構築していこうとするもので，その場合，既存の自由貿易協定への非加入国の加入によって既存の加入国および当該の非加入国の経済厚生がすべて上昇するならばこの加入は実現するものと考える。

　以下，本節のモデルを用いて，この方式での自由貿易拡大の可能性について検討していこう。すでにみたように自由貿易協定が存在しない場合からスタートすると，*A* 国と *B* 国の間での自由貿易協定は実現できる。この状況で，新たに *C* 国のこの協定への加入が実現できるかどうかを検討する。*A* 国と *B* 国の間での自由貿易協定が存在するときの各国の経済厚生は表 11-5 の上段の数値で示されている。これを表 11-6 の上段に掲げておこう。そして加入国数増加方式の下で，

第 11 章　自由貿易協定　**311**

表 11-6　A 国と B 国の自由貿易協定への C 国の加入による各国の経済厚生

	W^A	W^B	W^C
A 国と B 国の間で自由貿易協定あり	$\dfrac{14.3608}{32}$	$\dfrac{14.3608}{32}$	$\dfrac{14.1062}{32}$
A 国と B 国の自由貿易協定に C 国が加入	$\dfrac{15}{32}$	$\dfrac{15}{32}$	$\dfrac{15}{32}$

　この協定に C 国を加入させたとき，すべての関税が撤廃され，各国間で自由貿易が実現する。このとき，各国の厚生水準はどのようになるだろうか。(31)式において，すべての t_j^i をゼロとして W^A を求めると，$W^A = 15/32$ となる。すべての国は同じ状況であるから，結局 $W^A = W^B = W^C = 15/32$ となる。この結果が表 11-6 の下段に掲げてある。

　表から明らかなように，A 国と B 国の間での自由貿易協定に C 国が加入することですべての国の経済厚生は上昇するので，この加入は実現することになる。よって協定加入国増加方式の下では多国間自由貿易協定が実現可能となる。

5)　本節のまとめ

　国家間における自由貿易の促進のための近年の動きは，従来の多国間自由貿易協定の直接的な拡充の動きから，地域貿易協定の拡大を通して多国間自由貿易を間接的に形成していくという動きに変化してきている。しかし，ジャグディシュ・バグワティは地域貿易協定の進展が多国間自由貿易協定の形成につながる場合をビルディング・ブロック（building block），多国間自由貿易協定の形成にとって阻害要因となり，世界経済がブロック化してしまう場合をスタンブリング・ブロック（stumbling block）と呼び，地域貿易協定の進展が世界全体の自由貿易体制の構築にとってプラスにもマイナスにも作用することを指摘した。この節では生産・消費いずれの面でも同質的な 3 つの国で，生産費用を捨象した上でクールノー型の不完全競争企業の下での世界経済を考え，そのような経済で地域貿易協定がハブ・スポーク方式で拡大していく場合にはバグワティのいうスタンブリング・ブロックになり，加入国数増加方式による場合にはビルディング・ブ

312　第 III 部　現代の貿易理論と貿易政策

ロックになるという結論を導いた。

　ハブ・スポーク方式では地域貿易協定数の拡大によって小刻みに多国間自由貿易の構築を目指す一方，加入国数増加方式は地域貿易協定そのものの拡大によって直接的に多国間自由貿易体制の構築を目指すもので，いずれの場合においてビルディング・ブロックあるいはスタンブリング・ブロックになるかはモデルの立て方に依存する。例えば本節のモデルについても，各国の国内市場の大きさに差があるときには，その差の程度にとって本節の結果が逆転することが知られている。本節のモデルにおいては，各国の経済厚生はその国の消費者余剰，その国の企業の国内市場からの利潤，外国への輸出による企業利潤，外国からの輸入に課す関税からの政府収入によって構成される。そのため，地域貿易協定締結による関税の撤廃は国内の消費者余剰の増加となるが，国内市場からの企業利潤は減少する。これらの変化は国内市場が大きいほど大きい。また，輸出からの企業利潤も相手国の関税撤廃によって増加する。これは相手国の市場が大きいほど大きい。さらに，関税収入は減少するが，これも国内市場が大きいほど減少の程度は大きくなる。したがってこれらの総合効果としての経済厚生の変化は各国の国内市場の大きさに依存していることがわかる。

6　まとめ

　第 2 次世界大戦後の世界の貿易体制である GATT–WTO 体制は加盟国間における自由貿易の実現を目的としてきた。すべての市場が市場の失敗のない純粋な完全競争市場であれば，リカードやヘクシャー＝オリーンの貿易モデルでみてきたようにどの国も自由貿易が好ましいため自由貿易の実現は容易であろう。しかし，外部経済の存在や，不完全競争市場，あるいは環境問題といった市場の失敗を引き起こす要因がある場合には，自由貿易によって損失を受ける国も出現しうる。その場合でも自由貿易のほうが，世界全体として経済効率が高い場合には，例えば損失を受ける国になんらかの保障を行うことが可能ならば，そのような下で自由貿易を行うほうが望ましい。

　しかし現実には各国は自国の利益を優先して戦略的に行動する。たとえ市場の

失敗がない場合でも，関税政策などの保護貿易によって，自由貿易のときより経済厚生を高めることが可能なケースがある。2つの大国間での貿易では，関税によって交易条件を自国に有利なものにすることで，より大きな経済厚生を実現できる。そのような場合，各国政府はお互いに最適な関税を設定するため，自由貿易協定の実現が困難になる。本章の第2節ではこの現象を部分均衡分析によって示した。

　多国間自由貿易協定は経済環境の異なる多くの国が一同に会して締結に向けた交渉をすることから，大きな労力と時間を必要とする。そのため近年では，地域間自由貿易，特に2国間自由貿易協定の締結が急激に増加している。第4節では地域貿易協定の経済効果の代表的なものである貿易創出効果と貿易転換効果を説明した。

　地域貿易協定の増加が最終的に世界全体の多国間自由貿易協定の形成に結実することを期待して，本来多国間自由貿易を原則とするWTOも一定の条件の下で，加盟国に地域貿易協定の締結を認めている。しかし地域貿易協定の浸透が最終的に多国間自由貿易協定の形成につながる場合もあれば，つながらない場合もあることは本章第5節の分析でみたとおりである。本章ではこのことを生産費用のかからない同質的な3国の間の貿易モデルという単純なモデルで確認したが，より現実的には国家間で生産技術や市場規模，産業構造，経済発展段階などに差がある場合での分析に拡張していく必要がある。過去に結んだ協定を破棄できる場合や，長期的視野に立った戦略の採用，さらには同盟国同士が非同盟国に共通の関税を課すような関税同盟（customs union）の形成などを考慮した分析への拡張も重要である。貿易の自由化のみならず企業や労働の国際間移動の自由化，技術的連携など貿易を超えた国家間の経済協力を含む地域経済連携協定が近年では積極的に締結されている。このように地域間の市場経済の自由化に向けて，様々な地域において，多様な内容の協定が結ばれるようになっている。最近の研究では，このような自由貿易協定の様々な局面に焦点を当てた分析が積極的に展開されている。

本章に関連する文献
　自由貿易協定の研究を体系的に紹介している近年の文献としては以下の3点がある。

遠藤正寛『地域貿易協定の経済分析』東京大学出版会，2005 年

椋寛「地域貿易協定の経済分析──RTA の活発化は多国間の貿易自由化を実現するか」，木村福成・椋寛編『国際経済学のフロンティア──グローバリゼーションの拡大と対外経済政策』東京大学出版会，2016年，第 11 章。

G. Maggi, International trade agreements, in G. Gopinath, E. Helpman and K. Rogoff (eds.), *Handbook of International Economics Vol. 4*, Elsevier, 2014.

本章で紹介した，地域貿易協定によるヴァイナーの貿易創出効果と貿易転換効果は J. Viner, *The Customs Union Issue*, Carnegie Endowment for International Peace, 1950 で定義されている。また，ジョンソンの貿易創出効果と貿易転換効果は以下の一連の論文で議論されている。

H. G. Johnson, Discriminatory tariff reduction : A Marshallian analysis, *Indian Journal of Ecomonics* 38, 1957, 39–47.

H. G. Johnson, Marshallian analysis of discriminatory tariff reduction ; An extension, *Indian Journal of Economics* 39, 1958, 177–181.

H. G. Johnson, The economic theory of customs union, *Pakistan Economic Journal* 10, 1960, 14–32.

H. G. Johnson, An economic theory of protectionism, tariff bargaining, and the formation of customs unions, *Journal of Political Economy* 73, 1965, 256–283.

H. G. Johnson, Trade–diverting customs unions : A comment, *Economic Journal* 84, 1974, 618–621.

本章の第 5 節は R. Nomura, T. Ohkawa, M. Okamura and M. Tawada, Does a bilateral FTA pave the way for multilateral free trade?, *Review of International Economics* 21, 2013, 164–176 のモデル分析に基づいている。

地域貿易協定の拡大がビルディング・ブロックになるか，スタンブリング・ブロックになるかに関するバクワティの記述は J. N. Bhagwati, *The World Trading System at Risk*, Princeton University Press, 1991 にみられる。また一般均衡モデルを用いて関税同盟と貿易利益の理論分析を行った基本文献としては，M. C. Kemp and H. Wan Jr., An elementary proposition concerning the formation of customs unions, *Journal of International Economics* 6, 95–97 が挙げられる。

315

数学附録

1 ホモセティックな効用関数

X を X 財の消費量，Y を Y 財の消費量としたときの効用関数 $U=U(X,Y)$ がホモセティックであるとは，任意の (X,Y) と任意の $\lambda>0$ に対して，(X,Y) を通る無差別曲線と $(\lambda X,\lambda Y)$ を通る無差別曲線の接線の傾きがそれらの点で同じになるときをいう。(X^0,Y^0) を通る無差別曲線の接線の傾きを求めよう。この無差別曲線は $U=U(X^0,Y^0)$ から決まる U の大きさを U^0 として $U^0=U(X,Y)$ が描く曲線である。$U^0=U(X,Y)$ を全微分して，$U^0=0$ とすることによって，

$$0=\frac{\partial U(X,Y)}{\partial X}\,dX+\frac{\partial U(X,Y)}{\partial Y}\,dY$$

となるから，(X^0,Y^0) における無差別曲線の接線の傾きは

$$\frac{dY}{dX}=-\frac{\partial U(X^0,Y^0)}{\partial X}\bigg/\frac{\partial U(X^0,Y^0)}{\partial Y}$$

となる。よって，効用関数 $U=U(X,Y)$ がホモセティックであるとは，任意の (X,Y) と任意の $\lambda>0$ に対して

$$\frac{\partial U(X,Y)}{\partial X}\bigg/\frac{\partial U(X,Y)}{\partial Y}=\frac{\partial U(\lambda X,\lambda Y)}{\partial X}\bigg/\frac{\partial U(\lambda X,\lambda Y)}{\partial Y} \tag{1-1}$$

が成立することを意味する。

図 MA-1 はホモセティックな効用関数の無差別曲線の例である。図において効用関数 $U=U(X,Y)$ がホモセティックならば，原点からの放射線上の任意の点で，そこを通る無差別曲線のその点での接線の傾きがお互いに等しくなっている。よって図にみるように無差別曲線群は相似拡大的に上方に広がっていることになる。

ホモセティックな効用関数の下で，消費者の効用最大化から導出される各財の最適な消費量すなわち各財の需要量を求めよう。消費者の効用最大化問題を

$$\underset{X,Y}{Max}\,U=U(X,Y)\quad\text{sub. to}$$

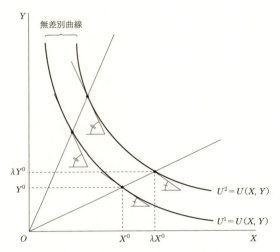

図 MA-1 ホモセティックな効用関数の無差別曲線

$$P_X X + P_Y Y = I \tag{1-2}$$

としよう。ここで P_X, P_Y, I はそれぞれ，X 財の価格，Y 財の価格，所得であり，これらはすべて所与とする。このときのこの効用最大化問題の 1 階の最適条件から，

$$\frac{\partial U(X,Y)}{\partial X} \bigg/ \frac{\partial U(X,Y)}{\partial Y} = \frac{P_X}{P_Y} \tag{1-3}$$

となる。(1-3)の左辺は効用関数の無差別曲線の接線の傾きの絶対値で，右辺の価格比は所得制約線(1-2)の傾きである。最適な X と Y は所得制約式(1-2)と最適条件式(1-3)を解くことによって得られる。その解を X^* と Y^* とした図が図 MA-2 として示されている。図 MA-2 において (X^*, Y^*) は(1-2)の所得制約線上にあり，(1-3)によって，(X^*, Y^*) において所得制約線が無差別曲線と接していなくてはならない。

ここで所得のみが I から I' となったとしよう。このときの最適な X と Y は(1-1)の I を I' としたときの所得制約式

$$P_X X + P_Y Y = I' \tag{1-4}$$

と(1-2)から求められる。ここで $\lambda \equiv I'/I > 0$ とする。そして，X と Y をそれぞれ，λX^* と λY^* としよう。このとき (X^*, Y^*) が(1-1)を満たすため，$(\lambda X^*, \lambda Y^*)$ は

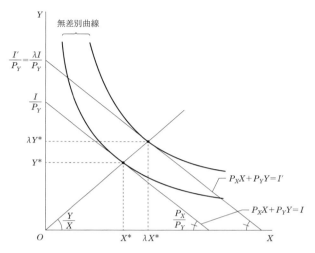

図 MA-2 財の最適な消費（需要）

(1-4)を満たす。また効用関数 $U=U(X,Y)$ がホモセティックであるときは(1-1)より，

$$\frac{\partial U(X^*,Y^*)}{\partial X}\bigg/\frac{\partial U(X^*,Y^*)}{\partial Y}=\frac{\partial U(\lambda X^*,\lambda Y^*)}{\partial X}\bigg/\frac{\partial U(\lambda X^*,\lambda Y^*)}{\partial Y}$$

が成立している。よって，(X^*,Y^*) が(1-3)を満たすならば，$(\lambda X^*,\lambda Y^*)$ もまた(1-3)を満たす。以上によって，所得のみが I から I' になったときの最適な X と Y の組み合わせは (X^*,Y^*) から $(\lambda X^*,\lambda Y^*)$ になる。ここで $\lambda\equiv I'/I>0$ であるから，所得の変化率と同じ比率で各財の最適な消費量は変化する。これら2つの解 (X^*,Y^*) と $(\lambda X^*,\lambda Y^*)$ の関係が図 MA-2 に示されている。各財の価格が不変なら $Y^*/X^*=\lambda Y^*/\lambda X^*$ であるから，所得水準に関係なく2財の最適な消費量，すなわち消費者の2財の需要量の比率は一定となる。そして(1-3)によって，この需要比率 $x=X/Y$ は財の価格比 $p_x=P_X/P_Y$ によって決まる。なぜなら(1-1)において，$\lambda=1/Y>0$ とすると，(1-3)は

$$\frac{\partial U(x,1)}{\partial X}\bigg/\frac{\partial U(x,1)}{\partial Y}=p_x \tag{1-5}$$

と表されるからである。

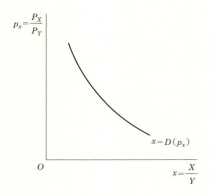

図 MA-3 価格比と需要量比率の関係

(1-5)によって価格比 $p_x = P_X/P_Y$ が与えられると需要比率 $x = X/Y$ が決まるため，このとき p_x と x の関係を $x = D(p_x)$ と表すと，無差別曲線が原点方向に凸であるならば p_x が大きいほど x は小さくなることが図 MA-1 を用いて確かめられることから，$dx = dD(p_x)/dp_x < 0$ となる。図 MA-3 にこの関係のグラフを示しておこう。すでにみたように，(1-2)と(1-3)から導出される各財の需要関数を $X = D_X(P_X, P_Y, I)$ と $Y = D_Y(P_X, P_Y, I)$ と表すと，これらは，それぞれ，$X = D_X(P_X, P_Y, I) = Id_X(P_X, P_Y, 1)$, $Y = Id_Y(P_X, P_Y, 1)$ となる。

ここで効用関数が $U = X^\alpha Y^{1-\alpha}$（ただし $0 < \alpha < 1$）の場合を考えよう。この場合 (1-2)の効用最大化問題の最適条件(1-3)は

$$\frac{\alpha X^{\alpha-1} Y^{1-\alpha}}{(1-\alpha) X^\alpha Y^{-\alpha}} = \frac{P_X}{P_Y}$$

すなわち，

$$\frac{\alpha Y}{(1-\alpha) X} = \frac{P_X}{P_Y}$$

である。これと所得制約条件 $P_X X + P_Y Y = I$ によって，各財の需要量は

$$X = \frac{\alpha I}{P_X}, \quad Y = \frac{(1-\alpha) I}{P_Y}$$

となる。

同様にして，一般的に財が n 個ある場合の効用関数を $U = X_1^{\alpha_1} X_2^{\alpha_2} \cdots X_n^{\alpha_n}$ としよう。ただし，$0 < \alpha_i < 1$ かつ $\sum_{i=1}^n \alpha_i = 1$ とする。また X_i, $i = 1, \cdots, n$ は第 i 財の消費量である。このとき P_i を第 i 財の価格として表される所得制約条件 $P_1 X_1 + P_2 Y_2 + \cdots P_n X_n = I$ の下で $U = X_1^{\alpha_1} X_2^{\alpha_2} \cdots X_n^{\alpha_n}$ を最大にするような第 i 財の需要量は

$$X_i = \frac{\alpha_i I}{P_i}, \quad i = 1, \cdots, n$$

となる。

次に効用関数が CES 型で消費財が N 個ある場合，すなわち

$$U = U(q_1, \cdots, q_N) \equiv (\textstyle\sum_{i=1}^{N} q_i^{(\sigma-1)/\sigma})^{\sigma/(\sigma-1)}$$

である場合を考えよう。ただし，q_i, $i=1,\cdots,N$ は第 i 財の消費量である。また σ は $\sigma>1$ を満たすパラメータである。後で示すように，異なる 2 つの財の需要について代替の弾力性は σ に等しくなるので，このような効用関数は「代替の弾力性一定（constant elasticity of substitution：CES）」の効用関数と呼ばれる。p_i を第 i 財の価格として表される所得制約条件 $p_1q_1 + p_2q_2 + \cdots + p_Nq_N = I$ の下でこの効用関数の下での効用を最大にするような各財の消費量を求めよう。そのためにこの効用最大化問題のラグランジュ関数を，λ をラグランジュ乗数として

$$L(q_1, \cdots, q_N, \lambda) = (\sum_{i=1}^{N} q_i^{(\sigma-1)/\sigma})^{\sigma/(\sigma-1)} + \lambda(I - \sum_{i=1}^{N} p_iq_i)$$

とすると，効用最大化の最適条件は

$$\frac{\partial L}{\partial q_i} = (\sum_{i=1}^{N} q_i^{(\sigma-1)/\sigma})^{1/(\sigma-1)} q_i^{-1/\sigma} - \lambda p_i = 0, \quad i = 1, \cdots, N \tag{1-6}$$

となる。この式を変形すると

$$q_i = (\sum_{i=1}^{N} q_i^{(\sigma-1)/\sigma})^{\sigma/(\sigma-1)} (\lambda p_i)^{-\sigma} \tag{1-7}$$

となる。この両辺に p_i を掛けて，$i=1,\cdots,N$ について合計すると，

$$\sum_{i=1}^{N} p_iq_i = (\sum_{i=1}^{N} q_i^{(\sigma-1)/\sigma})^{\sigma/(\sigma-1)} \lambda^{-\sigma} \sum_{i=1}^{N} p_i^{1-\sigma}$$

となる。これに所得制約条件を適用すると，

$$(\sum_{i=1}^{N} q_i^{(\sigma-1)/\sigma})^{\sigma/(\sigma-1)} = \frac{\lambda^{\sigma} I}{\sum_{i=1}^{N} p_i^{1-\sigma}}$$

を得る。これを(1-7)に代入して，各財の消費量は

$$q_i = \frac{p_i^{-\sigma} I}{\sum_{i=1}^{N} p_i^{1-\sigma}}$$

となる。物価指数を $P \equiv (\sum_{i=1}^{N} p_i^{1-\sigma})^{1/(\sigma-1)}$ とすると，上の式から第 i 財の需要関数は

$$q_i = d_i(p_i, P, I) = p_i^{-\sigma} P^{\sigma-1} I$$

となる。

この CES 型の効用関数の下での第 i 財と第 j 財の間の価格に対する需要の代替

の弾力性を求めよう。効用最大化の条件(1-6)から

$$\frac{p_j}{p_i} = \left(\frac{q_j}{q_i}\right)^{-1/\sigma} \tag{1-8}$$

となる。この式の右辺はこの CES 型の効用関数の下での第 j 財に対する第 i 財の限界代替率 MRS_{ji} であり，それが効用最大化の点では第 i 財に対する第 j 財の相対価格比に等しいことを(1-8)式は意味している。(1-8)を微分して

$$d\left(\frac{p_j}{p_i}\right) = -\frac{1}{\sigma}\left(\frac{q_j}{q_i}\right)^{-(1/\sigma)-1} d\left(\frac{q_j}{q_i}\right) \tag{1-9}$$

を得る。第 i 財と第 j 財の間の価格に対する需要の代替の弾力性 ES_{ji} は，第 i 財に対する第 j 財の相対価格比の 1 ％ の変化が第 i 財需要に対する第 j 財需要の比率を何 ％ 変化させるかを表すもので，(1-8)と(1-9)を用いると，

$$ES_{ji} \equiv -\frac{d\,(q_j/q_i)\,/\,(q_j/q_i)}{d\,(p_j/p_i)\,/\,(p_j/p_i)} = -\frac{d\,(q_j/q_i)}{d\,(p_j/p_i)}\frac{p_j/p_i}{q_j/q_i}$$

$$= \sigma\left(\frac{q_j}{q_i}\right)^{(1/\sigma)+1}\left(\frac{q_j}{q_i}\right)^{-(1/\sigma)}\left(\frac{q_j}{q_i}\right)^{-1} = \sigma$$

となる。

2 生産関数

$X = F(L, K)$ をある財の生産関数とする。ここで L, K はそれぞれ労働投入量と資本投入量，X は生産量である。以下では $(L, K) > 0$ のとき $\partial F/\partial L > 0$, $\partial F/\partial K > 0$, $\partial^2 F/\partial L^2 < 0$, $\partial^2 F/\partial K^2 < 0$, $L = 0$ または $K = 0$ なら $F(L, K) = 0$ を仮定する。

a) 1 次同次性

$X = F(L, K)$ が α 次同次であるとは，どのような (L, K) に対しても，任意の $\lambda \geq 0$ に対して

$$F(\lambda L, \lambda K) = \lambda^\alpha F(K, L)$$

となることである。ただし，α は実数とする。特に $\alpha = 1$ の場合，すなわち 1 次同次の場合には $F(\lambda L, \lambda K) = \lambda F(K, L)$ となる。

b) 凹関数

$X = F(L, K)$ が凹であるとは，どのような (L^1, K^1) と (L^2, K^2) に対しても，任意

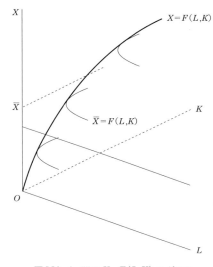
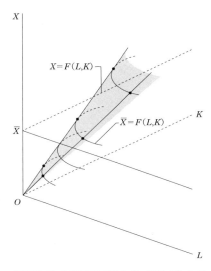

図 **MA**-4 凹の $X=F(L,K)$ のグラフ

図 **MA**-5 1次同次で凹の $X=F(L,K)$ のグラフ

の $\theta \in (0,1)$ に対して

$$F(L^\theta, K^\theta) = \theta F(L^1, K^1) + (1-\theta) F(L^2, K^2)$$

となることである。ただし $L^\theta \equiv \theta L^1 + (1-\theta) L^2$, $K^\theta \equiv \theta K^1 + (1-\theta) K^2$ とする。

$X=F(L,K)$ が凹のとき，このヤコービ行列

$$\begin{bmatrix} \dfrac{\partial^2 F}{\partial L^2} & \dfrac{\partial^2 F}{\partial K \partial L} \\ \dfrac{\partial^2 F}{\partial L \partial K} & \dfrac{\partial^2 F}{\partial K^2} \end{bmatrix}$$

の主対角要素は非正，行列式は非負となる。$X=F(L,K)$ が凹であるとき，そのグラフの一つの例は図 MA-4 のように，伏せたお椀の表面のような形となる。また $X=F(L,K)$ が1次同次で凹関数の場合，そのグラフは例えば図 MA-5 のようになる。

c) オイラーの定理

$X=F(L,K)$ が1次同次とする。このとき任意の (L,K) について，

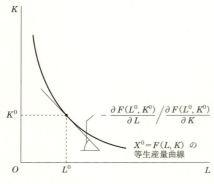

図 MA-6 等生産量曲線

$$X = \frac{\partial F}{\partial L}L + \frac{\partial F}{\partial K}K$$

となる。そして $\partial F/\partial L$ と $\partial F/\partial K$ は 0 次同次となる。すなわち任意の (L, K) と任意の $\lambda \geq 0$ に対して

$$\frac{\partial F(L, K)}{\partial L} = \frac{\partial F(\lambda L, \lambda K)}{\partial L},$$

$$\frac{\partial F(L, K)}{\partial K} = \frac{\partial F(\lambda L, \lambda K)}{\partial K}$$

であり、また $(\partial^2 F/\partial L^2)L + (\partial^2 F/\partial K \partial L)K = 0$, $(\partial^2 F/\partial L \partial K)L + (\partial^2 F/\partial K^2)K = 0$ である。これらの性質は 1 次同次の関数に関するオイラーの定理といわれる。

d) 等生産量曲線

$X = F(L, K)$ の等生産量曲線とは、ある一定の大きさの X を所与として、その X を達成する (L, K) のグラフである。(L^0, K^0) を通る等生産量曲線は、$X = F(L^0, K^0)$ から決まる X を X^0 としたとき、$X^0 = F(L, K)$ を満たす (L, K) のグラフである。生産関数 $X = F(L, K)$ が凹であるときは、図 MA-6 に示されるように、等生産量曲線は原点方向に凸となる。そして (L^0, K^0) を通る等生産量曲線の (L^0, K^0) における接線の傾きは、この数学附録の第 1 節の効用関数のときと同様にして、$X^0 = F(L, K)$ を全微分することによって求められる。すなわち (L^0, K^0) における等生産量曲線の接線の傾きは

$$\frac{dK}{dL} = -\frac{\partial F(L^0, K^0)}{\partial L} \bigg/ \frac{\partial F(L^0, K^0)}{\partial K}$$

となる。

$X = F(L, K)$ が 1 次同次ならばそれはこの数学附録の第 1 節で述べたホモセティックな関数となる。このことは、オイラーの定理によって $\partial F/\partial L$ と $\partial F/\partial K$ が 0 次同次であることと等生産量曲線の傾きが $-(\partial F/\partial L)/(\partial F/\partial K)$ であることから明らかである。

3　生産可能性集合

2つの財を生産する経済を考える。2つの財を第1財と第2財として，これらの生産関数を

$$X_i = F^i(L_i, K_i), \quad i = 1, 2$$

とする。L_i, K_i はそれぞれ第 i 財の生産のための労働と資本の投入量であり X_i は第 i 財の生産量である。

この経済には総労働量と総資本量がそれぞれ L, K で与えられている。そしてこれらの労働や資本は生産部門間を自由に移動できるものとする。そこで L と K を各生産部門に振り分けることによって生産できる第1財と第2財の組み合わせ (X_1, X_2) は次のような集合 S で表される。

$$S = \{(X_1, X_2) \mid X_i \leq F^i(L_i, K_i), L_1 + L_2 \leq L, K_1 + K_2 \leq K\}$$

この集合 S を生産可能性集合という。

ここで凸集合の定義をしておこう。

定義　集合 S が凸集合であるとは，S に属する任意の点 a^1 と a^2 に対して，任意の $\theta \in (0,1)$ を用いて点 $\theta a^1 + (1-\theta) a^2$ をつくると，この点もまた S に属するときをいう。

すなわち，集合に含まれる2つの点を結んだ直線全体もまたその集合に含まれるような性質をもっている集合が凸集合である。図 MA-7 の集合 S は凸集合の一つの例である。$F^i(L_i, K_i)$ が凹で $\partial F^i/\partial L_i > 0$, $\partial F^i/\partial K_i > 0$ であるとき，生産可能性集合 S は図 MA-7 に示されるような凸集合となる。

生産可能性集合 S が凸集合になることは簡単に示せる。今 (X_1^1, X_2^1) と (X_1^2, X_2^2) が S に含まれているとする。このとき $X_i^j \leq F^i(L_i^j, K_i^j)$ が $i=1,2$ と $j=1,2$ について成立する。また $L_1^j + L_2^j \leq L$ かつ $K_1^j + K_2^j \leq K$ である。F^i は凹関数であるから，$\theta \in (0,1)$ に対して

$$\theta X_i^1 + (1-\theta) X_i^2 \leq \theta L^i(L_i^1, K_i^1) + (1-\theta) F^i(L_i^2, K_i^2)$$
$$\leq F^i(\theta L_i^1 + (1-\theta) L_i^2, \theta K_i^1 + (1-\theta) K_i^2)$$

が $i=1,2$ について成立する。また

$$\theta L_1^1 + (1-\theta) L_1^2 + \theta L_2^1 + (1-\theta) L_2^2 = \theta(L_1^1 + L_2^1) + (1-\theta)(L_1^2 + L_2^2) \leq L$$

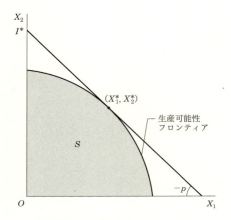

図 MA-7 生産可能性フロンティア

である。同様にして，$\theta K_1^1 + (1-\theta)K_1^2 + \theta K_2^1 + (1-\theta)K_2^2 \leq K$ も示せる。よって $(\theta X_1^1 + (1-\theta)X_1^2, \theta X_2^1 + (1-\theta)X_2^2)$ は S に含まれるから，S は凸集合となる。

図 MA-7 で示される生産可能性集合 S の上方の境界線を生産可能性フロンティアという。各産業の生産関数 F^i が凹であるとき生産可能性集合 S は凸集合となるため，生産可能性フロンティアは通常上方に凸の曲線となる。

最後に生産可能性フロンティアの傾きを求めてみよう。いま，図 MA-7 において生産可能性フロンティア上の点 (X_1^*, X_2^*) におけるフロンティアの傾きを $-p$ としよう。すなわち $p>0$ とする。

一方，S に含まれる (X_1, X_2) の中で $pX_1 + X_2$ を最大にするような (X_1, X_2) を求めてみよう。$pX_1 + X_2$ の大きさを I とすると $I = pX_1 + X_2$ より，$X_2 = -pX_1 + I$ となるから，I はこの直線 $X_2 = -pX_1 + I$ の X_2 の切片の大きさで表される。よって図 MA-7 にみるように $pX_1 + X_2$ を最大にするような $(X_1, X_2) \in S$ は S のフロンティア上（すなわち生産可能性フロンティア上）の点 (X_1^*, X_2^*) で示されており，そのときの I の大きさは (X_1^*, X_2^*) を通る直線の式 $X_2 = -pX_1 + I$ の X_2 の切片 I^* で表される。フロンティア上の (X_1, X_2) では

$$X_1 = F^1(L_1, K_1), \quad X_2 = F^2(L_2, K_2), \quad L_1 + L_2 = L, \quad K_1 + K_2 = K$$

であるから，(X_1^*, X_2^*) は

$$\underset{L_1, K_1}{\text{Max}} \, pF^1(L_1, K_1) + F^2(L-L_1, K-K_1)$$

の最適解 L_1^*，K_1^* によって，$X_1^* = F^1(L_1^*, K_1^*)$，$X_2^* = F^2(L-L_1^*, K-K_1^*)$ として求められる。最適解の1階の条件は

$$p\frac{\partial F^1}{\partial L_1} - \frac{\partial F^2}{\partial L_2} = 0, \quad p\frac{\partial F^1}{\partial K_1} - \frac{\partial F^2}{\partial K_2} = 0$$

となる。ただし $L_2 = L - L_1$，$K_2 = K - K_1$ としている。すなわち生産可能性フロンティア上の点 (X_1^*, X_2^*) における，フロンティアの接線の傾きの絶対値の大きさ p は，(X_1^*, X_2^*) を達成する L_1，K_1，L_2，K_2 のもとで，

$$p = \frac{\partial F^2/\partial L_2}{\partial F^1/\partial L_1} = \frac{\partial F^2/\partial K_2}{\partial F^1/\partial K_1}$$

となる。すなわち，フロンティア上の X_1 と X_2 の関係を $X_2 = \Omega(X_1)$ と表すと，

$$-\frac{d\Omega(X_1)}{dX_1} = \frac{\partial F^2/\partial L_2}{\partial F^1/\partial L_1} = \frac{\partial F^2/\partial K_2}{\partial F^1/\partial K_1}$$

となる。特に，フロンティア上のどのような点 (X_1, X_2) においても，その点を達成する L_1, K_1, L_2, K_2 について，

$$\frac{\partial F^2/\partial L_2}{\partial F^1/\partial L_1} = \frac{\partial F^2/\partial K_2}{\partial F^1/\partial K_1}$$

が成立している。

　以上をまとめると，生産可能性フロンティア上の点で，その点におけるフロンティアの接線の傾きが $-p$ であるような点 (X_1, X_2) では，この点を達成する L_1, L_2, K_1, K_2 は，$L_1 + L_2 = L$, $K_1 + K_2 = K$ と

$$p = \frac{\partial F^2/\partial L_2}{\partial F^1/\partial L_1} = \frac{\partial F^2/\partial K_2}{\partial F^1/\partial K_1}$$

の 4 つの式から求められる。そして，このフロンティアの点 (X_1, X_2) はこれらの L_1, L_2, K_1, K_2 を用いて，$X_1 = F^1(L_1, K_1)$, $X_2 = F^2(L_2, K_2)$ として求められる。

4　完全競争企業の利潤最大化行動

　1 次同次かつ凹の生産関数 $X = F(L, K)$ をもつ完全競争企業の利潤最大化行動は

$$\underset{L, K}{Max}\ pF(L, K) - wL - rK \tag{4-1}$$

で表される。ただし p は生産物価格，w は労働賃金，r は資本レンタルで，これらは企業にとって与えられたものとする。このとき利潤最大化の 1 階の条件は

$$p\frac{\partial F(L, K)}{\partial L} - w = 0, \quad p\frac{\partial F(L, K)}{\partial K} - r = 0 \tag{4-2}$$

となる。

　$F(L, K)$ が 1 次同次のとき，$\partial F(L, K)/\partial L$ と $\partial F(L, K)/\partial K$ はオイラーの定理によって 0 次同次であるから，$\partial F(L, K)/\partial L = \partial F(1, K/L)/\partial L$ および $\partial F(L, K)/\partial K = \partial F(1, K/L)/\partial K$ が成り立つ。よって，(4-2)は

$$p\frac{\partial F(1,K/L)}{\partial L}=w, \quad p\frac{\partial F(1,K/L)}{\partial K}=r \tag{4-2'}$$

となる。これらのいずれか一方の式から決まるのは資本と労働の比率 K/L のみであり，L と K の絶対的水準は決まらない。しかし，最適な L と K の絶対的水準が有限の正の値として決まるためには，その下で企業の利潤 $\Pi(L,K)\equiv pF(L,K)-wL-rK$ がゼロでなくてはならない。これをみるために，$F(L,K)$ が１次同次のとき $\Pi(\lambda L,\lambda K)=\lambda\Pi(L,K)$ が成り立つことに注目しよう。もし企業の利潤が正となる L と K が存在したとすれば，これらを比例的に大きくしていくことで利潤を大きくすることができるため，そのような L と K は最適ではない。反対に負の利潤を与えるような L と K もまた最適ではない。なぜなら，少なくとも L と K をゼロにすることで企業利潤をゼロにできるためである。よって最適な L と K がともに有限な正の値として得られるためには，その下での企業利潤 $\Pi(L,K)$ はゼロでなくてはならない。$F(L,K)$ が１次同次のとき，(4-2)の二つの式は利潤最大化の下での最適な利潤がゼロになることを保証する。なぜなら，オイラーの定理によって１次同次の生産関数 $X=F(L,K)$ は

$$X=\frac{\partial F}{\partial L}L+\frac{\partial F}{\partial K}K$$

となるから，(4-2)を満たす任意の L, K の下では $pX=wL+rK$ となる。よって，利潤 $\Pi(L,K)\equiv pF(L,K)-wL-rK$ はゼロとなる。

　以上からわかるように生産関数が１次同次のとき，(4-1)の利潤最大化問題の最適条件(4-2)から決まるのは資本と労働の比率 K/L のみで，L, K の絶対的水準は決まらない。これらの絶対的水準が決まるためには，この利潤最大化問題以外の条件が必要となる。(4-2)はまた，最適な利潤がゼロとなることを保証するため，有限で正の L, K が最適解となりうることを保証している。ただし(4-2)の２つの式が成立するためには，与えられた p, w, r に一定の制約を課す必要がある。例えば p と w が与えられると，(4-2)すなわち(4-2')の最初の式から K/L が決まる。(4-2')の後の式が成立するためには，この K/L の下で(4-2')の後の式が成立するように r が与えられていなくてはならない。よって有限で正の L, K が最適解となるためには，p, w, r の間には一定の関係が必要になる。

　(4-1)の利潤最大化問題の２階の必要条件は $\Pi(L,K)$ のヤコービ行列

$$
\begin{vmatrix} \dfrac{\partial^2 \Pi}{\partial L^2} & \dfrac{\partial^2 \Pi}{\partial K \partial L} \\[3mm] \dfrac{\partial^2 \Pi}{\partial L \partial K} & \dfrac{\partial^2 \Pi}{\partial K^2} \end{vmatrix}
$$

の行列式の主座小行列式が奇数次なら非正，偶数次なら非負となることである．すなわち

$$
\frac{\partial^2 \Pi}{\partial L^2} = p\frac{\partial^2 F}{\partial L^2} \leq 0, \quad \frac{\partial^2 \Pi}{\partial K^2} = p\frac{\partial^2 F}{\partial K^2} \leq 0
$$

$$
\frac{\partial^2 \Pi}{\partial L^2} \cdot \frac{\partial^2 \Pi}{\partial K^2} - \left(\frac{\partial^2 \Pi}{\partial K \partial L}\right)\left(\frac{\partial^2 \Pi}{\partial L / \partial K}\right) = p^2\left(\frac{\partial^2 F}{\partial L^2}\frac{\partial^2}{\partial K^2} - \frac{\partial^2 F}{\partial K \partial L}\frac{\partial^2 F}{\partial L \partial K}\right) \geq 0
$$

となることであるから，この2階の条件は，$X = F(L,K)$ が凹である場合，満たされる．

　企業の利潤最大化行動から最適な要素雇用量 L と K を求める問題(4-1)は以下のような2段階に分けて考えることができる．第1段階は生産量 X と労働と資本の要素価格 w と r が与えられたとき，その生産量を達成するための費用を最小化する問題，すなわち

第1段階　$\underset{L,K}{Min}\ wL + rK$　sub. to
$$
X = F(L,K) \tag{4-3}
$$

である．ここで X は所与とする．この問題の $L,\ K$ の最適条件から

$$
\frac{\partial F(L,K)}{\partial L} \Big/ \frac{\partial F(L,K)}{\partial K} = \frac{w}{r} \tag{4-4}
$$

を得る．(4-4)の左辺は与えられた X の下での生産関数 $X = F(L,K)$ の等生産量曲線の接線の傾きの絶対値であり，右辺は要素価格比である．(4-4)は最適な $L,\ K$ の下ではこれらが等しくなることを意味している．第1段階の問題の最適な $L,\ K$ は(4-3)と(4-4)から決まるため，それらは X の大きさに依存する．そこで第1段階の最適な $L,\ K$ をそれぞれ $L(X),\ K(X)$ と表そう．図MA-8に第1段階の最適な $L,\ K$ のグラフが示されている．

　与えられた生産量 X を生産するための最小費用はこのとき $wL(X) + rK(X) \equiv C(X)$ となる．そこで第2段階はこの費用関数 $C(X)$ を用いて利潤を最大にする X を決める問題，

第2段階　$\underset{X}{Max}\ pX - C(X)$

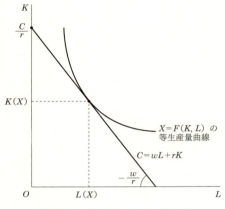

図 MA-8 費用を最小にする L と K

を解くことである。X に関するこの問題の1階の最適条件は

$$p - \frac{dC(X)}{dX} = 0 \qquad (4\text{-}5)$$

である。

w と r が不変のとき，

$$dC = wdL + rdK$$
$$= \left(dL + \frac{r}{w}dK\right)w$$

であり，また生産関数から

$$dX = F_L dL + F_K dK$$
$$= \left(dL + \frac{F_K}{F_L}dK\right)F_L$$

となる。これらと(4-4)から $dC/dX = w/F_L$ となる。これを(4-5)に代入すると(4-2)の最初の式，すなわち $pF_L = w$ を得る。これと(4-4)によって(4-2)の残りの式，すなわち $pF_K = r$ を得る。以上によって企業の利潤最大化問題を第1段階と第2段階に分けて考えても，最適条件は(4-2)として表せる。

最適解の性質については，2段階に分けて利潤最大化を考える場合も，直接利潤最大化を行う(4-1)の問題と同じように解釈できる。第1段階からは(4-4)，すなわち

$$\frac{\partial F(1, K/L)}{\partial L} \bigg/ \frac{\partial F(1, K/L)}{\partial K} = \frac{w}{r} \qquad (4\text{-}4')$$

によって，K/L のみが決まる。この大きさは与えられた X の大きさとは無関係である。そこでこの最適な K/L の下で，1単位の X を生産する，すなわち $1 = F(L, K)$ を満たす L, K をそれぞれ，a_L と a_K としよう。このとき $F(L, K)$ の1次同次性によって $X = F(a_L X, a_K X)$ となる。そこで，X を与えたときの最適な L と K は，それぞれ $a_L X$ と $a_K X$ となるから $C(X) = wa_L X + ra_K X$ となる。そこで第2段階の問題の最適条件(4-5) は

$$p = wa_L + ra_K \qquad (4\text{-}5')$$

となる。この式から $pX = wa_L X + ra_K X = C(X)$ となるから，2段階に分けて解く利潤最大化問題の下での最適な利潤もまたゼロであることがわかる。そしてこの場合

にも，最適な X，すなわち最適な L と K の絶対的な大きさは決まらない。また最適な利潤がゼロとなることを保証するためには，第1段階で任意に与えた w, r に対して決まる $wa_L + ra_K$ の大きさに対して，第2段階の最適条件(4-5')を満たすために p は $wa_L + ra_K$ でなくてはならない。よって最適な利潤がゼロとなるためには p, w, r の関係は一定の制約を受けることになる。

5　1人当たりの生産関数

生産関数 $X = F(L, K)$ が1次同次であるとしよう。このとき，

$$\frac{X}{L} = \frac{1}{L} F(L, K) = F\left(\frac{L}{L}, \frac{K}{L}\right) = F(1, k) \equiv f(k)$$

であるから，$X = F(L, K)$ は $x = f(k)$ と表すことができる。ただし $x = X/L$, $k = K/L$ とする。$x = f(k)$ を1人当たりの生産関数という。

$X = F(L, K)$ がさらに凹である場合には $x = f(k)$ との関係は次のようになる。$X = Lf(k)$ より，

$$\frac{\partial F}{\partial K} = Lf' \frac{1}{L} = f' > 0$$

$$\frac{\partial F}{\partial L} = f - Lf' \frac{K}{L^2} = f - kf' > 0$$

が，この数学附録での生産関数の性質，$\partial F/\partial K > 0$, $\partial F/\partial L > 0$ によって成立する。また $\partial^2 F/\partial K^2 < 0$ より

$$\frac{\partial^2 F}{\partial K^2} = f'' \frac{1}{L} < 0$$

であるから $f'' < 0$ となる。そして $F(L, 0) = 0$ より，$f(0) = 0$ である。よって $x = f(k)$ のグラフは図 MA-9 のようになる。

1人当たりの生産関数を用いると利潤最大化問題(4-1)の最適条件(4-2)は

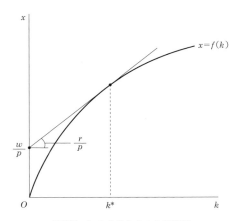

図 MA-9　1人当たりの生産関数

$$p\left(f(k)-kf'(k)\right)=w, \quad pf'(k)=r \tag{5-1}$$
となる。(5-1)を満たす最適解 k を k^* としたときの k^* と $p,\ w,\ r$ の関係は図 MA-9のようになる。

6 支出関数

2つの財（X 財と Y 財）を消費する消費者を考える。この消費者の効用最大化問題の双対（dual）問題として，次の支出最小化問題を考えよう。

$$\underset{X,Y}{Min}\ P_X X + P_Y Y \quad \text{sub. to}$$

$$u=U(X,Y) \tag{6-1}$$

ここで P_X と P_Y はそれぞれ X 財と Y 財の価格であり，u と $U(X,Y)$ はそれぞれ消費者の効用水準と効用関数である。効用関数は (X,Y) に関して2回連続微分可能で，無差別曲線は原点に対して厳密に凸の形状をしていると仮定する。P_X, P_Y, u は消費者にとって所与とする。この支出最小化問題の1階の最適条件から，

$$\frac{\partial U(X,Y)/\partial X}{\partial U(X,Y)/\partial Y}=\frac{P_X}{P_Y} \tag{6-2}$$

が導かれるが，これは限界代替率と財の相対価格との均等化を表しており，効用最大化問題から導かれた(1-3)式と同じものとなる。最適条件(6-2)と制約条件(6-1)から，「与えられた財価格の組 (P_X, P_Y) の下で，一定の効用 u を達成するために必要な支出を最小にする」という意味で最適な2つの財の消費水準が P_X, P_Y, u の関数として求められる。これを効用最大化問題から導かれた需要関数と区別して「補償需要関数（compensated demand function）」と呼び，$X=C_X(P_X, P_Y, u)$ および $Y=C_Y(P_X, P_Y, u)$ で表す。無差別曲線が原点に対して厳密に凸であるとの仮定から，限界代替率は逓減し，したがって(6-2)式より $C_i(P_X, P_Y, u)$ は P_i に関して減少関数となる（$i=X, Y$）。

消費者の目的関数 $P_X X + P_Y Y$ に補償需要関数を代入すると，それも次の式で表されるように P_X, P_Y, u の関数となる。

$$P_X C_X(P_X, P_Y, u) + P_Y C_Y(P_X, P_Y, u) \equiv E(P_X, P_Y, u) \tag{6-3}$$

この関数 $E(P_X, P_Y, u)$ を支出関数という。

数学附録 331

　支出関数の重要な性質として，シェパードの補題（Shephard's lemma）が知られている。これは，「支出関数を各財の価格で偏微分したものは，その財の補償需要関数に等しい」という性質で，式で表すと

$$\frac{\partial E(P_X, P_Y, u)}{\partial P_i} = C_i(P_X, P_Y, u), \quad i = X, Y \tag{6-4}$$

となる。

　シェパードの補題は，次のようにして証明される。いま，X 財の価格が P_X^* のときの X 財の補償需要関数の値が X^* であるとすると，$X^* = C_X(P_X^*, P_Y, u)$ という関係が成立する。また，支出関数の性質より，任意の (P_X, P_Y, u) について

$$\begin{aligned} E(P_X^*, P_Y, u) &= P_X^* C_X(P_X^*, P_Y, u) + P_Y Y \\ &= P_X^* X^* + P_Y Y \leq P_X X^* + P_Y Y \end{aligned} \tag{6-5}$$

という不等式が成立する。ここで等号は $P_X = P_X^*$ のときに成り立つ。そこで，

$$f(P_X) \equiv E(P_X, P_Y, u) - (P_X X^* + P_Y Y)$$

という関数を定義しよう（P_X に着目するため，P_Y と u は外生変数として扱う）。(6-5) より，$f(P_X) \leq 0$ が成立する。ただし，等号は $P_X = P_X^*$ のときに成り立つ。このことは，$P_X = P_X^*$ のときに $f(P_X)$ が最大値 $f(P_X)$ をとることを意味する。したがって，関数 $f(P_X)$ 最大化のための 1 階条件を考えると

$$f'(P_X^*) = \frac{\partial E(P_X^*, P_Y, u)}{\partial P_X} - X^* = 0 \tag{6-6}$$

が成立する。この式は，支出関数を P_X で偏微分したものが X 財の補償需要量に等しいことを意味している。Y 財についても同様に，支出関数を P_Y で偏微分したものが Y 財の補償需要量に等しいことが示される。したがって，シェパードの補題が成立することが確かめられた。

　例として，効用関数がコブ＝ダグラス型のケースを考えてみよう。$U(X, Y) = X^\alpha Y^{1-\alpha}$ （$0 < \alpha < 1$）の場合，支出最小化のための 1 階条件(6-2)は

$$\frac{\alpha Y}{(1-\alpha) X} = \frac{P_X}{P_Y}$$

で表されるので，これと(6-1)より，各財の補償需要関数が

$$C_X(P_X, P_Y, u) = \left(\frac{\alpha}{1-\alpha}\right)^{1-\alpha} \left(\frac{P_Y}{P_X}\right)^{1-\alpha} u, \quad C_Y(P_X, P_Y, u) = \left(\frac{1-\alpha}{\alpha}\right)^{\alpha} \left(\frac{P_X}{P_Y}\right)^{\alpha} u$$

と求められる。したがって，支出関数は

$$E(P_X, P_Y, u) = \frac{P_X^\alpha P_Y^{1-\alpha} u}{\alpha^\alpha (1-\alpha)^{1-\alpha}}$$

と求められる。この支出関数を各財の価格で偏微分すると，シェパードの補題(6-4)が成立することが容易に確認できる。

7　GDP 関数

2つの生産要素（資本と労働）を用いて2つの財（財1と財2）を生産する経済を考える。財 i $(i=1,2)$ の生産関数は $Y_i = F_i(L_i, K_i)$ で与えられるものとする（$Y_i, L_i,$ K_i はそれぞれ財 i の生産量，労働投入量，資本投入量）。生産関数は (L_i, K_i) に関して2回連続微分可能で，凹関数であると仮定する。各生産要素は2つの生産部門間を自由に移動可能であるとし，またそれぞれの生産要素賦存量は一定であると仮定する。財 i の価格を p_i で表し，それは所与であるとする。このとき，次のような総生産額最大化問題を考えよう。

$$\underset{K_1, L_1, K_2, L_2}{Max}\ p_1 Y_1 + p_2 Y_2 \quad \text{sub. to}$$

$$Y_1 = F_1(L_1, K_1), \quad Y_2 = F_2(L_2, K_2) \tag{7-1}$$

$$K_1 + K_2 = K, \quad L_1 + L_2 = L \tag{7-2}$$

ここで K と L はそれぞれ，経済全体での資本と労働の賦存量である。

(7-1)と(7-2)を目的関数 $p_1 Y_1 + p_2 Y_2$ に代入すると，

$$\Gamma(L_1, K_1) = p_1 F_1(L_1, K_1) + p_2 F_2(L - L_1, K - K_1)$$

という L_1 と K_1 についての関数となるので，$\Gamma(L_1, K_1)$ 最大化のための1階の条件が

$$\frac{\partial \Gamma(L_1, K_1)}{\partial L_1} = 0 \ \Rightarrow\ p_1 \frac{\partial F_1(L_1, K_1)}{\partial L_1} = p_2 \frac{\partial F_2(L - L_1, K - K_1)}{\partial L_2} \tag{7-3}$$

$$\frac{\partial \Gamma(L_1, K_1)}{\partial K_1} = 0 \ \Rightarrow\ p_1 \frac{\partial F_1(L_1, K_1)}{\partial K_1} = p_2 \frac{\partial F_2(L - L_1, K - K_1)}{\partial K_2} \tag{7-4}$$

と導かれる。(7-3)と(7-4)より，L_1 と K_1 の最適水準が財価格 p_1 および p_2 の関数として求められるので，それらを $L_1(p_1, p_2)$ と $K_1(p_1, p_2)$ で表すことにする（実際には要素賦存量 L および K にも依存するが，ここでは財価格に着目するため，L と K

は外生変数として扱う）。

$L_1(p_1,p_2)$ および $K_1(p_1,p_2)$ を生産関数(7-1)に代入することにより，総生産額を最大化する生産量もまた財価格の関数として

$$Y_1=F_1(L_1(p_1,p_2),\ K_1(p_1,p_2)) \equiv Y_1(p_1,p_2) \tag{7-5}$$

$$Y_2=F_2(L-L_1(p_1,p_2),\ K-K_1(p_1,p_2)) \equiv Y_2(p_1,p_2) \tag{7-6}$$

と求められる。最適条件(7-3)および(7-4)と生産関数が凹関数であるとの仮定より，$Y_i(p_1,p_2)$ が p_i に関して増加関数となることが導かれる（$i=X,Y$）。

最適生産量(7-5)および(7-6)を目的関数に代入することにより，最大化された総生産額もまた財価格の関数として，

$$p_1Y_1(p_1,p_2)+p_2Y_2(p_1,p_2) \equiv G(p_1,p_2) \tag{7-7}$$

と表される。$G(p_1,p_2)$ は GDP 関数あるいは収入関数と呼ばれ，「与えられた財価格の組 (p_1,p_2) および，一定の生産要素賦存量と所与の生産技術の下での，最大化された総生産額」を表している。

GDP 関数の重要な性質として，ホテリングの補題（Hotelling's lemma）が知られている。これは，「GDP 関数を各財の価格で偏微分したものは，その財の最適生産量（供給関数）に等しい」という性質で，式で表すと

$$\frac{\partial G(p_1,p_2)}{\partial p_i}=Y_i(p_1,p_2),\quad i=1,2 \tag{7-8}$$

となる。

ホテリングの補題は，次のようにして証明される。(7-7)の両辺を p_1 で偏微分し，(7-5)と(7-6)を用いて整理すると，

$$\frac{\partial G(p_1,p_2)}{\partial p_1}=Y_1(p_1,p_2)+p_1\left(\frac{\partial F_1}{\partial L_1}\frac{\partial L_1}{\partial p_1}+\frac{\partial F_1}{\partial K_1}\frac{\partial K_1}{\partial p_1}\right)-p_2\left(\frac{\partial F_2}{\partial L_2}\frac{\partial L_1}{\partial p_1}+\frac{\partial F_2}{\partial K_2}\frac{\partial K_1}{\partial p_1}\right)$$

$$=Y_1(p_1,p_2)+\left(p_1\frac{\partial F_1}{\partial L_1}-p_2\frac{\partial F_2}{\partial L_2}\right)\frac{\partial L_1}{\partial p_1}+\left(p_1\frac{\partial F_1}{\partial K_1}-p_2\frac{\partial F_2}{\partial K_2}\right)\frac{\partial K_1}{\partial p_1}$$

$$\tag{7-9}$$

を得るが，最適化の1階条件(7-3)および(7-4)より，(7-9)の右辺第2項と第3項はともに0に等しくなることがわかる。したがって，$G(p_1,p_2)$ の p_1 に関する偏微分は Y_1 に等しい。p_2 に関する偏微分も同様にして，Y_2 に等しくなることが導かれる。したがって，ホテリングの補題が成立することが確かめられた。

GDP 関数の定義における「一定の生産要素賦存量と所与の生産技術」は，以上

の議論では生産関数(7-1)と生産要素の完全雇用条件(7-2)によって表現されたが，後者は資源制約条件（つまり，経済全体で利用可能な各生産要素の投入量の合計が要素賦存量を超えない）という弱い条件で表されることもある。さらに，生産関数と資源制約条件による表現の代わりに「生産量の組み合わせが生産可能性集合に含まれる」という形での表現が用いられることもある。第9章補論2におけるGDP関数の定義では，そちらの表現を用いている。

経済学に必要な数学の学習のための参考書

尾山大輔・安田洋祐編『改訂版 経済学で出る数学——高校数学からきちんと攻める』日本評論社，2013年

岡田章『経済学・経営学のための数学』東洋経済新報社，2001年

西村清彦『経済学のための最適化理論入門』東京大学出版会，1990年

A. K. Dixit, *Optimization in Economic Theory* 2nd ed., Oxford University Press, 1990（大石康彦・磯前秀二訳，アヴィナシュ・ディキシット『経済理論における最適化 第2版』勁草書房，1997年）

あとがき

　近年の国際貿易は，自国の利益を最優先とする戦略的な経済政策・貿易政策が大国によって推進されることで，ダイナミックな動きを見せている。中国の習近平共産党書記長による「一帯一路」構想下でのアジア・アフリカへの強力なインフラ投資，政治的な不安定化による北アフリカや西アジアからの難民・移民に対するEU諸国の受け入れ制限，そして2017年にアメリカで発足したトランプ政権下での差別的輸入関税の導入や移民受け入れ制限などの政策は，これまで世界経済の繁栄に一定の役割をもって臨んできた経済大国や先進国がその役割を放棄したとも思わせるものである。これまで長い間，大国が中心となって自由貿易の促進やグローバルな市場経済の構築への努力が行われてきたが，それと逆行する動きが顕著になりつつあると感じているのは我々だけではないだろう。このように国際貿易のあり方が大きく変動する状況下での本書の出版は，人々が世界経済全体の繁栄のために望ましい貿易の姿を考え，それを実現するための方策を考えるためのタイムリーなテキストの提供となったのではないかと思っている。

　本書の出版企画は4，5年前に名古屋大学出版会の編集部の三木信吾氏から多和田がいただいた。多忙と研究環境の変化もあって予想以上に時間を要したが，柳瀬が執筆者として加わり，出版することができた。多和田が第1章から第4章，第6章，第10章，第11章を，柳瀬が第5章，第7章から第9章を執筆した。補論については第2章補論1を多和田が，第2章補論2と第9章の補論1・2を柳瀬が担当し，数学附録は共同で仕上げた。しかしお互いの原稿に目を通して，意見交換を行い，修正と調整を繰り返した上で最終原稿を仕上げているため，全体としては共同執筆と考えるのが適当である。出版時期が非常に遅れ，名古屋大学出版会には多大な迷惑をおかけすることになってしまったが，その間，三木氏は常に忍耐強く，励ましの言葉と適切な助言を我々に与え続けてくださった。同会編集部の山口真幸氏からは校正の段階において詳細で適切な意見，さらには数式に関する建設的な助言などいただき，より充実した内容のテキストにすることが

できた。お二人には深く感謝申し上げる次第である。

2018 年 9 月

多和田　眞
柳瀬　明彦

図表一覧

図 1-1	閉鎖経済での市場の均衡	4
図 1-2	自由貿易の下での市場の均衡	5
図 1-3	交換経済における最適な消費点	8
図 1-4	交換経済における一般均衡	9
図 1-5	価格－消費曲線	11
図 1-6	オファー曲線	11
図 1-7	2国の初期賦存量	16
図 1-8	貿易下での各国の財の需要量	17
図 1-9	交換経済での2国間貿易均衡	18
図 1-10	オファー曲線と貿易均衡	21
図 1-11	貿易均衡が複数存在する場合	21
図 1-12	均衡の安定性	23
図 2-1	生産可能性フロンティア	31
図 2-2	(X', Y') の下での所得制約線	32
図 2-3	閉鎖経済の均衡点と均衡価格	33
図 2-4	自国と外国の生産可能性フロンティア	35
図 2-5	閉鎖経済の下での均衡	37
図 2-6	比較優位による各国の貿易	38
図 2-7	貿易下での経済の均衡	39
図 2-8	不完全特化の下での貿易	41
図 2-9	世界の生産可能性フロンティア	43
図 2-10	世界の生産可能性フロンティアと完全特化での貿易均衡	44
図 2-11	世界の生産可能性フロンティアと不完全特化での貿易均衡	44
図 2-12	世界の需要曲線と供給曲線	46
図 2A-1	3国3財での比較優位	54
図 2A-2	比較優位の十分性の証明	55
図 2A-3	2国・多数財での比較優位	61
図 3-1	費用最小化	68
図 3-2	要素の最適な組み合わせと生産水準	69
図 3-3	要素価格と単位当たりの要素雇用量	70
図 3-4	単位当たり等生産量曲線と要素集約性	72
図 3-5	2財間の要素集約性の関係	72
図 3-6	要素価格フロンティア	74
図 3-7	均衡要素価格の決定	76
図 3-8	均衡生産量の決定	78

図 3-9	不完全特化錐	80
図 3-10	生産可能性集合と均衡生産点	82
図 3-11	価格比と生産量の比の関係	84
図 3-12	生産可能性フロンティアとリプチンスキー線	84
図 3-13	要素集約性の逆転	86
図 3-14	要素集約性の逆転と要素価格フロンティア	87
図 3-15	閉鎖経済の均衡	89
図 3-16	自由貿易の下での均衡	91
図 3-17	貿易利益	94
図 4-1	産業の生産規模と企業の限界費用曲線の関係	104
図 4-2	産業全体の限界費用曲線と産業の供給曲線	104
図 4-3	閉鎖経済下での市場均衡と生産量の調整	105
図 4-4	企業の生産量調整	106
図 4-5	貿易利益	107
図 4-6	貿易による損失の可能性	108
図 4-7	X財に外部経済，Y財に外部不経済がある場合の生産可能性フロンティア	112
図 4-8	閉鎖経済の均衡	113
図 4-9	マーシャル的な生産量調整：$p^A < p^I$ の場合	115
図 4-10	マーシャル的な生産量調整：$p^R < p^I < p^A$ の場合	115
図 4-11	マーシャル的な生産量調整：$p^I < p^R$ の場合	116
図 4-12	貿易による利益と貿易のパターン：$p^A < p^I$ の場合	117
図 4-13-1	貿易による損失と貿易のパターン：$p^R < p^I < p^A$ の場合	118
図 4-13-2	貿易による利益と貿易のパターン：$p^R < p^I < p^A$ で $X^R < X^A$ の場合	118
図 4-14	貿易による利益または損失と貿易のパターン：$p^R < p^I < p^A$ で $X^A < X^R$ の場合	118
図 5-1	世界の水産資源の状況	123
図 5-2	世界の水産物貿易量の推移	123
図 5-3	世界の木材消費量および貿易量の推移	124
図 5-4	資源成長関数	126
図 5-5	閉鎖経済の長期均衡	127
図 5-6	貿易自由化の効果：資源財輸入国の場合	129
図 5-7	貿易自由化の効果：資源財輸出国の場合	130
図 5-8	貿易自由化の環境への影響（汚染財輸出国を仮定）	133
図 6-1	公共中間財のあるときの均衡生産点と均衡消費点	148
図 6-2	環境創出型公共中間財と生産可能性フロンティア	150
図 6-3	環境創出型公共中間財と均衡における生産点と消費点	151
図 6-4	環境創出型公共中間財と閉鎖経済の均衡	151
図 6-5	環境創出型公共中間財とマーシャル的生産量調整	152
図 6-6	環境創出型公共中間財と自由貿易下での均衡	153
図 6-7	要素報酬不払い型公共中間財と生産可能性フロンティア	156
図 6-8	要素報酬不払い型公共中間財と閉鎖経済での均衡	157
図 6-9	要素報酬支払い型公共中間財とマーシャル的生産量調整	158

図 6-10	要素報酬不払い型公共中間財と自由貿易下での均衡	158
図 6-11	不完全特化国の貿易利益	159
図 7-1	独占的競争の短期均衡	169
図 7-2	独占的競争の長期均衡	170
図 7-3	閉鎖経済の長期均衡	172
図 7-4	自由貿易の長期均衡	173
図 7-5	企業の生産性と輸出行動	180
図 7-6	企業の生産性と貿易自由化の効果	180
図 8-1	日本の金融収支（単位：億円）	185
図 8-2	世界の対内直接投資フローとストック（単位：百万ドル）	185
図 8-3	国際資本移動がない場合の各国の均衡	188
図 8-4	国際資本移動が自由化された下での国際資本市場の均衡	189
図 8-5	国際資本移動が各国の所得に与える影響	190
図 8-6	企業の生産性と輸出・直接投資	200
図 9-1	小国の輸入関税の効果：部分均衡分析	209
図 9-2	自由貿易の下での一般均衡	212
図 9-3	輸入関税の下での一般均衡（小国のケース）	213
図 9-4	小国の輸出補助金の効果：部分均衡分析	218
図 9-5	輸出補助金の下での一般均衡（小国のケース）	220
図 9-6	小国の輸入割当の効果	222
図 9-7	国内生産者への生産補助金の効果	224
図 9-8	大国の輸入関税と国際価格の変化	226
図 9-9	大国の輸入関税の効果：部分均衡分析	227
図 9-10	輸入関税と国際相対価格の変化	229
図 9-11	大国の輸入関税の効果：一般均衡分析	229
図 9-12	関税率と大国の経済厚生	231
図 9-13	最適関税の導出	231
図 9-14	大国の輸出補助金の効果	234
図 10-1	外国の独占企業と均衡	257
図 10-2	外国の独占企業と関税	258
図 10-3	クールノー競争下での均衡	262
図 10-4	反応曲線と利潤の関係	263
図 10-5	等利潤曲線の形状	264
図 10-6	クールノー均衡とシュタッケルベルグ均衡	270
図 10-7	政府間の補助金政策ゲーム	274
図 10-8	ベルトラン競争下での均衡	278
図 10-9	ベルトラン競争下での等利潤曲線	279
図 10-10	ベルトラン競争下での A 国政府の輸出課税政策	283
図 11-1	2 国間貿易と関税	291
図 11-2	ヴァイナーの貿易創出効果	298
図 11-3	ヴァイナーの貿易転換効果	299

図 MA-1	ホモセティックな効用関数の無差別曲線	316
図 MA-2	財の最適な消費（需要）	317
図 MA-3	価格比と需要量比率の関係	318
図 MA-4	凹の $X=F(L,K)$ のグラフ	321
図 MA-5	1次同次で凹の $X=F(L,K)$ のグラフ	321
図 MA-6	等生産量曲線	322
図 MA-7	生産可能性フロンティア	324
図 MA-8	費用を最小にする L と K	328
図 MA-9	1人当たりの生産関数	329

表 2-1	各国における各財1単位の生産に必要な労働量	34
表 2A-1	3国3財での労働投入係数	53
表 5-1	1990-2015年における世界の森林面積の推移	124
表 7-1	アジア太平洋各国・地域の工業製品のグルーベル＝ロイド指数（2013年）	166
表 7-2	日本の輸出企業プレミア（2005年）	178
表 8-1	国際資本移動が各国の実質所得に与える効果	191
表 9-1	小国の輸入関税の厚生効果	210
表 9-2	小国の輸出補助金の厚生効果	218
表 9-3	大国の輸入関税の厚生効果	226
表 10-1	政府間の補助金政策ゲームの利得表	275
表 11-1	2国間関税政策ゲームの利得表	293
表 11-2	表11-1の一般的な場合	295
表 11-3	繰り返しゲームで逸脱する場合の戦略	296
表 11-4	A 国・B 国間での自由貿易協定締結後の各国の経済厚生	308
表 11-5	A 国・B 国間と B 国・C 国間の自由貿易協定締結後の各国の経済厚生	310
表 11-6	A 国と B 国の自由貿易協定への C 国の加入による各国の経済厚生	311

索　引

ア　行

圧力団体　246, 251-254
アロー，ケネス（Kenneth Arrow）　27, 287
異質性　177, 182, 183, 198, 205
1次同次　67, 69, 70, 75, 76, 81, 149, 154, 156, 192, 320, 321, 325, 326, 328, 329
一般均衡価格体系　8
一般均衡分析　6, 26, 50, 109, 120
一般均衡論　26, 27, 50, 287
移民　203, 204
インフォーマル部門　203
インフラストラクチャー　103, 143, 144
ヴァイナー，ジェイコブ（Jacob Viner）　298, 299, 314
後向き帰納法　272, 301
ウルグアイ・ラウンド　287, 288
オイラーの定理　156, 322
汚染
　──財　133-136, 141
　──逃避地仮説　135, 136, 141, 142
オファー曲線　12-14, 20, 26, 50, 228
オリーン，バーティル（Bertil Ohlin）　67, 96, 98, 99, 102, 162, 287, 312

カ　行

外部経済　107-110
外部性　99, 108, 119, 120, 122, 140, 164, 204
　正の──　126, 290
　負の──　204
外部不経済　109
価格弾力性
　需要の──　168, 170, 175, 198
　輸出供給の──　232, 244
　輸入需要の──　249-251
寡占　28, 137, 142, 161, 255, 256, 261, 276, 284, 285, 301
加入国数増加方式　310-312
環境ダンピング　136, 137, 141, 142
関税

──および貿易に関する一般協定　→ GATT
　──同盟　313, 314
　最適──　230, 232, 244, 246, 301, 306
完全競争　26, 59, 71, 98, 104, 106, 119, 133, 136, 137, 142, 147, 161, 166, 175, 181, 192, 208, 211, 235-238, 259, 290, 312
　──企業　27-29, 68, 71, 93-95, 103, 109, 156, 168, 284, 311, 325
　不──　26, 98, 99, 137, 206, 237, 255, 256, 259, 260, 286, 290, 312
完全雇用条件　31, 32, 62, 83, 110, 111, 128, 334
技術
　──効果　132, 134, 135, 141
　経営──　103, 144
規模効果　132, 134, 141
規模の経済　27, 28, 103, 164, 167, 168, 181, 196, 201, 205
均衡
　──価格　3-5, 8, 10, 12, 15, 17, 19, 20, 23-25, 33, 36, 45, 47, 48, 58, 65, 89, 90, 93-95, 105, 107, 108, 113, 115, 116, 148, 152-154, 157, 169, 170, 227, 239, 277, 278, 283, 291, 298
均衡点
　局所的に安定な──　22
　大域的に安定な──　22
禁止的関税　230, 298
「近隣窮乏化」政策　233, 236, 290
繰り返しゲーム　294, 296
クルグマン・モデル　170, 183
クールノー競争　260-262, 264, 265, 267, 269-272, 274, 276-278, 283-286, 301, 302
クールノー均衡　261, 262, 270, 271
クールノー＝ナッシュ均衡　161, 262, 264
グルーベル＝ロイド指数　165, 174, 182
経営資源　195, 196, 200-202
「経済学及び課税の原理」　2
経済厚生　2, 5, 10, 12, 15, 18, 25, 31, 40, 49, 64, 94, 95, 109, 118, 128, 130, 131, 142, 153, 158-161, 175, 189, 191, 204, 209-212, 215, 217-226, 230-233, 235, 236, 239, 243, 246, 250-253, 257-

342　索　引

260, 265-268, 270-272, 274, 275, 277, 281-284,
290, 292-297, 299-301, 304-313
──水準　7, 18, 31, 40, 154, 239, 258, 264,
292, 309, 310
ゲーム理論　261, 285, 286
限界生産性　67
ケンプ，マレー（Murray C. Kemp）　287
交易条件　12-14, 194, 195, 226, 229, 230, 233,
235, 236, 243, 245, 290, 313
交換経済　19, 20, 25, 26
公共財　143, 144, 156, 160, 161
　負の国際──　137
公共中間財　143-145, 147-151, 153, 154, 157,
160-162
　環境創出型──　143, 144, 149, 159, 160, 162
　──の最適供給条件　146, 161
　要素報酬不払い型──　143, 144, 154, 156,
160, 162
構成効果　132, 134, 141
厚生水準　63, 64, 130, 131, 230, 240-243, 245,
252, 295
効用関数　7, 8, 15, 31, 47, 59, 60, 88, 90-92, 113,
126, 131, 148, 167, 174-176, 178, 211, 215, 238,
247, 248, 250, 315, 316, 318, 319, 322, 330, 331
　CES 型──　175, 178, 319, 320
枯渇性資源　121
国際価格　4, 5, 8-10, 12, 13, 20, 37-42, 90, 92,
94, 95, 107, 108, 114-116, 128, 130, 134, 140,
152-154, 157, 193, 208-212, 214-217, 219, 221-
223, 225-231, 233, 234, 236, 239, 241, 243-245,
247, 250, 290, 292
国際協調　137, 139, 140
国内総所得（GDI）　88, 94, 148, 211
国内総生産　→ GDP
「国富論」　2
固定費用　27, 167, 170, 171, 177-179, 196, 198,
199, 205

サ 行

最恵国待遇の原則　288, 289
サービス・リンク・コスト　202
差別化
　──財　167, 171, 173-175, 177, 200-202
　製品の──　276
サミュエルソン，ポール（Paul Samuelson）
27, 67, 99, 287
産業間貿易　165, 166

産業内貿易　165-167, 170, 174, 177, 181, 182,
288
　垂直的──　165, 166, 181, 182
　水平的──　165-167, 174, 181
シェパードの補題　238, 331, 332
自給自足　4, 10, 12, 33, 89, 119, 151, 298
資源
　再生可能──　121, 122, 125, 142
　再生不可能──　121
　──ストック　125, 140, 141
　──の再配分　181, 182
　──配分の歪み　210, 211, 230, 233, 235, 236
支出関数　238, 239, 330-332
市場
　──の失敗　26, 99, 290, 312
　──への近接性　196, 205
自然環境　121, 122, 140, 288, 290
実質賃金　171-173, 175, 176, 189
資本
　──集約的　72, 73, 77, 80, 84-87, 93, 94, 136,
166, 177, 200
　──レンタル　68, 71, 72, 77, 187-190, 193,
201, 325
　──・労働比率　71, 72, 85
資本移動　184, 186, 188-195, 197, 203-206
　──の代替性　192, 194, 197, 205
　──の補完性　192, 194, 197, 206
社会的厚生　7, 31, 138
社会的余剰　5, 107, 108
収穫一定　27, 28, 48, 66, 93-95, 97, 98, 144, 186,
187, 189, 192, 247
囚人のディレンマ　161, 264, 275, 280, 284, 293,
294, 296, 297
自由貿易　5, 6, 49, 58, 60-65, 90, 93, 97, 114,
125, 129-131, 134-136, 141, 148, 152-154, 157-
160, 172-176, 182, 193, 194, 201, 207-236, 239-
241, 243, 247, 250, 259, 287-289, 291-298, 310-
313
　──協定　142, 288, 289, 300, 301, 305, 307-
311, 313
シュタッケルベルグ競争　268-271
小国　4, 5, 8, 15, 42, 47, 48, 95, 107, 109, 111,
114, 116, 119, 128, 134, 142, 144, 145, 147, 152,
154, 156, 157, 159, 160, 208, 210, 211, 215, 218,
222, 223, 225-229, 232, 233, 235, 236, 239-241,
247, 290, 298
消費者余剰　5, 107, 108, 209, 210, 217-219, 221,

222, 224, 227, 234, 235, 247, 248, 252, 257, 259, 291, 292, 301, 305, 306, 312
初期賦存量　7-9, 15, 20
所得
　　国民──　32, 60, 112, 214, 215
　　──効果　13, 215, 244
　　──制約線（式）　7-9, 15, 16, 19, 32, 38, 41, 42, 112, 113, 117, 118, 129, 151-153, 157, 159, 160, 316
　　──制約条件　92, 148, 318, 319
ジョンソン，ハリー（Harry Johnson）　299, 300, 314
新規参入　71, 169
新々貿易理論　182, 183
新貿易理論　170, 182, 183
スタンブリング・ブロック　311, 312, 314
ストルパー＝サミュエルソンの定理　77, 99, 193
スミス，アダム（Adam Smith）　2, 27, 287
スムート・ホーレー法　207
スルーツキー方程式　13, 14
生産可能性集合　30, 42, 50, 82, 145, 155, 156, 238, 323, 324, 334
生産可能性フロンティア　30, 31, 33, 34, 41, 43, 45, 47, 52-54, 82-85, 88, 89, 110-114, 117-119, 128-130, 133, 145-147, 149-161, 211, 213, 214, 216, 219, 220, 228, 235, 324, 325
　　制約付き──　149, 150
生産関数　28-30, 67, 69, 70, 81, 109, 110, 126, 128, 145, 149, 153, 154, 156, 159, 160, 186, 187, 189, 192, 201, 247, 320, 322-329, 332-334
生産者余剰　5, 107, 108, 210, 217-219, 221-224, 227, 234, 235, 291, 292
生産の弾力性　149
生産補助金　223, 225
政治的支持関数　250, 251
世界貿易機関　→ WTO
絶対優位　35, 36
選好　93, 97, 98, 102, 119, 167, 172, 174, 179, 198, 248, 249
先進国　96, 102, 136, 141, 143, 166, 186, 197, 203, 205, 207, 255, 256, 288, 297
戦略的
　　──代替　278, 285
　　──貿易政策　255, 256, 276, 285, 286, 300
　　──補完　278, 285
相互需要説　26

双対性アプローチ　99, 238

タ・ナ行

大国　42, 47, 48, 119, 160, 225, 226, 228, 230, 233, 235, 236, 241, 290, 292, 298, 313
代替効果　215, 244
　　ヒックスの──　13, 14
多国籍企業　195, 199, 204, 205
ただ乗り　143
炭素税　138, 140
炭素リーケージ　140
地域貿易協定　288, 289, 297-300, 311-314
中位投票者定理　249
中間財　27, 49, 50, 66, 98, 99, 196-198, 202, 256, 285, 288
超過供給　8, 17, 20, 209, 226, 228, 233
超過需要　8, 17, 20, 22, 25, 194, 209, 228, 233, 242
調整メカニズム　22, 23, 25, 106
　　ワルラス的な──　22, 25
定常状態　127, 129
等生産量曲線　68, 69, 74, 80, 81, 322, 327, 328
投資　137, 161, 165, 184, 186, 188, 190, 191, 195, 197, 204, 256, 285
　　（海外）直接──　80, 182, 184-186, 195-200, 202, 204-206, 256, 285
　　グリーン・フィールド──　195, 204, 206
　　証券──　184, 195
　　複合型直接──　197
　　輸出基地型直接──　197, 205
　　M&A──　195, 204, 206
同質財　200, 201
投票行動　246-248
独占　98, 161, 167, 168, 181, 256, 276, 290
　　──的競争　98, 167-170, 177, 178, 181-183, 198
　　──利潤　167, 169, 259, 290
特化
　　完全──　40, 48, 49, 53, 56, 116, 128-131, 153, 154, 158-160, 194, 205
　　不完全──　40, 42, 45, 48, 49, 77, 79, 85-87, 116, 158-160, 162, 192-194, 201, 202
　　不完全──錐　81
ドブリュー，ジェラール（Gerard Debreu）　27, 287
トリガー戦略　294, 295
トレンズ，ロバート（Robert Torrens）　48-50

344 索　引

ナッシュ均衡　261, 262, 277, 293, 294
ニューメレール財　19, 33, 53, 126, 193, 194, 238

ハ　行

排出量取引　137, 138
バグワティ，ジャグディシュ（Jagdish Bhagwati）　311
発展途上国　96, 141, 143, 186, 196, 197, 203, 205, 215, 288
ハブ・スポーク方式　309-312
比較優位　26, 27, 34, 36, 40, 45, 48-50, 52, 59, 63, 64, 66, 95, 96, 98, 99, 102, 130-132, 135, 141, 175, 196, 197, 205, 214, 228
非関税障壁　223, 236, 287, 297
非協力
　——ゲーム　264, 284
　——的な政策　139, 140
非貿易財　97, 99, 203
費用
　機会——　31, 34, 36, 43, 211, 213, 216, 219
　限界——　26, 103-105, 107, 108, 167-171, 178-180, 198, 199, 213, 224, 256-258, 260, 261, 276, 298
　——関数　201, 257, 260, 261, 276, 327
　——最小化　70, 192
ビルディング・ブロック　311, 312, 314
部分均衡分析　6, 7, 25, 109, 120, 218, 227, 313
ブランダー＝スペンサーの第3国市場モデル　260, 271, 276, 285
分業　2, 27, 58
　国際——　26, 135, 206
閉鎖経済　4, 5, 7-10, 15, 33, 36, 37, 40, 63, 64, 88, 89, 93-95, 105, 107, 108, 113, 116, 117, 127-131, 133, 134, 141, 148, 151-154, 157-160, 170-173, 175, 176, 182, 186-191, 220, 230
ヘクシャー，エリ（Eli Heckscher）　67, 96, 98, 99, 102, 162, 287, 312
　——＝オリーンの定理　93, 96, 97, 99, 132, 136, 141, 193
　——＝オリーン・モデル　26, 67, 94-99, 120, 164, 166, 174, 181, 211
ベルトラン競争　276-278, 280, 282-286
貿易均衡価格比　40
貿易三角形　9, 10, 12, 18, 39, 40, 42, 94
貿易障壁　97, 196, 288
貿易創出効果　298-300, 313, 314
貿易転換効果　298-300, 313, 314

保護貿易　207, 236, 246, 250, 313
ポーター仮説　136, 137, 141, 142
ホテリングの補題　239, 333
ホモセティック　31, 32, 47, 69, 90-93, 97, 117, 215, 315, 317, 322
本源的要素　66, 67, 96, 97, 144, 145, 162

マ　行

マーシャル，アルフレッド（Alfred Marshall）　26, 50, 152, 157, 158, 160
　——的な生産量調整　25, 106, 114, 152, 154, 157, 160
　——の外部経済　103, 105, 119, 120, 164
　——＝ラーナー条件　25, 26
マッケンジー，ライオネル（Lionel McKenzie）　27
ミード，ジェームズ（James Meade）　143
ミル，ジョン・スチュワート（John Stuart Mill）　26, 49, 50
民主制　246
　間接——　248
　直接——　248
無差別曲線　8, 10, 12, 14-16, 26, 32, 33, 38, 89, 91, 94, 95, 112, 113, 117, 129-131, 133, 148, 151-153, 157, 158, 160, 212, 214, 215, 219, 220, 235, 315, 316, 318, 330
メッツラーの逆説　227, 237
メリッツ・モデル　177, 178, 183, 198, 205

ヤ　行

輸出自主規制　→ VER
輸出税　208, 215-217, 233, 236, 247, 253
輸出補助金　217-220, 223, 233, 235, 236, 241, 244, 245, 247, 265-267, 269-271, 281
輸入弾力性　24, 25
輸入割当　193, 208, 221-223, 233, 240
要素価格均等化定理　86, 88, 99, 193, 194, 201, 204
要素価格フロンティア　73-77, 88
要素集約性　72, 76, 78, 79, 81, 85-88, 90, 99
要素賦存仮説　136, 141, 142

ラ・ワ行

ラーナーの対称性定理　217, 237
利益集団　246, 247, 250-253
利益誘導型政治　251
リカード，デイヴィッド（David Ricardo）　2,

25, 27, 28, 48-50, 102, 287
　——の比較優位論　42, 48, 49
　——・モデル　26, 28, 49, 50, 52, 56, 58, 63,
　　66, 95, 96, 98, 125, 126, 129, 164, 174, 312
利潤
　——最大化　59, 68, 82, 109-111, 119, 126,
　　133, 147, 150, 156, 168-172, 178, 179, 187, 189,
　　194, 199, 203, 211, 247, 257, 258, 260, 265, 268,
　　272, 277, 280, 285, 301, 302, 325-329
　——ゼロ条件　29, 59-61, 63, 73, 169-173,
　　192, 193
利得表　275, 292, 294
リプチンスキー線　85
リプチンスキーの定理　79, 84, 91, 99, 193
レオンティエフ，ワシリー（Wassily Leontief）
　　96, 97, 99
　——の逆説　96, 99
レント　222, 247, 250-252, 256, 258, 260
　特殊的要素からの——　248

割当——　221-223, 240
労働
　外国人——者　80, 202, 203
　——集約的　72, 80, 84-87, 93, 94, 96, 132,
　　166, 196, 201
ロビー活動　246, 247, 251-253
ワルラス，レオン（Léon Walras）　27, 106,
　　242, 245, 287
　——法則　19, 47, 239

A-Z

EU　123, 166, 174, 182, 248
GATT　207, 223, 287-289, 297, 312
GDP　88, 144, 211
GDP 関数　238, 239, 333, 334
VER　222, 223
WTO　208, 217, 223, 287-289, 297, 312, 313

《著者略歴》

多和田 眞（たわだ まこと）

- 1948 年　愛知県に生まれる
- 1980 年　ニューサウスウェールズ大学大学院経済学研究科博士課程修了
- 名古屋市立大学経済学部教授，名古屋大学大学院経済学研究科教授などを経て
- 現　在　愛知学院大学経済学部教授，名古屋大学名誉教授，博士（経済学）
- 著　書　*Production Structure and International Trade* (Springer-Verlag, 1989)
  - 『国際経済学』（共編著，創成社，1999 年）
  - 『リスク，環境および経済』（共編著，勁草書房，2004 年）
  - 『コア・テキスト　ミクロ経済学』（新世社，2005 年）
  - 『コンパクト国際経済学』（新世社，2010 年）

柳瀬明彦（やなせ あきひこ）

- 1971 年　神奈川県に生まれる
- 2000 年　慶應義塾大学大学院経済学研究科後期博士課程単位取得退学
- 高崎経済大学経済学部准教授，東北大学大学院国際文化研究科准教授などを経て
- 現　在　名古屋大学大学院経済学研究科教授，博士（経済学）
- 著　書　『環境問題と国際貿易理論』（三菱経済研究所，2000 年）
  - 『環境問題と経済成長理論』（三菱経済研究所，2002 年）

国際貿易

2018 年 10 月 30 日　初版第 1 刷発行

定価はカバーに
表示しています

著　者　　多　和　田　　眞
　　　　　柳　瀬　明　彦

発行者　　金　山　弥　平

発行所　一般財団法人 名古屋大学出版会
〒 464-0814　名古屋市千種区不老町 1 名古屋大学構内
電話(052)781-5027 / FAX(052)781-0697

ⓒ Makoto TAWADA and Akihiko YANASE, 2018　　Printed in Japan

印刷・製本 亜細亜印刷㈱　　ISBN978-4-8158-0924-9

乱丁・落丁はお取替えいたします。

JCOPY 〈出版者著作権管理機構 委託出版物〉

本書の全部または一部を無断で複製（コピーを含む）することは，著作権法上での例外を除き，禁じられています。本書からの複製を希望される場合は，そのつど事前に出版者著作権管理機構（Tel：03-3513-6969，FAX：03-3513-6979，e-mail：info@jcopy.or.jp）の許諾を受けてください。

成生達彦著
チャネル間競争の経済分析
―流通戦略の理論―

A5 ・ 392 頁
本体 5,800 円

橘川武郎・黒澤隆文・西村成弘編
グローバル経営史
―国境を越える産業ダイナミズム―

A5 ・ 362 頁
本体 2,700 円

川上桃子著
圧縮された産業発展
―台湾ノートパソコン企業の成長メカニズム―

A5 ・ 244 頁
本体 4,800 円

城山智子著
大恐慌下の中国
―市場・国家・世界経済―

A5 ・ 358 頁
本体 5,800 円

田中　彰著
戦後日本の資源ビジネス
―原料調達システムと総合商社の比較経営史―

A5 ・ 330 頁
本体 5,700 円

高島正憲著
経済成長の日本史
―古代から近世の超長期 GDP 推計 730-1874―

A5 ・ 348 頁
本体 5,400 円

伊藤正直・浅井良夫編
戦後 IMF 史
―創生と変容―

A5 ・ 336 頁
本体 5,800 円

西川　輝著
IMF 自由主義政策の形成
―ブレトンウッズから金融グローバル化へ―

A5 ・ 284 頁
本体 5,800 円

田所昌幸著
国際政治経済学

A5 ・ 326 頁
本体 2,800 円